Lille 4-10-97

Jean Pierre [illegible]

oui entre-deux !

ENTRE-DEUX

DANIEL SIBONY

ENTRE-DEUX

L'origine en partage

ÉDITIONS DU SEUIL
27, rue Jacob, Paris VIe

CE LIVRE EST PUBLIÉ PAR JEAN-LUC GIRIBONE
DANS LA COLLECTION « LA COULEUR DES IDÉES »
QU'IL DIRIGE AVEC JEAN-PIERRE DUPUY ET OLIVIER MONGIN

ISBN 2-02-013053-X

OUVERTURE

Nous avons vécu et pensé jusqu'ici sous le signe de la *différence :* différence sexuelle (êtes-vous un homme ou une femme ?), différence entre autochtones et étrangers (avez-vous la vraie carte d'identité ?), différence entre malade et bien-portant, entre normal et névrosé, entre mort et vivant (oui, est-il vraiment mort ? peut-on lui prendre ses organes ? pas encore ? dans dix minutes...). Il y a toujours eu un trait, une frontière, qui départageait le tout, avec en deçà et au-delà, et qui *faisait* la différence. Parfois c'était caricatural, « les bons d'un côté les mauvais de l'autre », et on en profitait pour récuser la différence – mais voyons, vous savez bien, tout le monde est bon et mauvais... n'est-ce pas ? et alors déferle une vague d'indifférence, relayée peu après par un reflux de différence, une lame de fond, et salée : on ne va quand même pas se laisser envahir ! on a une identité ! qu'est-ce qu'elle devient ?...

Bref, les faits, les événements – très mouvementés ces temps-ci... – obligent à ne plus se contenter du repère de la différence. On s'intéresse à la méchanceté des bons, à la bonté des mauvais, à la féminité des hommes, à la virilité des femmes, au farniente des gens en place, à l'emplacement des gens qui chôment ; on s'intéresse aux mélanges qui ont lieu de part et d'autre de la différence ; au fascisme des gens de l'Est libérés du communisme, à l'esprit totalitaire des démocrates occidentaux, à l'ignorance des experts, à l'intuition des ignorants. Certains demandent le droit à la différence, puis se ravisent, le droit à la ressemblance, avant de se raviser encore : le droit à différence qui pourrait devenir ressemblante avant de devenir différente... Là-dessus j'ai pour ma part, dans maints écrits sur le racisme, voulu faire passer l'idée que le racisme c'est la peur de la différence quand elle revient au même et la peur du même quand il devient différent ; double mouvement. Eh bien, j'ai toujours pu le vérifier, l'idée ne passe pas ; trop compliquée quand on l'entend du point de vue de la seule différence. On s'y emmêle, un peu comme Harpagon : comment dites-vous ? vivre pour manger ? manger pour vivre ? c'est complexe, bigre. Vraiment ? moins que la réalité, je vous l'assure.

Disons-le tout net : l'idée de la différence ne suffit plus pour comprendre ce qui se passe ; ce qui se passe de nouveau (tourbillons identitaires de toutes sortes) et ce qui se passe de tout temps et qui touche à ces vieilles choses increvables qui s'appellent la vie, la mort, l'amour... Non que l'idée de différence soit fausse : elle est juste mais limitée, pertinente mais infime ; rayon d'action plutôt réduit, liberté de mouvement très faible. Il est vrai que les limites mêmes du concept font que l'on s'acharne dessus pour l'étirer, l'allonger, l'élargir de force. Ainsi la pensée de la différence nous a donné, après quelques décades, des sous-produits appréciables : la différ*a*nce avec a, le différ*end*... C'est suggestif, mais très insuffisant pour affronter les questions qui nous concernent, qui touchent aux mutations d'identité et à celles de l'origine. La psychanalyse aussi s'est acharnée ces derniers temps sur la seule « différence sexuelle » pour rendre compte du rapport (pardon, du non-rapport) entre homme et femme. Bien sûr, c'est le point de départ, mais une fois que c'est parti, qu'une relation amoureuse s'est nouée, qu'on a pris le large, ladite différence clignote encore comme un phare qui s'éloigne, qu'on perd de vue, pour naviguer péniblement entre crête et creux de la vague, entre les écueils de la haine de soi projetée sur l'autre, les « défilés » de la castration, les récifs de l'incastrable (où nulle limite ne s'inscrit), les sirènes de la séduction, les abîmes du narcissisme, les trouées de l'origine... C'est abyssal de toutes parts, mais ce qui s'impose à la longue c'est qu'entre un homme et une femme il y a – non pas un mur, comme disent ceux à qui leur déprime sert d'esprit – mais l'immense étendue d'un *entre-deux*, où ce qui opère n'est pas le *trait* de la différence – fût-il symbolisé par les traits de l'Un, ou du phallus, ou par les traits tirés de ceux qu'épuisent ces longs voyages – mais la mise en espace des mémoires et des corps, la traversée par certains gestes – d'aimance – de lieux physiques de la mémoire et de l'origine où l'on puise les énergies insoupçonnées de l'étreinte et de l'invention. Entre un homme et une femme ce n'est pas seulement la différence sexuelle, c'est l'espace de l'entre-deux où elle se déploie, et où l'un passe par l'autre, doit en passer par l'autre pour être lui-même et repasse par lui-même pour être autre que lui-même c'est-à-dire pour désirer ; ce désir tient compte de bien d'autres différences : d'époques, de générations, de rythmes, de peau, de mémoire. Il s'irrigue de ces différences mais ne se reconnaît dans aucune. Il en passe par des grincements : certains peuvent haïr l'autre d'avoir à en passer par lui (ou par elle) pour aimer, c'est-à-dire pour vivre une épreuve radicale de leur être. Tout comme certains enfants déjà ravagés par l'envie peuvent en vouloir à leur mère d'avoir à en passer par elle... pour se nourrir.

Et ce n'est pas le seul domaine où le concept de différence doive faire place à l'entre-deux, à l'espace où les deux termes semblent convoquer l'origine pour s'expliquer avec elle et pour que puisse s'élaborer un passage entre deux. J'en aborde, dans ce livre, plusieurs aspects : entre homme et femme, entre une femme et l'autre femme, ou entre une femme et elle-même, entre immigré et autochtone, entre identités multiples, entre un homme et l'autre homme... L'entre-deux est une forme de coupure-lien entre deux termes, à ceci près que l'espace de la coupure et celui du lien sont plus vastes qu'on ne croit ; et que chacune des deux entités a toujours déjà partie liée avec l'autre. Il n'y a pas de *no man's land* entre les deux, il n'y a pas un seul bord qui départage, il y a deux bords mais qui se touchent ou qui sont tels que des flux circulent entre eux. De sorte que le simple trait de la différence apparaît lui-même comme un entre-deux minimal, exigeant d'être repris sur un mode plus générique, plutôt que cerné dans sa « pure » acuité. Bref la différence apparaît comme un entre-deux trop mince, elle coupe là où c'est la coupure même qui ouvre l'espace d'un nouveau lien, elle fixe d'un trait l'écart là où le vif de l'expérience a lieu au cœur de cet écart qu'elle bouleverse.

J'avais déjà depuis longtemps récusé la logique ensembliste (où l'ensemble est la collection d'éléments qui ont le même *trait*) pour rendre compte des tensions du désir, collectives et subjectives ; même quand cette logique est modulée par une logique de l'autre, de l'altérité, qui la recoupe et la surprend[1]. Mais jamais l'idée de l'entre-deux ne s'était imposée à moi comme opérateur précieux et efficace pour aborder des phénomènes aussi variés. Certes j'avais au fil du temps abordé ponctuellement toutes ces questions, et notamment l'entre-deux-femmes ; le racisme, la séduction, l'amour... Mais c'est tout récemment, et sans le faire exprès, qu'en me retournant j'ai vu cette dynamique de l'entre-deux à l'œuvre dans tout cela.

J'ai donc fait travailler cette dynamique, cet opérateur de l'entre-deux – et déjà, récemment, dans une recherche sur la technique en tant que transfert entre les hommes à l'occasion de leur trans-faire avec le monde. Je laisse donc cet aspect pour traiter d'autres expériences, où deux entités sont non seulement « différentes », mais en contact différencié de sorte que l'une en passe par l'autre, se confond avec, s'en détache, y revient, en même temps qu'elle s'en éloigne... De ce point de vue c'est l'entre-deux de type *vie-mort* qui est le plus éloquent : la différence entre vie et mort est un aspect, presque un cliché du chaos entre vie et mort, fait de contacts, d'entrechocs et de relais aléatoires – fonctions de mort dans la vie, vivacité des temps de mort... C'est tout l'espace entre vie et mort qui importe, comme lieu d'accueil des événements qui s'articulent, qui font histoire, mémoire, rappels de vie. C'est presque la même formule que j'évoquais, à propos de l'entre-deux « raciste », qui pourrait s'appliquer ici : l'événement critique a lieu quand du vivant devient mourant, et quand à partir du mourant, se produit, sous une forme ou une autre, du vivant, de l'autrement vivant. De même, dans l'entre-deux où se déploie l'impasse raciste, le point critique n'est pas le différend entre l'un et l'autre et encore moins

1. Il est remarquable, mais je n'en parlerai pas ici, que même la mathématique et la physique mathématique en viennent à envisager des non-ensembles, des ensembles quantiques notamment, où l'essentiel est l'entre-deux-niveaux, ou l'entre-deux-espaces, pour saisir ce qu'il en est de la structure originelle de notre univers.

la différence, mais le double mouvement de ce qui se passe entre eux.

Dans l'entre-deux-femmes, la différence de l'une à l'autre ne relève pas de la trace, ou de l'identification, mais de l'espace où l'une n'advient qu'à travers l'autre, en tant que l'autre semble avoir pris les attributs du féminin qui manquent à l'une, ou pire : lui en a barré l'accès. Chaque femme connaît l'épreuve de ce passage entre deux pour advenir comme la femme qu'elle n'est pas, toujours pas. Dans ce passage, l'homme semble souvent un tiers inutile, maladroit, impuissant à la tirer de cette capture où elle ne cesse de se mesurer au fantasme de l'Autre-femme. L'enlisement dans cet entre-deux, appelé parfois « hystérie », est une position douloureuse où une femme vit et agit dans la peau d'une autre, à son insu. Car cet entre-deux, elle ne le voit pas toujours, elle oscille entre elle-même et l'autre part d'elle-même. D'où ces airs de « nulle part » qu'elle a parfois, qui peuvent la rendre irrésistible aux yeux de gens très installés qui aimeraient bien aller « nulle part », eux qui connaissent surtout l'errance entre deux femmes : leur mère et la Femme dont ils rêvent pour la remplacer.

Entre deux langues, deux cultures c'est encore plus évident : de telles entités ne viennent pas se recoller ou s'opposer le long d'un trait, d'une frontière, d'un bord où deux traces viennent s'ajuster ou se correspondre. Il n'y a pas deux identités différentes qui viennent s'aligner pour s'accoupler le long du trait qui les sépare. Au contraire, il s'agit d'un vaste espace où recollements et intégrations doivent être souples, mobiles, riches de jeux différentiels. L'idée de frontière ou de traits, avec un dedans et un dehors, un ici et un ailleurs, paraît insuffisante. C'est l'espace d'entre-deux qui s'impose comme lieu d'accueil des différences qui se rejouent. Dans l'*entre-deux-langues*, l'impossible langue d'Origine s'actualise dans le passage d'une langue à l'autre. Ce n'est pas réservé aux exilés. C'est une métaphore vécue par tous : tout un chacun, s'il veut penser et vivre en langues, même dans « sa » langue, doit y inventer l'autre langue et soutenir l'entre-deux qui ainsi se déclenche. Tout écrivain authentique fréquente les entre-deux-niveaux de sa langue apparente ; comme entre un rêve ou un fantasme et son interprétation. On le verra, la violence d'un Kafka est que son texte s'avance toujours dans cet entre-deux-niveaux, entre le niveau du rêve et celui de la réalité ; et ce qu'il transmet, ce qu'il joue à faire passer, c'est la force de cet entre-deux ; une différence de potentiel ; qui nous donne la sensation d'une Différence plus radicale entre nous et notre origine, entre l'*origine* perdue et la *fin* qui échappe.

De même encore, s'agissant de quête de place – geste essentiel de nos jours – la différence n'est pas tant entre être placé ou non placé, entre le chômeur et le salarié ; il s'agit du mouvement entre deux places, qui concerne le déplacement, la mémoire des places et le replacement de la mémoire (par exemple : comment des jeunes ou des chômeurs trouveraient-ils place s'ils n'ont pas place dans leur mémoire et leur histoire ? s'ils ne perçoivent pas l'entre-deux où ils sont pris et où il s'agit de passer ?). Là aussi la différence ne suffit pas, elle pourrait seulement dire : il y a place pour vous, ou pas (on vous écrira). Ce qui opère c'est l'espace où elle se produit, où elle s'invente, où on peut la *faire*, la différence qui se diffère.

Au passage nous aborderons l'idée de *risque*, comme approche, parfois triviale, du trauma de l'origine. On y verra que ce qui compte n'est pas essentiellement la différence entre le risque et l'« assurance » ; souvent on veut des assurances pour mieux laisser œuvrer le risque, comme si l'entre-deux se déployait ici entre l'assurance du risque et le risque de l'assurance... Le même point de vue nous servira à éclairer le dipôle fidélité et trahison : pourquoi on trahit certaines choses comme pour mieux leur être fidèle ?...

Dans tous les autres cas abordés, la *différence* se révèle être un cliché de l'entre-deux, un cas-limite et limité, un cas particulier. Le trait de la différence marque un bord, celui d'un ensemble opposé à un autre, ou opposé au reste, rassemblant les « gens » du même bord par différence avec les autres. Mais le trait est un entre-deux très simplet[1]. Le trait de la différence instaure un

1. ◆ * Si ce trait est un cercle, il est entre le dedans et le dehors qu'il désigne ; les deux se touchent en lui, le long du bord qu'il constitue. Or, même ce contact dedans-dehors peut ne pas se faire directement : il arrive qu'il se fasse après torsion, par exemple après symétrie par rapport au centre ; donc après une sorte de

rapport trop simple pour les situations vivantes que le mouvement des choses impose : transmission de mémoire, secousses entre collectifs, afflux d'étrangers, quête plurielle d'identité, y compris pour l'individu (l'entre-deux-femmes n'est qu'une quête de l'identité féminine...).

Toutes nos situations cruciales sont sous-tendues par une position d'*entre-deux*, posture instable ou incrustée dont l'épreuve semble décisive. Déjà lorsqu'on a un symptôme, et qu'on y est d'une certaine façon installé, la question de le quitter – de changer d'impasse, de discours ou de disque... – revient à pouvoir affronter l'entre-deux, le passage, l'abîme parfois, entre ce symptôme – avec l'assurance qu'il donne – et l'*inconnu* où l'on n'ose pas mettre le pied, faute de place, de certitude, de garantie... Entre ces deux pôles, on peut s'abîmer dans l'attente, nom aseptisé pour la souffrance, l'hésitation, ou la peur ; le coinçage entre-deux. Pouvoir émerger d'un symptôme, c'est pouvoir secouer cet entre-deux, lui-même figé dans d'autres conflits, d'autres compromis – en forme d'entre-deux, peut-être.

Peut-être les épreuves d'entre-deux se ramènent-elles à des mouvements plus ou moins riches où *une identité tente de recoller ses morceaux*, de s'intégrer à elle-même (en croyant s'intégrer à d'autres), de s'assumer comme une tenue d'arlequin dans le cirque du monde. La question ne cesse d'être actuelle, partout remise à l'ordre du jour. Nous parlerons d'intégration – de nos états, de nos connaissances, de nos « étrangers » ou de nos modes d'être morcelés. L'entre-deux concerne l'articulation à l'« autre » : autre temps – question de mémoire ; autre lieu –

---

retournement. Dans ce cas, l'objet mathématique qui s'ensuit est un espace non orientable – plan projectif. Et si le trait est compliqué, s'il se recoupe ou se noue, alors c'est une suite d'entre-deux, entre un point singulier et le suivant. Du reste, on montre en topologie que des espaces entiers peuvent être reconstruits à partir de leurs singularités selon des méthodes où seul importe l'entre-deux-singularités. On sait aussi que pour étudier un espace on étudie de préférence les passages entre-deux-espaces, où l'espace à étudier est tantôt au départ tantôt à l'arrivée d'une transformation.◆

* Les rares passages encadrés par ce signe ◆ indiquent une idée mathématique, ou plutôt une forme mathématique de l'idée en question. On peut les sauter si on a peur, mais je conseille de les lire...

question de place ; autres personnes – questions de lien. Mais au-delà des recollements que l'entre-deux actualise, là où il prend toute sa force c'est lorsque, dans son immense foisonnement, il apparaît comme une figure de l'*origine* ; l'espacement de l'*origine*, le rythme du temps où elle se vit, temps perdu ou « retrouvé » qui suppose ou implique autre chose qu'un ressassement dans l'« entre-deux » immobile ; où l'on donne à son origine des gages de proximité, sans pouvoir jouir d'en être proche et sans pouvoir s'en éloigner.

L'*origine*, ce n'est pas seulement là d'où on vient. On bute sur elle et cela anime nos déplacements. L'origine semble une limite indépassable, mais elle induit les voies de passage ; les passes, les voyages. Il n'y a pas de langue-origine ni d'origine des langues, mais les effets de l'origine viennent se jouer entre deux langues ; il n'y a pas La Femme, mais le fantasme qu'elle représente vient se jouer entre deux femmes ; il n'y a pas La place mais sa question se joue dans le déplacement, l'entre-deux-places ; il n'y a pas la Vie ou la Mort mais ça se joue entre vie et mort ; il n'y a pas d'Identité mais ça se joue dans l'entre-deux-identités et les mutations de l'origine. L'origine est un retrait qui conditionne l'entre-deux-traits. Elle se retire des entre-deux qu'elle implique et déclenche, et que son retrait conditionne. C'est pour cela que les entre-deux sont des figures de l'origine – des dissipations de l'origine : celle-ci est trop brûlante et traumatique pour être vécue en tant que telle. Elle nous revient et nous invite à reprendre contact avec elle sous la forme d'un entre-deux, la seule qui nous soit accessible. L'origine, comme l'horizon, nous suit quand on la fuit, s'éloigne quand on y vient, et ses éclipses ou retours se marquent non par une donnée pure, unique, mais par deux moments, *deux* instances, *entre* lesquelles on est pris, on se retrouve pris, souvent à son insu.

Même dans l'ordre cosmique, ou logique, l'origine apparaît double ou multiple entre fini et infini. Par exemple, en physique, certaines limites singulières sont prises comme des points d'infini, elles sont considérées comme hors d'atteinte à partir du langage qui les évoque, langage de pratiques « finies » : la vitesse de la lumière est inatteignable par aucune particule, et à ce titre elle est limite, elle a quelque chose de premier, d'originaire, comme la lumière elle-même est originaire dans la texture de l'espace, dans sa constitution. De même l'origine de l'univers appelée « big bang » est prise comme instant infini, non compté dans le temps puisqu'il inaugure le compte, origine du temps exclue du temps et dont le retrait permet aux temps de compter comme suivants et successifs. Essentiel, ce retrait de l'origine qui permet la suite, l'entre-deux des « successions »... Dans la théorie des ensembles aussi, il y a des faits analogues. Par exemple l'origine de la théorie, qui en est aussi le « tout », l'univers – est une sorte d'énorme ensemble qui du coup ne peut être compté comme ensemble : c'est même son *retrait* qui permet aux autres de se compter comme ensembles, d'apparaître comme tels, de se comparer ; l'origine retirée rend possibles des passages entre deux ensembles. De plus, un ensemble peut être pris entre deux niveaux de langage : il peut être « fini » dans le langage de la théorie mais infini dans la langue intuitive. (Pour des détails, voir *Le Nom et le Corps*.)

La séparation, inhérente à l'entre-deux, agit dans chacune des parties, et cela tire à conséquence : les deux parties, liées du fait de la coupure qui les sépare, ne forment pas un tout (encore moins sont-elles le tout) quand elles sont réunies. Qu'est-ce qui les fait échapper à la totalité ? Le temps qui s'écoule, la génération, la création, la reproduction, qui fait qu'une alliance passée entre les ancêtres et leur Autre, un lien solide pourtant, peut se retrouver trahi à la génération suivante, ou renouvelé, ou repris tout autrement. On se retrouve au cœur même de la *transmission.*

Appliqué à l'entre-deux-femmes, cela signifie : les deux parties, prises dans l'entre-deux-femmes, ne forment pas La Femme ; il y a d'autres femmes que celle-ci, ou que la mère même archaïque, ou que le fantasme d'incarner la féminité. *Il y a plus d'une origine dans une même origine.*

Appliqué à l'entre-deux-langues cela signifie : il y a pour chacun d'autres langues que ces deux langues entre lesquelles il se débat ; et la langue-Une originaire a éclaté en dix mille langues à ajointer bord à bord... dans l'entre-deux sourd des dialogues.

Appliqué à d'autres choses, cela signifie... tout ce que ce livre implique et qu'il voudrait faire passer. Mais comment ? On me dit qu'avec la voix ça passe mieux, que ça parle plus fort. Ce qui passe alors serait plutôt, je crois, l'image d'un corps désespéré et jubilant qui tente de faire passer, quoi ? l'idée de passage, de passage par l'inconscient ? (Car à l'horizon des entre-deux luit l'origine, donc l'inconscient.) Mais le corps s'absente, alors on le remplace par l'écrit, en espérant qu'il soit *parlant*. Dans les deux cas un curieux clivage apparaît.

Par exemple devant le corps parlant, « les gens », comme on dit, ne semblent pas prêts à percevoir en même temps *la parole* et *le corps*. On dirait que dans ces deux termes, corps et parole, il y en a un de trop. Ou si l'on préfère, leur entre-deux semble difficile à supporter. On veut bien voir un corps s'agiter, « s'exprimer », on veut bien se souvenir d'une parole lointaine – dont la force physique s'est annulée –, mais les deux à la fois, une parole et un corps *présents*, c'est trop pour nos faibles organismes qui d'emblée, d'instinct allais-je dire, rétablissent le clivage entre corps et parole, perception et mémoire, excluant l'un ou l'autre. Une parole qui prend corps et s'inspire de prendre corps – et dans l'autre sens : un corps qui vit de nourrir sa parole et qui jouit de la porter –, cela semble une épreuve insupportable. Des forces d'oubli, d'endormissement, interviennent aussitôt et rétablissent le décalage : va pour une parole *désincarnée*, on veut bien la suivre un moment, s'oublier avec elle, revenir à soi, puis l'oublier. Va pour un *corps* parlant, on s'impressionne avec, mais il ne faut pas que les impressions s'impriment trop, ou qu'elles prétendent à être lues, déchiffrées – et puis quoi encore ? méditées ? où irions-nous ?... « C'était impressionnant, ce qu'il a dit... oui, vraiment, ça m'a comblée... » (Et lui, le pauvre, ne sait pas dans quels combles de jouissance il est allé se faire consommer.) « Mais c'était quoi ce qu'il a dit ? » « C'était... tout à fait ça, je ne peux rien en dire d'autre, c'était ça. » Ah.

Curieuse équivalence – mais aussi exclusion – entre la chair et le verbe : le verbe passe, la chair s'absente ; et inversement. (Bien sûr, c'est le verbe et la chair de l'*autre*, en tant qu'ils s'offrent, se donnent à entendre, à percevoir. C'est pour l'autre qu'on répugne à mouvoir en même temps ses *sens* et sa *mémoire* ; à les mobiliser tous deux. Il faut dire que cela peut être fatigant.) Mais pour ce qui est de soi, on identifie volontiers sa parole et son corps, au point que lorsqu'un tiers vous l'écorche, votre parole, vous la déforme, vous manquez exploser physiquement.

Du coup, que peut faire cet « autre » qui se mêle de dire avec son corps et de donner corps à ce qu'il dit ? mourir et transmuer son corps en une parole qui – c'est sûr – serait reçue, et bien reçue ? Mais pourquoi « mourir » ? Le Christ l'a déjà fait une fois même si ce qu'il voulait faire passer avec son corps – « mangez, ceci est mon corps » – s'est étouffé dans cette gestion, ou cette digestion. Que d'aigreurs, d'ulcères, de choses avalées de travers... Donc inutile de recommencer le même montage – n'est-ce pas ?

Il faut trouver des passages entre nom et corps pour y vivre et faire entendre l'entre-deux radical. Celui de la pensée, ou de l'amour, ou du voyage amoureux de la pensée. On peut apprendre à mourir (par la philosophie, dit Socrate), on peut apprendre à aimer (par l'analyse des transferts), mais le risque est de trop bien y réussir : être retranché dans l'amour de... l'Autre qu'on devient. Il y a mieux : se tuer à vivre la quête et le surgissement du dire nouveau. Le dire du voyage. « Plonger dans l'inconnu pour trouver du nouveau » ; s'il y en a. On parlera *voyage* pour conclure le voyage de ce livre.

En passant, prenons acte de ceci : l'autre entend avec sa bouche ; avec ce qu'il peut dire de ce qu'il entend, ou de ce qu'il entendait *avant*. Et quand il est « bouché », c'est qu'il a la bouche pleine... de soi. De tout ce qu'il n'a pas avalé... de soi.

Et s'il faut, pour faire passer un certain dire, être mort, alors il faut apprendre à vivre un peu au-delà de sa mort ; à parler à partir de là, de cet au-delà ; pas d'outre-tombe, non, justement, puisque on reste debout ; on tient debout. Cela exige mutations et transmutations ; des coupures-liens entre-deux ; des alliances.

La plupart des *entre-deux* mettent en acte la question de l'origine. Une identité est un état, un *partage de l'origine* en forme de lieu constellé, autour d'ancrages qui peuvent eux-mêmes dériver mais qui semblent invariants. Peut-être allons-nous, dans le chaos qui nous porte, et qui sécrète aussi des ordres subtils, vers des formes d'identité en mosaïque, dont chacune s'assumerait comme recollement de morceaux, à l'infini, ce qui implique encore le passage par l'origine[1]. En tout cas, l'entre-deux implique l'origine, il appelle à « y aller voir de plus près ». Pour passer l'entre-deux, et recoller quelques morceaux, il faut pouvoir faire le voyage de l'origine, alors même que l'origine ce n'est pas fait pour y aller mais pour en partir. Y aller ne va pas sans dégoût, nausée, abjection (mélange trop fort de noms et de corps), tumultes, vertiges, exaltation, hébétude. (Imaginez des Noirs de New York faisant le voyage de l'Afrique pour retrouver leurs « origines », leurs racines : perplexité... Non, c'est pas ça. L'esclavage a tout décapé, il a remplacé tout ce qu'il avait arraché ; la rupture avec l'esclavage a coupé avec les racines qu'il a voulu étouffer. La dialectique est plus complexe qu'entre soumission et liberté.) Dans ces transits par l'origine, dans ces quêtes confuses, on trouve parfois juste ce qu'il faut pour se libérer de l'origine, pour *prendre* son départ et n'avoir plus à revenir compulsivement. On repart pour... un temps, libéré de ce lien, c'est-à-dire pouvant en jouer avec une certaine liberté, ayant inscrit la chose, ayant remarqué sa fin provisoire, son terme – ce qui permet de faire le lien avec l'autre terme de l'actuel entre-deux. La traversée de l'entre-deux est alors celle de l'origine. Et on le verra, ces épreuves sont de celles qui rendent possible l'*origine multiple*, l'identité morcelée mais consistante, avec des trous et des reprises, des tours et des retours.

La question de l'identité, aujourd'hui, ou celle de ses pertes affolées, exige certains détours de la pensée faute de quoi c'est le fantasme de l'identité pleine et solide enfin fondée sur une origine ressaisie. Et c'est alors la plongée dans l'irrationnel. Non que celui-ci soit une peste à éviter. Qu'on l'exalte ou qu'on s'en

1. ◆ Nous précisons plus loin l'idée que déjà en topologie, un espace un peu complexe, pas trop plat, appelé variété, ne s'obtient que par recollement de morceaux taillés dans un espace plus « simple », dit euclidien. Le recollement surmonte chaque entre-deux en l'affirmant, en le signifiant, d'une manière assez subtile : le recollement implique, non pas d'ajointer bord à bord – il n'y a pas de bord – non pas d'identifier, mais de repasser chaque fois par l'espace qui sert de texture originelle, et d'en revenir. Là, recoller les morceaux c'est faire le voyage de l'origine, aller et retour.◆

méfie, il est là. Ce qui fait question est plutôt la mise en tension dynamique entre lui et le rationnel. Cet entre-deux plutôt vivace existe en nous et nous porte. C'est sa fusion en un seul point qui aveugle et fascine ; c'est sa suppression comme entre-deux et comme passage qui suppose le vertige et qui en donne. Autrement, l'irrationnel « tout seul » n'existe pas, c'est toujours l'ombre ou la doublure ou le support du rationnel. Il y a toujours de l'irrationnel, et d'autant plus si les tendances au rationnel se veulent plus fortes, ou plus totales. Quand les tendances à la *ratio* se durcissent, les tendances irrationnelles s'accentuent aussi, puisque les premières veulent ignorer les secondes, lesquelles s'affirment d'autant plus fort. Par exemple, sur le plan thérapeutique il y a progrès dans la médecine, énorme et de tous ordres ; en même temps ces techniques semblent ignorer les aspects irrationnels ; par suite, beaucoup essaient de se soigner avec ces formes irrationnelles qui leur semblent ignorées à tort. La psychanalyse, qui maintenant paraît déjà trop rationnelle, fait que beaucoup vont chercher d'autres approches de l'inconscient – le tarot, l'astrologie, le cri, le cristal... Les contenus sont douteux mais le désir de préserver l'ombre est clair. De fait c'est plus complexe : *dans* l'irrationnel il y a de la rationalité – l'irrationnel ce n'est pas le chaos ; dans la magie on ne fait pas n'importe quoi, un fou ne l'est pas n'importe comment. De même, dans les champs de la *ratio*, l'irrationnel est déjà là, présent. Faire quelque chose de rationnel – une technique, un processus articulé –, c'est vouloir y transférer des fantasmes irrationnels, lesquels apparaissent dès qu'il y a un point de rupture, une rupture de dialogue, par exemple un accident ou une trouvaille. Après un accident d'avion – le pilote étant descendu trop bas –, l'enquête a montré que cet homme était un instructeur, il savait tout ce qu'il y avait à savoir ; son geste était donc purement irrationnel, presque magique ; comme s'il s'était dit : aux autres il faut trois secondes pour que la machine remonte, à moi il suffira de deux. La machine l'a traité comme tout le monde ; elle lui a « fait ça ». Au cœur des procédures rationnelles, l'irrationnel est en attente, désireux de s'exprimer ; et le foisonnement des techniques le développe comme un double. De sorte que le choix n'est pas entre rationnel et irrationnel ; il faut soutenir l'entre-deux même si l'appui sur l'un ou l'autre est au fond indécidable.

Il s'agit de prendre appui sur les ruptures d'enchaînements, rationnels ou pas. Même dans la recherche mathématique, royaume des raisons, les temps féconds sont des moments d'irrationnel : l'enchaînement rationnel vous a porté comme un hélico près du lieu des opérations, et là il se passe des choses qui relèvent de l'intuition, de l'illumination, des appels du corps, de la mémoire, des appels du langage, et d'un peu de magie... La différence entre science et magie, c'est que la science peut ressaisir comme nouvelles variables ce qui lui revient du réel, elle est moins stable que la magie ; la magie est trop stable, trop rationnelle dans son irrationalité. C'est pour cela que beaucoup lui préfèrent des formes ouvertes, aléatoires d'irrationnel pour communiquer avec leur refoulé, avec ce qu'ils ont sacrifié d'eux-mêmes, avec leur mémoire presque éteinte, leur généalogie perdue, leur destin fuyant, leur fin – image de leur origine –, leur tenace désir d'autre chose, inaccessible de préférence. Ce qu'on cherche par exemple dans tel sport de haute volée, ce n'est pas le triomphe d'unc technique mais le jeu où s'affrontent des fêlures de la technique, le passage entre une technique et sa cassure, parfois surmontée ; et le peuple jouit de voir l'essentiel se décider loin des raisons et des techniques (les adversaires étant déjà saturés techniquement). Les techniques et les raisons servent souvent à donner rendez-vous aux hommes juste au-delà des techniques. Elles n'entament donc pas le désir de communication avec l'essence de l'humain, le divin ; mais il semble que ce qu'en disent les religions ne suffit plus à certains qui trouvent cela trop rationnel ; ils veulent une communication plus directe, un peu fétiche, voire mystifiée. Des techniciens de haut niveau vont chez le gourou une fois par semaine ; dans une caricature, il leur montre avec sa baguette, forcément magique, un portrait d'homme avec nombril, et il leur pointe le nombril comme source ultime de la vérité ; et tous se pâment comme devant une révélation. Le nombril qu'il leur montre c'est le leur, bien sûr ; il les ramène à eux-mêmes ; ils en ont sans doute besoin, étant complètement aliénés à leur *ratio* routinière, ils ont besoin de ce détour-là pour être ramenés à eux-mêmes sur un mode assez infantile : se masturber le nombril. Cela leur tient lieu de communication avec l'au-delà d'eux-mêmes, avec ce qui les dépasse. Ils entrent en contact sur un plan contemplatif et purement narcissique avec ce bloc d'irrationnel qu'ils n'entament pas. (J'ai pointé d'autres épreuves mettant en jeu l'irrationnel, offertes par la réalité ; elles relèvent de ce que j'appelle le *transfaire*, le faire au-delà de ce qu'on fait ; ce geste d'innover met l'homme en contact avec l'irrationnel sur un mode créatif. Ce geste entame et utilise l'irrationnel, plutôt que de le toucher comme un fétiche qui sert à refermer les failles et les blessures.)

Un autre symptôme de la même flambée d'irrationnel est la remontée en surface des forces obscures du politique. Cela séduit ceux qui sont coupés de leur mémoire, de leur histoire refoulée et qui rêvent de retrouver une identité immédiate, physique, pleine, donc purement irrationnelle. L'actuel discours néo-nazi, car c'en est un, en témoigne – celui de l'identité à portée de main, solide, que rien ne vienne déranger, notamment pas les étrangers. C'est un fantasme, car cette origine pure et intacte n'a jamais existé. Mais il est prêt à se fonder, à se prouver, en passant à l'acte. Et son ressort efficace, le secret de son énergie, c'est de harceler les autres sur leurs limites incertaines – de les contraindre à s'affoler ou à se donner des limites sûres et certaines, à se fermer. (L'extrême droite a réussi à faire tenir à la gauche des discours xénophobes, mal rattrapés par des vœux pieux et inutiles sur le « vote des immigrés »...)

Le phénomène des sectes est aussi le passage à l'acte du même fantasme : disposer – enfin – de son origine. Une secte est une mémoire lisse, pleine, sans entre-deux, *ready-made* pour ses adeptes ; elle est la greffe qu'il leur faut pour combler leur trou de mémoire. La greffe prend et les prend tous à bras-le-corps. Jouissance garantie. Cela n'est pas trop alarmant tant que les sectes se contentent de leur béatitude, sans vouloir l'imposer à d'autres, sans vouloir faire le bonheur des autres malgré eux. Or ce n'est pas le cas, il y a des débordements, trop d'appels d'identité leur arrivent, appels à recevoir une greffe de mémoire-sans-histoire, une image unie de soi pour se sauver de l'asphyxie, au lieu d'en rechercher les causes, qui sont l'énorme trou de mémoire sur les failles de sa propre histoire. Les jeunes de la deuxième et troisième génération après la guerre ont mal vécu ces gros silences qui les délogent de toute fonction identitaire. Ils sont alors la proie facile des flambées de l'irrationnel, du sans-limite. Ce qui limite un peu, c'est d'avoir des attaches même secouées avec son histoire, des causalités même précaires ; si vous n'avez rien, vous êtes un bloc d'irrationnel qui fonctionne au principe de plaisir ; à la drogue, finalement. Des êtres amputés de leur mémoire emboîtent le pas à des mises au pas symboliques, paternantes, qui leur promettent une histoire en forme d'instants sans histoires, sans scories étrangères. C'est une tentation parmi d'autres, du même ordre que celle de la drogue ; on peut s'enivrer avec, se retrouver, mais les lendemains sont déchirants. Comme le « réveil » des drogués : l'état de manque est aggravé, il faut tout refaire pour pouvoir vivre, reprendre la traversée du vide, retrouver des entre-deux soutenables, refaire le partage dynamique entre les deux pôles – rationnel et irrationnel – pour retrouver la raison et l'impulsion de ses au-delà.

Et puisque nous évoquons le politique, il nous fournit un grand exemple pour illustrer notre idée : que la différence passe au second plan par rapport à l'entre-deux, qu'elle n'est plus le concept opérant. L'exemple concerne l'effondrement du monde communiste. On sait que son idéologie, même dans sa version non vulgaire et clairement formulée par Marx, avait pour pivot la « différence de classe » : bourgeoisie-prolétariat, éléments louches-éléments sûrs, traîtres ou alliés de classe... Cette différence a pris les formes les plus grotesques, toujours comme un trait tranchant, séparant les mauvais des bons, « dialectiquement » (bien sûr), mais toujours en masquant l'entre-deux où pourtant des choses énormes se passaient, à commencer par cette chose simple et radicale : des « prolétaires », ou des gens se réclamant de l'« esprit de classe », furent obsédés par l'idée d'un pouvoir qui, détenu par eux, cesserait d'être bourgeois ; deviendrait un pouvoir idéal, un pouvoir bourgeois en mieux, plus total, plus achevé. Et ils ont réussi à quadriller la société jusqu'à l'étouffement par ce type de pouvoir : muni de la bonne différence. C'est ce pot-aux-roses qui s'est dévoilé récemment, dans une cascade de châteaux de cartes qui s'écroulent.

On se doute bien qu'un tel pourrissement dépasse les erreurs contingentes. L'erreur profonde était, tel un ver dans le fruit, celle de la « différence de classe » – non que celle-ci n'ait pas de sens, mais elle est bien plus vaste qu'une différence ou un trait distinctif.

C'est un entre-deux complexe où des fantasmes sont projetés pour fabriquer des pseudo-réalités, ou des transferts sont aux prises, où des identités s'ouvrent sur leurs failles et cherchent à se redéfinir ou à se colmater. Cette erreur « classique » de Marx, une des rares qu'il ait commises – car tant qu'il analysait il était plutôt bon observateur –, cette erreur se rattache à une autre plus radicale : celle d'avoir voulu trouver la *solution finale* aux tiraillements de l'entre-deux, donc à la question de l'origine. Était-ce sa façon à lui de résoudre par la fin la question de son origine ? de son origine juive ? Le plus comique est qu'il l'a résolue de façon juive mais amputée, lobotomisée, donc débile : il a pris l'idée du messianisme juif (un Sauveur viendra mais le plus tard possible, à la fin des temps), et il l'a plaquée sur un peuple élu de son choix : le prolétariat. C'était déjà le début de la débilité, car dans la raison invoquée – « il n'a rien à perdre que ses chaînes » – on oubliait que justement pour ça il y tenait à ses chaînes, en attendant de les transférer... à d'autres. Marx a donc cloué son peuple élu au pilori de la perfection, de l'irréel : l'identité prolétarienne était identique... à elle-même. On ne s'est même pas demandé comment elle se transmettait (par la naissance ?...) Le peuple élu biblique s'était muni, d'emblée, d'une sacrée faille au départ, à l'origine : il ne pouvait pas être identique à lui-même. D'emblée il s'imposait l'entre-deux intrinsèque ; de quoi nourrir toutes sortes de blagues. Comme celle de ce Juif russe émigrant en Israël, dans les années 20, puis revenant au pays puis émigrant encore... et qui sommé de choisir avoue en soupirant : je ne me sens être que dans l'entre-deux, dans le voyage...

Ce livre de l'entre-deux s'ouvre sur l'étranger et se conclut sur le voyage. Cela fait un grand tour où s'explore une constellation d'entre-deux autour du « vide » originel ; des entre-deux où l'origine exprime son absence tout en laissant des passages possibles à franchir, à déplacer. L'effet constellation décevra l'esprit linéaire qui veut progresser pas à pas du tout début jusqu'à la grande révélation. Ici le début c'est l'origine, et sa question est partout. La même question travaille dans les entre-deux que nous pointons successivement en faisant le tour. On pourrait dire que « ça va en tous sens », mais c'est la même chose qui va en tous sens : le livre est donc écrit sur le même mode qu'a l'origine d'éclater en tous sens sous la forme d'entre-deux, que l'on franchit ou pas. Et dans chaque « sens », à chaque étape, l'entre-deux apparaît comme espace dynamique et non comme trait d'une différence entre bon et mauvais côté. C'est l'espace d'une pratique, d'un passage. Et c'est comme tel un moyen de penser la situation. *Lorsque dans une pratique on échoue à le faire apparaître, l'entre-deux, c'est que l'origine prend toute la place.* Lorsqu'il apparaît et qu'on échoue à le franchir, ou à le déplacer, c'est qu'il tient lieu d'origine ; il est alors compulsif : c'est par exemple l'image du va-et-vient compulsif entre deux choses ; cela peut être la capture où l'on se prend pour l'un des termes, fasciné par l'autre terme (par exemple : une femme se prenant pour La femme, dans le cas de l'entre-deux-femmes). La position féconde semble être celle du transfert d'origine : l'entre-deux apparaît comme pouvant être franchi ou déplacé ou transféré. D'où l'importance de thèmes tels que le déplacement (chap. 5), le voyage (chap. 9). Même l'image (chap. 8) est abordée comme vecteur d'un voyage magique entre soi et son origine. Ce point de vue prévaut dans l'approche de l'amour comme don du manque originel (chap. 2) ; ou dans l'entre-deux-« vie-mort » comme fonction d'origine où celle-ci est vécue, déployée, achevée, relancée (chap. 4). Dans tous les cas, il importe de n'être pas hors de l'entre-deux (car ce serait être *dans* l'origine, complètement dedans) ; et quand l'entre-deux apparaît, l'épreuve est de le franchir.

P.-S. Il va sans dire que ce n'est pas à lire « d'un trait ». Le texte rayonne à partir d'une question-centre, celle de l'origine, vers des directions multiples ; donc chacune est une entrée. D'où, aussi, certaines répétitions.

De même, cela s'articule à mes autres livres par bien des liens que je n'ai pas voulu citer – trop lourd –, sauf quelquefois par la formule : je montre *ailleurs*... Le lecteur intéressé trouvera l'*ailleurs* de lui-même.

Chapitre 1

EFFETS D'ENTRE-DEUX-LANGUES

Exils d'origine

L'*origine* n'est pas une langue, ce serait même une absence de langue assez riche et fertile pour être aussi un potentiel infini d'où se ramifient le dire et le mal-à-dire. L'entre-deux-langues est le partage même de la langue, dans sa dimension poétique, sa prétention au dialogue, son champ de miroirs où chacun s'identifie et se désidentifie ; recharge et décharge d'identité.

L'humain se produit aux frontières entre-deux-langues et chaque langue est déjà une frontière entre ce qu'elle dit et ses abîmes d'origine.

1. Paradoxe de l'origine : *il nous faut une origine à perdre* ; elle est nécessaire, et elle est vouée à être perdue. Il nous faut une origine à quitter, une d'où l'on puisse *partir*, et si on l'a, le danger est d'*y rester*, de trop en jouir, de s'y perdre, de se fasciner devant elle, de s'enfoncer en elle en croyant la creuser, et de s'abîmer dans son vide, « divin » à l'occasion.

Pourquoi ce paradoxe ? Et qu'est-ce que *perdre* si on gagne à cette perte, et si sans elle on est perdu dans l'origine ou son absence ? On cherche des raisons, à enfiler comme des perles, mais leur mérite est d'être toutes insuffisantes. En voici quelques-unes à se mettre sous la dent. Si l'origine est un complexe de traces vivantes, alors pour qu'une trace se traduise, il faut qu'elle puisse s'éclipser. Pour qu'elle s'exprime « dans » autre chose, il faut que sa prégnance s'atténue, sinon la « traduction » est en panne ou ne démarre pas. Nous sommes une piètre machine d'écriture, qui doit oublier *ceci* pour retenir *cela* ;

« cela » est à la fois retenu et marqué d'oubli ; sa couleur d'oubli fait nos délices nostalgiques. Mais dans la nostalgie on oublie que l'objet du désir c'est l'*oubli*, que ce qu'on veut ce n'est pas le retour de « cette chose-là » mais l'atteinte de mémoire qu'elle était, le don et la perte de mémoire... Le paradoxe est que notre mémoire n'est pas un stock mais une pulsation multiple : elle rattrape ce qu'elle lâche, elle lâche pour retenir, et ses appels sont des forces de rappel.

Et puis, à trop jouir de son origine, on ne peut plus rien en dire ; on peut chanter, incanter et sombrer dans la confusion, le « trip » immobile. Ce n'est pas nouveau que l'excès de jouissance s'oppose au dire et au savoir.

Et puis, pour jouir une *autre fois* de son origine, pour la conjuguer dans le temps, il faut se décaler de son jouir, faire un pas de côté, d'où l'écart, la distance, la perte...

Et puis... mais vous l'avez senti, toutes ces raisons sont faibles. C'est comme l'interdit de l'inceste, les raisons qu'on en donne, d'autant plus creuses que savantes, sont infondées, insuffisantes ; cet interdit est sans doute la métaphore de l'*infondé* qui nous marque, radicalement ; ça semble dire : qu'on peut toujours donner des raisons et de bonnes, il y en a d'*autres*, ni bonnes ni mauvaises, simplement indicibles ; ou des raisons perdues. Bref, il y a de l'inconscient.

Le paradoxe qui nous occupe peut donc se dire ainsi : *le support inconscient existe en tant qu'insupportable ; il échappe aux raisons « conscientes »* ou il les fait se perdre ; *ce qui le fonde est infondé.*

2. Jusque-là ce n'est pas grave ; après tout, avoir son origine en tant que perdue c'est encore l'*avoir*. L'avoir... perdue. Ce n'est pas rien. Là où ça se gâte, c'est que cette origine est *transmise* (l'objet de désir n'est qu'objet de transmission...) ; *transmise par des êtres de chair et de désir*, eux-mêmes aux prises avec elle, empêtrés en elle. Cette origine est donc comme telle contradictoire. On sait que souvent se transmet à coup sûr ce qui n'était pas prévu pour ça, ce qui échappait au *programme* de transmission. Et même ce qui se transmet en direct fait le détour de l'imprévu pour se transmettre d'autant mieux. Ainsi des exilés se croyant libres de leurs attaches d'origine les voient surgir avec une rigueur implacable, une légèreté féroce ; et ceux qui se définissaient par l'exil sont surpris de s'en accommoder. D'autres cultivent les petites différences, faisant de cette culture leur seul bouillon.

Mais revenons à cette perte inhérente à l'origine. Elle dit que l'origine n'est pas comme on la veut, n'est pas identique à elle-même ; qu'elle se fait faux bond ; vigilante infidèle. Mais c'est dire qu'elle est *vivante*, même si nul n'est là pour en répondre. Cette « perte » intrinsèque met à distance l'image idéale de l'Origine, « distance » riche de fantasmes. On est riche d'un fantasme dès qu'on n'en est pas captif. La capture d'origine peut être d'une violence inouïe : on se retrouve exilé *dans* son origine, exilé en soi, empêtré dans un soi impalpable de vertiges.

Exemple : cet enfant de parents maghrébins vivant en France, père âpre et blessé dans son rapport au français qu'il conteste et qu'il envie à la fois, mère dépressive enfermée dans sa famille absente, dans son « chez-elle » lointain où son désir est resté en otage. L'enfant coincé, en suspens, ne reçoit de son origine pour l'irriguer que des flux secs ou amers. Il échoue à « apprendre le français ». Est-ce sa manière de payer une dette à son origine – ou à sa langue « première », l'arabe –, dette dans laquelle ses parents eux-mêmes sont captifs ? Dans ce cas, la faute ou le manque envers la langue seconde réinscrit ou remarque la faute envers la première langue (l'arabe). Le passif de l'enfant est composé de la double dette que les deux parents lui ont transmise. Or cette impasse, on s'en doute, n'est pas le propre des immigrés. C'est souvent que les deux parents semblent habités par une cassure opaque, une faille muette, intransmissible, sur laquelle bute l'enfant. Il devine un malheur, donc il suppose un malheur, un mal. La langue mère fonctionne alors comme zone de malêtre qui *demande* quelque chose ; on ne sait pas quoi lui donner, ni avec quoi panser la plaie...

Si l'on rend à la langue *première* sa force perdue, le passage se libère vers la langue *seconde* ; il est comme permis par un tiers (thérapeute ou pas) qui dans l'*entre-deux* restitue à l'origine la consistance qui lui est due pour qu'une distance puisse être prise, où l'enfant ne soit plus otage. (La langue « première » peut être telle langue précise, ou le dire originel, l'histoire familiale où l'enfant est né.) En l'occurrence, le passage salvateur se déclenche du dehors ; la mère parle peu à ses enfants de son rêve ou de son fantasme ; elle risquerait de s'exposer aux questionnements de ces petits monstres : pourquoi on est *ici ?* et pas *là-bas ?* pourquoi on ne fait rien pour être là où vous voulez ? pourquoi le père n'y arrive pas ? pourquoi ton rêve nous ignore ? Ici, la mère comme le père présentifie l'absence à soi ; l'entre-deux déserté. Elle est coupée de son enfant sans que cette coupure soit source de vie. D'autant que chez ces mères « mélancoliques », *l'objet du deuil* (leur famille, leur origine) *est en même temps objet d'espoir*, l'objet d'une jouissance promise ; si le voyage du retour pouvait se faire... Or l'exil est souvent un voyage qui ne sait pas trouver son retour.

Encore une fois, nul besoin d'être immigré avec une mère nostalgique pour vivre ce tiraillement. C'est le cas d'à peu près tout le monde : le père s'escrime avec la langue ambiante – celle, multiple, du social. La mère a son origine regrettée (la maison de son père, son temps de petite fille, le temps de son fantasme). Et l'enfant est toujours entre deux langues, ne sachant laquelle parler car chacune est « impossible ». L'entre-deux parental peut être un piège où il s'englue.

Tout cela rappelle que souvent l'afflux réel d'étrangers ne fait que révéler des problèmes et non pas les créer ; problèmes intrinsèques à la genèse de l'humain à travers la série de ses petits mondes (en commençant par les parents). Les xénophobes disent au fond : ces étrangers nous mettent à nu plus qu'on ne peut le supporter...

Quant aux enfants (immigrés ou pas), otages entre deux langues un certain temps, il leur revient de dire à chacun des deux parents qu'il s'aime mal. Un enfant lance des appels aux parents moins pour qu'ils l'aiment lui que pour qu'ils s'aiment eux : chacun d'eux ; et tous deux si possible. Ce drame a un poids de *réel* variable. L'enfant souffre du malaise déjà présent dans l'origine, transmis avec elle, et grâce auquel elle se transmet. En un sens, seul le psychotique échappe à ces « désordres » car seul le psychotique a une « vraie » langue maternelle, celle dont il n'est pas sorti.

3. Je pense à l'enfant marocain dont m'a parlé un thérapeute. Enfant de trois ans, dans une capture entre deux langues : incapable de dire un mot ; père mort pendant la grossesse de sa femme, mère endeuillée, isolement, détresse... Le thérapeute pouvait nommer dans les deux langues (arabe et français) des jouets, des objets, de quoi enrichir l'entre-deux-langues, lui donnant une certaine force *imaginaire* sur fond de pulsions foisonnantes. Les pulsions orales offraient un bon terrain : l'enfant criait, suçait, rongeait – oralité sonore ancrée dans l'origine : il passait son temps à écouter une cassette de musique arabe... (Le tiers est donc actif dans cet espace d'images et de pulsions.) L'enfant commence à s'accrocher aux mots. Mais l'endettement névrotique demeure, où *l'impasse dans une langue paie la dette à l'autre langue.* L'ouverture symbolique, le moment libérateur, eut lieu de façon singulière qui mérite d'être citée. Le thérapeute et la mère parlaient en arabe du projet de circoncision pour le petit. Du coup, dans sa langue d'origine, l'enfant n'est plus simple objet-jouet de la mère qui le prend, le pose, le dépose, le manipule ; il est support d'une parole qui le rattache aux siens, à sa tradition d'origine. La famille fut évoquée, les oncles, le manque d'argent, et le fait que la circoncision n'est pas... remboursée par la Sécu. La frontière entre deux langues était bien là, touchée du doigt. L'enfant, dans les bras de sa mère, suçait son pouce en somnolant. Soudain il voit le thérapeute fumer un cigare : il sort de sa poche une sucette, retire le papier cellophane, et la suce en regardant le thérapeute fumer. A la fin de la séance, le thérapeute écrase son cigare et l'enfant jette sa sucette – qu'il n'avait pas finie – dans la corbeille à papiers en disant, en français : « C'est fini. » « C'est fini » fut... son premier mot de français. La fin de deux objets oraux (cigare, sucette) – fin de la succion des substituts du corps de la mère – déclenche un autre commencement, celui de l'autre langue. L'enfant s'est lui-même coupé de sa « sucette » non finie, infinie ; « autocastration » orale modulée sur celle du thérapeute et sur la fin de la rencontre, le tout sur fond d'une coupure entre deux langues et deux cultures (circoncision, Sécurité sociale) ; sur fond d'une coupure sur son sexe évoquée entre la mère et le thérapeute dans leur *dialogue*. Tout cela a pu produire en lui cette parole qui a fait acte. Il a pris un double appui sur sa mère et sur cet homme, entre les deux langues possibles, pour produire cette « circoncision » *originale* à même la langue ; appui aussi sur toute l'énergie pulsionnelle mobilisée, assez forte et disponible pour supporter un renoncement (au *reste* de la sucette), pour transférer ce renoncement : et faire de ce bout de téton la fin d'un cigare... Tout cela donne à cette parole – « c'est fini » – ouverte en tous sens, une force performative (il fait ce qu'il dit et dit ce qu'il fait). Cette force permet que s'inscrive une limite. A partir de là l'enfant commence à parler le français, à jouer plus librement avec des mots d'arabe, avec ses graphismes, qui s'enrichissent : il dessine les feutres qui lui servent à dessiner ; il dessine même – lui l'enfant sans père – une mère et un petit garçon, et un père qu'il met entre deux. Le déclenchement symbolique ira s'intensifiant : il fait semblant d'écrire et il en rit ; il consomme en grand nombre des feuilles de « papaïer », cet arbre merveilleux où son intuition d'orphelin se sublime. Plutôt que d'être captif du père ou de son manque, autant le consommer. Papa y est, dans la jouissance graphique... et dans la corbeille à papiers.

Le déclenchement, forcément « involontaire », de tels instants symboliques ne se comprend qu'après coup. En l'occurrence il *authentifie le support imaginaire tout en le dépassant.* Là, dans ces entre-deux multiples, l'enfant s'est vu restituer son origine jouissante et musicale (la musique arabe lui avait été nourricière : assurant le bon passage, la transition de sa mère en détresse). Et cette restitution lui permettait de s'en dessaisir, de supporter la coupure, de mettre en acte lui-même le passage entre deux langues.

C'est peut-être l'essentiel de certains actes symboliques : faire une greffe d'origine pour en libérer le sujet, et pour qu'il puisse, tel un nageur qui touche le fond, y prendre appui et d'une secousse refaire surface, à l'air libre, en d'autres langues. Le nerf de l'acte thérapeutique est de permettre que l'origine soit assez investie pour que de l'inhiber ne soit pas délabrant mais impulse des déplacements dans le champ des « langues ». (Du reste, l'inhibition de l'origine est toujours *momentanée :* productive de moments, de passages entre-temps...) Et chacun sent qu'« honorer » l'origine implique que l'origine s'honore elle-même ; c'est plus subtil que d'agiter des emblèmes d'authenticité...

Dans le cas de cet enfant, on pourrait croire qu'il y a eu grignotage du maternel (en tant qu'Autre réel) pour « entamer l'emprise de la mère », comme disent les « psy » qui pensent que c'est un but en soi ; alors qu'on se sépare de la mère pour pouvoir en avoir une dont on ne soit pas l'appendice. Ce qu'il y a eu là, c'est un *transfert* de cette emprise nourricière vers une autre capable d'exciter les potentiels imaginaires tout en marquant *les frontières entre deux langues* : de quoi rendre possible le *passage* quand l'*occasion* s'en présente. De fait, cet enfant – « génial » comme ils le sont tous par moments – a pu traverser l'agressivité en miroir pour jouer avec la « castrabilité » de l'Autre : le cigare recoupé par la sucette interrompue... Il *se permet* ainsi l'éclipse de l'autre maternel, l'inhibition de sa première langue. De plus, la coupure avait valeur *symbolique,* mais elle tient grâce à des points d'attache faits d'*images* et de mimétismes ; la greffe ne prendrait pas sans ces matériaux moins « nobles », que certains traitent d'un peu haut.

L'épreuve est plus dure quand la mère est trop prise dans sa nostalgie d'elle-même, ou dans le fantasme d'un vrai retour, à la vraie origne, là-bas... Fantasme qui supplée sa difficulté à déplacer son origine, ou à se déplacer « avec » elle, vis-à-vis d'elle. Si ce n'est pas son origine qu'elle déplace, s'il y a son origine là-bas, et le placement de son corps ici, l'entre-deux est appauvri, voire impossible, et l'enfant questionne en silence : si votre identité est là-bas, que faites-vous ici depuis si longtemps ? Est-ce de ne pouvoir dire cette question qu'il ne pouvait rien dire du tout ? l'enjeu est de taille : si l'origine, en l'occurrence islamique, est supposée immuable, indéplaçable, que pouvait-il en traduire ? comment pouvait-il compter avec ? comment s'en éloigner tout en gardant le contact avec ? Pour qu'elle puisse compter pour lui, il faut qu'elle puisse s'ouvrir, et qu'il puisse alors, lui, compter pour elle. « Compter » au sens de se déplacer sans être en état d'errance, sans être dans l'innommable, dans l'inqualifiable [1]. Se mouvoir dans l'espace des langues c'est comme chercher une place ; entre-deux-places, entre-deux-langues... Il s'agit de s'identifier mais pas complètement, de supporter le passage entre deux pôles d'identité. Nous verrons que l'origine parlable est l'origine « multiple », celle qui peut se prêter au morcellement par la parole et la pensée ; celle dont on peut recevoir un message sans qu'il soit le premier mot, imparlable, ou le dernier mot, fatal.

4. En somme, pour parler il faut deux langues au moins ; la première que l'on inhibe pour pouvoir traduire la seconde en... elle-même, infiniment, grâce aux forces de retour que donne l'éclipse de la première. Cette traduction se fait à des tiers, à des niveaux ramifiés, rythmés d'*oubli.* Il ne s'agit pas de parler *comme* ses parents, mais d'avoir assez aimé leur *parler* pour ne pas en être captif et pour estimer que ce parler est digne d'être quitté, quitte à être plus tard *rencontré.* (Car la première langue revient par bribes.) Même chose pour ce qui est de parler *comme* son Maître ; toutes les langues de bois s'échouent dans cette impasse. Une langue de bois est adhérente ou accrochée à un même point de maîtrise dont elle ne veut pas décrocher. Elle se donne pour l'origine qu'elle s'interdit de quitter. Et comme toute origine bloquée elle devient une fin.

L'enfant que j'ai évoqué nous en dit plus. Il symbolise une capture et une délivrance : il était captif de l'oralité nourricière :

1. On retrouvera ces composantes à propos de la quête d'une place, d'une place dans l'espace de travail : quelle est votre « qualification » demande abruptement le « marché du travail », ou le marchand, avant de vous faire place. Façon un peu obtuse de poser une question plus simple, plus essentielle : êtes-vous qualifiable ? supportez-vous d'avoir un nom même impropre, une identité même partielle ?...

langue-musique-mère... Or bien des adultes de sa sphère culturelle le sont sur ce même mode, et restent toute leur vie captifs – délicieusement – de la fusion entre mère-langue-livre-religion-musique... En raison non d'un trait spécifique ou essentiel de leur langue, mais d'une collusion entre deux événements majeurs : leur langue – donnée avec le corps de la mère – est aussi celle où leur religion (islamique) s'est *donnée et identifiée*, assurant la clôture comblante entre Terre-mère et Livre-langue ; dans une musique typique et deux fois sacrée (côté mère et religion). Leur parler, un rien solennel, a pour support inconscient cette sorte de chant qui a les charmes de l'allaitement : succion immense, invocation, incantation, enivrement, certitude d'être porté par la terre-mère ; violence inouïe quand d'autres y touchent...

Pourtant, ce sont les chocs de l'événement, des rencontres avec d'autres cultures qui déclenchent la traduction ; par-dessus l'abîme que nul voyage n'a franchi. Traduction éprouvante, et souvent douloureuse.

Mais comment aimer assez ses origines pour leur signifier qu'elles sont dignes d'être quittées, laissées de côté, laissées à leur chute libre aux rebonds imprévus ? C'est difficile. Souvent on leur en veut de les avoir si mal aimées qu'on échoue à les quitter. On a du mal à quitter ce qu'on aime mal, ou qu'on a mal aimé. Alors on *reste*, et on aime encore plus mal, on a encore plus de mal à partir, on y reste. Le passage devient l'impasse.

Cela dit, inhibition de l'origine n'est pas « effacement » mais *retenue*, remise à zéro, à l'« origine » dont l'impulsion de retour déclenche le mouvement traducteur. La retenue est une mise en mémoire, sous tension ; on peut tenir à ça, tenir grâce à ça, et grâce au fait qu'on tient à autre chose qu'à ça.

Quant aux « premières traces », elles sont variées : bribes de langue, gestes, fragments culturels, coutumes oubliées. Si elles sont investies assez fort, leur inhibition donne la force de mettre en acte ailleurs ce désir de dire. Inhibition n'est pas ici péjoratif. Du reste, ceux qu'on dit inhibés sont ceux qui ne peuvent justement plus rien inhiber, étant déjà complètement *dans* l'inhibition. Parfois, ce qui fut inhibé comme « première » trace n'est « représenté » que par cette inhibition : elle resurgit sous forme de gêne, de trouble : quand certains sont confrontés devant un tiers à leurs mots d'origine. Surtout si de leur langue il ne reste que des bribes, d'autant plus précieuses : fragments d'une mémoire-chose, frontières faites de pistes encore libres, de déplacements jamais vécus, d'exils à venir. Autrement dit, la gêne et la timidité, l'inhibition et la peur sont chargées de représenter le trop-plein originaire jamais traduit : ni assez fort pour s'imposer, ni assez retiré pour être inaperçu. Une pure frontière, mais assez dense.

Voyez ce trait lointain de l'origine inhibée, l'« *accent* » : on parle avec un accent la langue d'accueil, la seconde ; l'accent venu de la première, sa musique modulée, la trace d'une gêne : amour malheureux de l'origine, ni voulue ni quittée. Outre les complications de la « reconnaissance » par l'autre, l'autre à qui on croit devoir certains gages. Parfois cette gêne était déjà à l'origine : chez les parents, devant leur idéal, leur image de l'« autre » pour qui ils cachaient mal une répulsion-admiration, que leur enfant a bien perçue...

Ici, parmi les exilés de l'intérieur – l'intérieur d'eux-mêmes –, certains s'inventent un accent pour se dire qu'ils viennent d'ailleurs, donc de quelque part.

La peur d'être infidèle à la mère, à la « langue » mère, empêche certains d'en décoller, même pour un temps, et de consentir à l'éclipse de la langue « première » – éclipse nécessaire pour qu'elle passe en d'autres langues.

Cela éclaire bien d'autres formes d'inhibition ; celle de l'intellect : peur de comprendre des choses qui risquent d'atteindre l'intégrité de l'origine.

D'aucuns expliquent l'« interdit » de parler la première langue, celle de l'origine, comme un interdit de l'« inceste ». C'est dire qu'en tout cas la langue première fonctionne comme élément d'inconscient à refouler. En fait, parler la langue première est aussi difficile que de *marquer* une certaine désidentification à ses parents ou à ses ancêtres dont cette langue était l'élément. Parfois ce sont les parents eux-mêmes qui avaient supplié qu'on ne s'identifiât pas à eux côté langue, et qu'on cherchât dans des langages plus « modernes » des signes de la réussite, et de quoi les tirer d'affaire...

5. Ces enfants d'étrangers vivent dans leur corps l'entre-deux-langues et disent avec ça autre chose qui les déborde ; un débordement intrinsèque de l'humain par ses langues. Dans une famille il y a toujours *au moins deux* langues : la langue du père, celle de la mère, la langue interne ou externe, la langue ésotérique, celle de la tradition, la langue des rêves familiaux, et celle qui oserait les interpréter... Tout enfant connaît des points d'inhibition où il « attend » qu'un niveau de langue consente à s'éclipser pour qu'il puisse, lui, passer à d'autres niveaux, oser être traducteur, créateur, et non simple émetteur, laborieux, de la langue familiale.

L'événement de l'entre-deux-langues, il est vital de s'y engager autant que de s'en dégager. C'est un passage. Quand on l'a franchi, on le retrouve plus tard sur le mode « poétique » : des blocs de la langue perdue refluent de loin en mutations poétiques. La nostalgie s'y révèle : douleur du retour aux failles jouissantes de l'entre-deux-langues, aux liens jouissants et étouffants que cela suppose. J'ai connu un poète d'origine juive marocaine, émigré en Israël à l'âge de cinq ans, ayant tout oublié de son arabe d'origine, écrivant en hébreu ses poèmes où affluent parfois, tels des blocs poétiques, les mots d'arabe de son enfance, ceux de la langue ordinaire de ses parents : pour lui ce sont des blocs de temps, des remontées de la mémoire, des niveaux seconds dont le souffle anime sa langue actuelle, l'hébreu, qui pour ses parents (parlant arabe) est au contraire la langue de l'immémorial, de l'archaïque, du poétique, la langue de la Bible. Et ces mêmes mots arabes qui le ravissent, lui, sont pour eux quotidiens, désuets, sans nostalgie... Il y a là comme une *torsion* entre deux langues. Mais quel que soit le cas de figure (et il y en a dans ce pays de Kénaâne où des Juifs en plus de cent langues sont venus quêter leur « origine » sur une petite terre explosive...), il montre *la violence poétique du partage de l'origine*. L'impulsion poétique, quand elle n'est pas une pure ivresse incantatoire, prend sa source dans le partage de la parole ; elle met en acte ceci que l'origine est partagée, que les mots intimes ont leurs points de nudité par où ils furent exposés aux altérités les plus vives. Pour le poète ce constat est *créatif* ; pour d'autres il est d'abord une épreuve narcissique pénible : notre origine serait à ce point marquée de « mort » et de dessaisissement ? A ceux pour qui l'origine s'est *identifiée* à la vie, à la mère, à la langue, à Dieu, à l'éternité, la chose paraît insupportable ; et ils en viennent à renoncer aux transferts et déplacements qui font la trame de l'existence. Car ce qu'on appelle *le transfert est aussi une traversée entre deux langues.* Imaginez la première interprétation « œdipienne » de Freud : « Mais oui, mon petit, ce désir de tuer ton père et de posséder ta mère, les Grecs en ont fait leur théâtre... Cher patient, d'autres ont souffert de ton mal et voici ce qu'ils en ont dit... » Cela invoque une autre langue ; de quoi renouveler pour le sujet l'étreinte d'un lien vivant même si ce lien prend sa source chez d'autres, chez les Grecs... Cet apport d'une langue autre, d'un autre niveau de langue dans la citadelle du symptôme, ébranle la muraille.

Pour qu'un enfant coincé de l'entre-deux-langues métamorphose sa langue d'origine, il faut qu'elle puisse lui être donnée (donc retirée...), et ces dons sont subtils : pour faire *don* il faut être *doué...* tout comme pour recevoir. D'où ce constat : cet enfant a eu « du mal » en français parce que l'arabe ne lui a pas été donné. Chaque enfant a besoin d'une origine à perdre et à reprendre pour avoir lieu et pour penser. Penser, c'est confronter la langue où l'on se trouve à elle-même en tant qu'autre. Cela implique le don de langue et le don de l'origine, en tant que toutes deux échappent ; c'est un don du même ordre : don de vie *marqué* d'entames qui inscrivent une certaine « mort ».

6. Quand on découvre – avec horreur, effroi ou simple déception – que l'origine, loin d'être pure, est altérée, ça grince, ça tire sur la corde œdipienne : la mère n'a pas été aussi pure qu'elle l'a fait croire ; elle n'était pas sans désir quand son homme la grimpait... Ce constat, on en rirait : elle désirait aussi ?... Il y avait donc du désir dans cette Autre qu'on croyait « pure » ? Mais certains s'en mortifient, il leur vient l'envie d'oublier, de se soûler, de se droguer pour incarner quand même l'origine immaculée, pour donner corps – leur corps ou un autre – à la Vérité bafouée. D'où les variantes cliniques ou politiques du fanatisme. Le fanatisme c'est d'avoir à porter en soi un temple *(fanum)* où l'on se livre en douce au culte d'une origine impossible à perdre ; et par là même supposée pure. Il y a les variantes terroristes (dont je montre ailleurs qu'elles procèdent de la même veine : l'incarnation de la « vraie » Loi pour protester contre les manquements de la Loi en cours), et les impasses plus ordinaires du politique : qui sont des impasses symboliques ou poétiques : voir la panique de la classe politique face aux montées « nationales » ou intégristes. Cette panique l'empêche d'y voir une remise en question de sa langue de bois et de sa façade instituée qui lui sert de masque. L'identité, quand elle devient institution, bloque le problème de l'origine en se donnant elle-même comme fin.

Or, la dynamique de l'« origine » est de « bouger » le temps, de mouvoir l'histoire, grâce aux mouvements entre-deux-langues. L'histoire – les mouvances du temps, avec rythmes et périodes – tient à ce que l'origine se quitte et se retrouve, se laisse secouer par sa question ou se fige. *L'histoire* c'est ce qui arrive *à l'origine*, ce qui lui arrive du fait qu'elle est fissurée, partagée, perdue ; qu'elle n'est pas d'un *seul tenant*. Ou plutôt : l'histoire est ce par quoi les secousses de l'origine s'inscrivent dans le temps, ou s'y révèlent déjà à l'œuvre. Ces secousses morcellent l'origine, et en éprouvent le morcellement. De son côté, l'intégrisme est une résistance ultime à ce que l'origine se morcelle ou soit mise en question ; il en est le seul tenant, l'aboutissement, le support intégral. *Et l'origine n'est dans l'histoire, et dans le temps* qui se conjugue, *qu'en déployant son morcellement* ; si elle en trouve la force. Sinon elle n'est qu'une résistance crispée aux remous de l'histoire.

Certes, l'épreuve narcissique est pénible : découvrir que notre origine est contaminée par des gens qu'on n'aime pas (ou alors on ne les aime pas parce qu'on croit qu'ils l'ont marquée, contaminée, contrariant ainsi nos fantasmes d'*identité*). Or c'est l'histoire qui pousse les sujets et les groupes à oser cette mise en question, à oser s'approcher du point brûlant où les origines s'*ignifient*, et brûlent sans se consumer...

7. Ayant moi-même un double ancrage originel (entre hébreu et arabe, le français fut ma langue tierce, de quoi franchir un peu l'abîme ; il fut l'esquif, le refuge, et l'esquive entre deux...), j'ai dû souvent réfléchir à la manière dont chacune de ces deux origines gérait sa perte initiale, sa cassure interne, son altération intrinsèque. Je vous en livre quelques traces, très liées à l'entre-deux-langues, mais c'est ailleurs que j'en développe les conséquences.

Chacune des deux origines est ombiliquée dans un livre, l'une dans la Bible, l'autre dans le Coran. Une bonne lecture de ces deux livres confirme que la première, la juive, se pose d'avance comme fissurée, *inassumable* : ses tenants trouvent dans leur Livre de quoi s'identifier, mais aussi de quoi se désidentifier, *via* les attaques très violentes que leur lance le Dieu qu'ils se sont donné. Et même s'ils décident de ne s'identifier qu'aux bons éléments de la Bible, ils constatent avec effroi que ce Dieu ne déteste pas malmener ses bons éléments, ses plus fidèles éléments, pour des raisons mystérieuses. Bref cette origine est d'avance marquée d'une faille inassumable, qu'elle ne se prive pas d'exploiter, de métaboliser comme elle peut, le Juif étant toujours *en porte à faux par rapport à son origine* : s'il s'en approche, elle le repousse comme une mère trop pudique ; s'il s'en éloigne, elle le rappelle et crie au traître...

L'origine « arabe » au contraire – disons plutôt islamique – est dotée dans le Coran d'une plénitude jouissante : langue, musique, religion, mère y ont un pouvoir porteur énorme ; intégralement nourricier ; pas de secousse fondatrice autre que celle d'arracher le Message aux mauvais croyants qui sont toujours en porte à faux... La violence est pointée vers les mécréants, les autres ; le fidèle, lui, se livre à la musique des mots dont le souffle le porte mieux qu'une mère son enfant. Il peut oublier ce souffle sacré et y revenir, il le retrouvera intact ; grossi d'un *plus* de nostalgie.

Donc, deux enjeux symboliques radicalement différents, et pourtant les langues sont proches, chaque mot ou presque des deux Livres a une racine dans les deux langues à la fois [1]... Cela peut engendrer des jouissances, des angoisses, des affects assez aigus... Des jouissances ? Dans mon enfance (pourquoi ne parler que d'enfants « à problèmes » ?) j'habitais près d'un *djamaâ*, avec une jolie mosquée ; j'entendais les prières coraniques, j'aimais leurs mélodies, surtout celle du « premier » muezzin et du « second » aussi, vers cinq heures du matin, quand je me levais pour « étudier » pendant que ma mère faisait le pain – à porter au four avant l'école. J'avais plaisir à entendre ces prières arabes comme si c'était de l'hébreu bizarrement prononcé : ALLaH AKBaR en arabe c'était en hébreu : ELoaH KaBIR avec le même sens : « Dieu est grand. » Je fis le même exercice pour des phrases coraniques bien plus complexes dès que je fus assez savant. Plus c'était complexe, plus grand était mon plaisir, comme si j'éventais un secret. Etrange plaisir où sans l'avoir cherché je me trouvais comme introduit au plus intime de ces maisons arabes dont l'entrée m'était interdite. Je compris plus tard que ce genre de jouissance devait lui-même rester secret. Les rares fois où j'en parlai ce fut une erreur, à peine justifiée par le fait que l'interlocuteur semblait désireux d'en parler. Comme ce jour où j'accompagnai un ami à son groupe de « langues-zo » : un érudit leur lisait la sourate d'Abraham. Ça commençait par : KiTaBouN ANZaLNaHou ILaïKa... (« Cet écrit nous l'avons fait descendre vers toi... ») J'étais là, on me connaissait comme un matheux-qui-aimait-bien-les-langues. Et soudain je sentis la même jouissance infantile qu'autrefois : j'entendais chacun de

1. Quand j'ai développé la chose, certains en ont déduit que je posais une antériorité de la langue hébreue par rapport à l'arabe ; c'est une erreur ; l'antériorité est sans doute indécidable. Mais cette erreur est éloquente : elle montre l'importance de la langue comme support de l'origine ; le fait que la Bible soit très antérieure au Coran fut d'emblée entendu comme une menace pour... le caractère originaire de la langue coranique. Du calme. N'oublions pas, du reste, que toute langue est... « originaire » en tant qu'elle déploie *de l'origine*. Là commencent les problèmes...

ces mots à partir de sa racine biblique, et les modulations que subissait cette racine avaient pour moi le charme neuf des modulations de voix pour jouer sur un mot connu, quelle que soit la langue... Je tentai de faire partager cette sensation, plutôt joyeuse, d'entre-deux-langues, cette origine partagée, mais l'érudit ne l'entendait pas de cette oreille. Il semblait horrifié comme par une profanation : ces mots qui pour lui étaient « premiers », « radicaux » par eux-mêmes, il n'aimait pas les découvrir contaminés par d'autres racines, par *ailleurs*, par un ailleurs qu'il s'employait à refouler. Pourtant, même sur le plan de la simple érudition il eût gagné à resituer ces mots « ultimes » dans leur trajet temporel. Ces mots et ces histoires aussi : il semblait par exemple ignorer que le sacrifice d'Ismaël, dont il faisait un événement « radical », fût une modulation intéressante de sa version originale dite sacrifice d'Isaac et écrite quinze siècles avant le Coran dans la Bible... Un tel refus de savoir me sembla – tout naïf que j'étais – relever de la psychanalyse. Or justement notre homme venait de la pourfendre comme « production judéo-chrétienne » (à moitié suspecte donc, à cause du « judéo ») ; il lui opposait des « signifiants » relevant de sa propre tradition ; du solide, du corps maternel qui ne trompe pas. Et voici que par l'ironie du destin, c'est au cœur même de ses signifiants-refuges, au cœur de ces mots doux de la langue arabe (tels que HAWIYA, l'être divin ; HoK, loi, vérité ; ABSIRa, rendre visible ; etc.), au sein de son paradis originel, qu'il tombait sur de l'indésirable : du pur « judéo » cette fois-ci puisque tous ces mots étaient déjà... bibliques.

A l'évidence j'avais gaffé : à mon insu j'avais entamé la pureté originelle ; j'*étais* l'impureté, ou son rappel gênant. J'ai dû bredouiller pour battre en retraite quelque chose du genre qu'on devrait s'aimer soi-même comme si on était un autre, que ça éviterait de haïr l'autre quand il se met à nous ressembler, à s'approcher de trop près... Mais au fond, je regrettais mon irruption : qu'avais-je à faire de déranger cette jouissance béate, heureuse, ce chant plein de lui-même ? et que m'importait qu'il payât sa plénitude au prix d'un violent refoulement ? Ma naïveté de « matheux » peut m'avoir servi d'excuse, mais la chose a dû me travailler, car plus tard en explorant l'entre-deux-langues hébreuarabe – comme les deux bords d'*un poème fissuré* – je repris exactement le début de la même sourate, pour illustrer mon propos...

8. Il faut du courage pour entendre que ces mots de l'« origine » enivrants, immobiles, rayonnants de jouissance, semblant se suffire à eux-mêmes, sont partagés par d'autres, plus anciennement. Du courage pour les resituer comme éléments d'une greffe parmi d'autres greffes, que le greffier-Temps aime fomenter... Le Temps, cet enfant qui joue en oubliant qu'il est une pièce de son jeu... Freud a écrit tout un livre pour prouver que le peuple juif était dans ce dessaisissement, que son Moïse était un Égyptien (l'horreur, en somme, du point de vue biblique). Idée vraie ou fausse ? peu importe : l'essentiel était d'ouvrir une ligne de fuite ; et de retrouver des fuites anciennes et archaïques ; elles-mêmes originelles.

Peut-être faut-il un travail analogue sur l'origine de l'Islam : comment ça s'est constitué, comment la greffe a « pris »... Bref, une généalogie de l'origine plutôt qu'une exploration immobile de sa jouissance d'elle-même ; une généalogie qui resitue le jeu, les mouvements, les enjeux.

En un sens l'origine arabe comporte le même traquenard que la juive : une cassure insoutenable, puisque lorsque Dieu a inspiré Mahomet, il lui a joué le tour malin de l'inspirer dans les mêmes termes – les mêmes « signifiants » – que ses prédécesseurs juifs, à qui justement Mahomet s'efforçait de les arracher. L'épreuve du partage devenait ainsi plus ardue ; et d'autant plus précieuse...

Le refus de cette contamination ou de cette perte originelle peut mener à des positions intégristes qu'adoptent parfois des esprits plutôt calmes, lorsque l'effort du refoulement leur devient trop coûteux. C'est normal, l'intégrisme est l'expression adéquate, conséquente, de cette pleine intégrité.

Or c'est sa contamination, son altération, qui sauve une origine de la bêtise. Elle sauve le sujet du risque d'être comblé par elle ; elle le sauve du bonheur total des enfants qui sucent la langue maternelle et s'enivrent de sa musique.

9. L'entre-deux-langues a ses variantes : l'entre-deux-cultures. Il y a aussi en Occident ces transitions incessantes : « nous sommes en pleine période de transition », dit chaque époque pour conjurer sa fixité.

J'ai déjà évoqué cette autre variante, cruciale, qui concerne le devenir femme ; l'épreuve de « l'entre-deux-femmes », qui consiste en ceci qu'une femme, dans son devenir femme, trébuche moins sur l'homme que sur l'Autre-femme supposée avoir retenu – telle une mémoire immobile – les attributs du féminin. Elle bute en somme sur l'Origine du féminin, qu'il lui faut traverser, et donc reconnaître comme ouvert, partagé. C'est donc le même paradoxe de l'origine, joué autrement. Dans le contexte immigré, et compte tenu des contacts avec l'Occident, l'épreuve de l'entre-deux-femmes devient parfois dramatique : pour n'être pas une pure répétition de la mère, pour pouvoir se couper de sa mère, encore faut-il en avoir une dont on *ait été* assez proche ; avoir de quoi affirmer cette mère, cette origine, sans y « être ». Se contenter de s'en « séparer » comme le veut le refrain psy, c'est risquer de flotter, de rester sans repère dans une maternance régressive. C'est bien pourquoi la fameuse « séparation » est si dure. Ce n'est pas que la mère fût trop forte ; elle peut avoir été trop faible, ou trop forte dans sa faiblesse...

Pour décoller de son origine, avec une certaine impulsion, une force de départ, mieux vaut avoir rencontré la différence avec les autres et surtout avec elle-même (les points où elle se met hors d'elle) et l'aimer assez pour ce qu'elle est, pour ce qu'elle a été ; cela permet de s'en éloigner sans être en dette. Les petites sorties latérales, logiques, raisonnables, ne « marchent » pas. Une jeune Maghrébine le dit drôlement : « Mon père essayait de me sortir de cet univers, de ce *tagine*, de ce plat où on est tous là à manger, de cette absence de réflexion. Il disait : sois logique ma fille ! Il m'apprenait des choses, jusqu'au moment où il s'est mordu les doigts : il ne pouvait plus me marier : j'étais inintégrable à cette sphère traditionnelle. » Eh oui, on ne peut pas « arranger » avec son père une petite sortie parallèle loin de la mère et de la tradition... D'où l'impasse banale : si elle s'intègre ici (à l'Occident) elle ne peut plus revenir à son origine ; et si elle s'intègre là-bas, c'est *elle-même* qu'elle doit inhiber. Sacrifice...

Ce n'est pas toujours si simple. Foisonnement de nuances et d'objets. Un curieux objet, par exemple, ce fameux *voile* de la femme arabe. Il donne lieu à d'étranges frictions, y compris entre pays frères[1]. Il peut nous servir ici à rattacher l'entre-deux-langues et l'entre-deux-corps féminin.

Il s'agit d'un effet frontière, et il concerne l'accès au féminin plus que le rapport direct à la langue. La femme qu'il voile, il la plonge dans un flot de féminité anonyme, à l'image de la prégnance maternelle dans la langue (*Oum*, c'est mère, et *Oumma*, c'est nation). Chez elles, dans leur intérieur, les femmes peuvent s'individuer ; mais *dehors* il n'y a qu'une femme, la Femme, le féminin ambulant. (Et pour les hommes, la vaste mer à « draguer »... quitte à tomber sur sa sœur ou sa tante.) Cela efface une femme comme visage singulier, pour la marquer comme « féminine » avec les clichés du mystère. Grâce au voile, le devenir femme avait sa langue déjà donnée, sa question semblait « résolue ». Là encore, le contact avec l'*étranger* apporte une nouvelle cassure où se révèle l'abîme voilé ; à franchir ; et où se dévoile aussi l'abîme de l'étranger...

Soit dit en passant, le voile n'est pas le seul objet dont l'effet – paradoxal – signale l'inconscient. Je pense au voilement de la voix : la tradition coranique veut qu'une femme seule chez elle réponde par un claquement de mains si on frappe à sa porte ; pas de voix, cela risque d'éveiller le désir de l'homme ; la tentation. C'est bien ce qui apparaît : érotisation brute et maximale : l'homme qui entend ce claquement sait qu'il est devant la Femme, le Féminin originel à l'état pur. De quoi « craquer » ; ou claquer des dents...

En tout cas, le voile se révèle symbole de la soumission à l'*ordre féminin* en tant qu'il échappe à *chacune*. C'est l'emblème de La Femme, identique à la mère, à la langue, à la religion, à la terre, à l'infini magma des grains de sable du désert, à la tradition, la famille, l'identité authentique ; à Dieu... (Le prétendu

1. Ceci fut écrit en 86, bien avant l'affaire du voile.

« ordre social masculin » en est un appendice ; les hommes qui jouent les maîtres s'agitent ou s'énervent sur la scène mise en place par la Mère ou la Femme...) Celle qui dépose le voile dépose donc, non pas l'insigne de sa soumission au masculin, mais celui de sa soumission à cette identification massive, sans qu'elle puisse en saisir une autre. Elle est dans un *entre-deux-femmes*, entre la Femme qu'elle ne peut être (elle, grain de sable de la *Oumma*) et cette femme qu'elle n'est pas encore mais qu'elle cherche à devenir. Cette dynamique de l'entre-deux-femmes – aux impasses brûlées d'angoisse – est modulée sur celle de l'entre-deux-langues : toutes deux concernent les modes d'accès à la parole et aux instances créatives du dire et du jouir, du voyage symbolique et de l'aventure sexuelle inspirés par l'origine en tant qu'elle veut se reproduire. Ce sont d'immenses métaphores de l'origine et de son transfert.

Double culture

Le phénomène des immigrés, leur présence réelle, est à penser comme une épreuve de vérité pour toutes les parties concernées. Ce n'est pas rien qu'un pays comporte des aires de migration, des traces de voyages inscrites dans sa texture ; voyages présents, internes en quelque sorte. Les immigrés y sont confrontés à leur origine et à ce qu'ils voudraient devenir d'*autre*. Comme étrangers, avec des problèmes en apparence très spécifiques, ils révèlent au pays d'accueil ses points de crise latents. La culture qui les accueille pourrait presque les remercier de la réveiller à leur insu, de la mettre à l'épreuve d'elle-même, de la rappeler à ses *béances identitaires*, aux abîmes que comporte son identité, aux énigmes de son origine ; d'interroger sa fonction culturelle qui est de faire des haltes intéressantes dans le *voyage de l'origine* où chacun, comme il peut, trouve à s'identifier.

Mais eux aussi, révélateurs involontaires, se retrouvent comme elle au point aveugle où pas plus qu'elle ils ne peuvent jouir de ce qu'ils révèlent.

Tout le monde est donc embarqué – pas aux mêmes places... – dans cette aventure, pleine d'intérêt et de grincements, où se remettent en acte les liens des collectifs à leur origine, à leur identité, aux secousses de leur histoire. Rien moins que la genèse de l'humain.

Du coup, il n'y a pas à noyer le poisson en disant qu'on relève tous d'une « double culture », qu'on a tous un « double » en soi, comme on a un conscient et un inconscient. Cela part d'un bon sentiment : volonté de calmer le jeu avec un propos lénifiant d'égalité. Mais ça craque au premier choc devant le fait raciste, qui a ses petites variantes : non plus « ta présence m'angoisse », mais « ta double culture angoisse ma double culture » ; « ton double gêne mon double ». Retour à la case départ : tu me gênes. Certes la rencontre entre deux êtres implique au moins quatre termes : chacun vient avec son autre – fantasme ou idéal, constellation d'images (bien plus qu'un double, au fond). L'affirmation lénifiante revient à dire : on est tous des humains... Mais c'est là que l'épreuve *commence*, et non pas là qu'elle finit. C'est lorsqu'un être avec ses doubles ébranle votre dialectique du double, et pointe l'impossible intégration de vos doublures (en quoi il reflète son impossible intégration, lui aussi, à ses images autant qu'aux vôtres), c'est là que la question prend force. Et on la retrouve ailleurs, toutes les fois que la rencontre de deux « entités » met en présence deux fantasmes ; l'épreuve est de savoir ce que chacun *peut* risquer de son fantasme, et s'il peut le voir partagé par l'autre, s'il peut vivre la tension d'un fantasme partagé, où se profile une origine partagée – donc dessaisie de son rôle d'abri ultime et intact.

Même l'analyste, supposé averti de ces choses, connaît ces tensions extrêmes où il lui faut à la fois être partie prenante dans le discours du patient (supporter le transfert et le partage qu'il implique), assumer cette capture partielle, et pouvoir s'en dégager pour en transmettre quelques traces qui opèrent.

C'est bien parce que chacun est doublé de ses fantasmes auxquels il tient que la rencontre de deux êtres ou deux cultures produit des chocs et des angoisses. Et si aucun des deux n'est atteint par le fantasme de l'autre, c'est l'indifférence, agressive ou pas.

Or, les impasses de l'identité sont – et ne sont autre que – des impasses de la transmission ; mais d'une transmission de mémoire et d'inconscient où se rejoue l'origine. Les exemples cliniques abondent.

Je pense, dans ma pratique de « contrôle », à une thérapeute qui se trouvait bloquée par un enfant de dix ans : de père vietnamien et de mère française, il ne parlait pas ou ne tenait qu'un discours plat et avait à l'école beaucoup de mal « avec le français ». La thérapeute invita les parents à venir parler, mais le père s'est présenté comme un bloc « totalement normal », généalogie « sans histoire », rien à déclarer, « rien à ajouter ». A la maison l'enfant n'avait aussi rien à dire, c'était même son symptôme :

rien à dire « alors qu'il peut parler ». Bien sûr on invoque les problèmes de transplantation, de couple mixte, la langue d'accueil, etc. En fait, quand la thérapeute m'a parlé, j'ai entendu « le français » comme un être vivant qui a dû, pour le père, faire problème autrefois. Les dates l'ont confirmé : le père avait vécu enfant sous les bombes des Français au Vietnam, lors de la « guerre d'Indochine ». Et je demandai à la thérapeute de dire à l'enfant qu'il a du mal avec le « français » parce qu'il aime son père et que le « français » a fait du mal à son père quand il était enfant. Ce fut transmis. Contrecoup, le père qui jusque-là avait « tout dit » s'est mis à parler, à raconter des épisodes assez tragiques de son enfance et de sa vie. Le blocage était donc dans la parole du père, ou plutôt *entre lui et son enfance*, qu'il pensait pouvoir refouler. Problème de racines ? soit, mais antérieur au projet de prendre racine en France : les parents de cet enfant avaient à prendre connaissance de leurs racines pour en transmettre une trace et pour que l'enfant puisse assumer les siennes. Le père n'avait jusque-là jamais raconté son histoire à son fils ; il se posait comme réellement sans histoire. Il avait espéré court-circuiter ce « don » pénible, qui risquait de « faire des soucis et des histoires » à son fils. Il voulait lui « épargner tout ça » ; oubliant comme beaucoup que son silence sur son drame transmettait un drame silencieux, indéchiffrable, indicible, qui forcément s'incarnait dans l'impossible à dire. Le symptôme du fils avait été comme tout symptôme une sorte de mot d'amour muet ; c'était l'appel figé à une rencontre qui seule pouvait le délivrer de l'épreuve avec « le français ». Grâce à son symptôme, une fois entendu, il retrouve un père délivré de sa normalité fétiche, ou phobique. Sans le vouloir il a forcé le père a raconter les démêlés de son origine avec les tenants de cette langue ; et lui, le fils, y accède alors, en même temps que le père accède à son histoire dès lors qu'il peut la partager.

L'intérêt de ce cas va plus loin : l'impasse du père s'était transmise au fils, et du fils à... la thérapeute qui s'en était trouvée bloquée parce qu'elle-même avait vécu avec son père une impasse réelle. Elle était ainsi obturée au même endroit que son patient, et elle n'a donc pas pu voir le jeu possible, le passage ; ni percevoir ce symptôme comme l'arrêt d'une transmission. Elle-même en voulait à son père de n'avoir pas parlé, et même de n'avoir pas été ; de n'avoir rien assumé. Elle était elle-même en proie au fantasme d'un père « normal » qui vienne réparer ce manque. L'idée d'un père qui remet en cause les filiations, qui les questionne ou les secoue, lui faisait peur. (Dans ces cas la personne est prête à adopter un père fétiche ou idéal en forme de maître ou de gourou...)

Maints exemples du même ordre m'ont convaincu, à l'époque, que ces blocages de l'origine traduisent un blocage de l'« autre » sur sa propre origine ; la transmission d'une impasse, et l'impasse d'une transmission. Elles s'expriment toujours par un coinçage dans la langue, ou sur le plan érotique. Cela m'a permis d'élargir une idée que j'avais émise, à savoir que ces enfants de la double origine font l'impasse sur la nouvelle origine parce que l'ancienne ne s'était pas vraiment donnée ; qu'ils échouent à parler la langue d'accueil parce que la précédente, la langue dite « maternelle », a résisté à se donner, à se laisser parler. Or l'exemple précédent prouve que cette « langue » peut être l'histoire du père (vietnamien), et pas seulement la langue de la mère (française) ; et que tout cela n'est en rien limité aux couples mixtes ou immigrés. Un couple de bons Français peut transmettre un bloc de silence – venant du père, de la mère, ou des deux – et ce bloc ira s'implanter chez l'enfant, en silence ou en vacuité, à l'origine de son histoire. Celle-ci aura des points sourds, des butées aveugles, qui exigent pour se résoudre l'interprétation : la traduction dans un transfert où ça peut se dire à chaud, en acte, sur le vif.

Que de fois des parents très cultivés se plaignent que leur enfant ne dit rien, « ne communique pas » ; et si on leur demande : « Mais vous, qu'est-ce que vous lui dites ? », on s'aperçoit qu'ils le harcèlent de questions, d'offres, de demandes, mais qu'ils ne disent rien d'eux-mêmes. Et comme je le pointais à un de ces parents, il éclata en larmes : « Mais qu'est-ce que j'ai à dire de moi ! rien de ce que je peux dire n'a d'intérêt !... » Entre lui et son fils c'était donc un miroir inerte ; un face-à-face où l'on se renvoie la balle du silence. Je lui suggérai de parler à son fils comme s'ils étaient tous les deux assis devant un paysage tellement beau, qui lui donnait une telle émotion, qu'il lui fallait de toute urgence la partager...

Il arrive que des enfants pris entre deux langues n'en parlent aucune vraiment – c'est fréquent, et dans certains pays, massif. Là encore c'est une impasse du symbolique. Des adultes aussi vivent la chose, immigration ou pas : acculés à ne parler vraiment dans aucune langue, coupés de chacune des deux fibres, exclus de toute richesse psychique, repliés dans l'inhibition ; faute d'avoir été assez proches de leur origine pour la quitter et en tirer une impulsion vers d'autres lieux, ils ne peuvent ni s'y réfugier ni s'en éloigner. Enlisés dans l'entre-deux. Chez les enfants c'est plus clair, l'arrêt sur le symptôme est lui-même un symptôme d'arrêt.

Les effets de transmission symbolique exigent – y compris en analyse – non de chatouiller à l'infini la pluralité des sens, mais de donner lieu à l'*événement* qui peut faire acte parce qu'il implique gestes et paroles. Je pense à une Maghrébine qui me parlait de la tyrannie de son grand frère ; il lui rendait impossible la rencontre avec un homme, il les « descendait tous en flèche », lui l'homme de la mère. Un jour après son travail, son chef se préparait à la déposer chez elle, puisque ce jour-là aucun des frères n'était venu la chercher ; car c'est seulement en cas d'absence de tous les frères qu'un autre homme pouvait la raccompagner. (Jolie métaphore de l'inceste : si aucun des frères ne veut d'elle, elle peut aller avec un homme...) Mais au moment du départ, voilà que le père arrive ; nez à nez avec le chef ; atmosphère complexe et confuse. Le père ne trouve rien d'autre à dire que : « Vous savez, l'appareil dentaire qu'elle a ma fille, elle ne va pas le garder longtemps, elle va l'enlever, et vous verrez elle aura de belles dents... » Elle, grince des dents, s'effondre, veut disparaître : « J'avais l'impression qu'il me bradait ! » Je lui dis que son père a fort bien pu mettre au défi cet homme de voir la beauté de sa fille au-delà de son apparence provisoire ; que c'était même une parole d'amour... Alors elle fond en larmes, des larmes paisibles de soulagement et d'émotion. Elle libère la tension de cet instant « originaire » où le père, en proie à son amour confus, essaie quand même d'envisager que cet amour soit déplacé, ou transférable. Le bloc de cet instant se libérait. Elle peut envisager l'amour entre elle et son père à l'instant où elle s'en libère. Jusque-là, dans l'amertume elle ne pouvait en percevoir que le négatif (« il me prostitue »), la tension mortifère où c'est elle qui portait tout le poids de l'inceste.

Depuis, j'en suis venu à nuancer l'idée d'origine à quitter ; ou acquittée. Bien sûr il faut avoir une origine à quitter, faute de quoi on y reste en otage. L'origine est quelque chose qui vous relance tout en vous demandant d'y revenir (nostalgie ou pas). Mais y a-t-il une dette envers elle ? ou cette dette n'est-elle que l'invention du névrosé qui ne connaît la Loi que par la faute où elle le met (par la dette), lui qui paie tant pour s'assurer que la Loi existe ? Il y a un double mouvement de l'origine, expulsion et attrait. Mais cela suggère plutôt que *l'origine est une pulsion.* Une pulsion, c'est ce à quoi on ne peut donner une satisfaction définitive. Si l'on pouvait faire un repas définitif, on serait tranquille avec la pulsion orale. Heureusement c'est impossible – sauf pour un condamné la veille de son exécution. Si l'on pouvait dire le dernier mot – et il y en a qui le cherchent et qui ont besoin de toute une cure pour apprendre qu'on ne peut pas « tout » dire, ce qu'ils prennent alors pour... le dernier mot – si on pouvait l'avoir ce dernier mot, on aurait la paix avec la pulsion langagière, variante de l'oralité. Au lieu de cela, c'est un complexe de guerres et de paix, avec des trêves, des histoires, des coupures-liens, des liens coupables... Pourquoi pas.

L'idée de départ – à nuancer – était celle-ci : pour passer d'une « langue » à l'autre, il faut en quelque sorte satisfaire la première, ce qui ne peut se faire une fois pour toutes... Pour qu'il puisse parler le français, un petit Maghrébin immigré doit témoigner que l'arabe – comme langue ou comme support d'être – lui a été « transmis » avec, disons, un certain amour, et non pas dans l'acte fonctionnel de l'« alphabétiser » (« Je me suis fait *alphabiter* » me dit un jour un immigré). « Transmis » implique qu'il ait eu affaire à des parents plus aimants qu'endeuillés ou déprimés. Ainsi transmise avec sa « poétique », sa langue d'origine lui permet d'en parler d'autres, elle l'y incite. Mais elle revient aussi à la charge, cette langue d'origine, elle n'a jamais eu son content définitif. Elle revient *dans* les autres langues, elle les module de l'intérieur, elle les pense à sa façon.

En d'autres contextes cela signifie : *une identité qui pèse reflète une origine dont la pulsion est devenue une compulsion ;* dont le mouvement, en principe animé par le don et la transmission, s'est figé sur un temps mort ou mortifié – deuil ou repli narcissique. C'est donc une origine où manque l'entre-deux, la succession séquentielle, le voyage d'altérité, la partition et le partage... Cette origine serait l'image ou plutôt l'incarnation d'une mère archaïque totale, une sorte de déesse sans merci.

Bien des Occidentaux « normosés » souffrent à leur insu de n'avoir qu'une seule langue (y compris au sens propre ; je compte pour peu l'anglais touristique, ce n'est pas une « sortie » suffisante). Une seule « langue », une seule origine, et qui se veut telle ; un seul territoire symbolique, dont l'unité les fixe. Or le symbolique ne va jamais avec l'un-seul, c'est-à-dire avec l'unité narcissique. Il appelle l'entre-deux, il *est* le déclenchement d'entre-deux ; passages, « voyages », dont l'enjeu minimal est de rencontrer sa mémoire à partir de l'autre ou du réel ; sa mémoire comme figure de l'origine. N'est-ce pas le point commun des deux exemples cités plus haut ? Ces êtres, enfant ou adulte, butaient sur une impasse de l'amour où un support d'origine – père ou mère ou thérapeute... – se rétractait, se dérobait au partage, à l'épreuve de la mémoire en tant qu'épreuve de l'amour. Au niveau culturel comme dans l'expérience subjective, on retrouve l'enjeu du voyage comme quête et requête de la mémoire, jusque-là inerte, ou épuisée d'être identique à elle-même. Or, *c'est là la quête même de l'amour.* Aimer, c'est désirer faire la rencontre de l'être qui puisse heurter votre mémoire inerte pour lui redonner vie, heurter votre support d'être identique à soi ; qui forcera votre identité à faire le voyage qu'elle élude, à retrouver son manque vital et son écart à elle-même. Le plus comique – souvent grinçant – est qu'on fait parfois cette rencontre, ce voyage, avec des êtres qui n'en ont pas la moindre idée ; mais on le fait *à partir* d'eux. Sans leur corps le voyage serait irréel... Ils vous révèlent le morcellement fécond d'une origine qu'ils ignorent ; de l'Origine comme telle.

Ce voyage est aussi celui auquel une langue invite, à travers telle pratique – de recherche, d'écriture. On peut l'alourdir de clichés, de même qu'une identité peut s'étouffer de sa certitude et de ses principes ; de ses contours fonctionnels. Autrement, l'enjeu d'une écriture, comme épreuve de vie, est de trouver les points où elle s'excède, les transmissions de langue où elle s'avance à découvert, en manque d'Autre. Ce manque libéré, elle cherche à le faire parler. Ces pointes poétiques ou fictionnelles, elle les féconde. Du reste, on a beau être borné par une langue, le rêve nous plonge dans un autre mode d'écriture, avec des montages insensés. On dit qu'ils demandent à être traduits, déchiffrés. Cela revient à faire jouir la langue de départ assez pour qu'elle se parle à travers nous ; qu'elle nous prenne comme supports de certains passages. Curieux que la question de l'écriture soit aussi celle de l'identité ; que faut-il honorer dans une langue pour qu'elle vous laisse passer ailleurs, ou accepter l'ailleurs ? Est-ce cela la pulsion d'origine ?

Parfois l'origine est ruinée, ou impossible. Je pense à un autre enfant, ni vietnamien ni maghrébin, bien français, largué par sa mère, lui et ses frères ; le père dans une crise d'alcoolisme les a attaqués au couteau. Cet enfant – qui aurait pu être psychotique – a trouvé de quoi se donner un brin de valeur minimale, juste ce qu'il faut pour subsister : il a investi... les machines ; au moins elles ne trompent pas. Grâce à ce brin de transfert, il s'est accroché. Or dès qu'un bout de langage se transfère, un être en rade s'accroche à ce transfert, à ce déplacement, de toutes ses forces ; et ça lui en donne, des forces. Ce garçon, recueilli par une sœur du père, s'est mis à ne parler que machines et techniques, chaos d'objets volants et violents. Son désir farouche fut d'être le meilleur à l'école dans tous les sports. Face à une origine vide, parce que insoutenable, où nulle parole ne le valorisait, il avait entrepris de fonder sa valeur sur des techniques reconnues, sans réplique, puis sur les copains qui acclament et de ce fait donnent la valeur. Le sport, cet énorme labeur de nos sociétés modernes, se révèle plus qu'une sublimation de la guerre : un recours à la foule, un recours de la foule à elle-même, pour inventer une valeur exploitable ; et une « reconnaissance » qui la transmette. Mais quand le sujet est dans l'espace dépressif – du fantasme aboli – quand l'Autre n'existe pas ou n'a pu compter pour lui, il voit bien qu'il dépend du montage qu'il arrange, qu'il en dépend tout entier. (En l'occurrence le montage est machinique : il offre une parole fonctionnelle là où l'origine fut muette.) Mais cette issue est bien fragile : on ne peut pas fonder *soi-même* une valeur si ce n'est à partir d'une valeur déjà transférée, déjà transmise : donc passée par l'inconscient d'un Autre. A défaut de ce passage on est dans un mode fétichiste, dépressif ; un déprimé, c'est quelqu'un qui s'est pris lui-même pour objet du deuil de lui-même.

Cet enfant a donc « choisi » de s'implanter dans les choses (avec leur déchaînement parlant, technique et chaotique) pour lui tenir lieu d'origine en attendant que « les autres », anonymes, authentifient la chose, et lui permettent d'aller vers cette « origine » – cette prothèse d'origine – et d'en revenir.

Cet équilibre est typique de ce que recherchent, dans notre culture fonctionnelle, la masse de ceux pour qui l'origine est inerte, la mémoire silencieuse, la culture sans histoires qui les impliquent, sans autre enjeu qu'une valeur convenue.

Or il y a un fait qui démultiplie les cultures, les divise et les partage d'instinct : c'est le fait que des hommes et des femmes d'origines diverses se désirent, se rencontrent sexuellement. L'origine se laisse prendre à l'entre-deux du sexuel. Couples « mixtes », ça s'appelle, bizarrement, ou mariages mixtes ; comme s'il y en avait d'autres, comme si tous les mariages n'étaient pas mixtes (hommes et femmes étant d'« espèces » si distinctes). On a donc deux collectifs culturels qui se « touchent » grâce à deux de leurs membres, de sexes opposés. C'est un point de contact entre deux « identités » *via* la différence sexuelle. A croire qu'elles n'en trouvent pas d'autre, ou que le mouvement de la vie suggère celui-là, justement, où la rencontre sexuelle relance un processus vivant, où deux êtres puis deux parents puis leurs enfants auront à vivre entre deux pôles d'identité proches et lointains en même temps. C'est l'expérience minimale d'une identité *plurielle.* En ce point de contact, le collectif et le singulier s'appartiennent, s'échangent. L'un des deux êtres peut s'inquiéter de ce que deviendra son héritage culturel à travers ses enfants ; mais la même question a lieu dans d'autres contextes : l'un des deux peut s'inquiéter de ce que deviendra son histoire à travers ses enfants, dans un espace dominé par l'autre. Comme tout « symptôme », il s'agit moins de l'éliminer que d'assurer sa mutation et de libérer les forces qu'il retient dans l'attente ou la peur. L'épreuve est de subsister malgré l'autre, grâce à l'autre, à travers l'autre, dans l'histoire ainsi relancée.

En tout cas, certains effets des « couples mixtes », les enfants notamment, interpellent ce *contact* d'identités sur le même mode que les enfants d'ordinaire interpellent celui des sexes ; un mode ouvert, consentant, innocent, qui défie les adultes d'être à la hauteur de leur propre désir ; et qui défie les cultures d'être à la hauteur de leurs principes, par exemple de tolérance. Les enfants eux se verraient bien fêtant Noël et Ramadan, ou la Pâque juive et chrétienne. Ce sont les grands qui s'affolent ou s'angoissent, comme si leur origine allait se perdre du fait qu'elle se déplace. Or, pouvoir déplacer les problèmes d'origine c'est pouvoir les vivre, et autrement qu'en les fixant sur une réponse définitive. L'implication de deux familles ou deux tribus dans la rencontre de deux êtres sous le signe du désir est une question fréquente dans le théâtre grinçant du monde. Rappelons que Shakespeare, qui a fait le « théâtre du Globe », la traite dans *Roméo et Juliette.* Il trame une histoire d'amour sur l'entrechoc de deux familles, deux lignées, qui ne peuvent vivre leurs différences que dans l'agression. Au point que les enfants en recueillent l'impossible accord, comme une dette. La constellation de chacun est hostile à celle de l'autre, au nom d'une tradition et du poids mort des ancêtres. La fin montre bien que les deux tribus sont prêtes à se réconcilier sur le corps des amants. Mais l'essentiel ici n'est pas la première origine ou la seconde ou la suivante ; c'est que l'*origine est une fonction* par laquelle nous passons périodiquement. Quand le passage est heureux, c'est de l'*originalité* ; une mise en acte heureuse du passage par l'origine. Si le passage est bloqué, c'est que l'origine on l'a reçue comme un bloc ; on tente alors de produire un espace – fait de symptômes ou d'autre chose – où l'on puisse moduler le choc, redéployer la question. Mais ce qui importe, à savoir le partage *entre deux origines,* signifie seulement que l'*origine est partagée.* Cela conditionne l'accès au passé, la possibilité d'y prendre du temps, la fonction du passage et du dépassement de soi. A cela nous invitent à penser tous ceux pour qui l'origine fait bloc – langue, identité ou culture – tous ceux pour qui elle débloque ; et ces gosses de couples mixtes ou émigrés, plus ou moins pris entre deux langues...

Les pires troubles de l'origine sont ceux où le manque qui lui est propre, qui la spécifie – qui est logique pour ainsi dire – se trouve avoir été *réel*, réellement incarné par le manque des parents ; quand par exemple l'absence physique du père est redoublée par son absence dans le langage. Alors *le corps veut suppléer la mémoire vide* ; il la prend en charge, y compris dans le passage à l'acte. Il advient à l'état brut là où elle manque. Il agit son absence à elle. Dans ces cas, c'est déjà bien lorsqu'on arrive à s'accrocher à un symptôme un peu dicible. Je pense à certains cas d'absence totale de père : enfants conçus avec un autre que le mari ; un autre dont l'enfant ne sait rien ; il sait seulement que son père n'est pas son père parce que ça plane dans l'air. (Parfois c'est dit très brutalement, mais le trauma est déjà là.) L'enfant a donc non pas un père « absent » ou mort, il n'a pas l'idée de père, il a un vide à la place, un « nulle part », un non-père, un refus venu de la mère, une sorte de père en négatif, une expulsion de toute trace de paternité. Cela ressemble à de la psychose sans en être ; c'est une sorte de retranchement hors-symbolique, mais pas fou. La personne n'est même pas folle ; sans doute sauvée de la folie par l'hystérie ravageante de la mère, dont l'empreinte est lourde ; comme si le tourbillon maternel avait au moins pu baliser un territoire, même si c'est un *no man's land*. Pour un garçon c'est l'issue homosexuelle, mais elle-même est entravée. Pour la fille c'est l'impasse de l'entre-deux-femmes ; mais cette fixation sur une mère impossible est parfois « mieux que rien », mieux que le néant ; quand c'est le seul moyen de supporter ce retranchement de filiation – opéré par la mère. Un jour la fille demande à sa mère, dans une sorte d'état second et de façon presque automatique : « Maintenant est-ce que tu vas me dire *qui* est mon père ? », alors qu'il n'avait, justement, jamais été évoqué ; et la mère répond : « Tu sais qui est ta mère, ça devrait bien te suffire ! » Cela confirmait après coup qu'elle a vécu avec une femme pour qui la filiation, il suffit bien que ça vienne d'une mère ; elle éradique la trace de l'autre sexe. L'entre-deux-femmes ici est presque une planche de salut par-dessus l'abîme du Rien.

C'est la question *du support d'être* comme ancrage minimal, qui peut servir à moduler l'identité, afin qu'elle ne soit pas d'un seul *tenant*, culturel ou institué, ou tenant d'une parenté mutilée.

Ce support d'être s'élabore dans certains gestes essentiels. Et plutôt que d'évoquer les recollements d'identité ou de cultures différentes, j'aimerais parler de ce geste simple, singulier, atypique, même chez ceux qui ne souffrent pas de déchirements culturels et autres doubles identités ; il s'agit de nos chers petits en train... d'*apprendre à lire*. C'est une expérience extraordinaire, qui à vrai dire ne cesse de se renouveler tout au long de notre vie. Après tout, un grand intellectuel c'est quelqu'un qui sait pas mal *lire* et *écrire*, qui sait *lier* des bouts de réel – c'est ça, lire, articuler ; et écrire, c'est restituer des traces lisibles par d'autres, articulables par le réel, inscriptibles par le destin. C'est dire qu'on ne cesse d'apprendre à lire, à différents niveaux. Mais avec quoi apprend-on à lire ? Là apparaît un entre-deux étonnant, dans cette expérience modeste, immense, où nous sommes tous apprentis... On apprend à lire avec un entre-deux, multiple, étoilé, *l'entre-deux de la mémoire et de la perception* ; non au sens où il faudrait se rappeler ce qu'on appris la veille dans le Livre de lecture, mais au sens précis ou l'on apprend à lire ce que l'on sait déjà *par cœur*. On apprend à voir ce qu'on a déjà dans la mémoire, et à lire ce qui est déjà venu d'ailleurs, dans le lien physique des voix. Pour ma part, vers trois ans, j'avais appris à lire l'hébreu avec des phrases que je connaissais déjà par cœur, des phrases de la Bible qui faisaient la trame de la culture et des prières de ma communauté d'origine. J'apprenais à faire jouer sur le fond de ma mémoire les traces que je percevais, l'allure des mots, leur silhouette visible ; je la comparais avec ma mémoire sonore. Ce type de situations est celui où l'origine – opaque, mythique – se donne dans l'entre-deux modulé des perceptions et des mémoires. Les difficultés qu'on peut avoir à apprendre à « lire » – à tous les sens du terme – sont les mêmes que pour permettre à sa mémoire de jouer, de se décaler, s'oublier, se retrouver, etc. Certains enfants ne peuvent pas lire en présence de leur mère qui leur a... « appris à lire » ; ils ne savent plus lire parce que le corps de la mère devient la perception massive qui bloque leur mémoire. Toutes les pathologies de la lecture peuvent être... lues comme des événements critiques qui ont lieu entre perception et mémoire : entre écriture et parole, entre dire et inscrire ; entre un lieu et un autre... C'est une forme d'entre-deux-langues, ou d'entre-deux-niveaux de l'être qui requiert un voyage. Certains enfants savent lire à l'école et plus du tout à la maison ; ils sont heureux quand leur mère vient à l'école, ils peuvent lire devant elle et lui montrer qu'elle n'a pas besoin d'être sur leur dos pour qu'ils apprennent à lire...

Les adultes, eux, ont du mal à lire ce qui leur arrive (venant d'eux-mêmes ou d'ailleurs) parce qu'ils n'en savent pas grand-chose par *cœur*, au départ ; ou que le peu qu'ils savent les retient comme une origine cramponnée ne supportant pas la distance, l'éloignement. Alors les signes d'altérité – les passages de l'étranger –, ils les perçoivent de loin comme dérangeants ou menaçants. Leur origine est d'un seul tenant. Et cela ne prédispose ni à lire ni à remanier les traces (écrire...) ; encore moins à interpréter ce qu'on dit ou ce qu'on entend. Généralement ils s'en sortent en inventant un symptôme fixateur, planté comme une colonne entre mémoire et perception, autour de quoi ça tourne en rond.

A propos de lire, et de cette évidence qu'il faut pouvoir assez lire ce qui nous arrive pour passer vers d'autres langues, grâce justement à cette lecture, le souvenir me revient d'une réunion de parents d'élèves, très « moderne » avec psychos et pédagos, où fut « posé » le problème : « Comment faire lire les enfants ? »... puisqu'ils ne lisent pas et que « la télé les en empêche » et que lire est une valeur et qu'il faut la transmettre... La question ne fut pas posée de savoir ce qui fait qu'un enfant a envie de lire. Il est clair pourtant qu'il a envie de lire « par transfert », lorsqu'il a un lien « d'aimance » avec quelqu'un qui aime lire : dans ce lien se transmet quelque chose ; un grain de lettre ou de folie de la Lettre. Il peut n'y avoir dans la maison qu'un seul livre (auquel cas ce serait une bible...), la façon dont les parents s'en réclament provoque ou non la transmission *indirecte* du désir d'y tenir, au livre, de le « lire » : de s'y lier, à différents niveaux. Un enfant ne va pas lire parce qu'on lui dit : maintenant que tu as fini tes devoirs tu vas lire. Il n'est pas idiot, il préfère voir des images, se mettre à la télé. De fait, les enfants de cette classe se mirent à lire parce que le maître organisa un concours où eux donnaient un prix. Ils se sont retrouvés « jury littéraire », et dévoraient les bouquins pour les noter. Transfert du geste de donner une valeur ; faire comme ceux qui jouent à ça à la télé. Pourquoi pas ? Jouer à lire, lire pour jouer... Ici il y a mélange de deux cultures, celle des enfants et celle des grands que les enfants voient dans leur jouet favori : la télé. En imitant cette chose qui les empêche de lire, ils ont lu... Valeur subtile du faux bond des valeurs. Du reste, pour lire il faut pouvoir prendre distance par rapport à soi et à son lien d'origine faute de quoi aucun lien nouveau n'émerge de cette lecture. Or lire, c'est se lier avec ce qu'on lie.

Ainsi, l'idée de l'entre-deux-cultures est vécue entre perception et mémoire par l'enfant, dans cette expérience symbolique d'apprendre à lire : où il faut à l'enfant un fond signifiant, un trésor d'origine pour y trouver un support d'être afin de pouvoir s'en éloigner. Et ce fond s'enrichit à mesure... qu'on s'en éloigne. J'ai vu un petit de trois ans apprendre très vite les chiffres en sachant par cœur deux ou trois numéros de téléphone des êtres chers à son cœur ; il parcourt les chiffres comme on parcourt le nom d'un être aimé. Quand il a assez aimé ce nom, ce nom chiffré, il peut le mettre en morceaux, le déchiffrer et retrouver ainsi la série des chiffres libérée, disponible à de nouveaux liens. Cela suppose de n'avoir pas à s'identifier aux mots qu'on lit, de n'avoir pas à les retenir avec son corps – tout comme certains retiennent leur origine perdue avec tout leur corps en otage. Pour eux, des mots, comme des événements, sont chargés de phobie, de perceptions phobiques. C'est l'identité corps-mémoire ; que l'on retrouve bien ailleurs, chez tous ceux qui, en manque de mémoire, voudraient l'incarner à tout prix, par une surenchère typique des processus pervers où l'on veut être soi-même l'auteur de la Loi qui manque.

S'agissant d'apprendre par cœur, et de maintenir l'entre-deux vivant entre écrit et parole, perception et mémoire, une anecdote peut éclaircir la chose. Un jour de vacances et de désœuvrement l'idée me vint d'apprendre à mon garçon de trois ans et demi à... lire l'hébreu, du moins à lire les lettres. Je le lui proposai et il m'a regardé l'air surpris : « D'accord ! » Je lui appris d'abord comme une comptine l'alphabet de 24 lettres. Il parvint vite à le chantonner. Puis je lui proposai, avec son paquet de crayons de couleur, d'écrire ces lettres : « Alors on écrit aleph... en bleu ? » « Non, dit-il, en rouge » « Et bèt, on l'écrit en jaune ? » « Non, en noir... » Et ainsi de suite, il réussit à me contredire vingt-quatre fois sur les couleurs, moyennant quoi (était-il soulagé de refus ?) il sembla très désireux de voir la suite. Les lettres étaient rangées sur une ligne. Je lui dis : « Maintenant, lis, puisque tu sais. » Et il se mit à « lire » en mettant le doigt sous chaque lettre à mesure qu'il récitait par cœur. Arrivé au bout, il sembla si étonné, si ébloui de m'avoir si facilement trompé en me faisant croire qu'il savait lire, qu'il recommença la chose cinq, dix, vingt fois ; et à force de recommencer il apprit à reconnaître les lettres ; à force de vivre l'entre-deux, entre perception et mémoire, mû par cette jouissance irrésistible de tromper l'autre, voire de le tourner en bourrique. Ce qui était beau à voir, c'est l'instant où, à force de répétition, de va-et-vient entre sa mémoire et ce qu'il voyait, l'étincelle se produisait, donnant accès à l'autre niveau de la mémoire, à une sorte de reconnaissance d'ordre supérieur.

Curieusement, le coinçage que vivent des êtres cramponnés à leur origine (avec ou sans éclats racistes) est du même ordre que ce que vivent des enfants phobiques qui prennent appui sur l'objet de leur peur quand leur support d'être est menacé ; c'est aussi du même ordre que ce que vivent des enfants pris entre deux langues, par exemple des enfants d'immigrés qui ne peuvent jouir de la langue d'accueil parce que celle de leur origine les retient par ses manques ; autrement dit, ils sont retenus par la carence des parents quant à leur propre origine. Ils ne peuvent pas s'éloigner ni franchir l'entre-deux-langues. Situation assez voisine de l'entre-deux-femmes : où une femme à qui sa mère n'a « rien donné » ne pourrait être ni fille ni mère, et resterait en suspens de son être-femme, dans son entre-deux-langues à elle, ne pouvant ni « lire » ni « écrire » les traces de sa féminité.

On peut varier les contextes de la transmission – de la langue ou de l'identité –, c'est toujours la même condition qui apparaît : il faut une origine qui « accepte » de se laisser démultiplier, mettre en morceaux, décomposer, recomposer, bref qui consente à se reporter en des entre-deux féconds en forme de passages à vivre plutôt que de messages à fixer. Dire que l'origine « accepte » est une façon de parler. On devine que dans cet accord ou ce compromis passé avec elle se jouent les plus vieilles culpabilités, les peurs de se perdre, les traumas de l'être-au-monde, et d'autres forces de mort, heureusement contrées par l'indestructible désir de vie et de transmission de la vie.

Entre immigrés : de part et d'autre de la souffrance

Il avait devant lui, cette fois, un jeune ouvrier marocain, le dixième qu'il voyait ce matin, dans ce centre psy de la banlieue parisienne. Le fait qu'il soit comme lui un musulman le gênait, un peu. Bien sûr, lui l'analyste n'était plus vraiment croyant. Mais l'autre non plus, peut-être, simplement il émaillait ses plaintes de petites formules - allant de « si Dieu veut » à « Dieu seul peut guérir » en passant par « Allah est grand » et « Lui seul sait » - qui commençaient à peser. D'autant que le patient semblait attendre un vague écho, un aquiescement qui ne venait pas. Ça serait du joli s'il opinait gravement : « Eh oui, Dieu seul... » Il voyait déjà rappliquer dans sa tête ses copains et ses maîtres : ah bon ? vous entrez comme ça dans la relation imaginaire !... C'était plus simple quand il était psychiatre, simple mais très frustrant : il faisait son ordonnance, l'autre la prenait comme un talisman et lui se sentait doublement reconnu, comme technicien « scientifique » et comme sorcier ou marabout. Que demander de mieux ? Tiens, se dit-il, ça expliquerait pourquoi des collègues français persistent à afficher « Psychiatre » alors qu'ils « fonctionnent » comme analystes ne maniant que la parole ; ça leur donne l'aura du médecin, de l'expert-laborantin rigoureux, chimiste de l'âme... tout en leur permettant de s'en tenir aux ficelles psy pour titiller ladite âme. Enfin, tout ça ne le sortait pas de son malaise devant cet homme qui débitait un discours plat, sans aucune prise, où surnageait comme seul symptôme la peur de tomber dans le vide, avec vertiges et nausées. Cet homme semblait le convoquer, avec insistance, à cette place de sorcier qu'il avait lui-même désertée, dont il s'était expulsé, de force, comme par un sens de la dignité. Il est vrai que dans cette expulsion volontaire il avait arraché en passant les dernières pousses ou racines qui lui rappelaient son origine. Table rase. Aussi rase que cette table de bureau sinistre sur laquelle ce Casablancais « vertigineux » déposait les siennes, de racines, comme des objets fétiches – tiens, lui aussi. Il eut soudain l'idée que l'autre les déposait comme ça sur la table comme une came précieuse, un remède à son propre vide à lui, lui le médecin. Et il en eut une petite nausée. Tout de même, tant d'efforts pour s'éloigner de tout ça, pour surmonter ces arrière-goûts tenaces, et rester ainsi désarmé devant ces « renvois » nauséeux... Lamentable. Essayer de « se dépasser », d'y voir plus clair, de mieux aider l'autre, et se faire demander par cet autre d'en repasser par l'origine, le point zéro, n'ayant cette fois ni les armes de la tradition ni celles de la modernité. Faire « parler l'inconscient » de ce bonhomme, c'est bien gentil mais comment faire ? comment parler ? Il s'était mis à le questionner, en règle : et la première fois ? et ce qu'il pensait lors des crises... A rien ! Juste la peur de tomber, parfois réalisée – quelques chutes, une jambe cassée, l'hôpital. Une coupure, se dit-il. Mais après l'hôpital, la peur était revenue, intacte. Et c'était comment avec ses parents ? « Mais qu'est-ce qu'ils ont à voir mes parents là-dedans ? ! Eux ils sont là-bas, moi je suis ici, laissez-les tranquilles. » Ah. Il enviait ses copains français, qui attaquaient « ce genre de cas » avec l'outil ethnologique, un sacré bagage, ça les faisait débarquer comme des paras en plein cœur du problème, nettoyage complet, rituel et tout, sacrifice, désenvoûtement... Tout le cirque en plein Paris. Et ils repartaient. Travail impeccable. Il se demanda quand même si ce n'était pas, un peu, de l'escroquerie. Après tout le malade venait dans une posture déjà tordue par rapport à son origine, presque en travers, alors de quel droit l'aligner et le renfoncer là-dedans ? Il venait, un peu malade de ses origines ou de ses démêlés avec elles, de quel droit l'y ramener ? Il reprit son questionnaire, mais ça tombait à plat, il le sentait, c'était clair. Vouloir éclairer la chose avec un questionnaire comme avec une lampe de poche dans une grotte, et s'apercevoir que la chose, on y est déjà soi-même, on est en plein dedans, à agiter une lampe de poche qui du coup vous aveugle. Drôle d'idée de croire, avec ces questions « objectives », nettoyer un terrain neutre, bien balisé, où on se retrouverait un peu. Justement, on s'y retrouve, soi, ou son ombre, déjà présent, et on se marche sur les pieds, on se piétine, on s'emmêle les questions. La situation devenait doucement gênante. Il eut soudain envie de lâcher quelque proverbes dont il se souvenait encore, avec des « Allah » à la clé, histoire de faire un peu de complicité, un petit lieu commun. Il hésita ; pas de cinéma. Mais au fait, ce n'était pas du cinéma, il pouvait le reprendre à son compte, ce proverbe qui lui revenait. D'ailleurs un grand chirurgien français l'avait dit, quelque chose dans le genre : je l'ai soigné, sire, et Dieu seul l'a guéri. Alors il pouvait bien le dire, ça ne l'engageait à rien, vu que Dieu on n'est pas vraiment sûr de son identité ; ça reste ouvert. L'autre n'en fit pas grand cas, de cette mince complicité, mais lui ça l'avait soulagé. Il mit fin à l'entretien, et l'autre le fit trébucher sur une sacrée question : « Quoi ! tu ne me donnes rien ? Tu soignes avec quoi alors ? Avec des paroles ? Mais tu ne m'as rien dit ! » Il eut envie de dire : c'est avec tes paroles que je peux te soigner, mais il se retint, car une fois déjà il l'avait dit et l'autre avait explosé : « Mais si je pouvais me soigner avec mes mots je serais déjà guéri ! » « Non, c'est parce que tu *me* les dis que tu peux guérir. » « Ah bon, mais qui es-tu toi ? ! » Et là il avait calé. Un peu plus il disait qu'il y avait un Dieu, appelé La Parole, qui peut guérir ; mais ça risquait de mener loin, une drôle de théologie, aux conséquences effrayantes. L'ouvrier de Casa revint dix jours après avec cette fois un cousin ; un qui pourra « mieux dire », traduire, faire comprendre... Avant, le dialogue était bloqué, là c'était plombé, carrément, surplombé par le cousin, avec ses formules obséquieuses comme s'il venait pour négocier, pour obtenir les bonnes grâces, pour excuser l'esprit obtus du malade, épaissi par la peur. Brusque envie de virer le cousin, sans façon. Mais il se retint, tout juste. Lui qui voulait un discours un peu « personnel », il était servi : on parlait de son malade, sous son nez, comme d'un absent, comme d'un objet, d'un jouet, d'une particule perdue dans un champ de forces qu'elle ignore mais qu'elle entretient à son insu. Soudain l'idée s'imposa, saugrenue d'abord, puis évidente : le cousin fait partie du symptôme, c'en est un morceau, et sa manière de parler du « malade » était le reflet de ce qui l'avait rendu malade ; reflet serein, tranquille mais implacable. Il disait par sa seule présence, par sa façon de parler, de se tenir, la cause de la maladie. Du coup, il n'était plus gênant, le cousin, il était un bout de la maladie en cause, en état de causerie. La scène qu'il jouait avait sa justesse. Elle consistait à pousser l'autre dans un trou sans parole, dans le silence et l'indicible. Les paroles du cousin devinrent plus claires, elles éclairaient le vide subjectif où l'autre était pris ; un vide plein de vertige et de nausée. Dans la foulée, les paroles incompréhensibles de l'ouvrier reprirent leur place, leur fonction. Il n'y avait plus à les « décrypter », à les repérer dans tel « système de coordonnées » (il aimait cette expression pour son semblant de rigueur) ; il y avait à supporter l'emplacement qu'elles occupaient, l'absence de cadre que justement elles signalaient : voilà un homme cadré, coincé, enfoncé dans le discours des siens ; que pouvait-il inventer de mieux que de se décadrer ? de devenir incompréhensible ? dans l'espoir fou d'échapper un peu aux siens dans un gestuel de folie. Mais alors lui, le thérapeute, à quelle place serait-il ? qu'aurait-il à faire ? Désarroi. Il envisagea de l'assumer, ce désarroi, et quelque chose en lui avait envie de dire à ce type : « Eh oui, j'aimerais bien te donner quelque chose, mais je ne sais pas quoi. » C'était quand l'autre avait réclamé des médicaments ou des bonnes paroles. Alors, lui donner de la parole en manque ? qui dise qu'elle ne sait pas quoi dire ? qui dise ce désarroi ? D'accord ça ne faisait pas « sérieux » ; d'ailleurs il ne l'avait pas fait mais il se dit qu'il aurait pu, et cette idée lui fit du bien. Entre-temps, avec l'ouvrier, ça ne s'arrangeait pas. Face au discours un peu mielleux du cousin, il se redressait parfois et prenait la main du « docteur » et la mettait sur sa poitrine ou son ventre pour mieux montrer où étaient les nausées – et même les brûlures cette fois. Comme si devant l'impossibilité de dire quelque chose de sa vie, de ses pensées à lui que nul ne peut dire à sa place, comme si asphyxié dans cette coupole de verre qui s'appelait famille, cousins et Allah au sommet, il ne pouvait se rabattre que sur son corps, et montrer les points douloureux, les faire toucher du doigt. Ça faisait un sacré malaise. Les collègues français qualifiaient ça de « tentatives de séduction ». Il veut se faire peloter, le patient. Alors surtout pas ça. Pourtant il y avait quelque chose de vrai dans cet appel au contact des corps, une sorte d'invitation à partir de l'origine, de la substance physique. C'était comme l'espoir que si on lui touchait son corps on allait y faire des traces, qui pourraient le libérer de cette mission accablante d'être sa propre mémoire. Ils ont de la chance les marabouts, eux ils peuvent toucher. Les médecins aussi.

Décidément il glissait peu à peu vers l'impression que ce type, en face, était venu pour avoir sa peau, au meilleur sens du terme, et au pire ; tant il touchait juste à ses propres points d'angoisse. Un patient qui vous amène sur un plateau votre plus vieille angoisse ; atténuée mais bien présente ; une aubaine. Et déjà sa grosse déception après la première rencontre avait été une claque : vous ne *donnez* rien ?... Pourtant ce n'est pas fou de vouloir « quelque chose » dès la première séance. Chez les Français aussi : certains patients décrochent dès la première rencontre s'ils n'ont pas eu signe de quelque chose, signe d'une complicité avec la chose, avec l'« autre scène » comme ils disent. Mais là ce qui l'angoissait le plus c'est ce patient raisonnable – d'un réalisme ravageant, il rabattait toutes les folies sur le plan de la réalité –, cet être totalement vidé, désubjectivé, ne se permettant rien qui ne soit authentifié par la souffrance du corps, du corps brut, ou par la parole d'Allah, brute elle aussi, le tout baignant dans la pâte de l'entourage, familial, maternant, étouffant de stéréotypes. Au fond, cet homme malade lui apportait ses propres maux comme un remède ; il voulait que son « docteur » fût à la fois proche et lointain, semblable et autre ; complètement dans la tradition et au-delà des traditions. Bref il le voulait très partagé. C'est ainsi qu'il se sentait, lui, et qu'il avait toujours refusé d'être jusque-là. Après tout il n'avait pas fait tout ce travail d'exil, de séparation, tout cet effort de déguisement, de mutation, toute cette distance par rapport à la grosse matrice, pour se retrouver là, à devoir régresser parce qu'un type venait le couper de toutes ses ficelles. Et voilà. Pendant qu'il en était à ruminer tout ça, à la troisième rencontre, il sentit monter l'angoisse. D'abord très douce elle s'accentua très vite comme un orchestre qui joue *forte*, elle le transporta dans le vide, dans un vertige horrible et pourtant, curieusement, rassurant. Il eut juste le temps de courir au cabinet de toilette tout proche pour se tirer de sa nausée par un énorme vomissement. « Toutes *ses* tripes... » se dit-il, souriant de son erreur : « toutes *mes* tripes... » Il revint dans la pièce, libéré, presque rassuré de partager même pour un temps le symptôme du type. Une sorte de présence ironique, qu'il ne connaissait pas, qui lui semblait lointaine mais familière, suggérait : on partage le même manque... Pas mauvais signe.

Comment peut-on imaginer de rendre moins « insolite », ou moins « atypique » l'expression de la souffrance chez un malade étranger, alors que toute pratique enseigne de s'accrocher à l'insolite, aux singularités, sachant que cette expression de la souffrance fait partie du symptôme, qu'elle en a la texture ?

La peur que l'autre vous ramène à vos origines par l'angoisse qu'il a de la sienne est une peur digne d'être traversée : c'est la peur même du partage de l'origine, essentielle à surmonter pour s'inspirer de l'origine sans y rester. L'entre-deux qui s'établit alors est d'une grande richesse, lorsque au moins l'un des deux (l'analyste, dont c'est le travail) surmonte la peur par l'acquiescement : il consent à avoir eu cette origine, et donc à en partir, à en repartir avec l'autre. Alors il peut trouver assez de prise et de surprise dans le discours entre eux deux.

Le mérite de ces « étrangers » est de faire voir ce que les autres refoulent : l'épreuve de l'origine ; les points de rupture avec elle. L'un, le patient, rompu par l'origine ; l'autre, le thérapeute, rompant avec.

On comprend que ça grince entre l'installé et l'étranger, entre le bon Français mordu et l'immigré. Le premier se cramponne à quelque chose que le second secoue, sans le vouloir. Il la secoue tout en cherchant à se raccrocher à l'« origine » que le premier veut se réserver : la terre-matrie. Entre ces deux Maghrébins, patient et thérapeute, ce qui se passe a lieu partout ailleurs ; c'est du même ordre. Ce patient demandait une sorte d'imposition des mains, un médicament, un fétiche. Or que demande tout autre patient sinon quelque chose de « matériel », de corporel, de physique ? Même si ça a la force d'un mot, ce mot doit avoir la force d'un corps. Le thérapeute fut débordé par l'incongruité de ce discours trop singulier, trop atypique ou trop plat ? Et que peut rêver un thérapeute, sinon de tels débordements ? des surprises, d'autant que ces discours n'offrent aucune prise. Ces êtres désubjectivés, pour qui seul le corps authentifie la souffrance, pour qui toute la mémoire a pris corps, c'est plutôt fréquent dans nos sociétés développées. Certains les appellent malades « psychosomatiques », terme impropre, on l'a vu, puisqu'on a tous une psyché et un soma et un certain lien entre eux deux. Chez ceux-là, le soma a pris la place de la psyché, ou plutôt le corps a pris en charge la mémoire « impossible ». Mais quel que soit l'être souffrant, patient ou pas, *il demande surtout qu'on lui reconnaisse sa souffrance ;* et si seul le corps peut faire connaître cette souffrance, l'authentifier, c'est qu'elle n'a trouvé personne d'autre pour la reconnaître, depuis l'origine des temps. La souffrance est une longue attente, et en l'occurrence elle est l'attente d'être...

reconnue. Quand le cousin ou l'interprète vient, avec le projet résolu d'exclure le patient, de parler à sa place, il ne fait que ce qui se fait partout ailleurs : il passe à l'acte ce qui a rendu l'autre malade : l'exclusion hors de ce qui jusque-là l'avait porté, materné, intégré. Il révèle qu'on est malade de ce que d'autres ont parlé à notre place au point que cette place elle-même a disparu ; et qu'on s'est trouvé hors lieu, même pas étranger, pas assez proche pour être étranger. Mais chez ces patients maghrébins, cette « désubjectivation », assez fréquente, n'est nullement folle (alors qu'ailleurs elle peut être proche de la folie). Chez eux elle semble collectivement assumée, comme si elle était l'effet d'un mythe collectif. La langue courante, la langue mère parle pour tous, tous étant supposés frères dans la même masse maternée par la langue et la religion. Faire « ça » en groupe, en grands collectifs, ça évite d'être fou, mais ça évite aussi de parler en son nom ; ça évite d'être un sujet délaissé tenu de prendre l'initiative.

De même, quand ce patient dit, après avoir fini sa plainte et son récit : « Maintenant tu *sais*, c'est à toi de voir », il reflète bien, en d'autres termes, la posture du patient très européen qui après un ou deux entretiens préliminaires, d'une éblouissante lucidité, rentre dans son symptôme comme au bercail et semble suggérer fermement : maintenant à vous de jouer, moi si j'avance plus loin je risque d'exploser ; si je vois plus clair, je risque de m'aveugler ; alors à vous d'interpréter, de reconstruire tout ça, et surtout, s'il vous plaît, distillez-moi ça lentement... Mais oui, certains n'apprécient pas l'interprétation « prématurée » ; d'ailleurs ils la rendent prématurée du fait qu'ils ne l'apprécient pas : ils l'oublient aussitôt après l'avoir honorée d'une surprise. Le patient maghrébin rappelle donc le thérapeute à un certain sens de l'urgence, et l'empêche de s'installer dans son écoute associative pour des années, avant de produire la parole décisive. Il exige de lui, et tant mieux, qu'il témoigne d'emblée de ses contacts avec l'inconscient, de son pouvoir d'entendre loin et de dire loin ; de tirer parti des malentendus qu'il produit. S'il joue aux questionnaires et s'il pose à l'expert, il ne fait que résister, lui aussi, à une subjectivation éprouvante. Il a donc, à son insu, le même symptôme que le patient. (Cela pourrait être une bonne base, s'il y consentait un peu.) Lui aussi en jouant son rôle reste enfermé avec les siens, par les siens, par ses idéaux, ses fétiches, et il en souffre comme le patient. Et s'il consent à endurer sa *liberté*, tout devient jouable, recevable, utilisable. Le patient crie : « Mais qui est malade ? eux ou moi ? laissez ma famille tranquille ! » Il dit lui-même qu'elle ne le laisse pas tranquille, et que de sa souffrance il la protège, en vain. Il établit d'emblée l'espace de transfert, il ouvre l'entre-deux alors qu'il semble y résister. Parfois il questionne l'analyste sur sa vie personnelle, histoire de mettre en acte la fraternité supposée (on est de la même religion, non ?). Mais son appel va loin : « dis quelque chose de toi ; toi qui ne parles que de Parole, peux-tu soutenir le fait que la parole t'implique ? » Il investit très peu son passé individuel, il n'en a pas les moyens, comme si la langue, la religion, le chant de la *Oumma* s'en chargeaient bien assez, de ce passé. Mais ce faisant il dit par quel bout l'Européen aussi est à son insu le pur produit des circonstances, le rejeton d'une mémoire collective qui lui échappe et qui l'enveloppe... de son absence, ou de ses ignorances ; mémoire dont il a à se dégager, pour l'avoir lui comme mémoire individuelle. La seule différence est que le patient « maghrébin » se présente comme victime de l'énorme réussite de l'Islam, où les sujets sont submergés, écrasés par la pleine saturation de leur mémoire collective, devenue langue sacrée et maternante, où seul peut être dit par l'un ce qui peut être clamé par tous, ou chanté et incanté par tout le collectif. Alors on ne peut rappeler que ce qui est déjà connu par la langue, déjà écrit : là est la passe et l'impasse du *mektoub* (c'est écrit, l'avenir et le destin sont déjà inscrits) ; l'invocation massive d'Allah est le simple rappel de ce que la langue est investie comme réserve d'avenir, et la mémoire-mère-inconsciente comme lieu où l'avenir, déjà inscrit, est du même coup réservé ; de l'ordre d'un corps écrit ; dont les invocations s'entendent comme s'entendent ailleurs les refrains d'une mémoire compacte, collectivement gérée, apprivoisée et capturante, arrachée en tout cas à toute prise individuelle. On comprend que ces patients (et leurs homologues occidentaux) se rabattent sur le corps comme support ultime de leur mémoire, d'une mémoire que l'on n'a pas pu « partager » : on a pu que s'y inclure. Et elle soustrait l'origine à tout partage.

La rencontre avec l'« autre », en l'occurrence le thérapeute, est l'épreuve d'un tel partage, si cet autre veut bien risquer d'y prendre part. Alors peut avoir lieu une étonnante mutation : la reconnaissance que l'on attend de tel ou tel individu (qui alors vous la refuse, se cramponne, et qui vous laisse sur le carreau), cette reconnaissance se trouve peu à peu remplacée par un agrément d'un autre ordre, une reconnaissance par l'inconscient, qui « reconnaît » les deux partenaires - ici patient et thérapeute - comme ses enfants. Enfants d'un même manque, mystérieusement fécondé ; orphelins d'une perte qui aurait laissé quelques signes d'amour.

L'épreuve entre-deux comporte donc la prise à partie, l'acceptation d'empiéter l'un sur l'autre, de vivre à deux l'épreuve d'un recollement de morceaux ; morceaux d'identité, morcellement du symbolique - faute de quoi seul le corps supporte la trace, et les déchirements de la mémoire ou ses blocages se convertissent en plein corps, dans une « conversion » qui n'est pas toujours hystérique ou démente, simplement « limite ». Comme cet autre Marocain qui s'est brûlé le front avec une cigarette pour « ne pas oublier » la mort de son père qu'il considérait comme un meurtre ; et qui s'est brûlé ensuite la main, toujours avec une cigarette, pour « ne pas oublier » que sa mère abandonnée ne répondait pas à ses lettres ; façon limite de vivre la douleur du deuil ; la douleur-deuil de l'origine. Or un deuil pathologique est toujours un deuil de soi, une impasse narcissique vécue dans le réel du corps. De même, chez ces patients - décidément accablés par tout le savoir inconscient qu'ils portent sur le monde, savoir dont il est très instructif de les soulager –, l'insistance d'un certain mode persécutif n'est pas toujours « paranoïaque » ; elle dit surtout, comme c'est le cas par ailleurs, l'excès mimétique, la lourdeur identificatoire : à force de faire comme tout le monde, chacun voit les autres faire comme lui et l'accabler de leur ressemblance. Le germe de l'explosion « raciste » se nourrit de cette impasse, qui a bien sûr sa ligne de fuite paranoïaque : quand le sujet se voit enfin persécuté par lui-même...

Ainsi dans la clinique - qui est le lien à la souffrance - la présence « étrangère » éclaire très fort l'espace d'accueil autant qu'elle éclaire l'étranger. Par exemple, la présence maghrébine en

France éclaire les failles de l'espace d'accueil (français) *et* celles des cultures maghrébines, telles qu'elles sont là-bas. La présence ici de l'autre venu de là-bas éclaire ici autrement, et montre mieux ce qui se passe là-bas. L'entre-deux en question comporte le miroir mais dépasse le miroir : il ouvre sur l'épreuve où se constituent les mémoires et le désir de communiquer – avec soi à travers l'autre. Dans la clinique, la communication porte sur le malêtre « psychique », lors d'étranges entre-deux. Mais nos entretiens à deux ne sont-ils pas toujours entre deux exilés ? Même deux êtres installés chacun dans son symptôme sont exilés dans leur installation ; non pas loin du paradis mais de l'origine qui est en eux et qui les déstabilise.

Au fond, ces immigrés suggèrent d'aborder les autres patients – occidentaux – comme s'ils relevaient d'une *tradition* inconnue : après tout, un symptôme et ses multiples enracinements sont une sorte de « tradition ». Et l'« ethnologie » qu'il requiert n'est pas dans les livres ; elle relève de l'épreuve vécue entre deux « cultures », celle du patient et celle du thérapeute. (Ou encore : celle de la serre familiale, celle du monde et du social.) Certes, cela n'interdit pas d'acquérir des connaissances ethnologiques, ne serait-ce que pour ne pas croire qu'elles vous manquent et que ce manque a tout fait rater. Le spécifique de ces patients étrangers est donc de révéler l'étrange spécificité des patients d'ici, des patients bien français en somme. Le thérapeute étranger voudrait les faire parler de leur famille, de leurs coutumes, il leur demande de lui parler sans entraves... Mais demanderait-on à des Français de parler sans entraves de leur « inconscient » ? Dans les deux cas l'inconscient n'a pu parler que sous forme de symptôme ; c'est parce que le patient n'a rien trouvé d'autre qu'il vient consulter. Il ne se sent pas autorisé à sa souffrance, ni reconnu en elle, alors il lui cherche un garant physique, réel, dans l'espoir que quelqu'un d'autre puisse prendre la suite de ce corps en arrêt.

La tradition et la coutume ont pour valeur d'articuler le sujet à un univers symbolique. Quand cet univers est celui d'un corps-langue-religion-mère, ce n'est plus un lien articulable, c'est un collage, et le plus dur n'est pas de rompre avec, mais de s'en approcher assez pour pouvoir s'en éloigner, d'y instaurer un entre-deux pour pouvoir faire place au tiers.

Pourvu que dans l'entre-deux l'autre n'ait pas trop peur.

J'en ai connu l'impasse, autrefois, étant élève à Marrakech dans une école juive qui avait pour mission d'occidentaliser les petits Marocains que nous fûmes. Ma connaissance de l'arabe – ma langue maternelle – m'y joua de mauvais tours tout en m'apprenant beaucoup sur cette peur que l'autre peut avoir de lui-même, de son origine réveillée. J'avais les pires notes en français, souvent des zéros alors que j'aimais écrire et que mes textes étaient assez pittoresques. Mais c'est que le professeur était révulsé d'y trouver de fortes traces de ma culture indigène, culture et langue dont il était averti mais qu'il semblait gêné de connaître, et dont il supportait mal les mélanges avec l'écriture française qu'il nous donnait pour idéale : idéalement plate. Mes rédactions étaient souvent lues, à la remise des copies, et toute la classe se tordait de rire, y compris moi : l'expression correcte cachait mal, et même montrait complaisamment les gestes grotesques de nos modes d'être qui semblaient un peu honteux au regard des petits classiques Larousse qui indiquaient la vraie culture. Une fois lues, mes copies recevaient leur juste sanction : zéro ! Après quoi était lue la copie modèle où tout le monde, mine allongée, s'ennuyait ferme : phrases convenues, tournures sans vie, « voilà qui s'appelle bien écrit... martelait le professeur, ce n'est pas *farcesque*, c'est élégant ! ». (J'en ai gardé un fort dégoût pour les textes bien écrits et creux.) Je n'avais pas alors, à douze-treize ans, les moyens de comprendre que je le froissais dans ses troubles démêlés avec l'origine, avec ce qu'il en refoulait. Je croyais naïvement qu'écrire c'était articuler des blocs de sens et de mémoire, de sensations et de rappels, avec les mots qui s'offrent, d'où qu'ils viennent pourvu que ce soit « juste », c'est-à-dire authentifié par la vie d'au moins un être, qui en l'occurrence était moi. J'acceptai donc, sans trop y croire, mon étiquette : nul en français ; et je tremblais, lorsqu'arrivant en France, à quatorze ans, je fus placé dans un internat où tous parlaient français « naturellement ». Pourtant, le jour où le professeur remit la première copie, il déclara péremptoire : ici, il y en a un qui sait écrire. Et il avait pointé du doigt dans ma direction. Je me retournai pour voir ce type à qui l'écriture souriait. Derrière il n'y avait personne. J'appris vite après que ce professeur aimait par-dessus tout les textes « originaux ». C'était sa façon heureuse de transmuer les rapports avec l'origine.

Et puisque j'évoque Marrakech, la connaissance de la langue arabe et de l'Islam ne m'y a pas valu que des déboires. Un jour elle m'a même sauvé la vie. Je revenais du Guéliz, le quartier européen séparé de la Médina par un *no man's land* de deux kilomètres. La bibliothèque française, qui tenait dans un petit deux-pièces, se trouvait là-bas, et j'en revenais quand je fus assailli à la hauteur de la mosquée Koutoubia (du même mot que Mektoub, destin écrit), par une bande de jeunes Arabes qui déjà me lançaient des pierres en criant : « Espèce de Juif ! on va te casser la tête ! » et ils semblaient prêts à joindre le geste à la parole. Soudain l'idée me vint : arrêtez ! je ne suis pas juif, je suis arabe ! musulman ! Moment d'arrêt, vague sidération ; les coups allaient reprendre quand le plus âgé d'entre eux dit : « *Shhéd !* » (Ce qui veut dire : témoigne !) Et comme j'habitais près d'une petite mosquée d'où j'entendais toutes leurs prières, je n'eus aucune peine à déclamer leur Témoignage et je rajoutai quelques versets coraniques pour faire bonne mesure. Je leur chantai la langue sacrée, et je les vis se détendre comme des enfants trop énervés se calment sous le chant de la mère. Ils me demandèrent pardon, et commençaient à me peloter fraternellement pendant que je m'éloignais, en accélérant le pas et en demandant à mon « identité » de me pardonner cette petite trahison (dont je savais déjà à l'époque qu'elle était autorisée par Maimonide : si tu es mis en danger, par la force, tu peux reconnaître ce qu'on te demande).

Ainsi, au Maroc, je me trouvais pour un temps coupé de la pratique du français qui était ma langue tierce, ma troisième langue, puisqu'elle était un passage entre la première langue, l'arabe, et la seconde, l'hébreu. Lorsque cette fonction de passage fut reconnue, après l'émigration en France, je fus comme libéré ; je disposais d'une langue tierce où je pouvais revivre l'entre-deux de mes origines, où je pouvais les faire passer. Ce qu'on appelle le « tiers », c'est d'abord le signe d'un passage possible entre deux. C'est le fait que le passage du un au deux, de la première à la seconde trace (ou langue) a été rendu possible. Et le signe que ce fut possible est justement le passage du deux au trois. Curieux paradoxe. Certains enfants maghrébins, en France, croient nécessaire de laisser des trous, des blancs, dans leur français fraîchement acquis, sans doute pour donner des gages à la langue d'origine. Le fait que ça rende leur maîtresse « folle » suggère qu'il y aurait là, sous-jacent, un affrontement entre deux femmes, présentifiées par les deux langues, l'arabe et la française ; la mère et la maîtresse... Leur mère a pu échouer à se séparer d'elle-même, tout comme d'autres femmes peuvent échouer à se séparer du fantasme d'être la Femme, toute la Femme. Pour ces mères, se séparer de soi c'est comme entamer leur mémoire devenue corps, figée en corps ; c'est l'entamer avec des paroles singulières. Du coup leur mémoire incarnée – et identifiée à la langue, à la tradition – devient parfois un piège secret pour leurs enfants, l'entrave invisible qui les empêche et de parler cette langue et d'en parler une autre. L'enfant est face à cette mère comme certains adultes, ici, face à l'institution : dans la dépendance impuissante.

Quant à ceux qui, par leur culture et leur rapport plus ouvert à la langue avaient vocation d'émigrer, de se déplacer, ils ont pu grâce à ce déplacement s'exprimer plus avant ; non parce qu'ils venaient déjà armés de savoir ou de valeurs conquérantes, mais parce qu'ils étaient au départ munis d'*exil*, et de l'idée qu'ils n'ont rien si ce n'est leur part d'*être*, imperceptible, indécidable, mais réelle. Pour ma part, ce fut une chance d'avoir pour langue intermédiaire, entre arabe et français, la langue hébreue qui en hébreu veut dire « passage »... et qui a le don d'écarter, avec une rigueur étonnante, les jouissances de l'installation.

Revenons à cette impasse de l'individu pris dans un groupe, une famille, une cohorte, une classe, une image sociale, un discours convenu, une religion, une tradition... dans une emprise qui ne laisse nulle place à un questionnement subjectif, une expression individuelle, même du malêtre. Cela se voit diversement en Occident, face à l'institution, à l'emprise islamique, ou aux grands bastions de l'Est qui s'effondrent sous nos yeux... Soit dit en passant, l'emprise vécue par certains patients maghrébins, l'emprise de l'origine exprimée dans l'Islam, a ceci de particulier qu'elle est *nourricière*, par opposition à d'autres emprises intégristes, notamment l'intégrisme laïc, au jargon « démocratique », mais d'une violence sans merci contre le désir et la liberté des individus. A la moindre occasion, il craque devant l'intégrisme islamique tout pur. Entre deux intégrismes c'est le plus fort qui l'emporte, et le plus fort est celui qui reconduit l'espoir vers l'au-delà, et qui, en amont, s'est ancré dans la transmission maternelle.

L'entre-deux psychothérapique, avec comme tiers l'inconscient et la mémoire, peut-il entamer ces emprises ? Il semble que oui ; et que miraculeusement la parole individuelle ne demande qu'à naître, le corps possédé à quoi s'est réduite la souffrance ne demande qu'à se libérer, la dynamique de la parole ne demande qu'à faire des trouvailles, à se dégager des jouissances ressassées. Des intimités suffocantes ne demandent qu'à s'ouvrir, à prendre l'air ; si l'on trouve à qui parler hors des remèdes fétiches ou des rencontres expéditives qui maintiennent les clivages. Le *questionnement*, régime subtil et érotique de la parole, ne demande qu'à surgir, et à faire émerger un passage vers le dehors lorsque le dedans implose et que l'espace est impossible. Souvent il n'y a pas d'intérieur car il n'y a pas d'extérieur, et inversement ; dans les deux cas, l'entre-deux est écrasé ; d'un écrasement qu'il faut éclaircir dans chaque cas.

Au fond, grâce à ces patients étrangers, l'Occidental réapprend, s'il le veut, l'essentiel de sa pathologie, dont le fin mot tient dans l'épreuve de l'impossible séparation. Au Maghreb, elle est difficile, car la mère et la collectivité se relaient l'une l'autre *via* la langue et la religion. La culpabilité d'avoir désiré la mère entre vite en résonance avec celle d'être en faute devant Dieu ou l'institution. La souffrance qui s'ensuit c'est de ne pouvoir supporter que l'autre soit en manque – que la mère soit en manque alors qu'elle l'est par ailleurs, indépendamment de l'enfant. Cette culpabilité permanente passe dans le rapport aux autres, elle se transfère dans les rapports amoureux (une femme peut alors, du fait de sa culpabilité devant sa mère, se sentir coupable devant un homme qu'elle a rencontré, devant ses exigences et devant les manques qu'il exhibe...).

Or cette pathologie est la même qu'ici, à cette nuance près : qu'ici, l'« autre » n'est pas assez existant pour que l'on puisse s'en séparer ; l'origine n'est pas assez consistante pour qu'on puisse s'en éloigner, ou transiter par elle de temps à autre, ou se ressourcer à travers elle.

A propos du monde islamique j'ai souvent dit « la mère » plutôt que les parents. Il est clair que la mère-langue-origine a toute la force et tout le pouvoir. J'ai montré ailleurs que derrière la parade de l'homme puissant, bruyant, terrorisant, répressif, il y a la scène sur laquelle il s'agite et qui est montée par la mère, de toutes pièces, par la Femme qui s'incarne dans la mère. Quand la jeune femme rencontre l'homme, elle doit certes lui donner, très vite, des signes de soumission. Mais ces signes sont des tickets d'accès à son futur rôle de Mère ; ils sont reçus par l'homme, presque consciemment, comme un message précieux : cette femme est candidate à être mère, et à être s'il le faut sa mère à lui ; à être le relais de la toute-puissance maternelle. Ajoutons en passant que « mère » n'est plus identique à foyer. La mère déborde... Par exemple elle investit l'espace scolaire, elle en connaît toute l'importance pour valoriser ses enfants. Du coup ceux-ci disposent moins qu'avant d'un langage tiers où ils pourraient s'exprimer plus librement – quitte à ramener vers leurs parents, c'est-à-dire vers leur mère, les emblèmes de leurs succès. Il est donc probable que l'échec scolaire massif, observé dans ces milieux, a aussi pour cause cette pression maternelle qui va jusqu'à l'espace scolaire, pression qui fait de cet espace tout autre chose qu'une ouverture : la scène d'un rapport de force, où l'enfant, pour mettre sa mère en échec, peut faire rebondir cet échec sur la matière scolaire.

Dans tous ces cas, la problématique de la *séparation* est pour l'individu de pouvoir *se produire comme tel*, comme forme séparable et séparée, même provisoirement, des ensembles auxquels il appartient. La séparation comme condition de l'appartenance. L'appartenance comme forme de la séparation.

Intermède

Un entre-deux-langues radical. Kafka

S'il y a quelqu'un qui en sait un bout sur l'exil – et qui n'en fait pas commerce, ni gémissements calculés mais épreuve de vie, et d'écriture, c'est Kafka.

Écriture majeure que la sienne ; énorme ; sortie des mornes plaines des normes. Il faut préciser ce qui la fait si singulière, si étonnamment disponible... A quoi ? A ce qu'on peut en faire d'*autre* : aux commentaires (pourquoi pas), à l'interprétation (allez-y donc), au refus d'interpréter (c'est prudent), à la relance d'une écriture qui soit autre, comme elle le reste pour nous, depuis toujours.

Le mot d'usage, le mot usé pour étiqueter son texte, c'est « kafkaïen ». « Kafkaïen », absurde, sinistre, inquiétant (mais familier) ; ou drôle, grotesque, comique... C'est selon la mode, et ça tient le temps d'une mode ; avec à l'horizon un Kafka sombre, lourdement symbolique, un peu mystique... Un terme efface l'autre, et tous se noient dans leur Vérité, vaste comme un verre d'eau.

C'est qu'on oublie d'expliciter le nerf de cette écriture, l'espace où elle fonctionne : l'écriture de Kafka travaille dans l'entre-deux, entre le rêve et le réel, au sillage d'une frontière, entre deux niveaux de la lettre. Et là, dans cet entre-deux-niveaux de la langue (deux niveaux énergétiques très différents), l'écriture se livre au travail passionnant, subreptice, presque sournois d'interpréter une réalité par un rêve, un rêve par une réalité. Non qu'elle se retranche dans l'entre-deux comme pour échapper au compromis avec la *réalité* ou au délire du *rêve*. Au contraire, elle se *pro-*

duit dans l'infiltration de l'un par l'autre, l'emprise sournoise mais implacable de l'un sur l'autre, avec des retournements ; soudains. Cela explique l'impression qu'on a tous en lisant Kafka : on est dans une page ordonnée, plane, un peu raisonneuse parfois (on reviendra sur l'excès de raison comme approche de la folie) ; on est dans un déroulement serein – écriture plutôt limpide et assez riche – et peu à peu une gêne commence à poindre : on sent, non pas que ça *veut* dire autre chose, mais que ça dit autre chose, *déjà*, et on ne sait pas quoi au juste (d'où la rage exégétique : fouiller dans le texte pour voir tout ce qu'il « veut » dire et qu'il tait : dans Kafka c'est un trou sans fond, infini : on n'en finit pas de lui faire dire). On sent donc cette délicieuse simplicité branchée ailleurs ; elle sollicite d'autres niveaux de notre psyché qui fonctionnent comme *du rêve* par rapport à ce réel qu'on nous étale, qu'on nous raconte. Et ce « rêve » réagit sur ladite réalité, il la déforme, souvent il la pousse à bout. Le lecteur alors s'inquiète, s'angoisse, se perd, ou éclate de rire, lorsqu'il voit venir de loin une des bribes du rêve.

Un exemple ? Cette histoire folle de *Colonie pénitentière.* Déjà elle pourrait se passer dans un rêve : une machine d'écriture grave sur le corps des condamnés jusqu'à ce que mort s'ensuive le texte de leur sentence. Cette « coutume » tombe dans l'oubli après la mort du père – du Chef – qui l'avait instaurée. Et voici le fils spirituel, désespéré de cet abandon : il a le texte, les plans laissés par le père, les parchemins presque d'une loi qui ne s'inscrit plus parce que tout va à vau-l'eau (libéralisme ?...). Et il décide d'assurer cette transmission, de se mettre lui-même dans la machine, pour que la loi du père s'inscrive sur lui, pour qu'il incarne cette inscription. Il a expliqué au visiteur du camp le fonctionnement de la machine (discours très technique, texte rationnel). Ne pouvant plus écrire sur le corps du condamné la sentence « respecte ton supérieur », il pèche par manque de justice. Il s'écrira donc à lui-même sur le corps : « sois juste »... par cette machine faite pour écrire la juste sentence, et qui laisse mort le corps écrit ; elle l'embroche d'un coup final quand elle y met son point final. Jusque-là c'est simplement « kafkaïen ». Or Kafka n'est pas « kafkaïen » ; il est en écart imprévu par rapport à son « identité ». De sorte que le texte va passer à un second niveau : la machine d'écriture (celle de Kafka *et* celle qu'il nous décrit) va se détraquer dans sa propre réussite. La machine s'exfolie, se retourne sur elle-même : elle rend (elle vomit) ses rouages dentés dans une destruction hallucinée d'elle-même et du corps qu'elle traite. C'est le *massacre silencieux* ; sans même ce bruit grinçant dont se plaignait le fils et que peu de transmissions évitent. Elle écrit le corps du fils avec la loi du père ; elle inscrit en silence l'illisible où le corps du fils s'identifie au texte qu'il endosse : à ce niveau inconscient, la transmission, sa réussite et sa faillite s'identifient. La perfection va de pair avec le néant – avec l'anéantissement.

C'est sinistre ? affreux ? Mais c'est aussi un drôle de rêve, une grotesque hallucination où ce réel éclate : le Fils se fait crucifier pour sauver le Père, pour accomplir avec son corps les manquements de la loi, combler les failles de l'écriture...

On peut sourire (un peu jaune), mais on reste dans l'*entre-deux* : une version ludique du sacré. Et on touche d'emblée une autre histoire d'entre-deux : entre judaïsme et christianisme, en plein dans le flash messianique où le Fils vient accomplir la Loi du Père une fois pour toutes, à même son Corps, quitte à y passer. La loi aussi y passera ; la machine...

Cet affrontement érotique, suicidaire, entre le corps du fils et la loi du père, était déjà le thème de la première nouvelle de Kafka, sa bonne nouvelle à lui, appelée *Le Verdict* : grincement de la filiation, haut-le-cœur de la transmission, affrontement entre père et fils sur le corps de la mère morte, malédiction paranoïaque du père jouisseur sur le fils qui se suicide pour *avérer* le dire du père, dans une fusion abjecte entre nom et corps...

Mais ne croyez pas que ce soit là le thème central de l'œuvre de Kafka. Il n'y a pas de thème central mais un décentrement permanent de tous les thèmes essentiels grâce à cet opérateur fantastique, ce stylet implacable qui confronte l'un et l'autre rêve et réalité, qui assure la passe entre l'un et l'autre.

Et cette passe n'en finit pas. Reprenez la fin de *La Colonie pénitentière*. Ce passage au rêve, à la vision hallucinée, a fait dire à beaucoup que Kafka était « prophète ». Pourquoi pas, mais alors prophète *à la lettre* : c'est-à-dire interprétant par *lettres* l'entrechoc incessant entre une scène et l'autre scène, entre origine et destin, entre mémoire et avenir, entre refoulé et visible... Ce côté visionnaire peut aussi vous éclairer une des issues tragiques du peuple juif s'identifiant à la loi au point que par une machination historique il en vienne à ce que la Loi, maniée cette fois par des paranoïaques, s'inscrive sur son corps collectif qu'elle massacre. En ce point concentrationnaire, la réalité et l'hallucination se rejoignent et fusionnent.

L'écriture de Kafka foisonne de métaphores, mais de métaphores silencieuses, discrètes, que l'auteur ne prend pas en charge ; elles germent toutes seules dans l'entre-deux : non pas seulement entre rêve et réalité, mais entre la réalité de ce rêve et le rêve de cette réalité. On retrouve le glissement des deux termes que je signalais au début dans les entre-deux très actifs, de ceux qui poussent au grand voyage. Ici c'est le voyage de l'écriture. Il résonne avec tant d'autres...

Notamment, on dirait que Kafka a vécu à même son être et sa lettre et son corps un certain entre-deux inhérent à l'« identité » juive pour autant qu'elle ne s'assume que dans un écart à elle-même et qu'en même temps elle veut ressaisir cet écart par une symbiose entre le corps et l'esprit ; le corps et l'esprit de la lettre. Et cet écart, cet entre-deux peut prendre toutes sortes de formes, que Kafka rencontre à fleur de texte, *via* le rapport à la Loi, à la lettre, au corps ; à l'écartèlement entre deux langues, à l'existence de langues-frontières, purement frontières comme le yiddish. Là-dessus on a une intervention directe de Kafka, son fameux *Discours sur la langue yiddish* : introduisant une soirée poétique yiddish à un auditoire juif de langue allemande qui, *naturellement*, ne comprenait pas le yiddish (aurait eu honte de le comprendre tant il se voulait *purement* assimilé), Kafka leur dit : « Je lis de la peur dans vos yeux. » Peur de quoi ? de vivre trop violemment la trouble ressemblance entre yiddish et allemand ? de rencontrer leur origine dans cette langue qu'ils écartent ? de rencontrer l'écart de chacun à son origine, écart que l'on rencontre dans le double niveau de sa langue (entre veille et rêve ; entre réel et fantasme) ? En tout cas, il voyait dans leurs yeux sous forme de peur ce que lui-même surmontait et œuvrait chaque jour : ce *passage* incessant de part et d'autre, entre rêve et réel, entre un niveau du dire et l'autre... Ce passage est aussi bien traversée de la loi que récriture de la loi, trame de la loi qui est censée être une frontière. Au-delà du yiddish, c'est la présence dans la langue, au cœur de l'entre-deux-langues qu'il remettait pour eux en scène et en question. Car *ce que déclenche Kafka dans son texte, c'est moins des flux de rêve ou des acuités de réel que le choc entre les deux, la production de l'un par l'autre, qui est aussi l'entrechoc entre Soi et Autre, entre raison et folie*, où l'une se reproduit par l'autre, à travers elle. De ce choc violent dérivent les raisons folles et les folies raisonnables. Un ami chercheur me raconte qu'aujourd'hui lorsqu'il voyage en Allemagne, il parle yiddish au chauffeur de taxi et celui-ci croit que c'est de l'allemand et répond avec sympathie et jovialité jusqu'au moment fatidique où il voit que c'est du yiddish et ça lui coupe le sifflet, il ne répond plus, et mon ami continue à parler tout seul...

Du coup des phrases très simples et raisonnables s'entendent nimbées de leur folie, et cette folie est cadrée de raison, laquelle peut être une bonne approche de la folie. Exemple, la simple petite phrase qui commence *Le Procès* : K. un beau matin *est arrêté* ; par deux inconnus. La phrase, très simple, va se greffer sur un complexe infini de demêlés avec la loi, le tribunal, avec tout le procès du rapport à la loi et de celle-ci à elle-même... Mais la phrase est déjà pleine à craquer de raison et de folie : un jour K. est effectivement *arrêté*, il est comme une montre arrêtée, comme tout un chacun qui s'agite, qui fait du bruit, s'active, et s'aperçoit un beau matin que c'est à vide, que ça remue mais qu'il n'y a pas de ressort, que son mouvement vrombissant cache un *arrêt fondamental de l'être*. L'arrestation devient presque un bon signe, une bénédiction : la loi t'aime assez pour te signifier que tu es « arrêté ». Et que fait l'homme arrêté ? Il passe le reste de sa vie à se justifier, à jouir de se croire fautif et à tenter de s'en dégager. Misère... Toute la misère religieuse est là, comme si l'enjeu était d'être en règle avec la loi ou de la rejeter. Or être « arrêté » – et par des gens qui se contentent de vous le dire, de vous signifier que vous êtes marqué d'un arrêt, et qui s'en vont sans plus rien demander – c'est peut-être un événement pur, qui mérite d'être vécu et affronté dans sa violente nouveauté, sans qu'il y ait à le colmater de causes et de raisons, en amont ou en aval. Et si c'était le moment noir, subtil et mystérieux, par lequel tout don de vie est marqué de mort ? Que faites-vous, là à l'instant, quand vous apprenez que vous êtes « mortel » ? Faut-il la révélation technique d'une maladie incurable pour que cette donnée immédiate, ordinaire et abyssale, arrive jusqu'à vous ?

On entrevoit le miracle qui se produit avec Kafka, avec sa lecture, son écriture : les mots que vous lisez appellent le *rêve* et le *réel* entre lesquels ils s'infiltrent ; ils appellent d'emblée les deux niveaux entre lesquels ils sont tendus, arc-boutés comme un pont. Et ils évoquent bien plus que les *fantasmes* où l'on patauge, que les *réalités* où l'on rame : ils en évoquent la traversée fulgurante, le déploiement abstrait. Un exemple, cette fameuse histoire de l'homme en attente devant la loi ; avec le gardien qui ferme juste quand l'homme va crever. Elle se trouve dans *Le Procès*, vers la fin. Tout le roman en est le procès vivant, l'épure déployée. Mais ça ne s'arrête pas là. Cette épure, ce montage de lettres se poursuit au-delà du roman. Cette histoire, lisez-la côté névrose et vous obtenez l'épure du symptôme névrotique : le jeu de cache-cache avec la Loi ; le flirt masturbatoire avec l'interdit, la transgression, la limite ; le fait d'*attendre* que ça se passe à l'abri de son symptôme, d'attendre que l'Autre veuille bien et que la vie passe. Mais lisez-la comme montage pervers et vous avez le montage type du fétichisme : l'homme qui se fabrique un garde-fou pour se livrer en toute quiétude à sa folie maîtrisée, celle de faire couple, couple total et pervers avec l'autre qu'il possède, avec le gardien qu'il fixe, qu'il cloue sur place en même temps que lui. Tous deux attendent, souffrent et jouissent du même néant. On peut aussi la lire autrement : l'autre jour par exemple, en arrangeant un texte pour mes *Écrits sur le racisme*, je vois ma plume écrire ceci : « Car pour procéder au meurtre de masse, ils [les nazis dans les camps de la mort] laissaient supposer assez de vie, juste un peu plus de vie, pour avancer entre-temps leurs forces de mort, jusqu'au moment où l'écart est réduit à presque rien, puis à rien : on ferme, et c'est la porte de la chambre à gaz que l'on ferme sous le signe de la loi, la Loi dont beaucoup, devant cette porte, attendaient un dernier signe, de vie. » J'avoue que cela m'a fait un choc, ce retour du montage kafkaïen sous cette forme inattendue : mais c'est que j'avais lu le témoignage de Philippe Müller qui parlait de cet instant où la foule rassemblée comprenait soudain qu'on la menait à la mort ; certains se révoltaient, la foule vibrait, prête à les suivre, et le SS intervenait et criait en invoquant la *Loi* : si certains se révoltent ils seront jugés avec toute la rigueur de la Loi ! Alors la foule attendait devant la Loi, loi du Ciel ou loi des hommes, qu'il en surgît un signe de vie. Ainsi se consumait l'écart entre vie et mort jusqu'à la fermeture de la porte.

Voilà, ça s'est écrit comme ça pour moi, et je l'ai laissé. Le côté visionnaire de Kafka c'est qu'avec son texte, sous le coup de son texte, on « voit » des choses folles qui peuplent nos réalités. Son texte est un potentiel traducteur des aller-retour dans la langue entre raison et folie ; des allers-retours et des tournis entre deux langues, autour d'abîmes originels[1].

La Loi semble être un des abîmes de l'homme, un des niveaux de langue où il s'affole le plus, et où il jouit le plus.

Et voici le paradoxe : le point d'attache de Kafka avec son origine juive – le rapport à la Loi – est aussi le point par où il s'écarte de cette origine, de la meilleure façon possible : en la métamorphosant ; en écrivant grâce à cette origine *singulière* l'empêtrement *universel* des humains avec la Loi.

Dans sa vie concrète ça le prenait par à-coups : envie d'aller en Palestine, d'accomplir la Loi du retour (il l'écrit à Félice dès la première lettre) ; envie de revenir à l'hébreu, d'apprendre l'hébreu, la langue d'origine : il l'entreprend avec Dora Dymant très peu avant de mourir ; Dora dont il demande la main à son père « hassid » (juif pieux), lequel refuse péremptoirement. Il y a aussi sa lettre au père, à son père, autour du refrain : tu ne m'as rien

1. Soit dit en passant, cette façon d'écrire entre-deux qui fait le style de Kafka nous ouvre d'autres replis entre rêve et réalité, elle questionne leurs rapports et les voies ramifiées qui circulent entre eux. Ce qu'on appelle rêve est un éclairage nocturne de notre réalité sur l'écran d'autres réalités. Du coup, chaque « réalité » peut s'offrir à des prises de vue singulières sous des lumières variables nocturnes ou pas, bref elle peut être « rêvée » de mille façons selon l'« autre scène » qu'on lui offre, par le jeu de l'écriture. De *qui* est-elle alors le rêve ? et le rêve, que réalise-t-il ? Voilà ce que nous ouvre Kafka : une variabilité de nos rêves et de nos réalités.

transmis de l'héritage judaïque (au fond : tu ne m'as pas transmis la Loi) et mon écriture pour toi ne compte pas... Il y a ses passages par les synagogues les jours de Kippour. Il y a... tant d'attaches et de rejets de Kafka avec son origine. Mais son vrai lien avec elle est une coupure, ce que j'appelle une *coupure-lien*, où c'est de couper qui fait lien, et de se lier à autre chose qui rouvre l'espace de la coupure, la distance nouvelle. Kafka anime l'acuité d'une alliance, sa tension stridente : elle est pour lui transmutation. C'est sa fulgurante leçon aux Juifs comme aux non-Juifs : que faites-vous de votre origine ? Et les craintifs, les coupables, de répondre : mais oui mais oui, on fait de notre mieux pour la garder ; pour la regarder ; fixement ; fixés devant la Porte...

Ils sont sourds, murmure-t-il en s'éloignant et en toussant de toute sa tuberculose : ils veulent garder quelque chose qu'il faut apprendre à perdre ; qu'il faut aimer assez pour perdre.

Chapitre 2

AMOUR ET MÉMOIRE

L'entre-deux amoureux

Entre un homme et une femme, il y a dans l'amour l'ajustage, impossible ou dérisoire, de deux batteries de fantasmes, qui tirent chacune à boulets rouges ou vides, ou qui s'énervent de ne pas tirer à conséquence.

C'est dire qu'il y a autant de folies amoureuses qu'il y a de couplages possibles entre les folies de l'un et celles de l'autre ; entre leur torsions et rétorsions respectives ; et ces couplages sont de surcroît reproductifs. Ils prolifèrent.

Mais la force de cet entre-deux est de vouloir maintenir ensemble les incompatibles.

Bien sûr ça se séduit, ça s'appelle, ça se fuit, ça se cherche, ça essaie de faire mousser la langue du plaisir et le plaisir de la langue... Mais au-delà du plaisir – dernier recours, ultime ancrage, béni comme tel même si c'est un piège d'y rester, au-delà du plaisir à deux qui s'appelle séduction – où l'on veut se plaire au moyen de l'autre – quelque chose de plus sombre, plus proche de l'être et de l'origine, les pousse l'un vers l'autre. Procréer ? Non. Ils peuvent le faire en passant, comme pour payer leur écot à la « nature », à la transmission du vivant ; et, sans s'en rendre compte, mettre un enfant entre eux deux ; plus tard il secouera l'entre-deux avec la force que l'on sait.

Ce qui les lance l'un vers l'autre est une étrange opération appelée amour : elle tient parfois du rituel, de l'automatisme inconscient, de la geste somnambulique où deux êtres – deux fragments d'être – vont l'un vers l'autre pour renouveler, on le verra, une plongée dans l'origine, un curieux baptême dans le mirage de l'origine, sous le signe de l'amour, qui se sert de tout ce qu'il trouve – de la giclée de fantasmes bien ou mal ajustés – pour refaire à neuf *cet espace originel*, pour sentir les contours d'une mémoire qui naît ou qui renaît, palper un manque à être qui s'éprouve et se surmonte. L'enjeu de l'amour est de *faire passer entre deux l'épreuve même de l'origine.*

Certes, c'est aller vite que de traverser ainsi le pur principe de plaisir et la mise en scène des fantasmes. Ce n'est pas que je les néglige, ils sont un repli minimal, un capital de ressources sans lequel c'est la panne. Mais une fois qu'ils sont déclenchés, allumés, les fantasmes ne sont plus le repère essentiel, sauf quand ils se stabilisent en montages pervers ou fétiches ; ou en dictionnaire de base, petite revue des « positions », non pas celles du corps apparent mais celles du corps-mémoire : de quoi rejouer – énième variante – la scène où deux fantasmes s'attouchent, bout à bout : elle sera la petite fille séduite-abandonnée par le père adoré, il sera l'image pourrie de ce père disparu ; pour lui elle sera la mère qui a manqué, lui étant le petit taurillon qui la venge de son homme châtré et brutal. Ou encore : il apportera la loi et la limite qu'elle n'avait jamais connues, elle sera la nouvelle mère dont il rêva... Ne méprisons pas la ritournelle des fantasmes et la danse des petits plaisirs. Elles aussi jouent le rôle d'une origine qui se cherche, qui se met en acte, qui se répare en se répétant, qui se cherche en s'aveuglant. En effet, le plaisir joue son rôle d'origine-relais : quand il rabat le corps brut, tout constellé de pulsions, vers ce point zéro où il ne jouit que de lui-même. Mais justement, *le* corps est déjà *deux*, il ne veut plus ou ne peut plus s'en tenir là. Il veut le passage par l'autre, que déjà il éprouve, dans l'amour. Quant au fantasme, il sert d'origine maniable, de miroir relais ; c'est un petit scénario qui s'ajuste comme un tuyau aux orifices originels. Et il faut ça, sinon on n'a pas le contact. C'est rare que les gens y aillent d'emblée à leur lieu d'être, à leur enracinement dans l'*être*.

Et pour y aller tout droit, disons que l'amour est une façon de revivre sa source d'être, de se redonner l'origine à l'état brut, l'inconscient comme tel. Curieusement, les approches de la mort s'y profilent aussi pour certains. La mort comme leçon de vie ; elle donne aux simples gestes de l'être leur densité, leur plein *non-sens*, leur beauté ponctuelle, leur connivence avec l'amour. Ceux qui ont pu traverser une certaine mort sont mûrs pour aimer. Traverser veut dire inscrire : ceux qui ont pu inscrire la mort sont mûrs pour vivre. La mort et l'amour sont des champs de forces extrêmes, seuls capables sans doute d'avérer la vie dans sa donnée absolue, originale.

Il est vrai que dans l'amour on peut fuir, prendre la tangente. Mais beaucoup savent aussi éluder la mort, savent différer l'effet de mort jusqu'à la fin réelle qu'ils traversent dans l'oubli. On fuit très bien la mort en faisant le mort depuis longtemps, en étant mort sans y penser. Dans l'amour, pour fuir on argue de l'« avenir » (« ça n'a pas d'avenir... ») ; c'est une bêtise mais elle dit bien l'affolement ; car l'avenir ne peut être ouvert ou descellé que par l'amour, justement, en tant qu'il donne une secousse à l'origine, une secousse de l'origine qui libère du temps à venir. Ainsi quand l'amour se présente, c'est lui qui tient lieu d'avenir : c'est un « présent » d'instants à vivre, peut-être à articuler, à partir de ce geste fondateur où l'amour met à portée de main le manque à être originel. Il vous « donne » ce manque à être, sous la forme d'un corps vivant, du corps de l'autre qui au départ, à l'origine, est inconnu, inconnu comme l'origine et pourtant familier comme elle. C'est par là que l'amour donne l'origine et en fait ressentir le manque. De ce point de vue c'est comme une drogue, et les humains se shootent à ça depuis toujours ; à petite dose ; les overdoses produisent la grande littérature.

Comme tel l'amour est une résonance de deux corps chargés de mémoire et de pulsion, résonance productive de formes neuves. En cela c'est un don de mémoire et une béance de la mémoire.

Le corps de l'autre sert de nom au manque à être qui vous porte, et qu'en retour vous incarnez de votre corps si limité, et de votre langage si borné...

Dans l'amour, ce n'est pas tellement à l'autre qu'on est « accro », c'est au passage par l'autre, à l'entre-deux. Certes on assume théoriquement le fait de n'être rien sans l'Autre, mais le vivre à chaque instant, à chaque geste, sentir la détresse si l'être aimé n'appelle pas dans l'heure qui suit, ne pas savoir si l'on va « tenir » jusqu'au lendemain... Cela signifie que ce doute n'est qu'un prétexte pour *toucher son être du bout des doigts* ; avec les gestes et la pensée ; on veut toucher du doigt la blessure originelle de l'appel d'être ; c'est ça qu'on cherche aveuglément ; pas la fusion avec l'aimé ou la nostalgie...

Et c'est sans autre issue que de s'approfondir. On le dit : « L'amour appelle l'amour... » Disons : l'amour s'appelle, ou : il y a de l'amour dans le pur appel de l'être. Pas d'issue, car le non-amour est aussi toxico : s'intoxiquer à rien, s'abrutir ; pensée machinée sans pensée. Éviter l'amour « pour ne pas souffrir », c'est avoir le non-amour et la souffrance en plus. Comme le toxico qui fuit l'épreuve de la vie, avec tous ses manques, par peur d'avoir mal, et qui se retrouve avec sa fuite et le mal en plus, le mal du manque, précisément (comme si la dose de manque qu'on avait à connaître, issue du manque inhérent à l'origine, était constante pour chacun... Loi d'invariance assez comique).

L'amour veut métamorphoser ce manque inhérent à l'origine en l'assumant. Comment ? Par cette chose simple et étonnante : l'autre vous *donne* votre manque à être sous forme de *corps*, de corps vivant ; plein de pulsions et de mémoires. Il y a là de quoi faire chuter l'immense brouillard de l'origine vers des entre-deux cristallins, limpides, assez cruels parfois dans leur vérité. Que l'autre vous donne *votre* manque à être sous la forme de *son* corps n'a pas de raison de vous combler ; même quand ce corps se met à vous ressembler (la peau, le regard...). L'idée que ce don puisse vous combler, vous compléter, est un fantasme assez naïf. Il suppose qu'à l'origine vous n'aviez pas de manque à être. Mais à l'origine qu'aviez-vous puisque vous n'étiez pas ? Si pour chacun l'origine n'*est* qu'en tant qu'elle manque, c'est pour cela : à l'origine il n'était pas, et quand il est devant l'origine c'est qu'elle est déjà loin.

Donc, l'autre vous donne ceci qui vous incarne votre manque, votre perte d'identité, et à ce titre il la fait vivre comme un corps ; qui n'est peut-être ni le vôtre ni le sien. C'est un corps que le sien invoque, présentifie. Ça ne vous donne pas une identité (autre fantasme), ça vous donne une perte d'identité *vivante*.

Essentielle, cette présence du corps de l'autre ; elle fait vivre un certain manque : que l'autre soit présent ou pas, le manque est presque le même. Ce n'est pas rien de vivre ce manque en présence de l'autre chargé de le « combler ». Tout le déchaînement érotique prend racine là, dans ce fait que le corps de l'autre c'est du manque présentifié ; il relance le manque dans le geste même où il le comble. Et l'on comprend que sa vérité soit le déchirement des corps ; le « meurtre ». Mais voilà, avant l'amour c'est l'inertie de ce manque qui vous était insupportable.

Ceux qui croient que ce corps de l'autre va les combler confondent simplement plaisir et amour, perception et mémoire, origine et fin. Bref, ils résolvent le problème en le supprimant. (Au contraire, dans le vécu de l'amour, cette impasse trouve une issue dans un nouvel entre-deux : entre le manque de corps et le manque de mots...)

En tout cas, l'approche usuelle de l'amour comme ajustage de deux fantasmes – réussi ou raté – est un cas très particulier de l'approche qui est la nôtre où l'amour est un don de l'origine dont il sollicite le partage voire l'éclatement. « Cas particulier », car les fantasmes sont des substituts de l'origine : de l'origine en manque et des manques de l'origine. Quand c'est eux qui orchestrent l'amour, ils cherchent aussi à faire vivre ce manque qu'ils sont. Simplement, la scène est déjà écrite, d'avance, sans surprise.

L'entre-deux amoureux est une épreuve de l'origine qui se donne dans son retrait. Des preuves ? Il y en a tant. Par exemple, ceux qui s'aiment se voient – toujours – pour la « première » fois ; leur entre-deux est la première fissure de l'être (« divin »...) qui en passe par eux. Pour d'autres au contraire, voués à perdre le contact avec cette fonction de l'amour, comme don d'origine entre-deux, la première fois devient vite la énième, voire la « haine-ième » où le symptôme se crispe. Inversement, une impasse d'origine hypothèque le pouvoir d'aimer. Exemple : la femme a eu un père séducteur ; elle se retrouve avec un clivage banal entre amour physique et sentiment ; elle cherche à plaire, à se faire aimer, elle a horreur qu'on l'aime et surtout qu'on le lui dise (puisque le père ne faisait que le dire). Les notes (impubliables) d'une seule journée d'analyste donneraient une image exacte de ces impasses de l'amour ancrées dans l'origine, impasses où se célèbre la même scène, le sacrifice de l'être aimé, ou de soi-même, ou de l'amour en tant que premier décollement de l'origine ou première vibration de l'être. Ce sacrifice de l'objet d'amour – parfois brutal comme un couperet, parfois sournoisement fomenté au terme de longs ratages – est voué à faire en sorte que l'amour soit impossible, comme si l'amour n'était plus qu'un retour à l'origine... donc à l'inceste, ou plutôt : l'interdit de l'amour prend valeur d'interdit de l'inceste. On aimerait dire à ces sacrifieurs professionnels : l'interdit de l'inceste n'a pas besoin de vous pour se soutenir, vous n'êtes ni ses prêtres ni ses agents ; la Loi symbolique n'a pas besoin de vos macabres rituels pour se maintenir ; elle tient toute seule, si l'on peut dire, par l'amour de la transmission et la transmission de l'amour. Mais ils n'entendraient pas.

La contre-preuve existe, concernant l'amour-origine : pour peu qu'on ait surmonté un blocage d'origine, et qu'on ait pu s'approcher d'elle pour pouvoir s'en éloigner (double mouvement), alors l'amour devient possible, le symptôme saute qui bloquait le fantasme verrouillant l'origine. Dès qu'on a pu enterrer ses morts, symboliser ses temps morts, voire obtenir du père mourant qu'il donne enfin ce qu'il n'a pu donner, une certaine absence, l'éclat d'une éclipse ; ou quand on a pu obtenir de la mère le signe qu'elle était prise et qu'on pouvait aller ailleurs... Bref quand l'« autre » a pu faire signe de son manque intrinsèque – imperfection consentie, « mort » acceptée – lorsque vous êtes libre du fantasme de l'Autre sur vous, que vous le traversez (sans y rester comme otage ou pièce maîtresse), quand on n'est plus piégé par un amour qu'on ignore et qui s'ancrait dans l'origine, ça ouvre des voies à l'autre amour.

Dans l'entre-deux amoureux il arrive que l'un des deux résiste mal à la tentation perverse de manipuler le manque à être ; de mettre l'autre en manque comme pour s'assurer d'exister au cœur de ce manque. Souvent la femme joue ce rôle, facile d'accès pour elle : elle séduit l'enfant en l'homme et elle lui manque en tant que mère. Elle jouit alors compulsivement de l'entre-deux avec sa mère, sa mère à elle, et elle croit ressaisir toutes les dures séparations qui lui furent imposées. En fait d'amour, elle vit la passion mortifiée pour l'enfant qu'elle fut, la haine aimante pour sa propre enfance[1]. Comme toujours dans l'entre-deux-femmes, l'homme éberlué saisit mal de quoi il retourne, il se croit le centre ou l'objet du montage alors qu'il n'est que l'occasion ou l'accessoire.

Plus généralement, dans l'expérience où le manque s'impose comme rupture ou séparation – manipulé ou pas –, on croit pleurer l'absence de l'autre, de l'être aimé qui n'est pas là tel qu'il est et tel qu'on l'aime... Et il se révèle que l'on souffre de ce que lui-même ne soit pas « autre ». On souffre d'un entre-deux non perçu et non pensé. Car à y penser de près on s'aperçoit que ce qu'on a perdu c'est le *contact*, jouissant et douloureux, avec son propre manque à être. Dans l'amour, l'entre-deux intrinsèque s'observe bien lors des ruptures : où ce que l'on cherche désespérément ce n'est pas tant l'autre, mais l'entre-deux qu'il incarnait, et qui concerne rien moins que l'histoire de notre être : entre notre être et notre manque à être, cette béance d'être que l'être aimé devait combler ou sustenter... On a perdu dans l'être aimé la chose même qu'on n'avait pas et dont cet amour embaumait la blessure, et la ravivait en même temps. On a perdu le lien, l'articulation avec l'entre-deux de l'autre, de l'être aimé comme tel. Et pour peu que cet autre soit dans la haine de ses origines, et en vienne à piétiner compulsivement tout lien d'amour comme pour se venger de la plénitude qui lui manqua et qu'il avait fantasmée, les déchirements promettent d'être assez intenses. Ça se déchaîne autour de la « séparation ». Le plus drôle (si l'on peut dire) est qu'ils prennent la forme de ces autres déchirements d'être où l'amour prend sa source et réitère le « miracle » où l'*être* se donne à l'origine. De sorte que même à l'état blessé, meurtri, mutilé, l'amour poursuit son voyage, imperturbable, à peine étonné de ne pas trouver de meilleurs acteurs, à la hauteur de son jeu cosmique.

D'aucuns disent que l'amour commence là où l'on met en jeu

1. Comme quoi il vaut mieux ne pas faire le malheur de ses enfants – ne pas trop fomenter ce malheur – car ils deviennent plus tard des adultes « meurtriers » ou meurtris, jouant du manque avec le corps des autres, rejouant leur propre abandon en castrant l'autre de leur présence.

quelque chose que l'on risque de perdre. Ajoutons : quelque chose dont la perte ravive des pertes antérieures, originaires, immémoriales, sans doute intrinsèques à la vie, des pertes qu'il a fallu ou qu'il faut assumer pour vivre, des pertes vivantes en somme. Par exemple, pouvoir perdre chaque fois le fantasme d'un être aimé qui serait égal à l'amour qu'on lui porte – amour qui sans doute le tuerait s'il en était le reflet exact ; pouvoir perdre ce corps vivant qui au moins servait de support à dire l'amour, à le ressentir au-delà de ce corps indispensable à ce que l'amour se dise. La pire chose à perdre étant l'amour lui-même, quand on se retrouve dans l'hébétude de ne pouvoir plus rien aimer. En tout cas c'est trop peu dire que la perte et le manque-à-être sont inhérents à l'amour ; l'essentiel est cet immense entre-deux où, grâce à l'être aimé, on tente de combler cette perte avec des gestes fous et des mots insensés, dont le plus fou est que parfois ils réussissent à nous combler et à nous faire identifier le manque à être et l'être aimé.

Au passage remarquons que l'amour oscille – ennuyeusement – entre deux pôles très ordinaires mais singuliers : l'ingratitude et le devoir ; ou encore : la dette payée et la cessation de paiement. On dit : quel ingrat ! il ne m'aime plus, et moi qui l'ai tant aimé (sous-entendu : qui ai accepté de me vider pour lui de tout mon être...). Et l'autre pôle : c'est affreux, je ne l'aime plus, cet amour qui nous liait je n'en vois plus la moindre trace, je n'ai plus de quoi répondre à ses élans... Pour éviter tous ces pesants règlements de comptes, il faut la légèreté profonde d'un Marivaux qui dit froidement : l'amour est venu, nous a liés, et je ne sais plus où il est parti... Vous avez une idée, vous ?

Le miracle est que même dans les carnages dûs à l'entrechoc des fantasmes, l'amour fait son œuvre, tranquillement, sans les intéressés, en leur absence alors même qu'ils sont là. Comment fait-il ? Il restitue à l'un le manque qu'il n'avait pas, la coupure qu'il recherchait, l'interdit dont il vérifiait l'existence grâce à ses ratages compulsifs. Imaginez un homme qui fomente une histoire d'amour, bien ronde et mûre, pour ensuite remettre la femme dans les bras d'un de ses amis, exprès-à-son-insu, avec comme il se doit des déchirements sincères et hypocrites. On crierait à l'homosexualité sournoise, quand c'est encore plus simple : il a élaboré cette femme comme la mère qui lui manquait, pour inscrire en s'en privant la castration qu'il n'avait pas. Mon cher Watson...

A travers ses formes infinies et ses variantes débridées, l'amour comporte un invariant : *présentifier dans l'entre-deux l'origine en tant qu'elle manque,* et en tant que même présente elle est habitée par le manque. De ce point de vue, il n'y a pas de faux ou de vrai amour, il y a l'amour, mais c'est le matériau qu'il travaille, le matériel de ses mises en scène qui est plus ou moins *chargé* ; chargé d'étouffer l'origine, ou d'en tenir lieu, ou d'y plonger... Ces prurits de l'amour que sont les névroses sont une défense contre les mutations de l'origine en tant qu'elles renouvellent l'amour. Si la névrose est trop chargée d'incarner la loi symbolique – de s'en assurer, de la vérifier... – alors l'amour fait seulement acte de présence, mais comme « histoire » il tourne court.

De ce point de vue, même le clivage entre amour narcissique et amour objectal perd de son intérêt, qui n'était pas bien grand. Car non seulement l'amour jette l'un contre l'autre le narcissique et l'objectal, comme pour les briser ou les refaire ou les altérer l'un par l'autre, mais en tant qu'épreuve d'origine il est présent à l'état pur dans les fantasmes et les symptômes les plus chargés de l'étouffer, de le couvrir. Il est même présent dans cette haine-amour de soi qui s'appelle la *phobie,* où le sujet se pétrifie pour devenir à corps perdu la mémoire qui lui manque, l'identité dont il désespère qu'elle tienne – identité qui n'a d'ailleurs rien à tenir ou à retenir. (Variante de cette phobie, le nihilisme : on nie tout ce qui n'est pas soi dans l'espoir vain de s'ancrer dans cette négation, de se ressourcer dans ce refus limpide...) L'étonnant est que ça procure des petits bonheurs, cet amour programmé, maîtrisé, fait exprès – qui ressemble à de la haine. Étonnant comme l'amour fraye sa voie de toutes façons, même s'il n'a comme issue que le ratage punitif, il se ménage un coin de bonheur. La fille du père incestueux peut vivre l'étreinte avec son père sous forme d'un violeur qui la prend pour une poupée ; elle peut punir « l'homme » de l'aimer ou de le lui dire, si à la place de ce pauvre bougre éberlué c'est son père qu'elle punit de l'avoir séduite avec des mots puis réellement abandonnée. Même le blocage de l'origine peut être vécu ou constaté avec un certain « bonheur », au sens d'une certaine justesse, qui bien sûr échappe aux acteurs (sinon serait de la maîtrise). Tel homme « paumé » de se voir aimé pour ce qu'il *est* et haï pour ce qu'il *est*, à n'y rien comprendre, ne voit pas que justement il sert à autre chose qu'à ce qu'il est ; il sert à mobiliser l'*être*, à le faire vibrer ; et l'être a beau être « un », il est différent de lui-même ; il n'est plus ce qu'il était ; le bonhomme n'a pas suivi, ou a trop fait ce qu'il fallait, et le voilà révélateur passif de l'amour, de l'amour inconscient, comme lui.

Le « bonheur » de l'amour est heureusement plus vaste, et sans aller jusqu'aux fusions océanes, on le remarque à la réussite de telle rencontre de l'origine dans l'entre-deux ; convocation multiple, complexe, qui donne au rendez-vous son immense fragilité, et sa *justesse*.

Nous verrons que l'objet de l'amour c'est l'âme-mémoire qui devient corps, la *mémoire-corps*, celle d'au-delà des souvenirs. Bien sûr, si elle manque on se contente de souvenirs, de nostalgies, coïncidences, répétitions. On oscille entre les deux niveaux de mémoire ; comme un animal un peu perdu. Mais foncièrement c'est l'autre mémoire qui est visée – recréation permanente de l'être, potentiel inscripteur d'identités en devenir, disposition de la mémoire vive. Une histoire d'amour, comme un rêve, ça peut s'oublier vite, si on ne s'empresse de l'interpréter – comme une émotion musicale –, de l'intégrer à sa vie, de la laisser parler en soi. Affaire de mémoire-origine ; non pour se rappeler ; à la rigueur pour se rappeler à soi, à ce qu'on n'est pas, à ce qu'on n'a pas vécu, à son origine récurrente dans l'être et dans les mots.

Au fond, les hommes sans savoir ce qu'est la mémoire, ou du fait même qu'ils l'ignorent, se la *donnent* dans l'amour ; ils s'en offrent le partage luxueux ; y compris en faisant résonner très fort leur manque à être grâce aux combines des fantasmes, quand l'un ou l'autre est expert en coupure sauvage et manipulation du manque.

Parfois le manque à être est ressenti comme une plaie, une blessure hémorragique, que l'on cherche à colmater avec de la *peur* ; repli narcissique de toute urgence. L'entre-deux est réduit à un point phobique, la mémoire s'est comme dissoute et perdue dans le corps. C'est la peur nimbée de haine. La peur de l'amour est une forme d'amour narcissique ; un nihilisme de l'amour. Le phobique vous hait de ne pas pouvoir vous aimer. Il vous voit là, à le faire saliver, et il ne peut pas consommer de cette nourriture ; ça lui est strictement interdit, par sa religion. Car c'est un quasi-fétichiste, d'une religion intime où il s'adore avec dégoût. Une origine inerte qui pourrit sur pied. Mais l'amour qu'il *fixe* en lui fait son œuvre dans l'ombre, sans lui. La peur est le signalement d'une horreur de l'origine, d'une *horreur dans l'origine,* restée en travers de l'être, chez le phobique.

L'événement de l'amour, quand il n'est pas opacifié par le fantasme ou réduit au ressassement, ouvre l'expérience où se mêlent don de vie et de mort. Vous pourriez presque – si cela vous amuse faites-le – y retrouver ce dont témoignent ces fameux rescapés de la mort, qui de retour racontent leurs visions. Vous le retrouvez, légèrement modulé, dans les états que fait vivre la passion amoureuse. L'être hors du temps, une curieuse légèreté, une énorme certitude. Certes dans l'amour ce n'est pas la « paix » ; l'origine vrille de toutes ses forces, mais sur fond d'assurance, voire d'illumination. On n'est pas vraiment hors de son corps, mais on perçoit le corps de l'autre comme un élément du sien, ou comme un support du sien, ou un tenant-lieu de son corps. Activation des souvenirs, aussi, rappels d'enfance de tous ordres, évocation d'êtres aimés, récapitulation de l'être, qui semble unifié par l'amour. Troubles narcissiques ? oui, mais l'amour *est* un ébranlement narcissique, dont l'aspect un peu délirant n'échappe pas aux amants : ce corps qui est devant vous, porterait-il sur lui, en lui, les fibres de votre être ? Vous essayez de les confondre, vous vous y appliquez, à les rapprocher au plus près, à les mélanger comme des couleurs ; elles ne se confondent pas, c'est clair, mais de le penser, de le désirer vous redonne de l'amour ; un immense désir d'imager, de toucher du doigt les points communs de l'entre-deux. S'ils échappent, l'amour en tiendra lieu ; il sera la mémoire-corps, la mémoire inconsciente, il inventera autant de souvenirs qu'il faut pour que l'événement qu'il inscrit semble fomenté depuis toujours, depuis l'origine des temps. Il saura faire se rencontrer, se recroiser les deux lignes bifurquées d'un même rayonnement d'être ; ça se recoupe pour faire voir la bifurcation, plus que le rappel ou le souvenir. Et toutes ces folles coïncidences que l'amour fomente juste pour exciter la mémoire : tu te rappelles, là-bas, j'y étais, on y était ensemble, sans le savoir...

L'amour est juste au-delà de ces petites coïncidences qu'il invente après coup, pour fomenter l'incidence voire l'incident de la rencontre où l'entre-deux s'est révélé.

Mais ce que veut l'amour c'est la révélation, c'est *le nouveau* de l'être, plutôt que l'ancien trait qui revient à nouveau. Il veut le retour... de ce qui n'a pas été. Il y a une forme de pensée qui appelle l'amour : elle consiste non à braquer la pensée sur son objet, mais à se rappeler en quelque sorte les choses qu'on ignore, à se laisser rappeler par elles, mettre en dialogue à travers elles. Proust est l'amant des sensations qui reviennent « à nouveau » ; il parle avec raison du Moi « confiant dans sa joie », sachant bien que « le simple goût d'une madeleine ne semble pas contenir logiquement la raison de cette joie » (prenez Madeleine pour le symbole d'une femme réelle, nourricière – de gâteries et de mémoire). Il précise qu'alors « le mot *mort* n'a pas de sens pour lui ; situé hors du temps, que pourrait-il craindre de l'avenir ? ». Mais l'effet de mort ou de perte était déjà à l'origine...

Hommes et femmes se donnent dans l'amour une recharge d'origine ; une décharge aussi. Comme dans la mort ; différemment ; sans parler de la petite mort par laquelle le corps physique se rappelle comme dernier recours. Ce que l'amour transmet c'est plus que des souvenirs : il transmet le fait de pouvoir en avoir, l'existence même de l'inconscient avec ce qu'il a de premier. Dans l'amour, on vit des choses qui ressemblent à des premiers instants, donc à une mise en mouvement du temps, l'instant où naît un certain temps, où naît une forme psychique nouvelle ; celui où une relation, jusque-là nulle ou non perçue, prend des formes neuves. Le champ morphogénétique se creuse ou s'invagine, des attracteurs se déclenchent. Il s'agit de se rappeler à soi mais passant par l'autre ; de s'appeler ; le « je t'aime » n'est qu'une variante de la jouissance de s'appeler ou d'être appelé dans un lien amoureux. En cela, l'amour mime ou mémorise le don de vie – inséparable du don de mort ; il exprime l'origine plutôt qu'il ne la symbolise ; il la présentifie. A chacun d'en faire le voyage qu'il peut. Les deux sont attirés par un champ de forces et de formes, dans une blessure de l'espace, une découpe des corps-mémoires, une résonance *formelle* de mots et de pensées : l'amour déclenche dans l'entre-deux le tourbillon de mots naissants qui ligaturent le manque à être et la détresse originelle de n'être rien qui ne passe par l'autre. Ce tourbillon ramène au bord de l'origine avec son gros paradoxe : elle vous porte et vous échappe ; elle vous porte de vous échapper.

La *Genèse* avait dit qu'alors, ayant quitté leurs parents, homme et femme s'accouplent et deviennent une même chair. On a ironisé sur cette fusion impossible, cette mêmeté illusoire. Et si c'était la même chair... inconsciente (l'enfant étant aux interstices de cet inconscience...) ? et s'ils devenaient les deux faces d'une même réalité, un peu comme dans les ensembles quantiques, deux « corps » peuvent être à de grandes distances l'un de l'autre et relever pourtant du même lien, être les deux aspects d'une même réalité, être tels que leur différence irréductible n'en est pas moins irrepérable ? Ce qui est sûr, et avéré dans l'expérience, c'est que leurs gestes les plus infimes peuvent répondre pour le *tout* de leur lien.

Ailleurs j'ai parlé du coup de foudre, le « c'était lui », « c'était ça »... Il se trouve qu'un nouveau film d'Almodovar, *Atamé*, montre la chose avec charme et justesse : la genèse de l'amour. Un jeune « déséquilibré » séquestre une femme, une actrice, parce qu'il en est amoureux et qu'il l'a connue autrefois (elle ne s'en souvient pas). Il l'attache, la ligote chaque fois qu'il doit sortir, et il attend qu'elle l'aime. Le miracle se produira lorsqu'un soir, parti pour lui chercher de la drogue, il revient tout esquinté par les dealers ; et pendant qu'elle le soigne, devant le miroir, il a une vision : leur couple lui rappelle celui de ses parents qu'il a perdus étant très jeune. Ce rappel sans doute fictif la force elle à l'aimer, et à lui demander de l'attacher (*atamé*, attache-moi).

Bien sûr, induction d'amour, mais partage de la mémoire : les deux se retrouvent différemment partie prenante d'une mémoire qui leur échappe. Et les images du film montrent qu'alors le sexe de l'homme, l'organe érectile, visible, devient ce qui lie les deux sexes ; comme s'il appartenait différemment aux deux. (Cela donnerait-il un sens précis au mot de Freud : « la libido est masculine » ?...)

Disons pour aller vite que la névrose de l'amour s'attache à la mémoire-souvenir ; et qu'au contraire la mémoire-corps ou la mémoire-appel concerne l'amour de l'être, l'être en état d'aimance. C'est de l'ordre du corps « abstrait » mais foncièrement lumineux, dont les fragments résonnent ou font de simples bruits, *sans aucun sens*, mais dont l'effet est de vous appeler à ce que vous n'avez pas vécu, ni éprouvé ; et *alors* vous l'éprouvez ; cela se transmet avec du corps. Mémoire du second ordre, corps lumineux et pluriel, altérités constellées qui attirent la lumière et qui la renvoient ; qui supportent le partage de la lumière ; lequel signifie le don d'origine ; faute de quoi ces corps sont des corps noirs d'où la lumière ne part pas ; on sait qu'ils sont là, on ne les perçoit pas. Des trous de lumière. L'amour se sent porteur d'une lumière telle que ce qu'elle éclaire rayonne du désir, émet des rayons de désir. Le monde renvoie alors – étonnant réflecteur – ce désir que vous aviez de le rencontrer, de le découvrir. Il y a là, dans l'amour, comme une *antisublimation* : tout le visible est ramené au désir d'être éclairé par *cette* lumière, d'être mis au regard de cette mémoire. Certes, accessoirement, on peut aimer l'autre par reconnaissance, pour vous avoir fait rencontrer l'amour ; pour avoir produit en vous l'expérience du geste qui signifie l'amour ; avoir impliqué le partage d'un tel geste. L'amour est peut-être fait *pour ça* : au passage ça donne du corps à l'Autre (y compris sous forme d'enfant), et du corps-autre à soi. Ça mène vers là où la mémoire fut déchiquetée, où elle a manqué et où étrangement un corps vivant vient à sa place.

Cela éclaire l'amour qu'on peut éprouver pour des personnes très narcissiques. En fait, ce n'est pas tant leur indifférence qui nous attire, c'est qu'ils sont des images de la mémoire, des images de corps-mémoire, l'objet même de l'amour. Leur autosuffisance nous fait croire qu'elles n'ont à se rappeler de rien, qu'elles n'ont pas à se rappeler, seulement à être. D'ailleurs elles sont très distraites, on croit qu'elles pensent des choses précises, alors qu'elles ne pensent à rien ; elles sont la présence physique et fascinante d'une mémoire supposée.

Voyons maintenant en quoi l'amour est à la fois la *pathologie de l'origine* et le remède miracle inventé pour la « soigner », donc aussi pour l'entretenir. Cela éclairera autrement la mise en acte de l'origine dans l'entre-deux.

Dans l'amour deux êtres se rencontrent quand l'entre-deux qu'ils instaurent se charge soudain de mémoire, de pulsions, de fragments d'être *originels* ; de façon que dans cette capture qui fait histoire, histoire d'amour – se rejoue l'ouverture de leur être, leur être démultiplié. A leur grande surprise, cet entre-deux lie leur devenir et relit leur passé, le réinterprète autrement. Bref, reprend *à l'origine* la question de l'origine.

Comme dans tout ce livre, l'origine est à entendre comme origine du temps, du temps qui peut nous *arriver*, comme réserve du temps possible et disponible. Avoir du « temps », c'est avoir le contact avec cette réserve de temps, n'avoir plus à la recycler dans un symptôme répétitif qui « tue » le temps. Tout voyage radical va aux sources, à l'origine de cet être-avec-le-temps, perdu ou retrouvé. La souffrance de l'origine peut aussi être comprise comme origine des souffrances. Mais au fond, c'est toujours d'amour qu'on est malade ; on dit platement le manque d'amour, mais le manque et l'amour se croisent à l'origine.

Les pathologies décrites par Freud – névroses, psychoses ou perversions – gèrent comme elles peuvent cette impasse de l'origine et de l'amour ; redistribution de l'inconscient comme réserve de temps retenu. J'ai montré que ces trois grands axes se recoupent en un point zéro, une source-origine. Du coup, il y a l'origine ou l'inconscient comme réserve possible du temps, et il y a des points d'arrêt, où le processus de vie arrive et d'où il n'arrive pas à repartir. Ces points sont des symptômes, des points douloureux de l'être ; ils reçoivent l'afflux d'origine, et ne peuvent le porter plus loin.

Mais il y a d'autres pathologies de l'origine où le corps tout entier est pris comme échouement des flux de temps et non plus comme relais. Il devient origine et point d'arrêt. C'est le corps-symptôme. Il n'est pas forcément « malade », il peut être vide, insensible au temps, à l'histoire, à l'événement possible ; insensible à la mémoire qu'il devient tout entier. Car la mémoire est une *machine à temps*, dont on a vu qu'elle fonctionne sur deux régimes. Celui des trajets associatifs, des souvenirs et des retours : mémoire-rappel. Et celui qui travaille par ondes, flux, impulsions, constellation d'objets : c'est la mémoire d'appel, espace constellé d'objets-temps, d'objets saturés de temps, qui sont comme tels des « êtres » vivants. Chez certains êtres mutilés dans leur transmission, la mémoire d'appel manque, et du coup celle du rappel tourne à vide. De même que l'histoire, car celle-ci, plus qu'un souvenir ou un savoir, est le pouvoir de prendre place dans le cours du temps, d'y être présent. Un père, ce n'est pas simplement un souvenir de père, c'est une présence et un corps ; il fait partie de cette mémoire comme *présence*. Certains n'ont pas connu leur père, et souffrent d'avoir été privés de ce qu'ils n'ont pas connu ; nostalgie du manque *et* absence pure. On peut être ému par le souvenir de sa maison natale mais c'est autre chose que de se souvenir de son manque de lieu natal ; d'un manque réel. C'est le manque de quelque chose qui n'est pas visible ou imagé ; on bute sur un corps noir, un corps en négatif, un négatif de corps qui transforme les autres corps que l'on rencontre en des sortes de trous de mémoire ; où l'on se sent appelé, happé, mais par rien ; et tenté par l'impulsion de tout réduire à rien. Ce mode d'être est destructif. Entre le manque de souvenir et le souvenir du manque, on se rappelle... *rien*. C'est en deçà des somatisations hystériques – appelées conversions – où le corps sert de mémoire à l'autre ; ici, dans ces cas limites, il devient lui-même l'Autre impossible, saturé, imparlable ; la machine à temps tourne à vide. Ce n'est pas la folie mais un étrange blocage de l'être. Par exemple, cet homme qui a eu un non-père, un père désinscrit, qui n'est pas fou pour autant, qui même ressemble à un « simple » névrosé : brillant, exubérant, butant sur les mêmes ratages. Il rate parce qu'il n'arrive pas à accepter de demander de l'aide. Dès qu'il doit faire appel à l'autre, se montrer en manque devant l'autre, il cale. Mais ce n'est pas une névrose d'échec, c'est un malêtre de l'origine : il ne peut pas demander de l'aide parce qu'il aime le père qui lui a manqué, le père dont l'aide lui a manqué, et c'est sa façon de célébrer régulièrement, par les échecs, l'immensité de la demande qu'il lui a toujours adressée, en vain : s'il se laisse aider, il piétine l'appel d'aide infini qu'il lançait à ce père inexistant. Le mécanisme est bien connu : l'objet qui vous a totalement manqué, si un jour on vous le donne, vous le refusez ; vous vous protégez ainsi d'une déprime grave, celle d'avoir l'objet qui réponde à ce trou de mémoire qui est en vous ; la dépression d'être comblé après qu'il y ait eu deuil et renoncement. Si l'on vous donne ce à quoi vous avez renoncé, on vous force à un deuil inversé : à rejeter ce que vous aimez. Toutes les pathologies destructives sont de cet ordre : on détruit ce qu'on aime, l'image de soi impossible, son lieu d'être-autre et d'être dans l'Autre...

Les pathologies de l'origine se bloquent sur le paradoxe de l'origine : en avoir une pour la quitter, en passer par elle pour ne pas y rester, la recevoir comme un retrait... Le plus souvent on supplée au manque d'origine par des points terminaux de temps appelés symptômes, abstraits ou devenus corps. Bien qu'on n'ait jamais son origine dans sa poche – elle est ce à quoi on était absent ; encore fallait-il être présent à cette absence – son manque prend corps dans ces cas limites ; c'est une trouée où deux manques se confondent : le manque d'origine et le manque interne qui la fait vivre et lui est intrinsèque. C'est le *double manque* qui verrouille les entre-deux ; parfois en toute simplicité ; sans tremblements de l'être ; une simple et ordinaire impuissance à faire jouer le manque. Après tout, désirer c'est pouvoir passer d'un manque à l'autre et transmuer le double manque originel en entre-deux franchissables – voyages, métamorphoses, passages, métaphores... Au contraire, le double manque scellé et confondu, c'est l'impuissance à supporter le manque, donc l'impuissance à aimer, puisque l'amour inaugure chaque fois l'expérience comme toujours neuve. Ce que l'on cherche dans l'amour est une *relance de ce même manque au cœur de l'être.*

De ce point de vue, on l'a dit, l'objet de l'amour est la mémoire-corps. Certes, on en reste souvent à l'amour du rappel, de la mémoire souvenir. On aime l'être qui nous rappelle aux instants où l'on avait un certain amour à donner. C'est l'amour « classique ». Mais l'amour radical, sauvage, primitif est celui de ces petits corps lumineux qui tintent dans notre mémoire, notre mémoire-corps, simples supports du manque à être... qu'ils éclairent. Lumières de l'être. Échos, peut-être, du « premier » geste créatif dont parle la *Genèse*, où l'être s'est fait lumineux en désirant que la lumière soit... En tout cas, l'*énamoration est une pathologie « heureuse » de l'origine*, heureuse et grinçante : les gens n'ont pas l'air d'y tomber volontiers ; il y a beaucoup d'éclopés de l'amour. Mais on y retrouve le manque à être en tant qu'il n'est pas un trajet menant vers la mère ou la sœur ou le père... mais un support d'être, un éclat au point d'émergence de l'être, au point où l'on aime sa finitude redonnée par cet être avec qui c'est possible.

Si l'amour est expérience de l'origine, ce n'est pas comme « retour à la mère » ou aux fusions originelles, mais parce que l'épreuve d'exister, avec un corps et une mémoire, y est reconduite *radicalement*. Voyez comme on y cherche un langage plutôt fruste fait de gestes, de mots élémentaires qui veulent caresser la pulsion, toucher le corps-mémoire et ses replis invisibles. Cette étrange quête du *toucher*, sage, sereine et frénétique, bien au-delà de l'entre-deux qu'est la caresse – frôlement ou emprise : il s'agit de toucher avec les mots la présence physique de l'être, dans son échec même à combler le manque qu'elle réveille et qu'elle est là pour soutenir. On fait des gestes car le dire avec des mots, on n'y arrive pas ; les mots qu'on trouve impliquent d'autres gestes... Et cet appel d'origine cherche une issue, aveuglément, par une sorte d'automatisme, et reflue vers le sexe, l'entre-deux du sexuel où l'espèce retrouve ses appuis d'origine, et les renouvelle comme elle peut : dans la génération, les traumatismes, les événements insoutenables... Un trauma est une recharge d'origine ouverte aux après coups : c'est de l'être qui donne plus d'*être* qu'on n'en peut recevoir ; c'est un débordement de l'être. Avoir pu l'endurer, c'est avoir pu recevoir un don d'origine en tant qu'elle fut retirée et qu'elle fait retour et appelle à se traduire. C'est le contraire du point d'arrêt qu'est le symptôme – lequel est une capture du temps, et empêche qu'il arrive quoi que ce soit d'autre que le symptôme. Le symptôme est la réponse la plus simple et la plus coûteuse au trauma où l'être se donne et appelle à se transmettre.

De même que l'amour est lié aux secousses narcissiques, de même il a un lien profond avec le *deuil*. La perte d'une chose chère nous touche car la chose, chargée de mémoire, nous fait sentir la perte d'un bloc de temps, la perte d'un bout de mémoire, d'un fragment symbolique. Tout deuil est un endeuillement de mémoire, un voilement noir de ces petits corps lumineux où elle scintille (il paraît que certains mourants voient un grand noir puis ont une illumination : deuil d'eux-mêmes, d'abord pénible, puis accompli ?). Tout deuil est un coup qui fait mal (douleur) au potentiel d'aimer, une contusion de la mémoire-corps, de la chose même que l'amour fait vibrer. Certaines énamorations sont un deuil exquis de soi : perte de soi et manque de l'autre bizarrement devenus exquis, on déplace l'objet d'amour, on le retrouve plus loin, lui... ou son absence vive. Or le deuil est du même ordre : déplacement de l'objet d'amour, voyage forcé, déménagement ; bruyant ou silencieux. Terribles deuils, ceux qui se font en silence, et dont on ne sait même pas l'objet. Deuils de soi chez des êtres qui s'ignorent.

La pathologie de l'origine est le deuil d'un être réel qui est soi-même ou une part de soi incarnée. C'est au-delà de la mémoire associative. Cela concerne le don d'origine que l'amour actualise. Le deuil est un amour malheureux autour du don de l'origine désespérément renouvelée. D'où cette étrange dualité entre deuil et amour. Dans le deuil on regagne son accablante autonomie en perdant un autre vivant. Dans l'amour on perd cette autonomie en gagnant un lien vivant ; on se perd en gagnant l'autre ; dans le deuil on se regagne en perdant l'autre. Mais l'amour fait vibrer cette dualité, entre deuil et amour. Tous deux sont des points d'origine et de faux terminus ; des points de renouvellement de l'être.

L'amour est entre deux mutations d'être. Que les deux existent et soient tenues par ce lien qui permet de s'arc-bouter sur elles, c'est cela qui importe. Plus que le jeu – indispensable – des semblants et des ressemblances.

Au fond, l'effet d'entre-deux dans l'amour c'est l'événement du don d'origine à deux, donc d'un partage de l'origine, chacun des deux devenant pour l'autre l'occasion de reprendre contact avec cette racine de son être et de son manque à être – de façon vivante : par un corps vivant, un corps autre ; de quoi faire qu'un langage nouveau s'articule. Ce don paradoxal – vu que c'est un don du manque – peut se faire sur un mode névrotique, mais son but est le ressourcement d'origine *via* l'entre-deux. Cela produit une impasse quand l'un attend de l'autre qu'il répare ce manque à être originel, qu'il prenne la place de ce manque ; alors cet autre devient symptôme. Ou encore (autre impasse très ordinaire de l'entre-deux), ça ne décolle pas de la séduction entre deux fantasmes ; l'un devient le fantasme de l'autre ; complétude des fantasmes ajustés – qui remplacent alors l'origine. Quant à la *traversée* de l'entre-deux, elle consiste en un partage assumé du manque à être : chacun se reconnaît issu de ce manque, marqué par lui ; cela permet de le déplacer, donc de le rencontrer ailleurs, de le confronter au monde, en effets productifs de trouvailles, d'angoisses, de sérénité...

Et l'amour de « Dieu » ? Il est clair que si le divin c'est l'être, l'amour de l'être est impliqué dans l'amour de tout « être », l'amour étant lui-même un radical événement d'être, un don originaire de l'être. Mais il se trouve qu'une figure plus précise vient s'offrir ou s'imposer face aux déchirements de l'origine, plus précise que celle du divin : celle du Sauveur. C'est une façon radicale de répondre à l'origine : on célèbre le Sauveur venu la réparer et l'accomplir, ou bien on proclame l'imminence de sa venue (attente messianique). Dans les deux cas c'est avec un certain « amour ». Car l'amour est ce qui tente, en vain, de correspondre à l'origine. Bien sûr il y a d'autres variantes, pour mettre fin au temps, pour inscrire la fin des temps comme une origine ressaisie : outre le fétichisme, qui capture le temps de l'Autre donc le temps de l'origine et de l'avenir, il y a tout ce qu'on appelle les atteintes « psychosomatiques » : les lieux du corps où l'origine s'est incarnée et qui sont à leur façon des fixations du temps possible. En ces points le sujet pourrait dire : c'est là que je suis « mort » à ma naissance ; c'est là que je n'ai pas de naissance, là où le don d'origine n'a eu lieu qu'en apparence... vu que je suis là en apparence. Le terme « psycho-soma » pour dire la chose est du reste très impropre car chacun a une psyché et un soma qui s'ajustent tant bien que mal. Il s'agit plutôt d'états limites où la mémoire vient tout entière s'incarner et fixer le temps dans un bout de chair. Ce sont des atteintes où le corps a pris en charge toute la mémoire, s'est absorbé en elle. *Disparition subjective.* Car la subjectivation est un rapport à l'origine *via* l'événement qui vous arrive, l'événement qu'on reçoit et dont on dit : voilà ce qui *m'*arrive ; il témoigne d'un écart à l'origine et d'une secousse *dans* l'origine. Les atteintes au corps qui relèvent de la mémoire-rappel sont d'ordre hystérique ; celles qui relèvent de la mémoire du second ordre, celles de l'appel, sont dites « psychosomatiques ». Le sujet ne s'y permet que des « rappels » à même le corps. On a vu que les immigrés sont souvent dans ce cas : désubjectivés, pris en charge et expulsés tout à la fois par leur lieu d'origine, ils ne se permettent que l'atteinte au corps. Mais c'est le cas de tout un chacun à sa fracture d'immigrant, à sa frontière d'exil entre deux niveaux d'être.

L'idée de Sauveur veut réparer et l'origine et l'amour (en tant que l'amour est une « mauvaise » réparation, trop insuffisante...). Cette idée, inventée par les Hébreux, a un champ étrangement vaste et variable : un jeune adolescent paumé peut chercher le sauveur dans un gourou ou une drogue ou une bande... qui le sauve de l'absence d'origine, du non-lieu où il se trouve ; qui le sauve en le fixant à l'origine... supposée paradisiaque. Retour au point zéro, au point de mort. Terminus.

Le Sauveur est censé apporter la grâce ; plus que l'effacement des manques, l'inutilité d'effacer puisque les comptes sont apurés et les êtres graciés ; le refoulement n'est plus de mise, car la faute est inutile et les manques sont accomplis ; c'est presque le règne de la non-trace ; rien à effacer. L'ennui, c'est que la débilité aussi est le culte de la non-trace, où il n'y a pas d'entre-deux car les deux sont confondus : la débilité, c'est que rien ne soit marquant... Culte de la non-mémoire, de l'entre-deux aboli, de la trace qui ne prend pas, ne compte pas. Au mieux on fuit dans l'image ; l'image de la béatitude ou la béatitude de l'image.

Intermèdes

Mémoire ou barbarie

Cela dit bien l'alternative, à condition de ne pas réduire la mémoire à un recueil de souvenirs, confiés pour être mieux exploités à des gérants de la mémoire. La mémoire est le travail même de la pensée, dans son rappel à l'être. Du reste, quand les souvenirs évoqués sont ceux d'une catastrophe, ils signalent justement que ce travail de la pensée fut un jour détruit. Raison de plus pour le relancer, plutôt que de seulement rappeler qu'un jour il fut détruit. De même barbarie a un sens très vaste ; ce n'est pas ce qui s'oppose à la culture, car c'est au comble de sa culture que l'Occident s'est fait plus barbare que les « barbares », lorsqu'il mit au service de l'obsession totalitaire l'esprit de système qui manque ailleurs. Les Orientaux n'ont jamais pu inventer les camps de la mort. L'efficacité dans le meurtre est venue de gens civilisés.

La nouveauté aujourd'hui est que cette barbarie, la texture de cette barbarie, est aussi le fait d'*individus* ; d'individus privés de mémoire, au sens où elle inclut l'au-delà du souvenir : le *pouvoir* de se souvenir, d'entrer en contact avec ses sources de vie ; pouvoir subir des forces de rappel et d'appel, émanant de nos origines, sans en être écrasé, sans s'y réduire.

Beaucoup éludent la mémoire car le rappel qu'elle leur ferait paraît trop lourd. C'est vrai pour la mémoire du souvenir. *A fortiori* pour la mémoire du second ordre qui est le souffle de l'âme, de l'âme-mémoire si l'on peut dire – rappel de l'être, appel à l'esprit de la lettre.

Or la mémoire est pour l'homme le mode d'être du temps ; rythme binaire de la psyché, bâti sur des bifurcations, dont certaines ont des retours, des recoupements (d'où inscriptions et rappels), pendant que d'autres poursuivent leur simple être-là, leur pure disponibilité. Dans les deux cas cela semble étonnamment indépendant du support physique enregistreur, alors même qu'il en faut un, qu'il y en a un.

Par le jeu de la transmission, la mémoire-souvenir des uns devient la mémoire inconsciente des autres ; au passage des générations ; qu'ils aient transmis ou pas. De toute façon il y a transmission : ceux qui n'ont pu transmettre ont transmis la trace de cette impuissance, et de leur être démuni ; trace dont les autres feront quelque chose.

Le symptôme massif aujourd'hui est de se réduire à sa mémoire, ce qui exclut d'en disposer. Il faut alors retrouver ce qu'on n'a pas eu ; revivre ce qu'on n'a pas vécu, se dégager de soi au prix d'épreuves narcissiques inouïes. C'est que *la mémoire est une entame au narcissisme* par l'appel d'Autre qu'elle maintient ouvert.

Certains ne peuvent s'approcher de l'Autre qu'en le devenant. Du coup l'approche est nulle, l'Autre s'efface en soi, l'entre-deux est aboli.

Cela signale un énorme désespoir. On en connaît des formes extrêmes : s'identifier à l'ennemi pour lui échapper. Et on lui échappe, mais en lui donnant toute sa vie, en la lui consacrant. C'est vrai aussi au quotidien : une fille peut « devenir » sa mère pour s'en rapprocher un peu, et surmonter l'énorme haine qu'elle a pour elle ; il est vrai qu'alors, la haine de soi prend le relais. Toutes ces torsions sont des impasses de la mémoire comme entame narcissique, comme transmission de l'être. Quand celle-ci est en arrêt, c'est comme si l'être, fixé à son origine, ne savait pas quoi en faire. *La difficulté d'aimer est une question de mémoire.*

Plus que jamais la maladie humaine est un malêtre de la mémoire ; quand elle a tant de mal à se dire qu'elle devient toute la maladie.

Cette impasse est très simple : certains peuvent vivre des moments vifs, poignants, intenses, mais ça ne fait pas *histoire ;* ça ne s'articule pas ; c'est toujours à refaire. Quoi qu'ils vivent, l'effet de retour n'arrive pas jusqu'à eux. Ils sont « retenus » par l'événement qui les excède – au lieu de pouvoir le retenir. Donc pas de rappel en cas de chute libre. L'accès à l'esprit de la lettre leur est barré par eux-mêmes. Là est le symptôme narcissique ; être à côté de soi, avec soi comme seul partenaire... insupportable. C'est un paradoxe que de buter sur sa mémoire comme sur un mur. C'est que là une transmission s'est éludée en tant qu'elle déborde ceux qui la font (elle leur vient d'ailleurs) et qu'elle dépasse ceux qui la reçoivent (pour qu'ils la transmettent autrement).

Pourquoi y a-t-il eu cette impasse ? Une hypothèse s'offre d'emblée : on s'est trouvé face à un deuil si total, égal au deuil de soi, au deuil de l'être, infaisable donc ; on ne peut le désigner de tout son être. On incarne alors une perte, une pure détresse narcissique. Les descendants reçoivent la chose avec une certaine hébétude, une perplexité radicale. C'est bien sûr un désastre de n'être soi-même qu'un pur appel à la mémoire de l'« Autre ».

Ce malaise peut atteindre des êtres « autistes » ou excités, brutaux ou inspirés : être réduit à sa mémoire, en devenir le gardien avec impuissance à la vivre, à faire jouer ses distances avec elle. Alors le deuil se redouble : il y a eu perte réelle, et voici que la pression sur la mémoire la réduit à n'être que la mémoire de cette perte ; à n'être plus qu'une mémoire-perte. C'est une menace sur la mémoire des vivants que d'être le simple double de celle des morts.

La mémoire est présence de l'Autre en nous ; elle a rapport à l'origine. Elle la concerne mais elle ne s'y réduit pas. La mémoire est une dynamique subtile de nos origines déployées, démultipliées. C'est l'opérateur qui permet les passages par l'origine ; et de sa dynamique dépend que ces passages soient nécrophages ou vivants.

L'origine multiple correspond à différentes aires de mémoires, différents niveaux dynamiques. C'est ce qui permet d'être en manque de soi sans être totalement perdu. La mémoire est le rapport vivant à notre origine plurielle. En tant que l'origine nous échappe, échappe à notre histoire tout en nous portant vers sa *suite* ; c'est ce dont nous sommes les résidus tenaces. Chaque événement traumatique – destructeur ou riche de sens – est une origine qui nous chasse et nous appelle à en repasser par elle pour la quitter autrement. Encore faut-il que l'âme-mémoire soit là pour assurer ces passages. Pouvoir la quitter, l'origine, c'est s'acquitter envers elle pour y revenir en cas de besoin, ou de désir.

Ici, il vaut mieux ne pas confondre être en dette, être en manque et être en deuil. La *dette,* c'est le devoir d'honorer certains rendez-vous avec le passé pour passer à l'avenir. Car l'avenir a besoin du passé pour se mettre au présent. Le *manque*, c'est l'ouverture qui laisse du jeu dans nos espaces ; elle rend nos vies un peu jouables même si le jeu est tendu et les risques énormes. Le *deuil* est la douleur qui marque l'irruption de la mémoire ; comme Autre. Faute d'un deuil le manque n'est pas symbolisé, le sujet se fige pour garder ce qu'il n'a pas ; mais cela ne suffit pas à mettre la chose en mémoire. *La mémoire sert à écarter l'origine* – et le deuil de l'origine – pour mieux la reconnaître, l'origine, quand elle se représente. Elle produit l'entre-deux avec l'origine, faute de quoi on est dedans, en plein, sans pouvoir ni en jouir ni en souffrir. On est seulement absent à soi, et à ses sources.

Être en deuil c'est rester en plein dans ce vide. *Faire* le deuil c'est mouvoir ce vide, ça donne de l'espace pour vivre – et pour, rappelé à sa perte, pouvoir apprendre à « mourir ». La mémoire est la retenue et l'appui pour penser autre chose ; donc pour penser ; car sans l'*autre* de la chose on est simplement fasciné, par la Chose ; d'autant que certains se chargent de la rendre opaque.

La Chose, pour être mise en mémoire – branchée sur des forces de rappel –, exige d'autres rappels qui sont au-delà de nos vigilances ; exige d'être lue sous des lumières imprévues et des angles nouveaux. Alors elle se constitue comme événement symbolique pour qui peut l'accueillir.

C'est pourquoi la mémoire permet le deuil et celui-ci lui redonne vie, à la mémoire. Faire le deuil est un travail de repli sur soi et de réouverture au monde ; de quoi refaire un partage entre les vivants et les morts, et vivre l'entre-deux-mondes, entre vie et mort. Sinon c'est la paresse de l'esprit, et si l'esprit est paresseux à votre endroit, s'il ne bouge pas quand vous l'appelez, c'est le pire danger pour l'âme-mémoire : l'endeuillement serein, perpétuel ; le deuil de soi interminable ; l'insomnie de la pensée réduite à sa perception. Impossible alors de s'aliéner, donc d'aimer ; on ne peut rien *faire* de soi ; chômage de l'être. « Faute d'avoir fait son deuil... » C'est une faute envers la vie. Car on le verra, le dialogue entre vie et mort est porté par la vie, par les vecteurs de vie. Et le deuil est un rouage vital où s'articule le symbolique. Quand on l'élude, c'est inarticulable.

J'ai dit ailleurs que le peuple juif avait commis le « crime » impardonnable d'avoir apporté, en forme de Dieu, un principe d'être qui le dépasse, et qui dépasse tous ceux qui l'ont adopté ; ce qui rend le « crime » encore plus dur à pardonner. Or il semble, à mesure que notre clinique s'approfondit, que ce « crime », tout un chacun l'a commis à sa façon : chacun est débordé par l'origine qu'il apporte et qui le porte. Il transmet ce débordement et il est, pour cela, haï-aimé par ceux à qui il le transmet. Et la compulsion haineuse à vouloir par exemple que les Juifs soient parfaits, c'est-à-dire morts – se retrouve telle quelle dans la rancœur de certains envers les manques hérités de leurs origines, les manques de la transmission qui fut la leur. Bref, très peu acceptent de s'exposer à être dépassés par eux-mêmes ; autrement dit d'être en manque et en défaut par rapport à eux-mêmes, à ce qui les porte. Ils vivent leur vie comme un vol de l'être, comme si la vie leur volait leur peu d'être.

Et de même qu'à l'imperfection harcelante du peuple juif a répondu le pur élan totalitaire du peuple allemand sous son Führer, de même aujourd'hui l'imperfection intrinsèque du rapport à l'origine produit chez des *individus* les mêmes flambées totalitaires ; la rage de ne pas en venir à bout, d'eux-mêmes ou de l'« autre », et de voir que la mémoire, qui aide à retenir tant de choses, échappe.

Or c'est parce qu'elle échappe qu'elle permet de faire le deuil – le deuil de soi – et de faire l'amour – l'amour de l'Autre. Et qu'elle permet de contrer l'insomnie de l'être. Quelque chose comme : tu peux ne pas y penser tout le temps, ça pense pour toi, d'autres forces veillent pour toi et prennent ton relais par amour d'elles-mêmes... On peut donc rêver d'autre chose, le rêve est le témoin de la mémoire. C'est une donnée de l'origine : rappelle-toi *à* là où tu n'étais pas pour qu'il y ait, là où tu es, d'autres forces de rappel.

Mais qu'y a-t-il à se rappeler ? le Reste. Quand on se rappelle quelque chose, le difficile est de se rappeler au reste, rétif à tout appel. Il s'agit donc de s'appeler, de pouvoir changer de nom, et renouveler l'approche du nom.

C'est en quoi la mémoire n'est pas une compulsion mais une pulsion ; de vie.

Et la barbarie, c'est la destruction volontaire de la mémoire-corps qui échappe ; que l'on hait parce qu'elle échappe ; que l'on détruit dans son corps ou dans le corps des autres. La barbarie c'est la destruction de l'amour-inconscient, qui échappe et se transmet, qui échappe pour se transmettre. C'est le constat de ceci que la fonction d'origine est détruite et que l'entre-deux est impossible. Une sorte de nazisme, subjectif ou collectif.

Fidélités

La fidélité semble curieusement s'incarner dans son contraire : on peut être infidèle comme pour chercher aveuglément un filon perdu de soi. C'est donc une approche de l'identité. Tout comme le risque est une approche du trauma.

La fidélité apparaît comme le contraire de la *séduction,* et le contraire de la *trahison.* Ne pas se laisser « séduire » (dévoyer, détourner de sa voie), ne pas se trahir (quand trahir c'est livrer à d'autres ce qui doit être gardé).

Prenons ici pour référence l'ordinaire amoureux et aussi l'extraordinaire fiction entre un peuple et son Dieu par qui il se fait accuser d'être *infidèle.* Dans les deux cas, la même accusation ravage l'entre-deux : l'un accuse l'autre d'avoir été séduit, par « autre chose » ; de n'avoir pensé qu'à soi... Mais garantir que l'on ne sera jamais séduit, c'est garantir une certaine mort ; c'est plus qu'une entrée dans les ordres. La chose est donc plus subtile. Dans la tradition biblique, même des prophètes accusent leur Dieu de les avoir « séduits » : ils étaient tranquilles, dans leur coin, et voilà qu'il leur envoie des visions, des visions d'autre chose, justement. Pourtant, si le « divin » n'est que l'ensemble des forces de vie, rien d'étonnant à ce qu'il soit séducteur. Cela ébranle chaque fois une fidélité antérieure ; mais y en a-t-il une qui soit « première » ? Un homme qui ne peut pas trahir sa mère (en tant que premier objet d'amour), une femme qui ne peut pas trahir son père peuvent-ils aimer ? Là est la difficulté : l'*origine,* on ne peut lui être qu'infidèle, bien que son action récurrente révèle une grande fidélité jusque dans la façon dont on la met à distance. Les paradoxes de la fidélité répercutent ceux de l'origine.

On peut se méfier d'une relation amoureuse reposant sur cette promesse : « Je n'aimerai jamais personne d'autre que toi », si cette promesse passe pour *réelle* et « objective », et non pour ce qu'elle est : un mot d'amour ; et une jouissance : celle de le dire. Si la fidélité est une assurance *réelle* qui abolit tous les risques, elle sonne le glas du désir. Si elle s'impose sans réplique, elle s'efface : la « fidélité » imposée par le sida n'en est plus une, sa nécessité objective fait d'elle plutôt une précaution, une mesure technique.

De plus, la séduction relève aussi des forces de vie, et en risquant de vous détourner de votre chemin, elle vous rappelle que vous en avez un, elle vous aide même à le dessiner, elle vous y montre l'altérité qui est à l'œuvre et qu'il ne faut pas méconnaître. Certes, s'installer dans la séduction la rendrait mortifère, rituelle ; ce serait l'aveu que l'on n'est séductible par rien d'autre que... par ce rituel. C'est échouer à la franchir en tant qu'elle est une voie d'approche du désir. Dans ce retrait fétichiste on devient soi-même l'objet de la séduction : Don Juan se séduit, et séduit pour se séduire ; on ne sait même plus s'il est séducteur ou séduit. Il anime la scène typique de l'investissement narcissique. Il y est même très *fidèle,* mais il ne peut faire autrement.

Du coup, il n'y a pas à penser « la fidélité », mais le couple dynamique entre fidélité et séduction, ou entre fidélité et forces de vie qui séduisent et trahissent, y compris elles-mêmes.

Fidélité se rapporte à être « fiable ». N'être pas fiable, passé un certain point, c'est produire du chaos. Être totalement fiable engendre aussi le chaos ; cela fausse le jeu que de pouvoir à tout moment se reposer sur quelqu'un. Si l'autre est totalement fiable, c'est vous qui n'existez plus, ou c'est lui qui triche en faisant croire qu'il est vivant alors qu'en lui quelque chose s'est figé. Il y a un seuil du fiable, et de la confiance ; le mot confiance dit bien le rapport réciproque où les deux sont fiables au regard de la même épreuve, et c'est leur lien qui la soutient lors des secousses. La fiabilité est un partage ; elle n'est pas chez l'un ou l'autre, elle est là, dans l'entre-deux, au-dessus ou à côté ; elle porte les deux, traverse l'entre-deux comme un dialogue qui assume sa fragilité tout en trouvant assez d'appuis pour se poursuivre. Elle représente un peu du tiers dans sa fonction paradoxale : permanente et insituée ; ineffaçable et fugace.

On dit que la fidélité est une valeur ; or toute valeur comporte l'épreuve de son partage, jusqu'à n'être parfois rien d'autre que cette épreuve – où se partagerait le grand Rien, la face cachée de l'Être... Tout le monde est prêt à s'approprier « les valeurs » (et qui peut nier que l'amour en soit une, ou l'intelligence, ou l'inspiration, ou la tolérance ?) ; c'est sur l'épreuve de leur partage que chacun bute, se cogne, bute le voisin, et se fait mal avec la valeur censée faire du « bien » à ceux qui en sont proches. Les valeurs, supposées être de « bons » liens de l'humain avec l'Autre, veulent être en retour de « bons » liens pour les humains entre eux, des lieux de partage bénéfique. En ce sens, la fidélité est exemplaire, c'est une *valeur du partage*. Sans le partage on figerait n'importe quelle valeur, donc aussi la fidélité. Elle devient fétiche ou gadget. Dans un couple, l'un peut écraser l'autre de sa fidélité, s'il la pose comme fidélité en soi, ou à tel fantasme dont l'autre est exclu. Alors il pèse sur l'autre de toute sa fidélité, et c'est parfois lourd. Seule une même épreuve de vie les avère fiables *l'un pour l'autre,* ou *l'un par l'autre.* La fidélité est alors ce qui répond dans l'épreuve quand le reste est vide ; elle témoigne. Elle évoque, disions-nous, la confiance : se fier, c'est partager une certaine supposition, un certain *transfert.* Lequel peut être abusif. On peut se tromper d'objet d'amour mais pas se tromper d'amour. La fidélité comme telle a rapport à l'amour, elle en est une approche. Raison de plus pour qu'elle n'en soit pas l'achèvement, la voie de garage ; seulement l'approche. Le cœur de la fidélité est l'amour d'un certain lien, d'une certaine alliance en tant que transmission du lien – avec tout ce qui échappe au projet de se transmettre – et qui est la part d'inconscient. Dans une langue comme le latin, « croire » c'est donner son cœur ; c'est se soutenir de ce don, y trouver un soutien, pouvoir « sentir » que c'est fondé alors même que, réellement, ça ne l'est pas. C'est une fondation qui s'entretient de la confiance qu'on lui fait. La *fidélité questionne les fondations en tant qu'il n'y a pas de fondation ultime ;* en tant que cette fondation manque. Si elle ne manquait pas, la fondation ultime du couple serait l'inceste ; or c'est justement interdit. Il s'agit donc de trouver du fondé là où manque la fondation, la création première, l'origine. La fidélité s'impose comme réparation de ceci qu'il n'y a pas d'origine fiable qui puisse, en étant répétée, définir l'épreuve d'une autre « fidélité ».

Parfois la seule façon d'être fidèle à son identité c'est de lui être infidèle, surtout si elle comporte sa propre cassure. Ouvrir cette cassure entre-deux, la découvrir comme un passage. La fidélité est un rapport aux cassures de l'identité et aux mutations du lien. Même un lien palpable – un câble – a sa limite de tension ; au-delà il casse. Le lien abstrait est fiable par sa capacité de reprise, de métamorphose, d'intégration de ses cassures. La fidélité est un processus où les secousses se réintègrent, se transmuent. Si dans une alliance l'un n'a pas été « fidèle », l'ensemble est pris d'une secousse dont il a quelque chose à faire. Il peut n'en rien faire qu'une rupture. Il peut aussi trouver autre chose, qui fait qu'après coup ils auront été fidèles à ce lien autre qui les lie autrement. Tant qu'on n'a pas le dernier mot, nul ne peut dire ce qu'était le lien. La fidélité est le maintien minimal du lien jusqu'à l'approche du dernier mot, impossible image du premier mot... perdu comme l'origine. Elle est donc une figure de l'*entre-temps,* où l'origine se déplace.

Dans le champ du rapport au divin, fidélité devient synonyme de croyance ou d'amour. On voit alors comment la faute de trahir « Dieu » transfère la culpabilité de trahir son origine, ses parents – à qui on croit devoir la vie – ou celui des deux parents qu'on aimait. Cela prouve que dans l'amour, les idéaux et avatars de la fidélité ne font souvent que transférer ceux de la fidélité à l'origine, comme nécessaire et impossible à programmer. Au fond, on ne peut qu'être « fidèle » à quelqu'un qui épouse avec vous la vie, et non pas qui épouse en vous le tout de sa vie (ce *tout* qu'il a figé en vous, et que ses parents disent lui avoir « donné » alors qu'ils ont seulement laissé passer un bout de vie qu'ils n'avaient pas).

Dans la Bible on trouve des plaintes de « Dieu » : ils n'ont pas cru en moi, ils ne m'ont pas aimé, ils m'ont rejeté... Toutes se résument : ils ne m'ont pas été « fidèles » ; ils m'ont trahi. Cela va loin. Quand d'autres croyants prennent ça au mot : oui, vous *êtes* des infidèles ! nous on va reprendre la chose, nous... Et ils posent aux vrais fidèles, aux « vrais croyants », toujours fiables ; sans voir qu'ainsi ils se posent comme morts vivants, intégristes, meurtriers virtuels de la vie quand celle-ci se trahit elle-même pour se poursuivre en tant que vie. Pourtant, la Bible fourmille de paradoxes sur la fidélité. Dans l'histoire de Job, on a un homme droit, en tous points fidèle à la loi ; et la Loi, justement, le traite comme un infidèle. En fait, *il refoule l'infidélité bien plus qu'il n'est fidèle.* Il montre ce que la fidélité peut avoir d'agressif, dans son aspect préventif : où elle récuse d'avance tout ce qui peut arriver d'*autre* venant de l'Autre. Car la fidélité est aussi une guerre avec l'Autre. De préférence une guerre d'amour plutôt que d'extermination ; une guerre d'amour où les adversaires se reconnaissent, respectent leur goût de l'affrontement, renoncent à se fasciner sur des solutions finales où chacun voudrait en finir avec l'autre.

Le fanatique, lui, n'est déjà plus dans la *question* d'être fidèle, mais dans le comblement du manque. Il a résolu la question en la supprimant ; or la fidélité suppose l'expérience de la faillite et du manque ; expérience ouverte et renouvelée. Le fanatique est pris dans le surinvestissement narcissique. (Faisant parler Dieu en lui, devenant son propre Dieu, il possède son petit temple portatif, dont il est le *fidèle* et le fondateur : *fanum,* d'où vient fanatique, veut dire temple.) Là où manque le fondement, il fait le plein narcissique d'où il s'avère autofondé.

Sous un angle plus ouvert, la question de la fidélité redevient passionnante. Même dans la tradition biblique le dialogue entre le « Dieu » et son peuple, bien que relevant d'une éternelle scène de ménage, maintient les enjeux d'une alliance, ou les renouvelle. Là, l'infidélité et son dépassement font partie d'une fidélité à long terme. Car *le symbole de la fidélité est la mémoire,* c'est le territoire privilégié où sa question se rejoue. Dire : votre mémoire vous a *trahi,* c'est dire qu'en elle le refoulement l'a emporté sur le désir. Certes, le refoulement appauvrit le jeu, mais en même temps qu'il s'empare d'une trace de désir, il la conserve ; elle reviendra quand le refoulement aura craqué. Il y a du rappel. Le Dieu biblique joue cette carte : vous m'avez trahi... mais je vous pardonne. Autrement dit : vous allez recommencer, mais là encore il y aura du « retour », à l'infini. Retours de fidélité et d'infidélité. Option sur l'infini de la vie. (Et lorsqu'il leur arrive des tuiles, ils « savent » d'où ça vient.) Du reste, pardon n'est pas oubli au regard de l'être, mais déplacement de la trace, transfert d'intensité. La fidélité est l'hypothèse d'*une lecture toujours ouverte ;* c'est le maintien fragile d'un support d'interprétation quand l'insensé déferle. Parfois, l'un des deux termes doit servir de support. Même dans un couple, lorsqu'il y a des scènes agressives, on les ramène aux manquements où ce que l'un attendait n'est pas venu ; il n'a pas supporté de n'avoir pas ce qu'il attendait ; il n'a pas supporté de *laisser venir* la suite.

La fidélité et son contraire témoignent des impasses duelles où l'on veut enfermer la question de l'amour ; en vain ; il y a du tiers qui séduit, il y a l'événement, il y a la mémoire qui vous trahit pour vous être fidèle autrement. Cet organe paradoxal refuse d'être votre simple instrument (auquel cas vous auriez votre identité à portée de main... Identité masturbatoire). *Notre mémoire nous dépasse ;* son paradoxe assure la relance de ce qui fonde le jeu de l'amour.

Le souvenir est infidèle, mais alors il inclut les infidélités qu'il fait ; il est la trace qu'on se rappelle et aussi l'acte de se la rappeler. Il y a la trace et il y a l'acte d'aller vers elle – vers elle comme souvenir – et de l'éclairer de telle façon, qui chaque fois varie. Rien n'assure qu'un souvenir n'est pas un souvenir-écran ; mais sur un écran on projette bien des cinémas, marqués par l'idée de souvenir, de remembrance. Là, la fidélité n'invalide pas le souvenir mais l'enrichit, y compris d'un doute, d'une incertitude, pour empêcher d'en faire un usage trop technique, trop fonctionnel. N'avoir que des souvenirs « certains », c'est risquer d'en faire une stèle. (Et il y a des stèles étonnantes : celle d'Auschwitz par exemple, qui baptise « polonais » tous ceux qui furent gazés là-bas, et qui efface donc le mot « juif », est d'une grande fidélité à la même haine qui mit en place ces camps de la mort.)

Parfois, ce qui passe pour fidélité n'est qu'une *fixation,* presque un automatisme. Des désirs, des élans, des pulsions y trouvent un point d'accrochage, qui dépend trop peu du sujet pour qu'on l'appelle « fidélité » ; même si, à sa façon, il en témoigne. Là encore, si le dernier mot n'est pas dit (et qui le dira ?), nul ne sait. Le Lien amoureux a un aspect fixation, mais en même temps il est ouvert, il se rejoue à l'infini. L'après-coup montre si c'est une fixation ou une aventure de l'amour ; cela se voit à la façon dont on se coupe telle ou telle chance d'aboutir, ou au contraire dont on permet que l'indéfini émerge. Cela dit, un des idéaux « modernes » du fantasme, c'est la fixation ou le passage à l'acte – qui veut fixer sur du réel : on se débarrasse d'un fantasme en le fixant, en se fixant avec. La drogue en est le prototype. La fixation – comme la drogue – est un projet d'en finir avec l'objet de désir ; et d'en finir avec l'amour.

Au contraire, séduction et fidélité acceptent de manquer leur but et de se reprendre. Quand elles deviennent des fixations, elles s'incarnent et se retournent en leur contraire : rites individuels vaguement fétiches ; créer l'objet censé incarner le vivant, la force créatrice de vie ; le créer de toutes pièces pour lui être fiable ; en faire l'étalon du fiable.

Dans un conte d'Edgar Poe *(Ligeia),* l'homme qui a épousé Ligeia pleure sa mort ; il en épouse une autre qui meurt aussi. Et la nuit de la veillée funèbre, il voit cette autre reprendre des couleurs – est-elle morte ? vit-elle ? Elle finit par se relever, et il découvre Ligeia, sa première femme ; comme s'il avait épousé la seconde pour combattre sa peur d'être infidèle à la première, pour dire non à la première tout en lui restant fidèle. La mort – grosse épreuve de vérité – traduit la chose : pour lui les deux femmes s'équivalent sous le signe de la mort. Peut-être les a-t-il aimées pour leur mort, le seul espace où pour lui elles se rejoignent ? Dans ce conte comme ailleurs, la mort est une métaphore de l'épreuve que veut franchir la fidélité. Comme les plaques funéraires des petites vieilles : « A mon époux fidèle... » De quoi refaire le passé à cette image.

La fidélité est une production de pensée, de désir, conçue pour traverser la mort ; la mort réelle, et les blessures du temps : comment traverser les instants où l'être aimé est perdu ? même pour un temps ? On veut le retrouver, le trouver comme désir, et traverser cette ligne de perte ; la ligne de perte maximale étant la mort. La fidélité est un moyen de traverser les lignes de perte en étant, non pas identique à soi (c'est impossible, cela reviendrait à dénier la perte), mais aussi proche que possible du fantasme d'origine.

Du coup, entre deux fidélités est-ce forcément une trahison ? Il faut chaque fois évaluer le tiers qui s'est immiscé là. C'est peut-être la même question que celle de Socrate : quand un et un font deux, lequel des deux un s'est trahi pour *faire* deux ?

Si la fidélité est vivante, entre deux fidélités elle devient autre. C'est le mouvement de la vérité prise entre origine et fin – toutes deux provisoires. La fidélité ne peut donc être définitive car l'origine et la fin ne sont pas définies. En revanche elle est chaque fois ponctuellement signifiante.

La fidélité est une séduction de l'origine par elle-même, de l'identité par elle-même ; une façon d'être proche de soi mais à distance. Elle veut être un gain de temps, et parfois elle dément le temps. Elle est nourrie par le temps des épreuves qu'elle a surmontées. Si un couple, de telle épreuve, ne peut rien faire d'autre qu'une fin, c'est que pour lui, dès le départ, l'objet fétiche et obsédant était... la fidélité, comme déni du manque. Et quand l'épreuve du manque arrive, tout craque. Ainsi le couple s'était formé comme une alliance militaire contre le risque du manque, contre son invasion possible ; quand celui-ci pénètre dans la citadelle, c'est l'écroulement – sur l'épreuve même de l'origine. Là où ces couples s'effondrent, c'est là que l'amour commence.

La fidélité, comme figure de l'identité, est une traversée du manque selon une ligne – ni trop proche ni trop loin de l'identité – qui dessine après coup les contours d'une identité, dont au départ on sait peu de chose. A travers ces modulations de pertes et de retrouvailles, de distances et de croisements, l'identité s'assume. Une fidélité qui n'a plus les moyens de connaître l'épreuve du manque n'en est plus une, c'est une précaution pour conserver une identité biologique. On l'a vu, le sida a épuré la question au point de la trivialiser ; quand la mort *réelle* est dans la place, l'identité se réduit à l'aspect biologique, et la fidélité aux moyens pour se préserver. Mais cela confirme que la fidélité a pour visée de préserver une certaine identité contre une prégnance trop violente du manque. Elle voudrait bien *sublimer* l'identité, l'origine, la différence... dans une épreuve de vie fiable. Être fiable c'est pouvoir affronter l'épreuve où nos fiabilités précaires rouvrent le problème de l'origine, et des liens où elle se transfère.

On en vient donc à questionner la « fidélité à soi ». Elle s'évoque souvent à propos de changements historiques : des gens se sont sustentés avec telle idée, telle croyance, puis ils en ont changé. Et d'autres les désignent avec une pointe de mépris : « Ils ont retourné leur veste... caméléons. » C'est simpliste, car pour être fidèle à « soi » il faut parfois se trahir, se dévoyer, changer de voie sans raison. La raison, on la récupère après, c'est facile, par des constructions après coup qui montrent d'ailleurs... une étrange fidélité à des emprises très tyranniques – dont celle de la raison.

Les flux de vie exigent certaines ruptures de l'emprise rationnelle. On croit se trahir, et l'on voit que c'était un saut, un rebond, qui n'avait pas sa raison dans *cette* rationalité ; ça venait d'ailleurs, d'une autre raison, plus neuve. Du coup, il ne s'agit plus de s'expliquer avec son passé comme avec un tribunal. Beaucoup ont été marxistes à une certaine époque parce que c'était *alors* leur façon de dire leur révolte contre leur origine ; puis sans nulle référence au réel, notamment aux échecs réels du marxisme, ils ont lâché cette révolte ayant trouvé d'autres chemins, et ont pu ensuite constater que cette révolte contre l'origine avait été leur façon d'être fidèle à ladite origine ; et même de vouloir l'accomplir. Parfois quelqu'un vous dit : je t'ai connu plus rebelle autrefois, et là je te vois refroidi, tu as mis de l'eau dans ton vin, tu n'es plus toi-même... On oublie souvent qu'il dit ainsi, pour son compte, sa nostalgie d'avoir devant lui un éternel rebelle, pour pouvoir lui s'abstenir de toute révolte. Son fantasme suppose une fixation du temps, un cours gelé de l'histoire. Or cette révolte marquait peut-être une rupture à condition, justement, de ne pas s'éterniser. De même, certaines paroles ont besoin d'être dites pour n'avoir plus à être dites ; elles peuvent dire une certaine révolte, mais elles servent à s'en éloigner. Rester fidèle à ses moments de colère, ne pas décolérer, ce serait trahir la justesse de cette colère en l'éternisant ; lui faire perdre son acuité, en faire une bouderie mortifiée. La colère est une infidélité à soi qui souvent sert à se retrouver ; une façon de casser pour se permettre de reprendre ailleurs ; casser *ceci* pour ne pas tout casser.

On l'a vu, le fantasme de fidélité absolue est supposé aux parents, et on transfère à partir d'eux en leur faisant dire : « Tu nous as trahis, tu nous as lâchés, toi qui ne jurais que par nous... » Cette trahison, essentielle pour advenir, est le fondement d'une mutation sans laquelle on ne peut pas vivre. Beaucoup étouffent cette mutation sous le poids de la « faute » qu'elle risque d'entraîner ; sous le poids de la culpabilité... pour tout le mal qu'elle risquait de faire.

Il y a une belle ambiguïté du mot *trahir :* il est à la racine de la « tradition » – de ce qui se transmet quoi qu'on fasse ; et il possède deux sens contraires : « Votre rougeur a trahi vos sentiments », pour dire qu'elle les a révélés. « En faisant cela il a *trahi* son origine », pour dire qu'il a rompu avec, *et* qu'il l'a exprimée.

De sorte que s'il y a quelque chose à quoi l'on est, en dernier ressort, toujours fidèle, c'est à son origine et à son destin. En les trahissant on y retombe du fait même de les trahir. En y collant de trop près, on risque de leur être infidèle... pour y revenir à son insu. Imaginez une mère subtile, inconsciemment réjouie de voir que son cher fils ne trouve pas d'autre femme qu'elle (autrement dit devient « homo »), et consciemment déchirée de ne pouvoir lui dire clairement : oublie-moi un peu, trahis-moi donc ! Elle sait qu'elle ne peut pas le dire, car l'abandon qu'elle réclame authentifierait sa maîtrise. Certaines choses, pour trouver leur vérité, doivent en passer par cette vibration où se mêlent fidélité et trahison.

Serait-on condamnés à une certaine fidélité ? De fait, on produit des traces qui après coup la révèlent, l'alimentent, et nous font connaître ce à quoi sans le savoir nous étions fidèles. C'est la *fidélité* non pas comme décision – volontariste – mais *comme moyen de connaissance ;* qui fait dire après coup : « Quelle constance... » L'identité serait l'accumulation de ces traces de fidélité involontaire, donc mêlée d'infidélité : on se « retourne » dessus, on en est « impressionné », marqué, remarqué. A ce niveau, fidélité et trahison *involontaires* sont très proches, car l'une et l'autre sont des vibrations de l'inconscient, et des fêlures de la volonté. *A quoi es-tu fidèle quand tu trahis ? que trahis-tu à être fidèle ?* Simples questions, elles montrent le passage par l'inconscient pour creuser la question, et prévenir la jouissance béate de l'une ou de l'autre (fidélité ou trahison). Le Galilée de Brecht dit : « J'aime la vérité, comme un ivrogne, comme un amant, comme un traître. » Même le traître a la jouissance d'être fidèle, esclave d'une fidélité qui le dépasse, dont il est le jouet, l'instrument, le déchet. Le traître est dans une jouissance masochiste de la fidélité. Et si on le rejette avec tant de violence, c'est qu'il est le symbole de tout ce qui en nous risque de nous « trahir », de nous échapper ; il symbolise les ruptures de fidélité qui nous débordent (et qu'on essaie, en le rejetant, de réintégrer à bon compte). Il est le symbole du refoulement, donc on le refoule. Il y a toujours du refoulement, le problème est de ne pas en rajouter ; ça se refoule assez comme ça ; et le voile du refoulement, lorsqu'il est trop tendu, finit par se déchirer.

Il est clair qu'une fidélité qui exclut le risque n'est que convention ou conformisme. Mais quel risque ? celui de la trahison ? Trahison et tradition procèdent de tra-dire : dire à travers ou plutôt donner l'objet à travers une frontière, au-delà d'une limite. C'est donc la même source inconsciente, où quelque chose du message échappe à sa transmission programmée et se transmet autrement, d'autant mieux. De sorte qu'il y a une fidélité plus vaste, qui inclut et transcende ses échappements et trahisons, qui épouse pour l'essentiel les contours du trajet, parsemé de manques et de failles. Elle est avertie que l'exigence de perfection est inhumaine, ou hypocrite. Dans l'expérience religieuse par exemple, ceux qui sont assurés d'être les vrais croyants, s'ils ne veulent pas devenir fous devant le constat de leurs défaillances, sont obligés de projeter celles-ci sur les autres, les autres croyants qu'ils qualifient de faux et de traîtres. Autrement dit seule leur haine de l'autre leur garantit qu'ils sont la Fidélité. La plus grande garantie de fidélité est le fétichisme (dont le fanatisme est une forme singulière, puisque le fidèle inclut le temple où il s'adore comme fidèle). Mais il s'ensuit une fixation du dialogue avec l'Autre, une pétrification de l'Autre qui rend inutile donc impossible l'épreuve de la fidélité. En général, on élabore des fixations pour se garantir une fidélité factice, pour échapper à l'indétermination radicale de l'être ; et l'on se retrouve à son insu dans la vraie infidélité : l'absence à l'être que l'on porte, l'absence au monde ; quelque chose de précieux en soi ne trouve plus de relais, de répondant, de prolongement vers l'épreuve où il s'agit de se reconnaître au-delà des « reconnaissances » convenues – celles que l'on guette sans illusion sur leur valeur en attendant des connaissances plus profondes, des retrouvailles plus aiguës, qu'offre l'amour-mémoire, l'amour inconscient, l'amour de l'inconscient. Celui-ci ne trompe pas même si on ne sait pas à l'avance ce qu'il va « dire ». Du reste, il y a une façon de se tromper aussi précise et contournée que d'être trompé ou trompeur. C'est pourquoi une certaine fidélité à soi comporte le sentiment d'être lié à quelque chose qui, en soi, ne trompe pas, et qui relève de cet amour de l'être, en tant qu'il est inconscient.

Si l'« inconscient » présente souvent un sens et son contraire, c'est peut-être parce qu'il est en nous *l'instance qui transcende l'opposition fidélité-trahison ; qui dépasse cet entre-deux.* C'est ce par quoi l'une rejoint l'autre et la met à l'épreuve. En voici un exemple : après la seconde guerre, des rescapés des camps de la mort, jusque-là très croyants, ont dit : « Après ce qui s'est passé, Dieu c'est fini, je n'y crois plus. » Cette « trahison » résonne comme une croyance émouvante, désespérée, poussée dans ses retranchements. S'il a laissé faire ça, je ne crois plus en lui. Autrement dit : on inscrit qu'il a laissé faire ça, qu'il existe donc bel et bien, et qu'en plus on lui en veut – ça fait un lien plutôt solide. Bref, on continue la scène de ménage très biblique avec le divin (qui est une forme d'inconscient) ; et l'on affirme ce « Dieu » d'autant plus qu'on le trahit. Cela confirme au passage que l'athéisme militant est une religion qui s'ignore. Plus généralement, il y a d'émouvants efforts pour convertir les trahisons de l'inconscient en fidélités à la raison et inversement. Du coup, la fidélité comme ses contraires méritent mieux que d'être simplement refoulés. Ils valent d'être traversés.

Et c'est l'entre-deux de l'amour puisque l'amour c'est ce qui vous met hors de vous, et vous rend dans un premier temps infidèle à vous-même, pour vous révéler, dans un second temps, une surprenante fidélité, à l'au-delà de vous-même. Dans l'entretemps gît le paradoxe de la fidélité.

Chapitre 3

L'ENTRE-DEUX-FEMMES

Mère et fille devant l'origine

Si l'origine prête à tant de vertiges, cramponnements, impulsions et fantasmes, c'est qu'elle n'est pas un concept cernable, une entité logique précise. Ce n'est pas qu'elle soit purement confuse, mais nos façons de l'aborder ne sont pas toujours adéquates même au niveau de la pensée : on pense l'origine comme un « ensemble » d'idées, de faits, de concepts. Or ce n'est pas un ensemble, puisque c'est à l'origine de ce qui délimite des « ensembles » ; c'est un *ombilic de l'être retiré dans l'être.* Elle conditionne ce à quoi elle échappe. Elle dé-conceptualise sans forcément délirer. Elle conditionne les identités qu'elle ébranle ; elle les porte et en même temps les fait craquer sous l'effet de passages à vide et de forces obscures qui sont celles de la vie, et par lesquelles un être émerge, advient, et s'éloigne de son origine.

Les femmes vivent cette question de l'origine avec une acuité charnelle. Du *fait* qu'étant à l'origine du don de vie, elles peuvent croire y être, et rester captives de cette posture originelle. Le fantasme d'*être*, elles y sont très exposées, plus que les hommes. Le piège est quand c'est *ça* qui s'est transmis, ce fantasme ; alors c'est le risque pour une femme de s'y conforter par la certitude granitique qu'« il n'y a pas d'homme ». Le pire étant d'avoir raison, ou de trouver dans la réalité assez d'éléments pour se donner raison, et s'enfoncer dans l'impasse. Ces éléments ne manquent pas, puisque tous, hommes ou femmes, viennent de la femme et peuvent donc croire qu'elle est leur origine. Et les hommes, ayant grandi dans le fantasme de leur mère, en ont souvent gardé l'idée qu'ils sont inexistants comme hommes, d'autant que ce n'est pas si simple de l'être, un homme.

Une des épreuves où le féminin s'actualise comme *origine* est ce que j'appelle l'*entre-deux-femmes.* C'est l'espace entre une femme et elle-même ; entre une femme et le féminin ressenti comme son origine ; donc comme Autre. L'entre-deux-femmes est le passage où une femme doit en passer par son origine de femme ; et c'est l'impasse quand elle s'y prend pour l'origine du féminin. L'entre-deux-femmes illustre donc au féminin tout ce qu'on a dit de l'origine. On y voit comment l'origine peut se piéger par elle-même, échouer à se détacher d'elle-même pour s'ouvrir d'autres voies et tenter d'autres voyages.

Parfois l'entre-deux-femmes passe secrètement à même le corps de la femme, sur son visage. Certaines femmes changent très vite de visage... souvent en quelques secondes ; d'autres plus lentement, passant de la petite fille à la grand-mère, de l'acariâtre à la femme sublime, épanouie... Leur visage est alors celui qu'elles ont au regard de l'Autre-femme avec laquelle elles sont aux prises, et qu'elles cherchent à détruire, ou à surmonter, ou à rejoindre... Cette autre figure de la femme est le miroir intérieur de leur être-femme. Par cette fenêtre on voit comment elles sont prises entre l'amour et la haine d'elles-mêmes, comment elles tentent de se détruire... en détruisant l'Autre, comment elles tentent au contraire de passer l'entre-deux. C'est aussi ce qui fait leur charme : cette indécision d'être, qui n'a rien d'obsessionnel, c'est plus radical : une naissance qui n'en finit pas et qui de ce fait se renouvelle et démultiplie l'origine.

Il y a bien sûr tant d'autres formes par où la violence entre une femme et l'Autre-femme passe du fantasme au réel, à la violence réelle entre femmes. Tout récemment, une jeune femme qui avait été violée la nuit alors qu'elle faisait du stop sur la route a obtenu du tribunal des « dommages et intérêts » ; puis elle se les est vu réduire par un autre tribunal où deux femmes étaient assesseurs, avec l'argument : elle n'avait qu'à ne pas faire du stop la nuit. En même temps une femme ministre de la Condition féminine a protesté : alors les femmes ne seraient plus libres de leurs mouvements ! On le voit, ça transfère en tous sens. Une chose est sûre : la liberté des unes n'est possible que par la liberté des autres. Les femmes ne sont libres de leurs mouvements que si les hommes sont assez libres de leur désir pour ne pas se laisser prendre au fantasme de viol ; et les femmes n'ont pas à prouver à l'Autre-femme qu'elles sont « pleinement » femmes, pas plus qu'elles n'ont à déplorer devant elle de ne l'être pas assez... Long chemin à faire, parsemé de pièges et de « stops ».

Dans la clinique analytique on trébuche sans cesse sur des fantasmes d'entre-deux-femmes, qui passent à l'acte, structurent des rêves, etc. J'en prends un presque au hasard : elle rêve qu'un homme, une sorte de père, lui coupe deux fois le cordon ombilical, et ce cordon qu'elle gardait dépassait de son sexe, avec du pus qui coulait (sperme...). Le rêve fut déclenché par sa colère de voir l'ex-femme de son ami appeler trop souvent celui-ci (elle n'avait donc pas réussi à couper le cordon entre cet homme et sa femme-mère). La voilà donc « phallique » d'une drôle de façon : par la dépendance à sa propre mère à elle. On pourrait croire à une révolte de petite fille contre sa mère ; il y a de ça, mais la chose vient de plus loin : il s'agit de l'entre-deux-femmes vécu par sa propre mère et qui s'est reporté sur elle : sa mère avait été traumatisée qu'une autre femme lui ait lancé : ton mari, j'en fais ce que je veux ! Elle l'a raconté à sa fille, ce vieil épisode, et le rêve s'en est suivi...

Très peu de symptômes féminins ne passent pas par l'entre-deux-femmes. Mais nous les réservons pour un texte plus clinique, et n'abordons ici que des formes littéraires de cet entre-deux.

Voyons donc une version de l'entre-deux-femmes qui nous est donnée dans un texte de Djuna Barnes, *L'Antiphon*[1]. Il s'agit d'une vieille mère qui se retrouve avec ses fils et surtout sa fille dans sa maison natale ; relents de mort, poussière, mémoire... d'où émane une certaine haine du *temps*. Texte lourd d'évocations, et de métaphores si resserrées qu'il en étouffe un peu, et nous transmet cet étouffement. La scène cruciale est à la fin, entre mère et fille ; elle s'achève sur leur mort commune, suicide à deux peut-être, très symbolique. L'entre-deux n'a pas permis le passage, ça n'a pas passé ; elles meurent à deux sans qu'on sache

1. Elle fut mise en scène par D. Mesguish (traduite par N. Michel).

laquelle des deux a commencé, laquelle a *donné* la mort ; une emprise de mort les saisit, les confond à la fin. (Faut-il d'ailleurs que ce soit une mort réelle ? on peut être mort de ces choses-là sans le savoir, en toute sérénité, dans ces modes d'être immobiles.) Mais le trajet vers cette mort reflète une origine commune, une vie collée, un partage impossible et de l'origine et de la mort : s'il n'y a qu'une mort, c'est que l'origine n'a pas pu se partager.

Ce trajet mérite d'être marqué car il précise l'entre-deux-femmes au-delà de l'aspect fascinant, en miroir, où l'une est captive de la certitude qu'elle prête à l'autre sur le féminin. Il y a l'origine du féminin – ou le féminin « originel » dont le partage est essentiel pour advenir comme femme ; et l'entre-deux pourrait en permettre le passage. Or cela semble exclu ; pas de distance possible entre les deux femmes ; la mort commune exprimera l'origine commune. Pourtant elles ne sont pas identifiées l'une à l'autre, pas forcément ; dire que ça ne passe pas, c'est dire qu'il n'y a pas de distance. Ou plutôt, il y a deux personnes, avec une distance entre elles – donc de l'espace – mais quelque chose fait que ça ne passe pas ; du coup c'est perçu comme s'il n'y avait pas d'écart. On a deux êtres indiscernables alors qu'ils sont différents. La différence existe entre ces deux femmes mais elle n'est pas dicible, elle ne passe pas dans le langage. Elle en a été retirée, et du coup c'est ce langage qui devient « fou ». Ce qui fait l'écart c'est la possibilité de passer ; si elle est exclue il n'y pas d'écart. Cela est vécu, entre autres, dans le fait que l'une des deux, souvent la fille, celle qui vient après, ressent une totale absence à elle-même, ou une totale présence sans rien d'autre. Elle est donc soit réduite à rien, soit réduite à la totalité de son être, sans résidu, sans possibilité de mouvement. Le terme classique d'absence à soi est trop vague pour décrire cela.

Ce coinçage de l'entre-deux est une question d'espace où s'enchevêtrent les mouvements de l'une et de l'autre. Cela peut se traduire par des choses simples n'ayant au départ rien à voir avec l'entre-deux-femmes. Par exemple une femme a un rendez-vous, et si l'autre qui doit venir n'est pas là – qu'il soit homme ou femme ou singe – elle se retrouve écrasée, littéralement, par sa propre présence ou par l'absence de l'autre ; alors même que cet autre peut être indifférent. Ou encore : une femme découvre que son homme l'a trompée ; son lien à lui se « casse » d'un coup et elle se demande si elle doit le quitter ou pas ; *a priori* c'est loin de l'entre-deux-femmes, mais très vite il apparaît que ce doute est lié à l'alternative en impasse où elle est avec sa mère : 1) Si elle tient à cet homme alors qu'il va avec une autre femme, elle est vomie par le fantôme de sa mère (la mère était déjà morte), par sa mère incluse en elle qui ricanerait : alors tu t'abaisses pour un homme ! pour être femme tu dois en passer par un homme ! honte... 2) Et si elle largue l'homme, elle se retrouve fusionnant avec sa mère sous le signe de la loi des femmes de son pays (elle est corse) ; autrement dit elle est récupérée et écrasée sur cette féminité originelle. Ces situations et tant d'autres sont distinctes de l'entre-deux-femmes mais elles sont prises dans cet effet, elles sont modulées par lui, par la possibilité de le franchir, de faire passer par lui des êtres ou des événements. La chose n'est pas simple à saisir : certains analystes, devant l'idée de l'entre-deux-femmes, n'y ont vu qu'une histoire de rivalité. C'était ne rien y comprendre. C'est une question d'espace et d'entre-deux-lieux possibles, où l'on passe ou pas. En l'occurrence cette femme vivait sa passion avec cet homme sur fond d'impasse entre deux femmes, entre elle et son devenir femme, entre elle et sa mère. C'était une affaire de passion avec sa mère, avec le passif que cela comporte, et en même temps les possibilités d'un actif, si l'on peut y prendre appui. Le miracle de la passion est de prendre appui sur le passif pour en faire un acte. Elle vivait dans le vertige et le déchirement une passion avec sa mère, à l'occasion de cet homme. Avec lui c'était la réverbération d'une tout autre passion, et la preuve est que ça a pris cette dimension passionnée à l'occasion du passage d'une autre femme, qui a ramené à zéro la question initiale (dois-je le quitter ou pas ?) en révélant qu'elle transférait une autre question : est-ce que de la mère je peux mémoriser quelque chose du féminin ? est-ce que je peux vivre ma vie de femme hors du dilemme : sacrifier l'amour ou être sous le regard hostile de l'Autre-femme ?

L'entre-deux-femmes est un espace et un passage possible entre une femme qui n'est pas encore et l'*Autre* comme femme supposée accomplie. C'est un passage où il s'agit d'advenir comme femme ; et c'est au-delà de la « rivalité » entre femmes. Cela consiste pour une femme à s'affronter à sa féminité en tant que mise en *réserve* dans l'Autre-femme ; celle-ci est une scène où au départ les tiers s'excluent. *Il se peut que le symptôme du féminin soit l'impossible partage avec l'Autre-femme.* Dans le vécu ordinaire, ce coinçage de l'entre-deux-femmes c'est, pour une femme, d'interpeler toute autre qui passe comme responsable de cette confiscation. Alors, ou bien cette femme donne comme femme des signes de vie, et l'agression est justifiée, ou bien elle ne compte pas comme femme, et c'est le repli sur l'identification mortifiée. C'est dire que le passage est délicat, dangereux, et souvent c'est l'enlisement ou la pétrification qui l'emporte. L'enjeu pour une femme y est moins l'homme que l'Autre-femme, figure de l'Autre en tant que « féminin » qui aurait pris tous les attributs de la féminité.

Voyons donc ce duo écrit par une femme, Djuna Barnes. Il s'éclaire et même il flambe dans la scène finale : *La mère* (à la fille) : « Maintenant, jouons. Les garçons endormis, nous sommes filles à nouveau. » Ou bien : « Soyons jeunes encore, racontons-nous nos vies (...) quelles nouvelles de moi ?... » *La fille* : « Si je regarde dans le canon de votre œil, je vois Cendrillon ensanglantée remontant en tourbillon... » *La mère* : « Joue-moi, ma fille. » C'est dramatiquement nul mais tous les flashs y sont sur l'impasse mère-fille. En lumière crue, décapante. *La fille* : « Quand je t'ai aimée, Ève du charnier, pataugeant (...) avant que l'arbre ne soit fait croix, berceau, cercueil (...) vous cherchiez à tue-tête un amant pour victime, alors Titus-Adam lança vers vous l'hameçon du viol. » Titus c'est le père, et Adam l'homme d'Ève. *La mère* : « Ce fut ma plus cruelle maladie, je t'ai laissée me porter par le ventre. » Hésitation de l'espace, du geste, de la gestation. *La fille* : « Alors débuta la (...) gestation, l'embryon rebelle (...), ce colis posté par un mauvais coup (...). Et le temps commença. » Le temps est aboli dans cet entre-deux qui s'étouffe, le temps est impossible, ressenti comme malédiction. « Et le piège se referme (...) une porte claque puis la deuxième et je descendis le long de votre jambe. » C'est la naissance. « J'ai pris ma course de bouc émissaire. » *La mère* : « L'amour est mort. » *La fille* : « L'amour est la mort. » *La mère* : « Je suis restée en friche aux portes de la mort jusqu'à aujourd'hui. » Le temps, l'ouverture du sexe sur l'amour et la mise au monde, la rencontre avec l'autre, tout cela est ressenti comme danger de vie, danger d'une secousse de la mort, danger qu'elle cesse... et qu'entre mère et fille passe le féminin qui leur échappe et les entame. La mort a ceci de vivant qu'elle se donne avec la naissance. « Avec tous mes amants noyés devenus crustacés... J'ai trop de vigueur, ma fille, et tu es trop vieille. » *Vieille d'avoir tant porté la mère...* Pas identification entre elles, et pourtant c'est l'impasse, rien ne passe, ni l'homme ni aucune d'elles ne peut passer. La fille le dira à la fin : « Votre tombe aussi est en voyage, rejoignez-la, sauvez votre mort (...) Je vous coucherai dans le voyage de votre lit, je vous découcherai (...) au paradis. » Et la mère (ce sera sa dernière parole) : « Pourquoi m'as-tu laissé vieillir si vieille ? » En somme, pourquoi en être à ce que le temps s'accumule si longtemps sans jamais passer ? Plus qu'une tristesse sur le temps passé, c'est le constat que le temps n'a pas passé.

Quant au paradis, c'est son fantasme originel. Il évoque l'autre entre-deux-femmes, celui de la mère avec Ève. La mère a dit : « Quand je mourrai, tu me mettras dans un arbre. » Adam est invoqué, et le serpent ; c'est dire que le fantasme de cette mère est d'être la première femme au paradis, Ève ; et surtout d'être *celle qui se séduit elle-même dans le « péché » originel*, dans la tentation première. Son fantasme : être l'objet et le sujet de la séduction « originelle » ; être le serpent et la femme, le fruit et celle qui le goûte ; être l'origine de la séduction et la séduction de l'origine. Il semble que Michel Ange à la Sixtine ait *vu* ce fantasme : il montre la scène de la Création et celle de la séduction avec comme serpent une femme, enroulée autour de l'arbre ; ce serait la femme précédant Ève ; ce serait *la première femme se précédant elle-même.* Ainsi se veut cette mère. Sans précédent...

Du coup, la fille ne trouve aucun passage entre elle et sa mère ; ni la mère aucun écart entre elle et l'autre qui la séduit, et qui est... elle-même. Vouloir être le serpent, c'est plus que de vouloir être le phallus ou l'avoir. Réellement, elle ne se voit séductible que par elle-même. La boucle se referme sur l'origine, la répétition tourne, et aucune d'elles n'en décolle.

La mère : « Aide-moi, guéris-moi (...) n'égare pas mon futur, absous-moi du péché d'être Augusta, dérobe-moi à moi-même, je me rencontre en vain. » *La fille* : « Faites face. » Et : « Puisque mon œil se refuse à former une image, il est clair que je n'ai pas de monde. » L'image est un entre-deux salvateur quand elle assure le passage entre perception et mémoire, entre nos corps et nos pensées. L'image est déjà une entame narcissique. Former une image, c'est reconnaître qu'un corps autre est visité par la lumière ; qu'un corps autre s'illumine. Prendre quelqu'un pour une image, peindre un tableau, c'est faire exister un corps lumineux, autre que soi. Elle, son œil refuse de former une image, parce que la seule image qu'elle pourrait former au départ c'est cette mère dont elle voit l'œil en « canon » qui la pointe du regard. Elle pouvait sortir pourvu qu'elle rentre à minuit ; Cendrillon près des cendres doit entretenir le foyer. *La mère* : « Je n'ai pas été assez aimée pour être oubliée, je me souviens de qui je serai demain. » Le temps est aboli ; elle se souvient de l'avenir au passé, elle n'a pas eu son comptant d'amour. J'ai dit que l'origine doit être assez aimée pour être mise à distance, assez reconnue comme origine ; mais cette femme parle comme l'origine. Elle et sa fille sont un déchirement en écho, aux deux pôles d'un passage bouché.

Il leur est presque impossible d'aborder le temps par la voie – ou le voyage – de la mémoire. Toutes les deux butent sur le temps qui ne se laisse pas décomposer, et qu'elles ne peuvent rendre disponible. *La fille* : « J'essaie de nous rendre aptes à être oubliées. » C'est quoi ? aptes à n'être pas une mémoire ? Qu'est-ce qui les *retient* alors ? Le temps bloqué qu'elles incarnent. Elles sont la mémoire du féminin, l'origine ; elles ne peuvent s'en dégager alors qu'elles sont à deux places vraiment différentes. La fille se débat, lance un appel : « Souviens-toi de toi » – pour déclencher l'effet de mémoire. « Dérobe-moi à moi-même, je me rencontre en vain », répond la mère. Impuissance à se séparer d'elle-même. A ce niveau d'inconscience, certains signes valent leur contraire ; et le contraire est connu : elle était bien ravissante quand, absente à elle-même, elle avait la tête ailleurs... « Petite fille elle avait un air perdu, je l'aimais particulièrement quand elle avait l'air perdu », dit la mère ; et la naissance de sa fille elle l'a vécue comme un suicide ; un don de vie inassumable.

L'écriture de ce texte est étonnante parce qu'elle reflète une autre impasse entre la femme qui l'écrit et cette féminité compacte qui ne laisse aucun passage entre ces deux femmes : l'écrivain-femme a choisi la métaphore *incessante* ; elle écrit avec un crépitement de métaphores. Or la métaphore est une quête de la différence, c'est un mot pour un autre ; mais dans ce texte c'est continu ; cela revient à doubler une écriture plate par une autre écriture, invoquante et métaphorique. Il s'ensuit deux niveaux d'écriture qui reflètent ou répètent les deux femmes indécollables et leur entre-deux figé. L'écrivain-femme a voulu conjurer cette malédiction, cette impasse de l'entre-deux-femmes, non pas en y mettant autre chose mais en s'identifiant à la langue salvatrice. Comme si elle s'était dit : avec mon écriture on va passer, on va s'en sortir... Cette malédiction je peux m'en sortir, m'en dégager, en l'écrivant, en la crachant. Pourquoi pas ? La réaction est émouvante. Elle commence à écrire, et la langue qu'elle écrit s'auto-interprète, ne laisse plus de place à rien d'autre ; elle se sature des différences qu'elle-même produit, elle s'étouffe : c'est un double niveau de langue qui s'étouffe comme la mère et la fille. La métaphore systématique produit un mot pour deux, un mot équivaut à son ombre, et leur écart s'annule ou se fige. Obturation systématique de la distance annoncée, voulue par l'écriture. Écrire c'est sortir de soi, c'est laisser des traces de ce conflit, pour un tiers, ou pour soi en tant que tiers. Si toute trace écrite se métaphorise elle-même, absorbe sa propre écriture, elle écrit pour elle-même ; l'écriture se replie sur elle-même ; plus de passage par l'écriture ; celle-ci ne produit pas l'entre-deux-lieux ; comment alors pourrait-elle le franchir ? Le voyage annoncé s'échoue. Elle s'enlise en elle-même, en beauté. C'est l'écriture de l'anti-analyse.

J'ai naguère exploré les rapports entre analyse et écriture ; ce qu'on attend d'une analyse c'est plus que de revivre les choses, d'en faire la catharsis, de s'en épurer ; c'est qu'elle *produise* l'entre-deux-lieux qui a manqué ; c'est qu'elle donne un lieu où les impasses vécues se déploient, se donnent du champ, du jeu, explorent autrement leurs jeux possibles ; se déplient : pensez au combat des Horaces et des Curiaces, quand l'un est seul à affronter les autres ; il s'éloigne en courant pour les faire se déployer, puis les affronter séparément ; façon de séparer les choses, de les ouvrir en instaurant une scène transversale, à côté, en marge, pour constituer une scène, une dérive des choses à l'intérieur d'un vécu ; une scène où se différencient les transferts. Ce que l'analyse apporte, c'est une épreuve d'entre-deux-lieux qui fasse passer, qui mobilise toutes les impasses entre deux lieux et fasse le miracle de permettre qu'au moins une fois il y ait un passage. Ce lieu, l'analyste en répond et permet que ça se construise. C'est pourquoi des analyses peuvent fonctionner sans que l'analyste soit un géant de la pensée ou de la création ; ça marche parce qu'il est rare que l'analyste soit bouché aux même endroits que tous les entre-deux qui sont convoqués grâce à lui, grâce au transfert. Il peut l'être à certains endroits ; alors ça ne passe pas. Mais s'il était tellement ajusté dans ses manques, bouché aux mêmes interstices, il serait, lui, le symptôme exact du patient ; et dans ce cas, le quitter est à soi seul thérapeutique. L'*entre-deux,* produit par l'analyse, généralise et en un sens fait éclater la scène hystérique, théâtrale, et celle de l'écriture. Il rend possible d'autres mises en scène. Ce qui peut arriver d'heureux pour qui est pris dans ces impasses, c'est de rencontrer l'événement d'être qui lui serve de metteur en scène, au lieu d'être là tout seul à faire son théâtre, sa mascarade, à être son seul metteur en scène. Trouver autre chose qui puisse être votre metteur en scène, voilà une trouvaille marquante, celle d'un lieu qui puisse porter l'entre-deux-lieux. Tel est l'enjeu de l'analyse et sa dimension de voyage. C'est non pas une plongée dans l'univers « profond », intérieur, aquatique... Certes, il faut déjà tout un mouvement, tout un voyage pour amener *ça* en analyse ; c'est un voyage d'amener tout ça avec son corps, jusqu'à pouvoir se l'entendre dire, en voir la mise en scène sur un espace étranger-familier. Cette façon de convoyer les choses apporte une dimension de plus ; des modifications d'espace, des potentiels d'entre-deux-lieux.

Tout autre est l'écriture de cet *Antiphon* où l'entre-deux-femmes se bloque de lui-même ; et de certains clichés tenaces. Ainsi le fameux « pas d'homme » : « Titus mon mari qui à cette table glougloutait comme un dindon. » *La fille* : « N'aviez-vous pas dit que vous n'aimiez pas cet homme ? » « Sauf ses dents, je raffolais de ses dents. » Ledit mari ne peut aimer que des catins, évidemment, selon ces femmes pleines d'elles-mêmes et de leur impasse. Ma fille « tout entière n'est peuplée que de moi », dit la mère. « Oh ma mère, la plus belle plume du plus grand oiseau de paradis n'est pas plus orgueilleuse que le volant embusqué sur votre hanche ce jour d'été où vous êtes sortie... » Le texte ne bouge pas, toujours le même. L'important n'est pas la liste des traits pertinents, c'est l'espacement que cela produit, la dynamique qui s'ensuit ; ici elle est inerte, répétitive, autoréférée, elle s'invalide d'elle-même, se redouble et se réplique dans le même temps figé. Les paroles fortes qui dans la pièce viennent à la fin sont déjà dites avant, dans une maquette-scène-miniature, comme pour nous marteler : ne croyez pas que les mots de la fin ne pouvaient se dire qu'à la fin, ça se dit bien avant, la fin est dite dès l'origine puisqu'il n'y a pas de temps. Tout le modèle s'autoduplique. Le triangle entre l'auteur-femme, la mère et la fille est un seul et même point noir où règne l'horreur du temps. L'impasse est rabattue sur le langage métaphorique, mais cela ne conjure rien. L'auteur fomente un corps de langue qui de lui-même étouffe tous les potentiels de passage, de différences. Au fond, il reste une Femme unique ne pouvant se couper d'elle-même.

C'est justement cette question qui s'étale au grand jour, celle de l'entre-deux comme figure de l'origine. Question de support symbolique, support d'un sujet, vu que l'origine comme telle ne peut le porter jusqu'au bout étant elle-même absente. Cela s'exprime aujourd'hui, non sans violence, sur un plan culturel : il semble difficile de produire un support où affronter l'entre-deux, l'entre-deux qui se démultiplie ; on exhibe plutôt des crispations identitaires ; et l'on s'étonne de retrouver des entrechocs d'identités. La question du type d'appui qu'offre l'origine en tant qu'elle est paradoxale, partagée, coupée d'elle-même, cette question reste angoissante. Pour les sujets identifiés à leur origine, rien ne se passe, et l'approche d'une autre origine les persécute ; ils *sont* dans leur origine. La version culturelle des choses (de l'origine partagée et ponctuée d'entre-deux) a donc aussi ses passes et ses impasses.

J'en ai dit d'autres aspects : entre-deux-langues, double culture, entre-deux-places... ; toutes concernent le partage de l'origine, à savoir sa transmission, son passage entre deux générations. Cela produit certains effets d'inconscient qui peuvent sembler très mystérieux. Par exemple comment l'enfant *sait*-il des choses de son origine qui sont toujours restées tues ? *Comment l'origine – refoulée – passe à l'histoire ?* La dynamique de l'histoire exploite le fait que même par symptômes l'inconscient se transmet. L'inconscient n'est pas ceci ou cela, c'est une *question* de mise en espaces, un espacement dynamique de places et de temps, où du seul fait d'être à telle place, on recueille goutte à goutte les suintements venus d'ailleurs, faits de savoirs et de surdités. On peut donc comprendre, sans plonger dans la mystique, que certaines choses se soient transmises sans que personne ne les ait dites... Question de *passage* « réel ». Ce qu'un enfant sait de ses origines, ce qu'il en retire tient au fait qu'il s'est trouvé au passage de tel flux inconscient où ça passait. La bête humaine est comme une constellation de systèmes dynamiques géants avec des potentiels de langage, des opérateurs transférentiels infinis qui produisent des correspondances, des passages. C'est dire que ça en passe par l'Autre. (Pensez aux deux femmes de Djuna Barnes : le passage par l'Autre et par le temps leur est barré.)

Et dans cette mise en espaces, le « sujet » est sujet quand ça veut bien passer par lui ; si ça ne passe pas par lui, on dit plutôt qu'il est sujet à cette histoire, ou à des crises de douleur, d'ignorance, de jouissance... C'est plus qu'une « division du sujet ». Il y a du sujet dans l'air, si l'on peut dire, mais il advient comme tel quand ça passe par lui. Dire : on va faire tel travail pour advenir comme « sujet » – même un travail d'analyse... – cela relève d'une certaine débilité, car à peine ledit sujet a-t-il eu le temps d'« advenir », le temps de se retourner, qu'il est déjà dans la langue de bois, complètement, dans le discours vide sur le sujet ; il n'est plus sujet. Dire qu'il l'est, c'est dire qu'il peut passer dans des entre-deux dynamiques où ça en passe par lui. Il coexiste comme part d'être avec de l'événement vivable. Il se passe quelque chose, par lui. Une certaine littérature parle du sujet comme ayant « traversé son fantasme fondamental »... Or ce fantasme est souvent l'entre-deux pétrifié où ça ne passait pas. Quel est le fantasme fondamental de ces trois femmes, la mère, la fille et la femme-écrivain ? Elles ont toutes les trois le même : pour chacune il n'y a pas de temps ou d'espace ou d'écart avec l'origine. La femme-écrivain produit ce texte comme son corps originel, son dire ultime sur cette chose-là, son spasme métaphorique. Si l'on pense à l'écriture d'un Kafka, ou d'un Shakespeare, c'est un autre espace d'écriture : on passe d'une écriture autosaturée à une écriture qui repère l'entre-deux-lieux et le produit pour rendre le franchissement possible.

Cette recherche sur l'« entre-deux » (entre-deux-langues ou cultures, entre-deux-femmes, entre-deux du voyage...) suggère des hypothèses sur l'idée même d'*identité*, peu évoquée en psychanalyse où l'on parle surtout d'identifications, d'imagos, de fantasme fondamental (ou d'origine). Dans notre approche *l'identité est un processus où se déploient des clichés de l'origine, des images de traces déposées dans la mémoire, et entre deux images s'ouvre le passage ou le voyage possible ; c'est un processus d'entre-deux prenant appui sur l'origine en tant qu'elle-même lui échappe.* La traversée du fantasme originaire est justement de ne plus y être mais de pouvoir en disposer, comme d'éléments de notre langue, de bloc de lettres, moyens d'expression dont s'enrichit notre alphabet ; on n'y est pas identifié. N'être pas nommé par son fantasme fondamental, c'est ne plus y répondre nécessairement. On répond à son nom, en général ; n'être plus nommé par son symptôme, c'est n'être pas *tenu d'y répondre* quand on est appelé par ça, ou rappelé. Effet libérateur palpable ; entre répondre au quart de tour à un fantasme ou n'être pas tenu d'y répondre, cela se sent. En disposer, c'est le porter dans sa panoplie, dans ses bagages : parmi vos fantasmes il y a celui-là. Et sans lui, il y a encore lieu d'être. Beaucoup semblent hésiter à se libérer d'un symptôme qui a été leur lieu d'être par peur d'avancer le pied dans le hors-lieu, dans l'inconnu ; peur du nouveau qu'a été l'inconnu de l'origine...

C'est par ce biais que cette question du *support d'être* élargit celle, trop étroite, de l'identité.

Entre une femme et elle-même

Cette fois ce n'est pas une mère et sa fille, mais une femme écrivain et ses créatures, ses héroïnes, Marguerite Duras. La figure de l'origine sera celle de l'écriture créatrice censée suinter de son corps de femme pour irriguer l'entre-deux entre elle et le monde – qu'elle perçoit et qu'elle écrit – dans un face-à-face où il se révèle que cet entre-deux est plutôt entre elle et elle-même. C'est très bien dit dans *La Vie matérielle* où elle parle d'elle en direct, sans le fard de la fiction. Cela produit une solution narcissique à la question de l'entre-deux et de l'origine, dans un trajet intéressant qui referme sur elle la béance de l'origine. Chez certaines femmes cette béance produit l'entre-deux impossible, angoissé, « hystérique », qui se résout dans l'absence à soi, l'attente de soi, un soi originaire, insaisissable, fusionnant avec son « autre » ; un soi sur lequel on bute en vain. Parfois on essaie de « passer » quand même, de franchir l'abîme par une pratique, un travail, et l'immense clavier des symptômes... Chez Marguerite Duras ça passe par l'écriture – qui tient lieu de soi et d'Autre –, ou plutôt ça reste sur place dans la place où l'écrit devient l'origine, le corps la Femme-toute, l'origine du féminin. Parler de soi et ne parler que de soi, pourquoi pas ? Tout écrivain ne parle que de soi, même quand il s'offre comme instrument où l'être vient résonner, instrument qui se fait parler de lui-même *via* les chocs qu'il reçoit venant de l'Autre... mais ici, cet Autre – archaïque ou actuel – devient soi-même ; dans cet entre-deux où l'on prend l'« autre », le tout « autre », pour soi, s'épanouit une vaste maternance où la réalité elle-même devient création de l'écrivain, censé avoir été complètement là, à l'origine de ce qui est, recueillant chaque matin cet écoulement fantasmatique à écouler sur le marché...

L'écriture devient une liturgie intime où se célèbrent des événements qui trouvent leur source et leurs ressources dans l'écriture. Leur véritable mise au monde. Tout ce que vous n'avez pu vivre reprend sa vraie vie dès lors que vous l'écrivez, comme s'il suffisait de l'écrire pour l'annexer à votre corps. (C'est une posture qu'on imagine être celle de Dieu ou de l'Être comme tel.) Le monde et les autres deviennent la limite. Des événements arrivent (toujours, pour peu qu'on ait de quoi les remarquer, de quoi marquer leur arrivée) mais pour qu'ils *vous* arrivent sans trop vous changer, il suffit de faire en sorte que ce qui vous arrive ce soit déjà... vous-même ; que ce soit *vous* comme si vous y étiez déjà. Alors rien n'arrive que vous-même... à l'origine.

Cette fusion narcissique où se comble l'entre-deux exige souvent l'appoint d'une drogue. En l'occurrence l'effusion alcoolique, l'étreinte intime entre soi et soi-même. La drogue comme médiateur du manque à être originel, et qui dispense à tour de bras du manque à être. « L'alcool fait résonner la solitude et il finit par faire qu'on la préfère à tout » (Duras). Exact. Être pleinement son manque à être, faire vibrer cette absence d'autre et de soi jusqu'à l'ajuster à soi, comme une nouvelle identité. La solitude devient parlante, elle devient l'interlocuteur. En principe la solitude est une absence qui vous harcèle comme une présence, une présence manquée de l'autre et de soi, une silhouette vide qui veut qu'on lui parle, qu'on joue avec, qu'on lui accorde une certaine vie. Comme pour tout lien fétiche, c'est le fait d'être seul qui prend vie à soi tout seul. Réussite narcissique – par l'alcool ou le fétiche, ou l'écriture devenue corps... La drogue a comblé l'entre-deux, et l'origine est toujours là.

En vous comblant, l'alcool vous donne le sens de ce qui vous manque, de ce qu'il vous a fallu perdre, comme tout le monde, pour vivre un peu : l'adéquation à soi, l'effusion heureuse avec soi. Mais sa réussite narcissique, l'alcoolique en jouit trop pour la sentir. Duras dit bien cet isolement : « Je buvais tout le temps... J'étais retirée du monde, inatteignable, mais pas soûle. » Dans ses contacts avec le monde, l'alcoolique est *couvert* par l'alcool, tellement couvert qu'il ne voit plus le danger qui exigeait cette couverture, cette démission vigilante.

Tout montage pervers est un écrasement de l'entre-deux entre soi et l'Autre. C'est la réduction de l'entre-deux à la seule arête narcissique, parfois tranchante jusqu'au suicide. L'alcoolique était malade de sa présence au monde, et le voilà seul en rade dans un monde qui pour lui ne rime à rien. Au départ il est coupé de sa solitude, il n'y a pas accès ; et voilà que par l'alcool il entre en contact avec elle. L'effusion a lieu dans l'ivresse ; il a alors avec qui être : avec l'autre part de soi ; avec son absence. L'alcool lui fait don de cette rencontre avec l'autre, avec l'autre en soi, et lui évite d'en voir l'illusion ; il anesthésie la douleur de la désillusion. Il lui évite la déprime de l'être-seul qui plonge dans la solitude comme dans un abîme. Là il dialogue avec elle, elle s'*entretient* avec lui. Même si tous deux se parlent en silence, avec silence. Cette réussite « toxico », on ne peut l'abandonner que pour passer à un autre genre de réussite toxico : d'une drogue à l'autre... le long du même fil rouge qui lie tous les liens narcissiques.

L'alcoolique, ainsi complété de son Autre, peut jeter à la face des autres leur nullité, leur non-sens, leur impuissance, leur nudité devant sa parole, devant son corps posé là comme l'ultime vérité du monde. Il suffit qu'il leur parle pour les réduire, les châtrer. Il joue gagnant avec leurs limites. Ce qui l'a traumatisé ce sont les limites de l'Autre : un jour il a découvert que l'Autre était limité, parfois impuissant, amené à faire semblant, à se « trahir », à être imprévisible (donc à être Autre)... Alors il a embarqué pour le grand *flash* véridique, le flash de l'origine, du commencement de la vie, sans cesse repris à zéro.

Comme tout fétiche, l'alcool console de l'*absence* de Dieu – mais voilà, on y devient le Dieu qui manquait, le Dieu en manque, le manque où l'origine était d'elle-même. C'est aussi le manque où la mère (de l'alcoolique) était d'elle-même... Le fétiche prend en charge le tout de l'être et de la mémoire ; le tout de l'Autre. Il atténue la douleur ; la douleur est l'irruption de l'Autre dans l'enclos narcissique, et le montage pervers détruit l'Autre, donc il arrête l'irruption. Plus de souffrance car plus d'attente, l'attente que *ça* cesse ; c'est l'entre-temps arrêté. Cette sorte d'anesthésie met hors d'atteinte, hors d'atteinte de soi-même ; on n'attend rien, *on y est*. Où ? en soi : vous n'attendez rien de l'autre quand l'autre est en vous ; comme tel il n'existe plus. Aucune différence ne menace : c'est l'indifférence ; le monde comme *autre* est désinvesti.

Mais notre écrivain connaît l'autre effusion, celle de l'écriture, entre la Créatrice et le monde pris comme image d'elle-même. Le monde se modèle à l'image de son texte. Elle le regarde et elle dit : « tout est là comme dans *India Song...* » Le réel est comme dans son livre ; pas l'inverse. Une femme est passée devant elle quand elle avait huit ans, et elle l'avait comme soufflée, possédée, dépossédée. Maintenant c'est elle qui la possède, du bout de son stylo acéré ; elle la renomme, la rattrape : Anne-Marie Stretter. Retournement : la Femme-écriture ressaisit l'Autre-femme, passée comme un éclair. Elle ravit l'autre femme, à la force de l'écrit, dans le même instant, celui de toujours. Elle sera la limite du ravissement de ses héroïnes – toutes femmes un peu exsangues, exténuées d'être eues à ce point, surplombées par leur mère, par leur mère-en-écriture ; toutes folles d'elle. Elle, la Femme-creuset d'écriture, la donneuse de vie écrite, creusée d'écriture infinie. C'est comme écrivain qu'elle est la Femme ; son double ou son image n'est pas l'une de ses héroïnes mais l'écriture par quoi elle les double, les enveloppe, les surmonte. L'épreuve d'une femme à l'Autre-femme, la position déprimante de buter sur l'Autre-femme comme sur un roc et de n'être pas la « première » femme – toute cette impasse de l'entre-deux-femmes est ici surplombée : la Femme-écrit sera la première de ses héroïnes ; l'écriture-Femme se répond, se correspond. Telle de ses héroïnes, Lol V. Stein, est en proie non pas à l'homme qui l'a quittée mais à l'Autre-femme qui le lui a ravi et qui l'a ainsi livrée au ravissement d'elle-même, dans l'entre-deux où elle s'abîme, absente à elle-même et à l'autre, dans l'égarement où son corps se révèle être celui d'une autre. Elle est violée-volée d'elle-même, et confrontée à l'autre-femme comme à une trouée de son être. Si on peut la dire « déprimée », sa déprime est d'être captive du fantasme de quelqu'un d'autre, dans un entre-deux qu'elle ignore, dans le fantasme de l'Autre-femme surplombé par l'auteur. On pourrait dire que ses héroïnes sont déprimées parce qu'elle les surplombe, totalement ; comme une mère qui ne donnerait qu'un peu de vie à ses filles, gardant pour elle l'essentiel, se nourrissant de leur faiblesse. L'Autre-femme de Duras c'est son écriture, qu'elle excite pour la surmonter, la *posséder*, comme elle possède ses héroïnes ; à fond ; et elles en sont déprimées, elles pâlissent devant Elle. Ses femmes sont tristes, vaguement absentes ou automates, comme si leur créatrice avait gardé en elle leur sens, leur sort, leur ressort, leur sang. Nulle d'elles ne lui « échappe ». (Ça existe pourtant d'être dessaisi de son œuvre, de perdre de vue l'objet de son œuvre, à moins d'être le chef-d'œuvre.)

Quant à elle, identifiée à la scène même du ravissement, elle la répète à volonté. Déjà à quatre ans, elle a ravi un petit garçon, elle lui a « tenu » la verge : « Le visage de l'enfant, les yeux fermés, hissé vers la jouissance encore inaccessible, martyr, qui attend. (...) Elle a grandi avec moi [la scène ? la verge ? la jouissance ? la possession ?...], elle ne m'a jamais quittée. » Peut-être est-ce de là que date pour elle la certitude que la jouissance d'un homme est toujours celle d'un enfant ; ou l'idée d'avoir en main la jouissance de l'autre sexe qui attend toujours cette jouissance sans qu'elle vienne. Le fantasme d'être l'origine abolit ou submerge l'entre-deux – qu'il soit de sexe ou d'écriture.

L'homme peut-il s'interposer dans cet entre-deux qui la pose comme Origine en train de s'écrire ? Oui, en tant qu'enfant dans le prolongement de la mère, de la mère-écriture aussi. Alors c'est l'entre-deux « mère-enfant », l'enfant tout écrit de ses traits à elle, de ses contours.

La traversée de soi est donc impossible : la frontière, c'est encore elle-même. « (...) la plus belle phrase de ma vie : " Ici c'est S. Thala jusqu'à la rivière, et après la rivière, c'est encore S. Thala. " » La rivière traverse le même espace ; la traversée est inutile donc impossible.

Comme l'homme.

Non qu'il soit vraiment inutile, l'homme. Il est émouvant... Dieu et la Femme doivent beaucoup s'émouvoir sur l'homme. (Et encore, Dieu ne s'offre plus ces complaisances ; en tout cas il ne donne plus de signe dans ce sens.)

Pour elle, c'est clair : « les hommes sont des homosexuels » ; tous frères accrochés aux jupes d'une mère dont la jouissance les dépasse, les écrase. Elle en est sûre : elle *est* cette Femme. Eux ne peuvent jouir, vraiment, qu'entre eux, de leur similitude. La Différence leur échappe ; la Femme la détient, elle l'a confisquée pour la mettre en lieu sûr, en elle. Ils ne peuvent jouir que d'être l'image l'un de l'autre. Entre-deux toujours homo : « Il ne leur manque que de le savoir, de rencontrer l'incident ou l'évidence qui le leur révélera. » Et s'ils ne la rencontrent pas, ou s'ils écartent cette rencontre ? c'est qu'ils fuient leur vérité. (On n'a pas attendu les « psy » obtus pour abuser de cet argument : c'est ce que tu fuis ? *donc* c'est ce que tu veux... Les clichés « psy » foisonnent chez ceux qui les dénoncent.) En tout cas, Duras nous fait poindre la scène, émouvante à souhait : l'homme de quarante ans avouant à sa femme qu'il sent, oui, il sent que sa vraie vérité c'est l'attrait homo qu'il ressent... Et elle : mais je le savais ! de tout temps ! Cela résonne avec la plainte amère des homos : tous les hommes sont homosexuels, mais ils n'en veulent rien savoir, et c'est à nous (les homos en fonction) d'incarner cette vérité, de nous sacrifier pour elle... (Pour elle ? pour la Vérité ? la Femme ? la Femme qui *est* la Vérité ?...) L'entre-deux « homo » se situe donc dans une bulle originaire, celle du fantasme que la Femme a de l'homme quand elle se prend pour la Femme, dont il ne peut être qu'un enfant. D'ailleurs il ne la fait pas jouir, l'homme : la preuve... elle ne jouit pas ; ou s'il y arrive c'est qu'il est venu s'ajuster à la verge creuse qu'elle a en elle... Cette frigidité de la Femme « terrasse l'homme qui la désire », nous dit-elle. Froideur, origine lunaire. Ainsi « terrassés », ils débandent, cela prouve bien qu'ils sont des queues. Les manuels psy avaient déjà affiché : identification de l'homme au phallus de la mère. Mais c'était une phase, un moment ; ici il s'éternise, il se révèle essentiel. La frigidité de la Femme devient un « phallus » négatif, froid et rigide, auquel l'homme ne peut rien. « Cette frigidité est celle du désir de la femme pour un homme qui n'est pas encore venu à elle, qu'elle ignore encore. » Cet homme est celui qui conviendra à ce creux vibrant d'absence, la fameuse absence à soi... « La femme est fidèle à cet inconnu avant même de lui appartenir. » Décidément, Freud n'a rien forcé pour pointer cette fidélité au père idéal, au père imaginé comme la créature de la Femme, comme son enfant divin, devant qui nul autre ne tient sauf si elle veut, *accessoirement*, le prendre comme substitut.

Qu'entre l'homme et la femme ce soit l'abîme est un cliché trop connu. Mais ici il s'ensuit que si l'amour est possible c'est qu'il s'agit du même (homosexualité, solution réussie, et qui de ce fait accable ceux qui l'ont trouvée...). Du même, ou de la même chair (et à nouveau les hommes-enfants batifolant sur le corps de la Mère).

Les hommes jouent entre eux comme des enfants – portés par la scène de la Femme... Quant à elle, « elle s'en va, elle quitte l'homme, elle est beaucoup plus heureuse qu'avant. Avec son homme elle était en *représentation*. Moins déjà avec les homosexuels ». Fantasmes trop bien léchés... Il se trouve au contraire qu'avec les homos la femme est en *pleine* représentation, mais de son fantasme à elle : elle est la Femme, eux sont les enfants, ils jouent entre eux à des jeux sexuels qui ne tirent pas à conséquence (pas de procréation, d'engendrement) ; gestion de la mort que la mère surplombe.

Cela s'exprime dans l'évocation de cette femme, réelle, qui est allée, avec son homme et ses enfants, se mettre sur les rails au passage du TGV, parce qu'on lui avait coupé l'eau. Duras est fascinée, presque éblouie par la violence que contient cette femme. Entre-deux-femmes où elle trouve l'image de son double.

L'employé des Eaux était venu couper l'eau parce que la famille ne payait pas ; elle vivait marginalement dans une gare désaffectée non loin du TGV. La femme aurait pu protester, lui faire remarquer qu'il faisait très chaud (« mais il le voyait bien », dit Duras) ; lui dire qu'elle ne pourrait pas donner à boire à ses enfants ni les laver (« mais il le voyait bien », dit-elle encore ; la perception et l'immédiat ne pourraient-ils pas remplacer l'échange symbolique ?). Jusque-là le social ne demandait rien, il laissait faire ; mais ce n'est pas une personne, le social, c'est un jeu complexe, qui a de ces innocences inconscientes et cruelles : un beau jour sans prévenir, le social veut qu'on lui parle, qu'on lui dise quelque chose, qu'on ne garde pas le silence absolu car cela revient à garder pour soi le dernier mot du langage. Soudain en toute innocence (ce n'est même pas de l'innocence, ni de la bêtise, c'est comme si une machine disait : à vous de jouer, à vous de dire) il vous présente une question, une demande qui se révèle être la vérité de votre vie : dis-moi quelque chose ; dis-moi : « il fait chaud » alors que je le vois, que ça se voit, que tout le monde le voit, mais *dis-le*, arrache cette chaleur à ce qu'elle a d'immédiat, de visible, de naturel, pour l'intégrer au jeu des mots, des échanges, des rapports. Il est vital qu'à cet instant l'entre-deux soit marqué, honoré. Cette femme vivait jusque-là dans un repli, un espace, une maison qui n'était autre qu'elle-même, d'où elle pouvait ne parler à personne d'autre. (Son homme et ses enfants n'étaient pas des *autres* ; elle seule compte, par son silence, elle seule parle avec son silence, des paroles totales.)

Et soudain, comme par mégarde, par distraction ou lapsus, sans que nul n'y ait pensé, voilà que lui est présenté quelque chose qui mine de rien va se révéler l'épreuve de vérité de sa vie : *là tu dois parler sinon tu risques de mourir.* C'est ce que lui dit, non pas un individu, mais l'instance qui jusque-là traite les demandes mécaniquement, comme elles arrivent – pas toujours bien mais ça fonctionne –, l'instance sociale. Et tout arriérée qu'on la suppose, cette femme entend la demande et elle ne dit pas un mot ; elle ne *donne* pas un mot ; ce mot va se révéler équivalent à la Vie, à *sa* vie ; les siens y sont inclus, ils ne comptent pas comme *autres.* Elle n'a rien dit à l'employé, qui du reste n'a pas eu l'intuition d'inventer l'entre-deux, de lui *faire dire* un mot, d'en inventer un pour elle, par pur amour (peut-être pensait-il à autre chose ou était-il en état d'absence...). La femme ne lui a rien dit mais elle est allée dire quelque chose, on ne sait pas quoi, à une patronne de bistrot (preuve qu'elle pouvait parler, matériellement) ; et elle est venue attendre l'heure de passage du TGV, elle y a mené les enfants et le mari : tous sur les rails, pour le passage. Sciés.

Cette femme veillait sur la parole, la parole à ne pas dire, comme sur elle-même. Vigilance narcissique, d'instinct. Elle a comme rabattu sur elle la totalité du langage, sur son corps ; elle n'a pas accepté de se dessaisir d'un mot. Son investissement du langage, du corps-langage identifié à elle était si total (telle une Femme-auteur qui serait comme l'Origine des mots...) qu'il l'emportait sur tout pour elle ; sur son instinct maternel par exemple. Elle était tout le langage, retiré dans son corps-mémoire. Elle a préparé ses enfants à être emmenés par elle, à la réintégrer, à trouver inscrite dans sa mort la fin de leur vie. Elle ne leur avait donc pas *donné* vie, seulement *prêté*. Et l'homme ? Il fait partie des enfants, comme tout homme, on nous l'a dit... Fasciné par cette femme, il n'a pas dû trouver moyen de s'écrier : allez, on va chercher de l'eau, j'ai soif. Il est allé tout naturellement mourir lui aussi sur son symptôme à elle ; sur les rails de son silence, dont elle n'a pas dévié d'un mot. On la disait arriérée, c'est une certaine arriération : c'est la remontée du temps jusqu'aux sources matricielles, originelles, où elle est l'origine des mots qu'elle retient. En certains points précis, la débilité rappelle la perversion.

Entre cette femme et le monde, pas d'entre-deux possible, c'est sans *appel*. Son symptôme est la *coupure*. Elle était dans la coupure éternisée de la parole, dans le silence incarné, dans l'évidence des corps et des sens. La coupure entre noms et corps elle n'en voulait rien savoir ; la coupure qui permet de parler à d'autres, qui ouvre dans l'Origine l'entre-deux d'un dialogue... Et voilà qu'un tiers vient couper le fil, le flux de vie, l'eau, le filon de vie. Alors elle va se faire couper le corps sur les rails, le corps total qui est le sien et qui englobe celui des siens.

« Force » et « liberté » de cette femme, dit Duras. La liberté des trois autres s'est enlisée dans ce refus de donner un mot. « J'essaie de voir », dit Duras. Elle voit bien une image d'elle ou de la femme toute, mais ici l'essentiel ne se voit pas. C'est l'impossible *entre-deux* où cette femme est prise et où Duras se prend avec. Elle s'y reconnaît, dans ce miroitement fascinant qui la lie à l'Autre-femme comme à elle-même. « Entre-deux-femmes » bloqué à mort. Cette femme était à sa façon identifiée à l'Origine du langage, à l'instant fou où un mot, le « premier », pourrait se dire et se retient, reste retenu dans les limbes du corps-mémoire.

Dans ces entre-deux où l'immédiat fascine car le corps vient suppléer à la mémoire, règne l'Évidence : « Dans la maternité la femme laisse son corps à son enfant, à ses enfants... » qui grimpent dessus comme sur une colline et tirent en tous sens... Évidence du corps maternel, telle que les enfants peuvent ne pas voir qu'il y aura à s'en séparer. Il risque de n'être plus un don mais une emprise ; un don de soi... à soi-même. Ou encore : « Les femmes avec leurs enfants c'est le seul spectacle qui ne soit pas débilitant. » Va pour « spectacle », bien que l'essentiel, là encore, soit invisible. Au-delà du visible, d'énormes remaniements ont lieu. Ce lien est tout sauf immédiat. L'enfant ne vit qu'en trouant l'entre-deux où il est pris avec sa mère. A l'intérieur de ce lien, il travaille, s'affaire, invente le monde, un monde qu'il dérobe à ce lien tout en y prenant appui, à distance, jusqu'à ce qu'il puisse prendre pied ailleurs. L'enfant est inventeur de langues, dans un entre-deux pulsatil où il entame son origine, l'Origine parlante que fut sa mère... Et tout cela, qui est vital, se fait dans l'urgence des médiations. L'autre jour mon fils de dix mois me fit « voir » cette trouvaille. Il est sevré du sein depuis deux mois et pour le remplacer, aux moments d'abandon le soir, il suce son pouce tout en tenant de l'autre main le cou de sa mère qu'il presse comme si c'était un sein. Il se recompose ainsi, des deux mains, ce qu'était pour lui le sein : une succion jouissante et une pression de la main sur la chair molle et massive, plaqué sur la mère mais déjà indépendant, déjà ailleurs. Et voici qu'un matin la trouvaille rebondit : pour la première fois il a fait la même chose avec moi. Je croyais que cette petite composition était réservée à sa mère. Mais non, il m'utilise aussi comme support : je le portais dans mes bras, tendrement mais non de façon « maternelle », et il a pris appui sur moi, il a pris prétexte, pour y aller : pouce gauche dans la bouche, main droite à mon cou ; de quoi jouer de sa distance à lui-même et à son désir ; à sa mémoire déjà. Puis il se l'est fait à lui-même, la main au cou, le pouce en bouche. Autoérotisme passant par l'autre... par l'image de soi sur l'autre, ou l'image de l'autre sur soi devenu écran, écran d'un vaste cinéma. Secrète élaboration de la mémoire à partir des sens, des perceptions jouissantes. Puis il l'a fait à d'autres. Déplacement évident de l'évidence maternelle, dans un trajet subtil qui a de curieux retours : une main au nombril pour sucer le pouce de l'autre...

Une tierce personne, étrangère à cette lente composition, n'aurait vu qu'un spectacle « débilitant », dans ce qui est un raffinement du geste fait avec la mère. C'est plutôt subtil de se libérer en modulant le geste même de sa dépendance ; en y prenant appui pour produire la distance et déplacer l'entre-deux.

Le père comme tiers peut être une impulsion au déplacement de l'entre-deux – s'il n'est pas qu'un enfant laissant la Mère à son immense Féminité... Même si la femme-toute les ignore, les liens peuvent être intenses et matériels entre un père et son enfant (fils ou fille ; bien que ça se différencie) ; ces liens peuvent avoir leurs impasses, mais le *passage* reste possible. Car quoi qu'il arrive, on ne peut pas s'en tirer avec la haine du père. Ce que donne le père est d'autant plus physique qu'il a peu de « corps » à donner. On croit que ne pouvant donner son corps, il donne sa parole, son nom, etc. C'est faux ; il ne peut *donner* sa parole que s'il engage son corps avec, dans sa retenue même, sa tension, dans le peu d'évidence où ce don s'accomplit.

Duras dit que les pères ça ne donne rien, ça ne donne rien aux enfants sinon de les emmener au cinéma ou en promenade. (« C'est tout, je crois », dit-elle.) C'est que pour elle, pour la Femme, le père s'inclut dans la masse des enfants. Mais le don que fait le père commence avec l'instant où il fait signe qu'il n'est pas inclus dans la mère, qu'il n'est pas « compris » dans la femme qu'il aime, justement parce qu'il l'aime ; qu'il est ailleurs ; que son origine est ailleurs et ses entre-deux autre part. C'est de là qu'il transmet – avec sa voix, ses gestes, sa présence, sa passion, sa force – une tension de vie, une joie retenue, celle de donner, précisément. Par cette tension il retient son petit monde à bout de bras ; ça ne se voit pas, ça s'entend, c'est *sensible*. Quand il n'y arrive pas, quand cette tension est trop forte pour lui, elle déferle en vagues d'impuissance sur ce petit monde, qui pardonne ou pas.

La Femme-toute ne pardonne pas, visiblement : « la femme est le foyer... On peut me poser la question : et quand l'homme s'approche du foyer, est-ce que la femme le supporte ? je dis oui, parce qu'à ce moment-là l'homme fait partie des enfants. » Cela conforte l'identité qu'elle a posée : homme-phallus-enfant, bouchon pour le creux de sa jouissance. Si la femme est le « foyer », son sexe est au cœur du foyer, et quand l'homme s'en approche, Elle le supporte s'il fait partie des enfants. Là est son *inceste avec elle-même*, et le fantasme d'avoir son père pour enfant.

D'où sa rancœur quand l'homme jouit par ailleurs. Elle ne parle pas du fait qu'il cherche une autre femme dont il ne serait pas l'enfant. Elle devrait alors évoquer sa tension avec l'Autre-femme, le choc de l'entre-deux-femmes... Non, elle parle répartition des tâches : les hommes font-ils les gros travaux ? Mais « les gros travaux c'est du sport pour les hommes ». Ça les distrait, ça peut les faire jouir, jouir d'oublier la grosse impasse. Du coup, quoi qu'il fasse d'autre (d'autre que d'être son enfant), c'est suspect s'il peut en jouir. Serait-il cinéaste, écrivain ou banquier, qu'Elle pourrait le frustrer, non pas de l'encouragement qu'il n'attend plus, mais du simple respect pour son travail et sa valeur. Et s'il soupire de fatigue, elle peut crier : ce n'est pas du travail ce que tu fais, c'est du sport pour toi, ça ne te coûte rien puisque tu y prends plaisir ! Alors chaque matin, il prend son élan et il y va, *au plaisir*, comme au charbon. (Et s'il y va à contrecœur, quel « pauvre type »...)

Toute Origine s'exaspère de s'incarner et de se prendre pour elle-même : tout ce qui l'entame l'irrite, comme tout ce qui ne l'entame pas.

L'entre-deux-femmes est ce qui pourrait entamer l'Origine du féminin, le féminin comme origine ; ce serait le début d'une entame, si c'est vécu comme une épreuve. Or souvent c'est ce qui illustre le mieux l'impasse de l'entre-deux : quand l'origine se manifeste seule, forcément englobante, l'un des deux termes s'abîme dans l'autre, ça fusionne même dans l'horreur de fusionner ; ou dans le ravissement...

L'épreuve serait d'ouvrir des passages où l'effet d'origine s'actualise entre deux termes, se segmente, laisse apparaître une trame possible, un mouvement ; un tracé qui délimite la scène où ils s'affrontent, où ils se produisent. Quand les deux termes sont là sans l'énergie du passage, ils ne font plus qu'un.

C'est peut-être cette énergie que notre chemin, jusqu'ici et au-delà, veut libérer : cela déploie l'effet d'une origine prégnante, planante, mais dont on dégage par secousses et alternances des entre-deux possibles...

Et c'est le même type de secousse, de dégagement, quel que soit le contexte. Par exemple, rappelons-nous l'entre-deux-langues.

Comme franchissement, il consiste à inhiber dans une langue son collage à l'origine, sa prétention à être La langue-origine. Il s'agit de se dégager de ce qui, dans la langue où l'on baigne, fait qu'elle se pose comme l'Origine du langage ; et de pouvoir donc la traduire, la trahir en d'autres langues qui la « déforment ». Alors on peut passer à d'autres « langues » ; d'autres langues – ou d'autres femmes – deviennent vivables et sont appelées à « vivre ». L'origine comme parlante éclate alors dans l'entre-deux-langues qu'elle nourrit sans l'envahir. Faute de cela, le sujet ne peut parler et inventer dans d'autres langues ; la première lui tient lieu de toute l'origine (comme une femme se prenant pour La Femme).

Intermède

L'impasse narcissique du couple

Ici l'entre-deux sera le déchirement du couple, *dans* le couple, entre l'homme et la femme quand ils se mêlent de faire « un », ou quand leur prend la folie de se mesurer l'un à l'autre pour n'avoir pas à affronter la démesure de soi.

Un de ceux qui en parlent le mieux, c'est Strindberg. Est-ce cela qui affole, ou qui marque d'affolement beaucoup de ses pièces ? En tout cas il nous en apprend de fortes quand lui prend l'envie de s'accrocher aux abîmes entre folie et création.

Maintes pièces de lui font l'effet d'une ménagerie, d'une scène de ménage immense, mythique, infinie, qui semble folle mais d'une « folie » très modulée. En fait, l'impasse des personnages – et du texte qui les incarne, dans *Julie, Danse de mort, Père, Sonate des spectres...* –, l'impasse de leur dialogue donne sur la folie sans en être. Ça pointe la folie mais en restant d'abord une *impasse narcissique entre-deux* : deux êtres se déchaînent l'un face à l'autre, sans limites, l'un prenant l'autre pour son image, ou son double impossible, cherchant dans l'autre l'appui ultime qui le ferait être ou accéder à sa part d'être, celle qu'il faut pour prendre place dans le temps et avoir une petite histoire. On se dit que tout cela sent la mort – *Danse de mort...* – mais dans cette pièce plutôt cocasse l'appel de mort tourne tout seul en dérision. On s'y déchire à plaisir – le capitaine hargneux, sa femme hystérique et l'ami de passage qui met un peu d'huile sur le feu – on *joue* à se déchirer, et à croire qu'on sera toujours là pour le faire. La mort s'évoque comme un arrêt enfin possible, faute d'une parole qui arrête le tournage en rond. De la mort on attend l'arrêt de ce vertige entre-deux, l'arrêt du n'importe quoi ; qu'elle redonne la vie comme un ailleurs de la vie. La pièce est presque gaie alors qu'y évolue un couple en rade qui fait naufrage. L'homme, capitaine plein de lubies, rêve de repartir à zéro : allez on raye et on recommence. Une idée d'écriture ; cette rayure, le trait de l'écriture même, ce serait le recours du couple en rade pris comme une machine d'écriture bi-face. L'homme rêve de poser qu'il n'a rien *fait* de ce qu'il a *dit* qu'il avait fait ; ce serait une grosse bouffée de semblant - allez, rayez-moi ça et passez - pour démarrer le scriptural, son trafic, sa contrebande. Pouvoir changer d'espace, de distance, de point de vue... Strindberg, lui, a dit un jour : « J'ai eu l'impression dès ma prime jeunesse que ma vie était mise en scène devant moi pour que je puisse la voir sous tous les angles. » Cette parole n'est pas d'un fou mais d'un être qui a compris l'usage de l'*abîme*, où certains sombrent, et que d'autres redoutent comme la folie. (On sait que la peur de devenir fou protège beaucoup de le devenir.) Voir sa vie sous tous ses angles suppose de l'espace pour bouger, et disposer d'angles variables. Or même pour des pas-fous, ce qui fait question c'est qu'il n'y a pas d'espace par où passer, de place pour bouger sa vie, pour la vivre : leur vie sans « mise en scène » et sans fantasme, ils se demandent si elle existe, s'il y a une scène pour elle, si elle a lieu d'être - au passé comme à l'avenir : y a-t-il ce qu'il faut de passé pour qu'il y ait de l'avenir ? Question de mémoire, de remembrance. Ici, on nous prévient ; la vie est inscriptible, elle se joue comme une écriture dans l'entre-deux d'un couple furieux. On va rayer puis rayer, tracer des traits et des retraits, monter des scènes, les démonter ; du théâtre... Les couples font leur scène, se *font* la scène qu'ils deviennent ; Strindberg fait son théâtre ; chacun raye et passe à la suite. On fait parler la rayure la plus récente, tout comme le rêve - autre scène d'écriture - élabore les derniers rayons de l'éveil, les « restes diurnes »...

Ce qu'on appelle ici « folie » est une impasse narcissique ; entre homme et femme ; malentendu et mésentente intrinsèques. Par exemple, la femme s'imagine que l'homme est la mesure exacte de ce qui lui manque à elle pour être une femme. Elle peut même faire en sorte que ce soit vrai. A partir de là, c'est du gâteau pour faire que ce soit invivable ; complètement. Car si l'autre est ce qui vous manque pour être vous-même, sa présence est aussi vitale qu'insupportable. Curieusement, c'est très près des conditions « normales » de l'amour ; on sait que certains se haïssent d'avoir à s'aimer et ne s'aiment que dans cet état de dépendance désespérée.

Mais la vraie impasse de cette femme est celle de *l'entre-deux-femmes*. On l'a vu, c'est le fantasme où une autre femme a confisqué les attributs du féminin. Alors la femme en veut à l'homme, à mort, d'être incapable de la soulager de cette tension avec l'Autre-femme, incapable de briser ce mur et de la faire advenir comme femme. Ce n'est donc pas de ce qu'il soit « homme » qu'elle lui en veut, c'est du fait qu'être « homme » soit à ce point insuffisant pour l'arracher, elle, à cette impasse. C'est en quoi, du point de vue de l'entre-deux-femmes, tout homme est carent ou nul. (Les châtreuses compulsives s'usent à le vérifier.) Et comme il est souvent carent, de surcroît, ça n'arrange rien. Strindberg savait ces choses d'instinct, même s'il les dit dans un langage plus convenu. *Mademoiselle Julie* dit tout ce qu'on peut dire sur cette clinique de l'hystérie ; tout y est, y compris l'usage fantastique de l'hypnose, sur lequel plusieurs décades après on allait s'émerveiller comme voie d'accès au symptôme hystérique. L'hypnose c'est aller sonner chez « quelqu'un » pour lui demander s'il veut bien vous dire comme venant d'*ailleurs* des choses que vous n'osez vous dire et que vous « savez » sans les savoir. Il faut qu'il soit dévoué pour se laisser prendre ainsi comme fragment de votre altérité la plus enfouie, sans que cette capture lui fasse problème. Strindberg suggère un raffinement de plus. Il dit que ce quelqu'un va sans doute résister à jouer ce rôle éprouvant, alors il faut... d'abord l'hypnotiser pour qu'il vous hypnotise. C'est bien ce qui se passe : Julie fascine ce pauvre Jean pour obtenir de lui la parole qui la fascinerait, qui la fixerait sur son absence à elle-même et qui en même temps arrêterait sa dérive hystérique. Elle se fait suggérer... le suicide. Un comble de l'équivoque : à la fois don de vie et arrêt de mort. Disons, *arrêt de vie*. Marquer l'arrêt de cette vie pour en ouvrir une autre...

Certes il y a l'aspect social de ce couple – fille de comte et valet – fascinait Strindberg ; couches inférieures qui montent, couches supérieures qui descendent, toute une météo de l'atmosphère sociale... Mais le grand axe de la pièce est cette Julie prise, elle aussi, dans l'impasse de l'*entre-deux-femmes*. Elle a recueilli de sa mère cet ordre précis qui l'engage : jamais tu ne seras l'esclave d'un homme ! Sous-entendu : jamais tu ne dois accéder à l'être-femme, à ta féminité, en passant par l'homme. Voilà un serment accablant : la mère, par cette parole, barre à sa fille le recours à la parole pour se délivrer d'elle et advenir comme femme. Au fond elle lui dit : tu ne seras femme que par moi. Mais c'est impossible puisque la mère se pose comme étant celle qui ne peut pas, pour advenir comme femme, en passer par un homme ; elle ne se sent femme qu'en annulant un homme par un autre homme (un mari par un amant), elle qui met le feu à toute la baraque pour qu'il ne soit pas dit que c'est un homme, son mari, qui l'a sortie de l'impasse. Julie est coincée côté mère par ce serment. Elle l'est aussi côté père, car le père n'a rien soutenu, et elle essaie en jouant sur tous les registres d'obtenir d'un homme, ou d'une situation, l'inscription du petit passage qui fasse loi, qui permette de tirer un trait, d'y prendre appui, pour aller vers d'autres parts d'elle-même. Elle ne peut donc recevoir d'un homme que ce qu'elle-même lui suggère de lui demander : un suicide.

C'est encore plus simple dans *La Danse de mort*, qui est plutôt une danse de mots, une quête du mot qui ferait passage entre les deux termes d'un couple où chacun prend l'autre pour l'une de ses images. Cette impasse narcissique qui frôle la folie sans en être explore *l'affolement d'une situation*, son ouverture sur un horizon de folie. Aucun tiers n'est possible : l'ami du couple (Kurt) va vite se faire prendre comme double dans l'impasse du capitaine ; capitaine de forteresse ; métaphore de tout un chacun : chacun déambule avec sa forteresse et croit en être le capitaine. (Comme dans toute grande écriture, chaque parole simple donne corps à un événement de l'humain ; c'est autre chose que la métaphore étouffante.) La femme, elle, est une « ancienne actrice ». Après tout, une jeune fille part de là – du rôle d'*actrice* – pour essayer d'être une femme, à supposer que, petite fille, elle ait pu *jouer* ; qu'il y ait eu une scène pour ça. Ce n'est pas dit ; souvent c'est joué sans qu'on le sache. Toute femme est une « ancienne actrice », et cela éclaire autrement l'*immense désir de jouer*, de mettre une scène possible dans l'entre-deux avec soi-même ; immense désir de rejouer pour s'en sortir, ou pour entrer dans le jeu de son théâtre intime. Le tiers falot, donc, l'ami, se fait épingler comme image paternelle, assez dérisoire, que le capitaine persécute. « C'est toi qui m'as marié... » « Non, c'est pas moi... » « Et tu as abandonné tes enfants... » « Mais non, c'est une histoire... » Ce capitaine projette sur l'autre l'image de son propre père qui l'a abandonné. (Il n'est pas vraiment paranoïaque, il est persécuté par une image. Et il s'arrange de petites pertes de connaissance comme pour chercher des réserves d'être là où ça manque ; pour se replier quand c'est trop ; pour avoir une autre scène.) Et ce faux tiers, il l'annule en lui demandant de se prêter à une petite greffe œdipienne : laisser supposer un instant que le capitaine a rencontré sa femme, la femme de Kurt, que le choc de leurs corps a ébranlé le monde, que son fils sera dorénavant le fils du capitaine... Bref, un petit transfert familial, et tout ira bien. (Depuis ça s'est industrialisé : un couple se greffe sur un autre pour changer d'impasse...) Mais c'est l'autre, le « tiers », que ça *affole* ; et il en vient à crier que le capitaine est un monstre : ce n'est plus un homme, ce type-là, il n'est pas un humain pour avoir fomenté ça... Comme quoi l'« humanisme » n'est pas vraiment une garantie : on ne sait jamais à quel moment l'humaniste décide que vous n'êtes pas humain.

Pas de tiers, mais des redoublements, à l'infini. Des entre-deux en impasse. Du coup, entre les deux c'est l'écriture qui va trancher. Elle va biseauter pas à pas des miroirs tournants. Dans *La Danse de mort* ils vont tourner sur eux-mêmes et revenir au départ, après « dix minutes d'assaut de la forteresse », en susurrant que la loi des tribunaux, des colonels, il n'y a pas à compter sur elle pour symboliser l'issue, le passage possible ; il faut se débrouiller sans. Même avec un peu de calomnie, ça ne marche pas ; et les greffes – familiales, œdipiennes –, c'est hasardeux, car *c'est l'autre qui ne tient pas le coup* ; qui craque. Là est le drame. Et dans le couple déchiré l'un vole au secours de l'autre pour pouvoir continuer à le déchirer.

Dans *Julie* aussi, pas d'autre tiers que l'écriture – et du tranchant final... dû à la peur que l'autre ne s'effondre. Julie cherche une parole qui tienne, elle est prise au piège d'avoir elle-même à la soutenir, par un acte, avec son corps. Et elle se brise sur l'idée que le père va craquer ; elle est sûre que si elle dit au père : voilà, il a bien fallu que je devienne femme d'une façon ou d'une autre, ce fut ainsi, grâce au valet, ça n'a pas été par toi (car on nous le dit : ce père n'a jamais eu le courage de supposer sa fille désirable. Il y a des pères qui refusent même le *fantasme* incestueux, en posant leur fille comme homme, machine de guerre, ou Femme inaccessible, bref comme l'*incarnation* de leur fantasme dont justement ils s'amputent). En tout cas elle craque sur l'idée que le père craque à cause d'elle. C'est là-dessus qu'elle s'effondre, et non comme on le dit sur le piège des conventions. Son impasse est celle du dire : pas de lieu ni de scène où ce qu'il y aurait à dire soit dicible. Car elle en est à supposer que si elle lui dit, elle détruira l'instance qui doit l'entendre pour que ce dire prenne force. Et c'est elle que ça détruit. Elle en est à croire que le support du dire, c'est elle qui le tient... pour le compte du père défaillant.

Mais n'est-ce pas l'ordinaire de la névrose ? Croire qu'on peut, de son corps, garantir le Loi symbolique, ou y suppléer ?

Elle se bat pour éviter le suicide qui symbolise aussi pour elle un don de vie. Son suicide n'est pas l'effet de l'impasse sociale – hypocrisie « bourgeoise »... –, c'est une vue sur cette impasse à partir d'ailleurs. C'est précis : une femme cherche à provoquer – à invoquer – un certain niveau d'inconscient : pour traverser ce temps d'hypnose et d'insu où quelque chose de la vie vous est donné à votre insu – forcément, sinon on doit se le donner soi-même et l'on se retrouve à devoir mettre en scène l'absence à soi. Elle cherche à se faire *donner* un brin d'« inconscience ». Le pivot de certaines expériences, analytiques ou scripturales, est d'assurer une transmission d'inconscient, de permettre le don de ce « rien » qui se retire en même temps qu'il se donne. Julie se bat avec ce domestique vaguement pervers à qui elle dit : voilà ce que tu vas me dire de faire... Ça prend un accent rituel, presque sacré. Comme si elle disait : le dieu des noms, le dieu du monde veille à ce que cette scène initiatique de la vie ne soit pas trop grotesque ;

alors pour me dire ce que je dois faire, oublie que c'est moi qui te le dis. Elle veut donner consistance à la rencontre d'« inconscient » qui justement fonde l'amour. Ils ont *fait* l'amour, elle a cru que ça suffirait à inscrire cette traversée. Elle a pensé, en bonne mère potentielle, sensible à la matière des choses, qu'un corps à corps serait marquant ; et elle a vu qu'il n'en est rien, que c'est le néant à nouveau. Elle relance : dis-moi que tu m'aimes..., et ça retombe. Ce suicide a plusieurs vagues successives, c'est l'acte désespéré de se donner une vie qui ne s'était pas donnée ; dommage qu'on ne soit plus là après pour recueillir ce don. Il s'en faut de peu ; il s'en faut d'un petit *témoin* qui arrête le bras juste quand il va trancher la gorge ; une espèce d'ange, au fond. Comme dans une scène biblique, celle où le père doit sacrifier son fils Isaac : le sacrifier, c'est-à-dire l'inscrire comme perdu pour pouvoir en être le père. Le père de Julie, lui, ne l'a pas inscrite comme perdue, il l'a même programmée pour être à lui, moyennant quoi il la *perd*. L'autre père, Abraham, c'est plus *pensé* : il essaie d'accoucher de ce fils et d'en vivre la perte jusqu'au ressaisissement ultime ; au moment où le fils va se faire trancher la gorge, un ange passe, et arrête le bras. C'est quelque chose comme ça qui manque à la petite. La *passe* en question, il y a intérêt à la faire avec quelqu'un qui aime, et dont l'amour rivalise avec la mort puisqu'il y va du don de vie. Or ce valet verse le meurtre à son compte narcissique à lui, pour le grossir, pour se venger de son enfance sans amour, de la dépendance que c'est d'aimer... Et personne n'arrête la chose.

En matière de symbolique, sans le coup d'arrêt qui conjure la fascination de l'entre-deux où l'autre n'est qu'une image de l'un, c'est la folie ou la mort. Il y a bien le recours à l'hypnose, ou à la télépathie – que Strindberg adorait : ça l'excitait beaucoup, ce n'est pas sans lien avec l'hypnose, ça consiste à dire : écoutez, c'est formidable, on a été *deux* à rencontrer notre inconscient en même temps, ça a fait la même étincelle... Et les deux s'étonnent. Or c'est le trait de la rencontre amoureuse : quand les amants se rencontrent, ils essaient de réécrire leur histoire, celle d'avant, pour que le trait de leur rencontre authentifie le « malgré-soi » qui les a fait se rencontrer ; pour que le trait tiré de la rencontre l'attire, les attire vers l'ouverture d'un autre temps, plus « original »... et que ça fasse une « histoire ». Là encore, l'acte d'écriture, la force du trait est en jeu. De sorte que cette télépathie – organisée ou spontanée – est une façon de renouveler le symptôme majeur de l'humain, l'amour – le symptôme fondateur –, en posant que l'entre-deux a été plein, signifiant, incandescent ; qu'il a été le lieu où a pu se dire ce qui doit se dire. Dans l'effet de résonance.

Et toute cette folie d'amour résonne avec la *paternité* comme lieu poignant, « risible », insoutenable, mais où se crée une *passe* qui rend possible de donner vie, donc de créer ; et qui permet à une femme d'envisager d'être prise par ailleurs que par elle-même, par ailleurs que par la moitié manquante d'elle-même. Strindberg dit qu'elles sont femmes-à-moitié, ces femmes qui haïssent l'homme... Leur « tort » est d'essayer de se compléter comme femmes plutôt que de retraduire ce manque comme partie manquante, partie à jouer, à assumer plutôt qu'à *imputer* à l'autre – ce qui ramène à l'Autre-femme supposée sans manque. Et c'est ce qui se passe dans ces duos déchirants en miroir ; miroir comique et coincé. Dès le début de *La Danse de mort* : « Tu n'aimes pas mon répertoire ? – Ni toi le mien... – Veux-tu qu'on laisse les portes ouvertes ? – Si tu le souhaites... » *Ils se renvoient le manque, le stigmate du désir, comme un encombrement sans fin.* Ce manque errant, on ne sait pas où l'inscrire. Ou plutôt *on croit qu'il faut un lieu fixe pour l'inscrire* ; pour faire qu'il ne manque plus. Là est le leurre. C'est ce fantasme d'un lieu où tout s'inscrirait qui induit le halo morbide – ces faux appels à la mort. Alors que la *mort* est ici plus intérieure, plus intrinsèque ; c'est de se jeter à corps perdu sur son image et de recevoir une double blessure : ou bien l'image vous complète, et c'est la déception, la blessure intégrale (il ne vous manquait que ça ?), ou bien elle ne vous convient pas et c'est le désespoir. Autour de cette dualité, ça danse. L'idée de danse est bien amenée : la danse des mots qui manquent voudrait secouer les corps. Qu'est-ce que danser ? C'est exprimer avec son corps le tout de la vie, et le tout de l'impasse de vie. C'est essayer de se secouer, de s'épousseter, d'épouiller son être. Pas facile d'atteindre un certain dépouillement. Dans certains cas c'est presque une catharsis, non pour atteindre la pureté mais pour avoir devant soi, à l'état d'objets de désir, ces traces de manque qui empêchent tout. Les avoir devant soi, c'est pouvoir les « écrire », les ressaisir comme création, comme objets dansés qui ont un mouvement derrière eux, qui sont impatients de s'articuler à autre chose pour déplacer l'impasse, et la croyance à sa résolution finale. Parfois, on croit revenir de cette croyance, mais sur le mode résigné, désespéré, qui montre qu'on y est encore : « Je lui ai sacrifié ma carrière », dira-t-elle de son homme. C'est vrai, elle lui a sacrifié sa carrière de femme, car elle a *attendu* qu'il réalise l'impossible : la prendre elle spontanément, sans que ce soit dicible, sans réplique possible. Bref, l'appel au viol : « Quand j'ai pris Alice au théâtre... », dit-il. « Toi tu m'as prise ?... » Elle éclate de rire : pas possible... je suis imprenable ! Mais peu après c'est elle qui dira : « Quand il m'a prise... » Il faut que ce soit elle qui dise le « pas-exprès », et qui le dise exprès. Le tourbillon s'emballe du fait que *chacun veut incarner le manque de l'autre*. Vertige lucide, d'une lucidité inutile. La même impasse que pour Julie, cette imploration à ce que ce soit une instance *autre* qui fomente cette prise comme une surprise, comme un événement tombé du ciel. Quand il leur prend d'invoquer Dieu, ce n'est pas vraiment délirant.

Car le délire, je le répète, ce n'est pas de dérailler, c'est de *croire* qu'il y a des rails alors qu'il n'y en a plus. Si le train arrivait jusqu'ici, là dans cette salle, en croyant qu'il y a encore des rails, ce serait le délire ; c'est de continuer jusqu'à des points extrêmes là où il faut marquer l'arrêt.

Alors arrêtons-nous là.

Traces de dialogue.

Plutôt que de parler de folie en soi, et d'en faire, comme certains le haut lieu de la vérité, la mise à nu de l'être..., on pourrait faire correspondre *à chaque relation avec l'Autre sa ligne d'affolement* ; et notamment le point limite où la relation s'affole, c'est-à-dire rend impossible l'existence d'un tiers. On verrait que le faisceau de toutes ces lignes d'affolement converge vers la *« folie »* proprement dite, telle que toute relation à l'Autre où elle s'implique produit une ligne d'affolement irréductible.

Quant à l'impasse narcissique ici évoquée, on s'aperçoit en « visualisant » la pièce (*La Danse de mort*) que c'est ce *couple* comme tel qui est un couple narcissique. Il fait le vide autour de lui pour se détacher, tel un bloc de splendeur mortifiée. Tous les deux sont d'accord pour annuler le monde, et pour se mortifier de l'annuler. Mais s'ils se heurtent entre eux c'est parce que chacun veut être le seul à le faire, le seul à déchaîner sa rage impuissante contre « les autres ». *En cela le couple narcissique illustre assez le narcissisme d'un groupe qui se consacre à une cause : il veut être le seul à la défendre, quitte à combattre ceux qui par ailleurs la défendent autrement.* (Cela se produit souvent à propos du racisme...)

Il n'y a pas d'entre-deux-hommes équivalent à l'*entre-deux-femmes* : bien sûr l'homme a besoin de la femme, comme la femme de l'homme, pour s'accomplir en tant que tel. Mais l'impasse de l'entre-deux-femmes ne consiste pas en ce qu'une femme a besoin de l'homme, mais en ceci qu'elle est prise dans le fantasme de l'Autre-femme qui serait La femme, dans un entre-deux sans issue ; et dans sa position elle exclut que l'homme puisse la sortir d'un tel fantasme. En cela elle répète son fantasme de petite fille voyant le père se briser sur le roc maternel, ou s'égarer dans le « continent noir » du féminin. Les hommes, eux, connaissent le fantasme œdipien, rivalité, fraternité homosexuelle plus ou moins sublimée, guerre... mais ils n'ont pas affaire au fantasme de l'Autre-homme parce que ce serait le Père et qu'au-delà du Père il y a la Loi, qu'il ne fait que transmettre.

Chapitre 4

UN ENTRE-DEUX CRUCIAL

Entre vie et mort

S'il y a un entre-deux où se joue la vérité – la vérité de ce qui est – avec violence et en douceur, c'est entre vie et mort ; entre être et disparaître. Deux entités sont là, vie et mort, antinomiques et collées, distinctes et mêlées – d'où la force de l'épreuve et du décollement.

Tout « entre-deux » décisif évoque celui-là, quand deux termes sont distincts mais très accrochés l'un à l'autre, inclus l'un dans l'autre et pourtant différents. Le passage entre deux est le paradoxe de la vie même.

Là où la technique n'avait pas tout submergé, on savait l'instant où la mort annoncée serait là ; les proches savaient l'heure d'arrivée, se réunissaient – distance variable, les plus proches au plus près ; il se faisait un silence étrange, cosmique ; un silence de l'être. Puis la Chose passait, cataclysme muet, implosion de silence, le premier cri déchirait l'air, juste après le dernier « soupir » : signal des sanglots où tout le monde se libérait.

Dans les hôpitaux modernes, ça se distille à petites doses : on sait qu'*il* va mourir. Mais quand ? Cela peut se passer dans trois semaines, dans six mois. On le guérit de tous ses maux, un à un ; sauf un : cet épuisement, cette mise à bout qui l'a amené devant la mort, sans souffrance parfois (miracle...). De fait, là comme ailleurs, la technique n'efface pas le problème, elle l'aiguise, le déplace, oblige à le rattraper, à se dévoiler en le cherchant, ce point crucial où la vie touche à la mort en présence d'autres vies.

A Marrakech, où j'ai vécu jusqu'à treize ans, j'ai parfois été pris dans un groupe d'hommes qu'on appelait dans la rue, fébrilement, à grands cris, parce qu'« elle donnait les signes... ». Elle, la mourante. Les signes ? ceux de sa mort imminente, les signes du « passage ». C'était l'instant, unique, où il fallait de toute urgence prononcer la fameuse prière « Écoute... l'Un ! » ; il fallait qu'elle-même l'entendît, cet appel à l'écoute, à l'écoute de l'être-Un. Une fois – j'avais huit ou neuf ans – nous sommes arrivés juste à temps : une vieille femme gisait là, visage paisible, émacié, lèvres et paupières à peine tremblantes (était-ce là les fameux *signes* ?...). Autour d'elle une dizaine d'hommes criaient la fameuse prière – seuls les hommes ont le droit de la dire. Je fus marqué par ce contraste : un grand calme émanait de ce visage en partance, et une énorme panique suintait de ces hommes. Pourquoi criaient-ils ? pour ne pas entendre ? pour faire entendre quoi à cette femme déjà loin ? La prière parlait de l'amour de l'être, et de choses à transmettre. Les voisines venaient en courant, l'une après l'autre, juste quelques secondes, le temps de lancer un cri strident en trois mots : *« Wouh alik assdiqa ! »* – signifiant : malheur sur toi, oh la sainte ! Le message me paraissait contradictoire : pourquoi *malheur* sur elle si c'est une sainte ? Ces femmes accouraient pour déposer sur la morte leur malheur à elles, leur peur de cette mort trop proche. La détresse du message disait son ambiguïté : malheur de qui ? de celle qui part et ne pleure pas ? de ceux qui restent et qui crient ? Le malheur à cause d'elle devenait un malheur *pour* elle... Étrange confusion. Et puis elle partait pour la « vraie vie », et nous restions à quai, heureux de cette « fausse vie » qui nous restait, pas pressés de foncer dans la Vérité. Très vite, ce clivage me parut... faux ; l'essentiel devait se passer au contact entre vie et mort, à la brûlure entre deux. A ce point de contact, médiation impossible et pourtant là, on donnait toutes sortes de noms. L'*Ange* de la mort, par exemple. Je me souviens d'une scène où la mère était là près de sa fille mourante ; la fille avait huit ans ; de temps à autre elle bondissait sur son lit en criant : « Je le vois ! il est là ! l'Ange de la mort... » La mère se dressait, s'interposait entre sa fille et le Messager. La fillette s'apaisait pour un temps, puis se redressait en Le pointant du doigt... Cela aussi était un *signe*, pour la mère ; la mort aura lieu ce jour-là. La scène se poursuivit jusqu'au soir ; la fille se laissa « prendre » dans un petit cri aigu : « Il m'emmène ! Il m'emmène ! » La chose n'avait pas toujours ces airs d'enlèvement, de déchirure propre à qui meurt sans avoir vécu « toute » sa vie, tout ce que sa vie promettait... aux autres. Les personnes plus âgées, on évoquait leur mort plus douce : *« Nftar... »* – il s'est excusé, absenté, soustrait. J'imaginais l'homme âgé, « rassasié de jours », ralentir sa course, se détacher lentement de la horde des siens, et murmurer aux plus proches : bon, ça va comme ça, continuez sans moi... Et eux continuent avec son absence, avec l'idée de son retrait ou le poids lourd de son manque.

L'idéal – je m'en souviens – était d'aller dans l'« autre monde » corps et âme ; ça vous lestait drôlement contre les élans mystiques. Aller au ciel soit, mais avec son corps... Une histoire m'avait frappé : celle d'un jeune sage qui s'apprêtait à « monter au ciel » un jour de grande inspiration ; et sa femme l'a retenu par son burnous, elle l'a fait tomber par terre : « Ah femme ! pourquoi m'as-tu retenu ? j'y allais corps et âme... » et il est mort une heure après, « normalement ».

Le clivage vie-mort ouvrait sur un vaste entre-deux, plein de deuils (des pleureuses professionnelles qui entraînaient les autres aux larmes, des rituels, de grands repas...), plein d'histoires fantastiques : je compris plus tard que ces récits merveilleux – avec des palais de diamant, des lumières dorées et infinies, des miracles, c'est-à-dire des choses qui dessillent les regards « aveugles » –, tout cela était une petite incursion du côté des morts, solidement documentée grâce aux vieux mythes, à certaines intuitions, aux analyses de rêves où les morts avaient la parole, et aux confidences de ceux qu'on avait cru morts et qui en étaient « revenus ».

Certes, on n'avait pas à Marrakech Élisabeth Kübler Ross, la terrible Suissesse qui révéla aux Américains – quoi au juste ? leur immense déni de la mort, leur fuite devant le deuil et la douleur, leur peur inouïe devant ce passage fatidique. Or dans toute société qui se respecte et où la peur n'étouffe pas le désir d'inconnu, on écoute les « passants » jusqu'au bout, et on tente d'honorer les retours sur nous de cette « passe ». Le manque d'intérêt des médecins – et l'inhibition du vulgaire – face à la mort traduisent, outre la culpabilité, le refus de s'impliquer là où cela paraît *sans retour*. Or déjà il y a du retour dans ce refus de la prendre en compte, la mort ; et d'autres retours affluent où se déploie l'emprise des morts sur les vivants, la capture des vivants aux points morts de leur destin appelés symptômes – qui relèvent pourtant de la médecine et de l'écoute thérapeutique. De fait, ce manque d'intérêt devant le « sans-retour » exprime la fuite devant quelque chose dont on *ignore* les retours ; comme si on ne pouvait s'impliquer que là où l'effet de retour est connu complètement, maîtrisé, donc nul : ce n'est plus un retour imprévu, il est compris dans l'aller simple, si l'on peut dire. C'est donc un *refus* du retour et de la dimension inconsciente. On comprend que ça rende bête – et cela aussi est un retour, non négligeable. En délaissant quelque chose (la mort) dont le retour est inconnu, c'est l'inconnu que l'on délaisse, au nom d'une réalité le plus souvent préfabriquée ; l'inconnu comme tel – l'inconscient, pourtant vital en cette matière – est refusé.

Exemple significatif, le débat sur l'euthanasie, régulièrement relancé et toujours frustrant. De quel droit les laisser souffrir pour rien ? de quel droit les tuer ?... Récemment l'Ordre des médecins – organisme très obtus – a suspendu un de ses membres qui disait avoir aidé des grands cancéreux à mourir. Au même moment, un sondage montre que 93 % des Français approuvent : personne ne veut souffrir « inutilement » et ne veut être responsable de la souffrance d'autrui. De toute évidence ce médecin a raison mais son tort est de le proclamer, et de laisser ainsi entendre qu'il y aurait une réglementation possible, un protocole pour donner la mort – ce qu'aucune société ne peut tolérer, alors même que chacun est d'accord. Le refoulement minimal dû au lien collectif s'y oppose. C'est ce lien dans sa racine inconsciente qui se trouve malmené et par les décisions de l'ordre obtus et par les proclamations « justes » et naïves qui produiraient du monstrueux si elles devenaient loi collective. De tels débats ne peuvent donc qu'être faussés car leur dimension inconsciente – vouée au secret – est bafouée sur la place publique notamment par les tenants de la transparence et de la Vérité mise à plat.

Disons tout de même que s'il a fallu aux USA cette Suissesse intraitable pour leur rappeler quelques rudiments sur la mort, cela prouve que la civilisation technique a beau refouler, ce n'est jamais étanche. Quelque chose passe, même sous forme mystifiée. Il n'est pas étonnant que là-bas, aux USA, ce soient des « morts » sur le retour, après réanimation, qui ont secoué l'inertie. Leurs récits ont d'emblée confirmé les traditions des Livres des morts (ceux qui les ont écrits n'étaient pas des plaisantins et savaient écouter) ; et ont rejoint des expériences et intuitions d'états limites où notamment on se sent hors du temps, extrait de son corps, basculant dans un trou noir puis débouchant sur la lumière – le « Grand Soleil » – avec un consentement à tout, une réconciliation profonde qui ressemble à de l'amour, immense et « sans objet »... Impossible de parler du grand voyage entre vie et mort sans évoquer la *lumière* – que ce soit celle du cerveau crachant ses milliards de photons ou celle qui serait issue de l'absence de tout refoulement, une fois tombées les barrières de la peur qui font de l'« ombre »... Chaque époque et chacun parle avec ses mots et ses soucis de cet entre-deux radical. On peut en parler en mystique, en « quantique », en psychique... Parlons-en comme d'un passage que l'on rencontre souvent – et qu'on élude – dans la vie, en pleine vie. Il nous est pointé par la mort des proches et par tout ce qui dans nos plates rationalités fait soudain rupture et ouvre sur l'entre-deux.

J'écris tout cela en rendant visite à B. C'est un vieux rescapé d'Auschwitz, et il est en train de s'éteindre, tout doucement dans ce lit à barreaux, avec sa couche qui le gêne, ses perfusions, son regard vitreux, sa mine creusée comme au sortir du camp en 45. Il a plusieurs cancers mais aucun d'eux n'attaque vraiment. On l'a guéri de ses infections, l'une après l'autre, « il n'a plus rien », simplement il mange peu, boit peu, ne marche plus, ne parle pas, ou si peu. Que reste-t-il de lui ? Une présence. Depuis quelques mois déjà il s'était peu à peu « absenté », en ayant l'air d'être présent. Et lorsqu'on s'absente de la vie, la vie qu'on porte en soi ne se nourrit plus ; ce qui vous nourrit physiquement, c'est la Présence et ses pulsations. Quand elle se débranche, on ne sait pas qu'on est mort. Et la mort déjà là vient se rappeler avec des airs de vie. Il y a des retours : en émergeant d'une grosse pneumonie, il a murmuré : « C'est beau la vie... », mais c'était dit sur fond de mort, comme s'il revenait sur ses pas, pour un instant faire une remarque sur le paysage : c'est beau tout ça. Mais ça ne le retient pas, ça ne l'intéresse pas ; il repart dans son absence.

Dans la vie cette « absence » est connue ; c'est par elle qu'on se ressource aux rappels de vie archaïques. Mais dans l'approche de la mort, cette absence s'impose aux autres, on la leur donne et ils s'y cognent. Le mourant y dépose sa présence, son mode d'être mystérieux, élémentaire, sur un fond chaotique où l'on perçoit des segments de vie – filaments de *vie* dans la mort, bribes de mort teintées de vie. Les deux se touchent, s'interpénètrent, actualisent les contacts qu'ils ont ailleurs et qui échappent.

Ce jour-là je ne voulais pas que le vieux B. reste inerte. Je me suis retenu de lui dire que la mort qui venait n'était pas celle que lui destinaient les nazis et contre laquelle il avait toujours résisté ; que c'était la sienne... (De quoi on se mêle quand on dit des choses pareilles ? Faut-il qu'il ne résiste pas ? Est-ce à moi d'opiner que là il « peut » mourir ?...) Je me suis penché sur son oreille et lui ai fredonné un chant yiddish devenu depuis des mois le signe même de son absence : il annonçait qu'il voulait chanter, et c'était ce chant, toujours ; il oubliait qu'il venait de le chanter, mais ce chant ne l'oubliait pas, et le rappelait souvent. Là, à l'hôpital, je lui fredonne les premières mesures à l'oreille, et lui, qui ne parle pas, a poursuivi, sans pouvoir dire les mots, juste les filaments de musique. Un Breugel chantant. L'infirmière est médusée. Ce fut un bon moment, un point lumineux dans la nuit cosmique. Il ne parlait plus mais il savait encore... embrasser. Comme si ce mouvement des lèvres était le premier du stade « oral », ou le dernier. D'autres jours, il lui échappe des mots, des grumeaux de langage surnageant sur une marée noire de silence. Les médecins eux ont fait leur travail, sans acharnement, en toute simplicité. Ils l'ont guéri comme pour le livrer tout net non à la mort mais à ce vide sidéral. Il ne semble pas souffrir, enveloppé d'attente froide, un gros instant, sans durée. Les autres, ses proches, souffrent, attendent, mais lui ne semble pas assez présent pour attendre quoi que ce soit. Pourtant il reste marqué d'une trace de vie, infime, infinitésimale. Il abandonne le monde – lui qui naguère répétait avec fierté : je suis le plus heureux des hommes ! Hitler m'avait tout pris (sa première famille avait été gazée) et j'ai pu tout refaire, et Hitler n'est plus là, et moi je suis là !

Le monde venait vers lui, le monde des siens et des soignants ne pouvait se passer de venir à lui, d'orienter vers lui des gestes de vie, sans autre projet que ces gestes eux-mêmes. Là est le point vif : à l'approche de la mort, les gestes que l'on fait – gestes soignants, parlants, nourrissants – *n'ont d'autre finalité qu'eux-mêmes* ; la mort les coupe de tout projet, et ça leur donne comme une valeur absolue : ces gestes sans raison et sans retour retrouvent grâce à l'approche de la mort la densité de la vie, irréductible et sans raison. Au voisinage du « but » il n'y a plus de but ; la mort donne à la vie un potentiel de non-but. Elle pourrait même se « définir » par cela, par ce don intempestif, d'un sans-but fabuleux. Une sublime indéfinition.

C'est dire que ceux qui restent en vie sont acculés par la mort, celle de l'autre, à un dépouillement singulier. Ce n'est pas la mort qui fond sur eux – ce n'est pas d'elle qu'ils se protègent –, c'est la vie qui fond sur eux dans sa pureté, son tranchant, sa violence renouvelée. C'est de la vie qu'ils se défendent lorsqu'ils sont mis face à la mort. Face à la mort, un geste de vie se dépouille et devient en quelque sorte absolument vivant. L'épaisseur du temps, qui fait les durées ronronnantes, éclate en menus instants, ayant chacun sa force et sa valeur.

J'ai connu un vieux à Marrakech, qui, allongé sereinement dans son lit, fit sa dernière demande : qu'on lui apporte un petit plat de raisins confits avec des noix (c'était une spécialité). Une femme le sert, il mange, il dit « c'est vraiment très bon », ferme les yeux et meurt. Comme après avoir mangé le symbole du bon plat, de ce qui se mange de meilleur. Telle est l'épreuve qu'impose la mort à ceux qui restent : leur redonner des symboles de vie, de l'essence de vie, dans cette liqueur âcre et morbide qu'elle leur distille. Très peu supportent de pareils dons, qui ne se rattachent à rien, ne répètent rien, ou qui répètent certains dons originels. Mais en eux-mêmes ils constituent d'étranges recharges de liberté. Ce qui est donné à cet instant c'est l'*entre-deux* à l'état pur.

Beaucoup n'aiment pas ces dons intempestifs dont l'acuité les angoisse. « Vive la crise cardiaque », me dit l'un d'eux ; qu'on en finisse au plus vite, et sans le savoir. Ceux qui fuient l'idée de la mort doutent que la vie leur soit donnée ; leur point de souffrance concerne le don, le manque, la faute, l'angoisse, la panique devant le nouveau, l'événement pur. Toutes épreuves qui ont lieu d'ordinaire en pleine vie, sans rapport à la mort. La mort ne fait que les aiguiser, les presser de dire leur vérité. Certains ratent leur vie par culpabilité d'être vivants, alors qu'ils n'ont vu aucun mort : comme si leur vie ils l'avaient prise à un autre, et ils la passent à expier le vol qu'elle fut à leurs yeux. D'autres semblent « comblés », mais à l'étroit, en manque d'espace... de vie.

Autrement dit, vivre la mort de l'autre, d'un autre qu'on investit, vous fait don de quelque chose d'insupportable, intrinsèque à la vie : épreuve d'un entre-deux-époques, secousse du temps, blessure d'une histoire, déplacement d'un lien d'amour, manque à être, rebond de l'être, « castration ». Certains l'acceptent, d'autres éludent. Elle leur montre le dénouement indicible d'une énigme qu'ils ignorent. C'est là sous leurs yeux, dans cet être qui s'en va, dont nul ne sait jusqu'à quel point il le sait : son seul passage redonne un seuil, un seuil de plus à leurs mémoires.

Quand on est là, présent à ce départ, les éléments se pressent, s'entrechoquent dans nos têtes : pleine confusion d'affects, ça rend la scène très *compliquée*. On pense à l'autre qui meurt alors qu'on est soi-même le problème. Et lui pense-t-il ? à lui-même, ou à rien ? L'effet de sa mort c'est sur d'autres qu'il s'inscrit. Penser de tels passages, et déjà les « recevoir », est une façon de penser avec son corps, et de ressaisir des bouts de sa vie grâce aux ruptures où elle s'éclipse.

Du coup, penser c'est apprendre à revivre lorsque nous est redonné ce choc entre vie et mort ; où s'effondre tout un pan de vie et où se donne un autre départ, à penser, une nouvelle origine ; plus que jamais sérielle, plurielle. La violence de l'affect peut engendrer la confusion où, comme dans l'insomnie, on croit penser sans que rien ne prenne forme. Mais un travail obscur est en cours : une décomposition de l'être, plus ou moins vive selon la force de l'investissement sur ce qui meurt ; puis c'est l'effort d'intégration. La pensée serait ce passage précaire où l'être se décompose – avec ses mots, ses images, ses mémoires – et se ressaisit, en niveaux plus ou moins intenses et radicaux. Cela suppose le sensitif et sa perte, le temps et le hors-temps, le grand refus et le grand consentement (consentir, sentir-avec, avec autre que soi), le surinvestissement du corps et son désinvestissement. L'entre-deux « vie-mort » le confirme : *penser est une grande épreuve narcissique, au même titre qu'aimer.* Et cela réfute le clivage un peu simple entre narcissisme de vie (le bon) et narcissisme de mort (le mauvais). C'est le même entre-deux où l'on se perd et où l'on se retrouve... autre.

Beaucoup en restent au *fantasme.* Mais le fantasme est une approche de la pensée, pour peu qu'on ne soit pas totalement pris dans tel fantasme. Devant un mourant proche, on revit des scènes réelles ou fantasmées. Il y a la fameuse culpabilité : l'idée freudienne du deuil s'en déduit : on affiche la douleur, et on la ressent pour se prouver qu'on n'est pas la cause de cette mort... On s'accroche fort à ladite culpabilité ; outre que beaucoup croient que leur vie est prélevée sur une autre, l'idée d'une mort concluant un destin et telle qu'on n'y serait pour rien semble difficile à admettre ; elle froisse notre amour-propre. On préfère se croire coupable qu'être mis hors-jeu. Coupable, on peut répondre, faire quelque chose ; hors-jeu impliquerait de changer le jeu, de le renouveler, de faire acte de liberté. Libérer l'entre-deux c'est permettre à ce qui meurt de partir et à ce qui vit de rester, quitte à ce que la parole et l'acte parcourent l'espace libéré et assurent les médiations.

Mais il y a surtout l'angoisse devant l'inconnu de notre être : comment allons-nous *être*, avec cette chose complètement neuve : l'absence réelle, définitive, de cet autre qui disparaît ? Peur d'entrer dans l'inconnu, qui n'est pourtant pas *notre* mort ; on va vers quelque chose qui nous échappe, de nous-même, déclenché par cet être qu'on sent aller vers son point de chute ou de « vérité » qui lui échappe, à lui aussi. Quiconque affronte l'être promis à la mort reçoit plus qu'il n'a pu donner, ou plus qu'il ne peut recevoir ; comme un don originaire.

Décidément tout ce à quoi nous confronte l'entre-deux-« vie-mort » relève complètement de la vie. Là encore l'enjeu n'est pas de « saisir » la *différence* entre vie et mort : c'est l'épreuve « entre-deux » qui importe, avec son enjeu immense – renouvellement d'être, déchirement de la vie par les forces mêmes de la vie qui en passent par leur négatif. La technique s'obnubile sur cette différence et elle échoue à la saisir comme à « définir » la vie. Dans l'entre-deux, la peur de la mort est une peur de la vie, du sans raison de la vie, de la vie non articulée, non liée, libre, injustifiable, ravageante. La peur de la mort – à l'occasion de la mort d'un autre – est la peur d'être coupé de soi et d'être le déchet de cette coupure, sans savoir quoi en faire. Cette coupure est parfois celle de l'être « coupable », mais pas toujours. Elle reflète un manque d'amour ou de confiance dans le pouvoir renouvelant de la vie – par le corps, la pensée, l'image. Une coupure est faite, une blessure du corps-mémoire ; pourquoi serait-ce la dernière ? parce qu'on ne *voit* pas la suite ? mais on ne voit pas la suite parce qu'on a peur de cette coupure. Cercle vicieux de la peur. C'est comme la peur de couper un lien d'amour devenu inerte. Ça ne répond plus, et pourtant vous êtes coupable à l'idée de rompre, comme si vous étiez la seule cause de sa « mort ». Et vous restez pour expier, pour coller ou recoller cette image morte, pour échapper à la coupure productive où s'actualise l'origine, l'infondé de l'origine, l'injustifiable de la vie. On l'a vu, l'approche de la mort produit ces gestes infondés qui réfutent en douce nos grosses finalités. Une finalité de tout repos c'est l'*Idéal* : on fait tout pour hâter – et rater – son avènement. C'est pourquoi certains s'empressent de l'incarner, leur Idéal : dans un montage fétiche, qui le leur met à portée de main. Ce sont les mêmes qui se plaignent : « A quoi bon avoir fait tout ça puisque après il y a la mort ? » Ils accepteraient qu'on s'agite, qu'on fasse « des tas de choses »... à condition qu'il n'y ait pas de mort, c'est-à-dire que rien ne leur échappe ; qu'il n'y ait pas de vie. Ce fantasme d'immortalité – variante du mode d'être narcissique – est un déni touchant du manque, et une horreur d'être entamé, même en paroles. Leur fétichisme est d'être déjà dans la mort par peur d'y arriver, pour ne pas y arriver. Leur peur : s'être fait avoir par l'Autre. N'oublions pas que le pervers, s'il lui arrive de servir la jouissance de l'Autre, c'est pour la lui arracher et pour détruire l'Autre comme tel. Le montage pervers, c'est une prégnance de la mort pour démentir la coupure et l'épreuve de l'entre-deux.

De fait, beaucoup échouent à réinscrire l'effet de mort au sein de leur vie comme s'ils risquaient de trop faire jouir un tiers qui alors les amputerait de leur support d'être, les bousculerait vers le non-être. Ils échouent donc à penser que la mort est au cœur de l'être.

L'épreuve « entre vie et mort » est la vivante réfutation de l'enjeu pervers. Faire ceci parce que c'est bon à faire et que c'est non comparable au reste ; c'est dans le sciage « vie-mort », dans l'entre-deux. Je parle à ce mourant, je lui prends la main – il s'accroche, je ne sais pas ce que « ça veut dire » ; certains traduisent : il ne voulait pas que je le lâche, il voulait m'entraîner. D'autres : il m'a serré et m'a transmis toute sa force... Les interprétations s'inversent, comme toujours quand on est près de l'inconscient : « Il a accepté sa mort » peut signifier : *on* a accepté sa mort, on a accepté de l'acquitter, d'être acquittés par lui. De cette main qui serre la mienne et qui sous peu sera inerte, je garde la sensation d'un pur serrement de main ; j'ai dans la main le symbole de l'adieu. Parler à ce mourant c'est parler à ce qui *passe* dans ma vie, au *passage* de ma vie, incarné dans ce corps épuisé. Je suis un peu gêné par l'odeur de la chambre voisine où une vieille vient de mourir – ils ont répandu je ne sais quel formol étouffant – la vieille deux jours avant avait déboulé dans le couloir : mais vous m'emmerdez avec vos fils et vos perfs ! j'ai quatre-vingt-six ans, j'suis au bout, faut bien que je meure un jour ou l'autre ! Et les soignants ont rigolé, l'ont rebranchée, et elle n'en a fait qu'à sa tête, elle est morte branchée. Donc malgré l'odeur je lui chante des psaumes en hébreu sur des airs très arabes, ça sonne juste et grotesque, irréfutable et infondé ; je vois dans son regard vitreux un message abstrait, silencieux : mais oui mon vieux, c'est ça, lorsque dans la vie tu es devant une chose mourante de toi et que tu n'as rien à dire, tu chantes, voilà, tu penses avec la voix. Et je me souviens d'un psy crétin pour qui le chant n'est que pavoisement narcissique.

C'est très vivant de se regarder dans un mort, ou de s'*entendre* avec...

Les forces de vie, en passant par l'idée de mort comme par leur degré zéro, leur nouvelle origine, s'aiguisent, s'avèrent. Les forces de mort font leur œuvre symbolique, distribuant le mot *fin* à tout ce qui mérite de finir. Implanter un geste de vie sur fond de mort, la vie en offre l'occasion, chaque fois, entre l'amour mort à son insu et le nouvel amour – radical, originaire, grotesque aussi : comment implanter ce nouveau lien dans un espace qui le nie, où il n'a pas lieu d'être ? Pourtant cet amour puise sa force dans cette négation ambiante, dans ce « manque d'avenir » : il absorbe avenir et passé dans le présent qu'il est, il frappe jusqu'à ce qu'on lui ouvre. Ses forces de vie dissipent les miasmes de la « faute », et chassent la peur de perdre ce qu'on ne veut plus. Mais alors se découvre une autre peur, celle de se perdre, de quitter sa mort, vieille compagne, pour celle, plus vive et incisive, de l'événement pur. Changer de mort. Redoublement de la mort.

L'entre-deux, espace d'accueil de l'événement où se renouvellent des enjeux de vie. Perte d'amour et renouvellement de l'amour ; perte du sens et soulèvement de nouveaux sens.

Le plus souvent, nous ne sommes pas assez forts pour recevoir tout ce que nous donne l'éclipse de vie sous forme de mort, de faille, de trop-plein ou de manque, de recharge inassumable... Pas assez forts pour soutenir ce dialogue d'ombres et de lumières – surmonté par l'*autre lumière* qui ferait voir justement cette lutte entre ombre et lumière. Cela suppose – mais ce n'est pas un mode d'emploi – de n'être pas tout entier identifié à soi ou à l'autre, à son origine ou à sa perte, à ce que l'on fait, à ce que l'on est. Identités partielles, origines multiples... Mais pour cela il faut avoir déjà soutenu de telles tensions entre vie et mort. Le mourant lui-même dit la chose : dans un de ses sursauts de vie, le vieux B. dit à celle qui le nourrit comme un bébé, après une semaine de silence : « Est-ce que je suis *un* ou *deux ?* » Est-ce un sursaut de son histoire ? il est comme tout le monde un et deux ; c'est un immigré, venu de Pologne dans les années trente, les Allemands ont effacé sa première vie dans les camps de la mort. Il a tout « refait » après la guerre... Mais là il parle du seuil entre vie et mort ; de l'être en proie à la passe essentielle ; à la fracture d'être. Il est un passage entre deux. Socrate mourant a dit cela dans le *Phédon*, le grand dialogue de son passage, juste avant la ciguë : il s'étonne de ce que le *un* et le *deux* n'aient pas de rapport : « Lorsque un plus un font deux, lequel des deux *un* s'est transformé pour faire deux ? le premier ou le second ? » Il veut penser le tiers caché qui fait passer du un au deux. Mais il en est empêché car il cherche une différence (entre les deux *un*) là où il y a un entre-deux à explorer. Et tout comme dans l'amour, la différence, même sexuelle, ne suffit pas à l'éclairer[1]. Sans le savoir, Socrate s'accroche à l'entre-deux, lui qui va démontrer à ses disciples qu'après sa mort son âme ira vers sa seconde vie, sa vraie vie, libre. Plus que de les convaincre de l'immortalité de l'âme, c'est l'« entre-deux-vies » qu'il les force à penser, pas seulement la *différence* entre vie et mort ou entre un et deux – ce qui déjà n'est pas rien : c'est l'émergence du nombre, du nom, du geste de compter. Il voudrait penser l'entre-deux, la multiple identité ; il y a du mal, puisqu'il finit par leur dire que la vie terrestre est une longue maladie dont seule la mort nous guérit : « Je dois un coq à Esculape » – l'offrande pour la guérison. Il sépare trop les choses, Socrate : une partie de la « vie » pour payer la dette, le droit d'entrée dans la vraie vie, après quoi on y va. Il veut résoudre mais il élude l'entre-deux par le clivage entre semblant et vérité, entre l'apparence et l'Idée, entre le corps et l'âme. Il dit qu'il faut s'abstraire des troubles du corps pour « atteindre l'être ».

La Bible, elle, s'accrochait à la vie : « Vois, j'ai mis devant toi [dit l'*être-temps*] la vie et le bien, la mort et le mal, et tu choisiras la vie. » Quel que soit le choix, la mort est au bout, mais un appel est lancé : n'aller à la mort que par la voie de la vie, et pas par celle du refus de vie. S'accrocher à la vie même insensée, fragmentée, non finalisée. Mais ne pas vivre en ignorant que la mort est là, comme un choix possible, écarté pour faire de la place, laisser du jeu. Autrement dit : qui a peur de la mort est dans la mort ; qui a peur de perdre est déjà perdu, et ne se retrouve que dans sa perte. Quelle violence. On comprend que ce Livre appelle ses tenants des « passeurs » et sa langue celle du passage : une sorte de passage intrinsèque entre deux langues ; entre deux fractures de l'être. Socrate aussi s'accroche au passage. Grâce à lui l'âme est

1. Du reste, logiquement, cet entre-deux est une fonction de deux variables au-delà du trait de la différence ; c'est trois dimensions : La fonction qu'invoque Socrate associe à deux nombres leur somme. L'entre-deux est vaste ; infinité de fonctions possibles entre un espace et un autre, entre un couple d'espaces et un tiers.

pensable comme le tiers-lieu de passage par où transitent les transmissions, conscientes et inconscientes, quand elles cherchent à se mouvoir, se transférer, se signifier. Il n'y aurait pas l'âme et le corps, *l'âme serait l'entre-deux-corps*, corps conscient et corps-mémoire ; elle serait l'entre-deux « vie-mort », celui de leur coupure-lien. On dit que certains font les choses ou les vivent avec âme, et d'autres sans âme. (Outre les tenants de la belle âme, et ceux qui n'aiment pas l'âme parce qu'elle pourrait faire la « belle »...)

Ce passage entre vie-mort dit le paradoxe de l'entre-deux. Il n'y a pas la vie d'un côté et la mort de l'autre, avec passage facile ou pas. Au terme de la vie il y a la mort ; mais au plus vif de la vie, au cœur de la vie, il y a aussi la mort. Le contact avec la mort est le contact avec l'origine. Donc pour s'approcher de la mort avec un certain consentement, il faut s'être approché de la vie assez fort ; s'être avancé dans la vie assez loin (au-delà du sens évident : être avancé en âge...). Ce qui coupe le souffle est aussi ce qui donne un nouveau souffle. La vie surplombe l'entre-deux (vie-mort), mais la mort aussi le surplombe : il y a mort jusqu'à ce qu'une parole neuve, c'est-à-dire non usagée, ressaisisse la coupure et produise une coupure-lien.

Au voisinage de la mort, comme à l'approche de l'origine, les logiques déductives s'effondrent, les orientations s'inversent[1].

Le passage – où se rencontrent la vie dans la mort et la mort dans la vie – existe ailleurs. C'est comme de pouvoir rencontrer du père dans la mère et de la mère dans le père ; pour que la différence sexuelle ne soit pas une simple barrière, un clivage froid ou réduit au visible.

L'art et le style s'en mêlent aussi : organiser la mort de l'Autre en « beauté »... Sur la beauté les tueurs nazis n'ont pas été très exigeants ; je parle d'autre chose, du déplacement vers l'animal : de ces grands rituels laïcs où le peuple délègue un Tueur *(mata-*

1. Cet entre-deux est comme une bande de Moebius où les deux bords opposés, vie et mort, s'identifient après retournement : ils se touchent, mais servent à se désoriener l'un l'autre, notamment à produire des recharges de non-sens.

dor), son Ange de la mort à lui, pour la donner avec art et justesse à l'animal ; *fixer* la mort sur l'animalité ; être fixé sur la mort par le regard de l'Autre. Là l'entre-deux fait spectacle. C'est cautionné par le peuple, ça déplace donc l'enjeu pervers où il s'agit de figer la mort, comme pour se protéger de ses retours de vie. Là, on vient jouir de fixer la mort du regard ; de la voir se donner net, propre, sans hésitation ; pas de longue maladie où elle se ravise, s'éloigne, revient... On veut recueillir, en témoin, ce don de mort comme le cliché du don de vie, en même temps qu'à l'hôpital l'art médical s'échine à « la faire reculer », la mort, à traquer tous ses signes, à prendre la bête par les cornes.

Qui le *matador* doit-il tuer ? la bête ? la mort ? la peur de la mort ? Il doit transmettre le fantasme qu'on peut la tuer, la mort animée, l'animation de la mort ; et recommencer chaque fois ; le coup porté à la mort est toujours à refaire.

En cela il veut évoquer le coup de la vie... Beaucoup ont « envie de tuer », de tuer l'autre, pour recueillir en retour une ouverture de vie, une entame de leur être, celle peut-être que transmettent les mourants et qui fait mal. Il s'agit de sublimer le geste de l'assassin qui par le meurtre de l'autre espère se donner la part de mort et de tranchant qu'il faut pour vivre. Et il croit, le pauvre, que ça se fait dans l'acte réel commis par lui, ce don de vie en retour, ce pardon de vie.

Ce qui est sûr, c'est que tout démenti de la mort est pervers ou débile. Casser ce démenti c'est tuer l'*autre* symboliquement, ouvrir l'entre-deux des limites de l'Autre, limites jusque-là déniées. Notamment dans ce déni : on fuit la mort en l'incarnant, en y étant. Je viens d'en réentendre l'histoire, énième version : couple assez jeune, avec un garçon, le père se tuant à la tâche, ne vivant que pour le travail. et l'argent. « On vivra après la retraite », disait-il. (Ça existe.) L'homme et la femme ne se voient presque pas. Après vingt-cinq ans de ce régime, « il est arrivé ce qui devait arriver, n'est-ce pas ?, dit-elle, j'ai rencontré un homme ». Le mari les surprend, il ne dit rien, il fait celui qui n'a rien vu, ça l'embête cette histoire, ça va casser le système de mort-par-le-travail qu'il s'était organisé. Alors elle parle, elle l'empêche de ne pas savoir. D'ailleurs elle ne l'aime plus, elle veut partir, elle fait des allées et venues, mais son fils de vingt ans – qui est le vrai homme de sa vie, plus que l'amant – lui demande chaque fois de revenir au foyer, que lui-même a quitté. « Je culpabilise à mort, dit-elle, mon mari fait tentative sur tentative de suicide. » « Mais vous n'êtes pas la cause de sa mort, vous seriez plutôt le prétexte à ce qu'il revive, seulement il a du mal à quitter cette mort, il essaie par ses tentatives de suicide de se redonner vie, c'est dur. » « Parfois je me sens coupable d'avoir rencontré quelqu'un. Au fond on était là, sans rien, c'était pas plus mal. » « Cette rencontre est la seule chose vivante qui vous soit arrivée, le seul appel de vie (elle fond en larmes). Votre mari fait des tentatives de vie, comme un cadavre qui se flinguerait pour renaître... » Elle rit.

Il y a une façon d'être dans la vie comme dans la mort : sans pouvoir se rappeler à soi ; sans mémoire d'appel. La mort entre dans l'oubli comme la vie, ou comme les rêves. Or l'oubli est un signe de la mémoire, de l'Autre-mémoire ; un saut, un entre-deux-mémoires. Par là il est en résonance avec la mort : celle-ci, sous toutes ses formes, est un choc qui vous ressource à une mémoire autre. *L'effet de mort est une béance de la mémoire ;* béance et torsion : n'être plus retenu par ce qu'on sait, être tenu par ce qu'on ne sait pas. Croisement entre deux savoirs et deux tensions. C'est conforme à ce qu'est la mémoire elle-même, par son caractère global : un entre-deux-pulsations dans un donné discontinu (substrat nerveux, chimique, électronique ou... littéral) ; et ses variations d'*état* s'offrent à être lues, perçues, relayées.

On comprend mieux en quoi la mort et l'amour, ces extrêmes secousses de l'âme, nous ressourcent à l'origine, à travers l'entre-deux. Même d'avoir « vu » son corps comme étant celui d'un autre (lors de plongées avancées dans la mort, avec retour...), cela se retrouve dans l'amour quand on voit le corps de l'autre, de l'être aimé, comme un fragment de son propre corps. De même la désubjectivation, l'état étrange, le rayonnement, la secousse, l'illumination... Ces deux extrêmes sont un voyage au cœur de l'être là où nos destins séparés réamorcent leur origine, ou la renouvellent. L'origine ne demande qu'à être métamorphosée, et cette métamorphose c'est de l'amour. C'est pour cela que d'avoir *connu* les grands chocs de l'origine (ou l'origine comme un grand choc) vous prédispose à l'amour, où s'engendrent des forces nouvelles. L'ignorance de la mort est un *refus de l'origine* – donc une tentation narcissique d'éternité, de hors-temps. Cela produit des individus ou des sociétés gentiment endeuillés, à leur insu, pleins de sourires agressifs, où tout va bien merci et où l'amour est une denrée presque introuvable. (Et on y met comme condition de ne surtout pas avoir mal... C'est draconien.) De ce point de vue, la religion – pourtant dite religion d'amour – a été plutôt décevante : elle sert beaucoup à ne pas entendre ce dont elle parle. (Il faut être fort pour ne pas entendre un texte qui dit *Écoute* et qui parle de l'amour de l'être...)

La mort et l'amour réactualisent ce qui nous échappe de l'origine, à chaque relance de l'origine, où celle-ci s'offre au *partage* de l'entre-deux, démultiplié.

Et pourtant, devant la mort réelle d'un autre, on est bizarrement démuni : n'avoir devant soi qu'un corps au moment même où comme corps il n'est plus ; être encombré d'une absence réelle. Le support qu'il y a n'est pas vrai et le vrai qu'il y aurait n'a pas de support : on n'a qu'un corps mort à quoi se raccrocher, un corps qui n'existe plus ; et inversement, ce qui pourrait exister, l'âme ou l'âme-mémoire, on n'en voit pas la couleur... Et l'on oublie qu'on est soi-même, par son chagrin et sa détresse, en train de lui redonner corps, un autre corps.

Des malades atteints du sida transmettent souvent au thérapeute non pas la « mort » mais l'entre-deux « vie-mort », à vivre comme une épreuve où se renouvelle pour chacun le don de vie et de mort mêlées. C'est pris dans un champ ouvert, d'indétermination radicale, au-delà du sens et du non-sens, à l'origine de ce qui *donne* sens et qui en garde en réserve. Surtout quand le malade arrive à inscrire sa mort, à la symboliser, et donc à pouvoir parler comme au-delà de sa mort. Il s'ensuit d'ailleurs une force de vie étonnante, qui se transmet tout autour, car cela se passe au voisinage de l'abîme ou de la frontière entre vie et mort. Et c'est bien sûr indépendant de la « durée » qui reste à vivre, c'est une acuité de la vie, à travers cet entre-deux où elle s'engendre et se renouvelle. L'on se rend compte alors qu'il ne s'agit pas tant d'intégrer sa mort (encore que seuls ceux qui ont pu l'inscrire sont vraiment « préparés » à vivre...), mais qu'il s'agit d'intégrer l'épreuve de cet entre-deux en tant que figure de l'origine bifurquée.

Intermèdes

Entre deux morts[1]

1. C'est une variation sur le Christ ressuscité – assez abstraite pour s'appliquer à quiconque aurait franchi sa mort ; à qui aurait fait le « voyage », où s'inscrit dans l'Inconnu le trait *nouveau.* C'est la vie de part et d'autre d'une certaine mort, et c'est la mort entre deux vies...

Une bonne idée – plutôt qu'une bonne nouvelle – de faire revenir chez les vivants *L'Homme qui était mort* : pour les piéger avec de la vie, avec de l'amour terrestre. Et le piéger, lui, avec l'épreuve d'une autre vie au-delà de sa mort, une vie physique, charnelle.

Ici pas de Résurrection fugace avec promesse d'un autre Retour, lointain... C'est un vrai retour ; pas le fantasme de démentir la mort. Il s'agit de refaire l'*épreuve* de vie, le retour de la vie sur du corps « mort » ; le *rappel* de vie. Entre vie et mort, piéger l'une par l'autre. D'ailleurs n'en est-il pas ainsi ? l'action des morts sur les vivants et des vivants sur ce qui en eux est mort à leur insu...

Donc l'homme tué tressaille dans sa tombe provisoire (pensez à un homme en proie à une métamorphose, fatale et vivante, en lutte avec un devenir « bête »...). Un reste de vie remue en lui et resurgit du néant, ou de l'ombre absolue. Il revient comme quelqu'un qui a *réellement* touché la mort et qui dans ce contact se trouve *atteint* par la vie. Il reprend vie, la vie le reprend. Reprise sensuelle, sensitive, insensée, qu'importe puisque la vie est accueillante à toutes les poussées du vivant.

Bonne idée donc ; son champ est vaste. L'*entre-deux* est foison-

1. Remarques sur *L'Homme qui était mort*, de D.H. Lawrence.

nant entre vie et mort, comme entre une vie et d'autres formes de la vie.

Déjà le christianisme, outre le salut qu'il apporte, avait fait vibrer deux fantasmes touchant la vie et la mort : d'abord la vie conçue par une vierge, sans homme, dans la pure rencontre avec la déesse-femme qu'elle devenait, à travers le Dieu qu'elle devenait en partie – en tiers. Puis – autre fantasme élaboré – la Résurrection du Fils mort, revenu incarner la *promesse* du jour ultime, le fameux Jugement dernier (nous restera-t-il quelque jugeote après cela ?). Ce double démenti du sexe et de la mort était bien nécessaire, il faut croire, à en juger par son succès. Le fantasme était présent, on s'en doute, mais c'est nettement mieux quand des « faits » viennent le nourrir, des faits que la *foi* étaie ensuite. (Ces deux ouvertures peuvent fasciner le névrosé, qui se rassure de les voir endossées par un homme-Dieu et par sa mère...) Cette foi est tendue, arc-boutée, sur un double coup de force : d'une part l'émergence du Fils venu accomplir la loi, soulager les hommes de sa pression, combler de son corps les failles de l'Écriture que les commentaires grignotaient désespérément ; d'autre part, la Bonne Nouvelle qui s'ensuit et qui fut lancée sur le monde comme un cri de salut : vous êtes sauvés, sauvés *de* la Loi ; la Loi qui est à l'origine de la faute a été accomplie et le sera tant que vous le croirez. C'est le message de Paul : votre foi en cette chose vous innocente, tant que vous croirez.

2. Et voici que Lawrence, avec innocence et malice, prend le train en marche et entreprend de le détourner. Il saute dans le convoi qui filait à toute allure à travers des aires un peu glacées de cadavres qui *résurrectent*, de corps qui hésitent entre vie et mort, et il dévoie. Voie latérale, dérivation : le crucifié qui ressuscite a *envie de vivre*. Et sur cet autre désir de vie, Lawrence va prendre son temps ; les renaissances, le renouvellement, il aime ça. Lui pour qui le corps-machine ne va jamais sans son petit dieu d'âme, il est à son affaire, puisque l'homme en question est le fils de Dieu, comme nous tous au fond, mais lui il a le titre ; il est donc en direct le dieu de lui-même, l'âme de son âme. (Ceux pour qui ce n'est pas très clair peuvent consulter un petit livre introuvable de Lawrence : *Fantasia of the unconscious,* où il fait parler une bicyclette qui pas plus que nous n'a les idées claires sur l'âme divine qui la guide, à savoir cette jeune demoiselle qui avec une fantaisie « divine », elle aussi, tient le guidon et file à toutes pédales vers son amoureux ; que peut la bicyclette comprendre à ce mystère ? *a fortiori* nous au mystère de notre âme, dit Lawrence... peu convaincant.)

Mais tout de même, cet homme-Dieu qui se réveille doit *se plier aux lois de la vie pour les faire vivre.* La vie s'infiltre dans son corps mort, elle le mine peu à peu, elle le piège. Ça lui est revenu comme une lettre (lui qui en avait fini avec l'Écriture) ; et le voilà repris par la loi de la vie, cette vie qui ne pense qu'à elle-même, et rappelle que les humains ne savent pas plus arrêter la vie qu'ils ne savent arrêter la mort. Il y a un reste de l'une ou de l'autre qui repart, et qui est... la vie. Cet homme était mort, mais chacun de nous l'était aussi, avant, avant qu'il ne s'en aperçoive et ne pousse un cri. Dès ses premiers vagissements l'homme émerge d'une certaine mort ; il naît et on dirait que sa mort l'a engendré. Puis il meurt de ce que sa vie n'a pu retenir ; elle a oublié de s'arrêter sur lui ; débordement de vie, trop fort pour les moyens usés qui lui restent. De nos jours des foules immenses vivent *sous* tranquillisants ; il paraît que c'est « pour *oublier* qu'on est vivant ». C'est bien dit : refouler la vie parce qu'il y en a trop pour ce qu'on sait en faire. Quel hommage ; un peu triste. « Moi, dit encore l'un d'eux, je me drogue le soir, mais ma joie, la seule, c'est de me réveiller *vivant.* » Refouler la vie par peur de la mort, et n'en garder que le signe ultime, la remontée d'une nuit sans rêve...

3. Eh bien, c'est le cas de notre homme ; il remonte tout seul à la surface. Une fois rejeté vers la vie, il n'est pas pressé de renouer avec le passé. Plus tard, les « siens » le reconnaissent : c'est toi ? Oh merveille... dira Marie-Madeleine, une de celles qui l'ont aimé ; elle pour qui « le temps d'aimer était passé... elle ne voulait plus que servir », dira-t-il. Elle avait été prostituée. Les siens voudront *remettre ça*, mais qu'y a-t-il à remettre si tout est remis, remisé, rédempté ? les fautes passées et les manques à venir... Qu'y a-t-il à refaire si c'est chose faite ?

Et notre homme débarque, neuf comme un nouveau-né, chez un jeune couple, à qui en passant il ramène un coq qui s'était perdu dans la rue ; des fois que les pulsions de rut aient fui ce couple bien tranquille... Il leur ramène un peu de « libido » perdue, ensommeillée. La jeune femme lui jette un regard de désir en détresse.

Curieux trajet ; cet homme a accompli toute une boucle de sa vie – accomplissement radical – et il en commence une autre. C'est rare qu'on puisse changer de bonheur. On dit que les hommes pour vivre ne pensent pas à la mort ; ce serait paraît-il invivable. Mais la peur qu'ils ont d'elle, ils la monnayent et la dépensent en des peurs infinies, face aux petites morts et aux risques de se perdre ; face au risque tout court. Et voici un homme qui a déjà eu sa mort, derrière lui. Ce fut une de ses morts, marquante et remarquée. Du coup, ce n'est plus *toute* sa mort. Pour vivre il faut avoir une de ses morts derrière soi ; une au moins. Ce serait l'idéal. Mais l'« idéal » est suspect, il sent trop fort l'idée perverse de perfection, alors que le vivant est imparfait, infini. Même une mort, on n'en finit pas avec. Alors laissons l'« idéal », et disons *mieux* : ce serait mieux d'avoir une de ses morts derrière soi ; on aurait moins peur de vivre. Ce qu'il a de bien vivant, cet homme, c'est qu'il est apte à changer de « bien », de bonheur. D'ordinaire les gens cherchent le bonheur et le fuient subtilement, comme si en le trouvant ils allaient être obligés d'y rester, d'en mourir, d'en faire leur tombe ; leur repli ressassé. Alors, demi-tour ; bêtement ; au lieu de faire le tour complet et de passer à autre chose. Un bonheur comme un malheur on doit pouvoir le surmonter. Un symptôme c'est un petit bonheur insurmontable qui vous surplombe et vous empêche de le voir là, tout entier, comme une mécanique vivante dont vous êtes l'« âme », et qui risque d'être en panne si vous débranchez pour être ailleurs. L'ennui, c'est que le symptôme vous tient lieu d'*ailleurs* : c'est pourquoi vous tournez en rond, pris au piège de vous-même...

4. L'homme qui était mort (derechef quiconque a pu inscrire l'instant où il commence à vivre à *partir* d'une de ses morts – après les secousses, les traumatismes...), cet homme donc a d'abord eu le sentiment très simple que *le monde peut vivre sans lui*. Ça lui donne un certain souffle de liberté. C'est nouveau : il était venu au monde, l'autre fois, pour prendre sur lui tous les manquements du monde, pour les sauver tous... Alors, être libéré de cette charge, jusqu'à en devenir presque « inutile », ça ouvre une nouvelle voie pour s'infiltrer dans la vie ; c'est une autre énergie à mettre au monde. Ces instants éblouis où l'on est déchargé du monde, où l'on « décharge » le monde, vous font sentir l'acuité des points frontières entre vie et mort. D'abord on est réduit à rien, et dans ce rien, des « éléments » infimes se remuent et recomposent l'élémentaire, l'élémentaire trame de vie. On est appelé ou attiré par des instants qui attendaient de se laisser vivre autrement. Par quelqu'un. Par vous peut-être. Vous êtes preneur ? de vie ? Cette expérience semble rare parce qu'on l'oublie ; c'est le traumatisme où l'on est laissé pour mort, sans forces de rappel, comme si plus rien dans la mémoire ne répondait. Mais la vie, elle, se rappelle à ces forces ; elle n'a pas renoncé à vous chatouiller les narines pendant que vous êtes dans les pommes. Et elle fait de cette mort – où vous êtes un *élément* de votre vie – un fragment de votre destin, qu'elle ponctue en passant, discrètement. Elle fait de ce temps mort où vous êtes, un moment de votre vie. C'est comme le fameux « Dieu est mort » ; on en a fait une grosse nouvelle, presque une révélation, alors qu'on peut en faire *une* modalité du divin, un des attributs de Dieu, rien de plus ; même si les messagers qui couraient à bride abattue pour annoncer la nouvelle sont tombés comme écrasés par leur message, sans penser que ce n'était là qu'un brin de la correspondance entre l'humain et le divin, le côté « mortel » de Dieu, ou le fait qu'il fonctionne à partir de ce qui pour nous figure « la mort »...

5. Notre homme lui, séparé de sa croix, laissé pour mort, laisse revenir sur lui les forces de vie. Il reprend vie *autrement*. Il est hors de lui, hors de son projet initial (de sauveur). Il est, tout simplement... Que peut-il arriver ? Une fois exclu de « remettre ça », une fois écarté l'automatisme de répétition (qui est peut-être une force de mort, et qui donc fait partie des forces de vie), eh bien il reste de l'événement possible, il reste des « automatismes » plus subtils et inconscients, des mouvements houleux et pulsatils par quoi l'humain se réinvente.

Cet homme, il lui arrive de rencontrer une femme.

L'homme a beau être christique, s'incarner comme mémoire, être la vérité en marche, quelque chose l'oblige à « *connaître* » la femme. D'autres que Lawrence ont titillé cette corde (récemment Scorcese...) et ont posé qu'il a connu la femme ; un tollé s'en est suivi. C'était l'insulte. Notre Dieu *faire* l'amour ? ont crié ceux pour qui le divin prenait la place de l'amour et le rendait donc inutile. Et pourquoi le divin ne serait-il pas une autre version de l'amour ? originale, doublée, ou sous-titrée, qu'importe, mais une *autre ?* Si Jésus *est* Dieu et si Dieu a consenti à prendre figure humaine, pourquoi se serait-il refusé de connaître l'épreuve majeure des humains, l'amour charnel ? pourquoi se serait-il réservé, de l'humain, la seule épreuve de la mort ?

L'homme christique – ou le christique de tout homme – est donc appelé à *faire* l'amour au lieu d'*être* l'amour et d'y appeler les humains las d'eux-mêmes et de leurs semblables, prêts à s'échouer dans l'amour de Dieu pour n'avoir à aimer personne.

Pour *connaître* la femme, l'homme a besoin de quitter sa mort, une de ses morts... (Le lapsus « ma mort » pour dire « ma mère » est fréquent chez certains, captifs de leur mort ou de leur mère, ou de l'amère mort initiale qu'ils n'ont pu surmonter...) Quitter sa mort pour pouvoir aimer la femme ; aimer la femme pour pouvoir quitter sa mort... Avoir déposé sa croix, sa mission, sa mort à cette mission... puis venir vivre, à nu, la passion humaine, sans autre projet.

6. L'homme revenu est ainsi un *étranger*. Ce n'est pas un revenant ou un fantôme ou un fantasme, c'est un étranger qui *revient* ailleurs. Il va vers l'Égypte (curieux retour aussi), et là il y a une femme qui se consacre au culte d'Isis, non pas Isis mère d'Horus, déjà installée, mais « Isis-en-quête ». Cette jeune femme a construit le temple à ses frais, elle vit là, à côté, non loin de sa mère acariâtre, mais loin des hommes qui n'ont pas su la toucher, pas même lorsqu'ils avaient une certaine présence rappelant le père...

Elle attend l'homme re-né ; l'homme qui aurait une de ses morts derrière lui. Et en attendant que son « lotus » s'anime, que ses « lombes » s'émeuvent (toute la triperie lawrencienne, on aime ou pas), en attendant que l'homme vienne, elle se voue au culte d'une femme... en quête de sa féminité. Ce n'est pas si mal, pour une femme, de se brancher non pas sur l'Autre-femme accomplie mais sur une Autre en quête d'elle-même, qui ne détiendrait pas le Féminin mais qui aurait consenti à le vivre comme une quête. Elle se voue simplement au *culte d'elle-même absente*, d'elle-même disparue, jamais connue mais présente, attendant le passage de l'homme, comme le lotus attend le soleil. D'ailleurs quand il arrive, elle lui demande « D'où viens-tu ? » et il répond : « De l'Est... et je m'en vais vers l'Ouest. » Trajet solaire ; ça ne fait pas de lui un soleil. Il se réchauffera à elle, il dira qu'elle est son soleil...

Ce qui la pousse à l'aimer ? C'est que soudain elle « conçoit » qu'il est Osiris enfin revenu. Et c'est l'épreuve : « oserai-je m'abandonner à ce contact ? » se dit-il. Contact de la vie à partir de la mort. C'est l'épreuve où ce qui est « mort » revit.

Il faut une mutation du temps ; repasser dans la « grande journée », faire craquer la petite journée, celle du temps qui tourne court. Il faut le courage de *toucher* à la vie, et non d'être un mourant qui revit. Contact « premier » *et autre*, autrement premier. Ce contact à la vie peut être brûlant, horrible, angoissant, « mortel ». Angoisse de mort ? C'est plutôt l'*angoisse de vie*, celle qui intègre la mort devenue possible ; l'angoisse de « toucher » la vie.

Il faut aussi transmuer l'amour. Du coup ce revenant christique soupire : « Je leur ai demandé à tous [aux disciples] de me servir avec leur chair *morte à l'amour*, et en fin de compte je ne leur ai donné qu'un amour de cadavre. »

Il veut se mettre à bonne distance de l'amour exsangue. Même si les autres à qui il donne cet amour ont eu l'esprit de le creuser, d'en faire l'aventure de leur vie ; ça les regarde. Lui, pour *connaître* la femme, ne peut pas en rester à cet amour. Soudain le roc de vie qu'était cette femme remplaça le roc de pierre sur lequel il avait bâti sa vie. « Père pourquoi m'avoir caché tout cela ? » Cette « réconciliation » dans l'étreinte... Variante intéressante du fameux « Père pourquoi m'as-tu abandonné ? »

7. D'aucuns disent que le Christ n'a rien renié de la chair ; bien qu'il n'ait pas fait l'amour avec une femme. (A-t-il considéré qu'il n'y a pas de femme pour cela ? comme certaines posent qu'il n'y a « pas d'homme » digne de ça ? Il n'en a rien dit. On peut alors se demander pourquoi dans le christianisme l'acte de chair fut si souvent marqué de péché.) Ici on a tenu à lui faire faire cette « *connaissance* », de quoi renouer avec le vieux Livre : « Et c'est pourquoi l'homme quitte son père et sa mère, se colle à sa femme, et tous deux ne font qu'une chair... » Un des premiers appels de la *Genèse*, en forme de constat impérieux : que l'homme et la femme se *connaissent*. De fait, s'il y a un texte où nul reniement de la chair n'est perceptible, c'est l'Ancien Testament. On s'y méfie beaucoup des corps qui s'évaporent ou se subliment en prenant la tangente mystique. Abraham y fait l'amour jusque très tard... Et les prophètes ne dédaignent pas les prostituées, s'il leur faut avec l'acte de chair marquer le message, ou le faire remarquer... Le Christ aussi n'a rien « renié » de la chair mais il n'a pas *connu* de femme ; ou plutôt cette « connaissance » est soustraite au dire. Est-ce pour suggérer qu'elle doit rester non dite ? au risque pour certains d'être complètement refoulée ?

8. Revenons à cette femme.

L'homme, pour la connaître, doit survivre à sa mort, se sauver de son propre salut, de l'outrance de son acte où il croit s'être accompli, de ce « don de soi » dont il a submergé le monde...

Mais elle ? En quête d'elle-même, elle était « gardienne du temple ». Insensible au temps. Le fantasme pour une femme d'avoir « tout le temps » dans son corps exprime le fait qu'elle se prend pour l'origine, celle du Féminin ; ou plutôt qu'elle ne décolle pas de l'origine. Ici elle se confond avec la déesse qu'elle sert ; elles ont la même quête... Grosse métaphore : une femme garde le temple de la déesse qu'elle veut être, pour elle-même, et cette déesse est La Femme ; sa quête est un dialogue, ici serein et rituel avec l'Autre-femme, ouverte.

Ce qui la touche en cet homme, c'est de le voir endormi marqué de ses blessures, de penser qu'il est re-né (qu'il a abandonné sa première Mort ou Mère), et surtout qu'*il est l'homme que la déesse attend* : Osiris, l'homme d'Isis. A croire qu'une femme désire *avec* le fantasme de l'Autre-femme. Quand elle a eu décidé qu'il était l'homme de l'Autre-femme, elle le trouve désirable. Lui n'y comprend pas grand-chose : « Es-tu bien Osiris ? dit-elle. Si tu veux... »

Sa féminité est un dialogue infini dans le « temple » du féminin, entre elle et l'Autre-Femme. Temple bâti à ses frais (c'est parfois ruineux). L'homme vient, accessoire nécessaire, ponctuer les temps aigus de ce dialogue. Normal.

Elle lui redonne vie, elle redonne vie à travers lui ; elle l'a conçu comme Osiris, et elle conçoit par lui un enfant autre, qui sera « divin » (c'est sûr...). Il aura peut-être les mêmes épreuves. On voudra sûrement tuer en lui son « père », ou le nom de son père, ou son esprit... N'est-ce pas ce que les vrais tueurs cherchent à tuer dans un homme ? sa généalogie ? D'ailleurs l'homme le dit : « Maintenant ceux-là mêmes qui m'ont suivi voudront me mettre à mort de nouveau car je me suis *relevé différent* de ce qu'ils attendaient. » Curieux ce « relevé ». De fait, ceux qui croient en le Christ excluent-ils qu'il se relève différent de ce qu'ils croient ? qu'il se relève en chacun de ceux qu'ils ont persécutés ? qu'il renaisse autre, différent de ce qu'ils attendaient ? Et ceux qui ne croient pas en lui en arguant que leur sauveur ne peut pas être « celui-là », excluent-ils que justement celui qu'ils attendent puisse faire faux bond à leur attente et surgir sous une autre forme, différente de leur attente ? par exemple sous la forme de *celui-là* même qu'ils excluent ? A moins que les premiers ne veuillent la pureté absolue, et que leur sauveur n'ait rien à voir avec leurs ennemis ; et que les seconds ne veuillent la différence absolue : pour pouvoir attendre quelqu'un qui ne vient pas ou pour différer sa venue...

Le moins qu'on puisse attendre d'une irruption *divine* sur terre, n'est-ce pas qu'elle soit *autre* que ce qu'on attend d'elle ? *Autre* que ce que les fidèles et les infidèles attendent ? Mais voilà, les uns et les autres orientent leur attente ; ils veulent être « sauvés ». Et de quoi ce vaste complexe, ce tourbillon d'infinis, peut-il être sauvé ? A quoi pourrait-on le faire *aboutir*, s'il n'a pas de bout ? ne tient pas debout ? si ce qui le fait tenir c'est justement *ça ?*

Ils veulent donc être sauvés de l'absence de salut ; de l'absence de bout ; de la fin en tant qu'elle manque. De l'origine manquée. Ils veulent être sauvés de l'infini ; c'est-à-dire d'*eux-mêmes.* Ce serait tentant de les sauver de cette peur qu'ils ont d'eux-mêmes et de leur vie. L'ennui est que *c'est cette peur qui les met en contact avec la vie* ; qui les protège d'une vie trop forte, « mortelle », en la leur offrant par ailleurs, la vie, comme ce qu'il faudrait surmonter...

C'est dans la rencontre avec la femme que cet homme parvient à surmonter la chose. C'est là qu'il « ressuscite », qu'il redevient mortel, c'est-à-dire exposé à d'autres morts possibles ; après qu'il s'est libéré de cette « contrainte de l'amour », de cet amour impératif qu'il avait transmis aux autres.

9. On peut trouver tout cela simplet ; rencontre érotique entre un homme et une femme... Quel homme ne l'a pas abordée en ayant été mort, à son insu, déjà mort sans le savoir ? Quelle femme ne l'a pas abordé comme prêtresse du temple de la déesse qu'elle rêvait d'être ? Ils copulent à l'intérieur d'une « bulle magique », celle du fantasme où la femme se prend pour la déesse, pour La femme retrouvée, et le prend lui pour l'homme de cette Autre-femme. Ainsi, pas moyen de faire l'amour sans prendre place à deux dans la même capsule cosmique, celle de ce fantasme où Dieux et Déesses font l'amour et le refont. Les fanatiques de la pureté remplacent parfois cette capsule par une autre plus « dure » - *« hard »*, « héroïque », la capsule d'une drogue - d'une religion non encore homologuée même si elle a déjà ses temples, ses ruines, ses exils... Ils confondent alors dans le même « flash » la première mort et la seconde, celle qui permet l'amour et celle avec laquelle l'amour rivalise ; puisqu'on le dit non pas *plus fort* que la mort mais aussi fort qu'elle.

Dans tous les cas - déni du corps, lien religieux, capsule cosmique ou esquif... - l'amour fait l'arc brûlant de l'entre-deux...

P.S. : Difficile d'évoquer ce livre de D. H. Lawrence sans signaler quelques perles qui en émaillent la préface due à Drieu La Rochelle, datée de *1933* (Gallimard). Il souligne l'aspect « délicatement vivide » du récit. « Lawrence, dit-il, est un homme qui a témoigné (...) contre les dangers que court l'homme aujourd'hui et qui a montré la voie pour échapper à ces dangers (...). Son œuvre vient souligner le côté profond et fécond dans les actuelles ébauches du fascisme et du communisme : la ressaisie de l'homme comme animal et comme primitif. Ce qui est admirable à Rome comme à Moscou, c'est la grande danse rythmée de tout le peuple qui s'y reconstitue à tâtons. Lawrence est le prophète de tout cela (...). Nul mieux que lui ne discerne que, par exemple, " les boucheries chimiques que sont nos guerres n'ont aucun rapport avec le besoin de combat gracieux et chantant qui est éternellement dans l'homme et qui ne peut plus que se transposer dans une discipline du sport largement conçue ". » Apprécions au passage qu'un homme dès 1933 fît le lien explicite entre fascisme et communisme, et les rapportât tous deux à un désir de nature, de loi naturelle, de santé animale, etc. Il ajoute : « Tout comme Nietzsche, [Lawrence] restitue à l'art son sens profond, son sens religieux (...). L'homme s'est perdu récemment dans les abstractions de la science et de l'industrie (...). Il ne sait plus vivre, il ne sait plus faire les gestes élémentaires de la vie qui sont toute la vie. Déjà [?] son économie lui échappe... » Et il conclut à l'intention des lecteurs de *Lady Chatterley* : « Vous pouvez toujours ricaner : votre ricanement est un aveu. Nous savons combien il y a parmi vous de pédérastes, de sadiques, d'impuissants. Et si nous ne savions pas ce qui se passe dans vos lits, nous pourrions le deviner par la façon dont vous fabriquez vos vêtements, vos meubles, vos maisons, vos gouvernements. Lawrence a frappé au cœur du mal, là où toutes les déficiences, toutes les décadences se résument et se consomment. »

Intéressante dénonciation de la « maladie » et du « mal » ; elle est de tout temps, et peut se faire au nom de la nature ou de la culture, de la psy ou de l'antipsy, du sexe ou de la loi : le verdict est le même : se prévaloir d'un *vrai* savoir pour attaquer au « cœur du mal » ; d'une vraie sexualité pour attaquer les fausses ; d'une vraie nature pour s'en prendre aux contre-nature. C'est aussi, bien sûr, l'art de dénoncer dans l'autre l'image de soi ; dans l'espoir de se couvrir des débris de l'autre, et de sa peur.

Curieux aussi que la perversion s'alimente si bien de dénoncer le « mal » quand elle n'ose encore s'y plonger. (La collaboration de Drieu avec le nazisme fut, semble-t-il, très mouvementée.)

Assurance... vie

Assurance-vie... Drôle de mot, pour dire que votre mort aura telle valeur pour vos proches. Des fois qu'elle en ait trop ; c'est prudent de la fixer. Dans ce cas le risque couvert par l'assurance est celui non pas de votre mort mais de sa non-valeur. Assurance-vie serait le symbole d'une vie passée dans l'assurance ; vide assurance dégagée de tout risque. Du risque de vivre sa mort ? Non, mais du risque de vivre un équivalent de sa mort nommé *trauma*. L'assurance voudrait déblayer la vie de toute trace de mort (de mort interne à la vie) ; elle y échoue, mais souvent elle risque d'y réussir. *Le risque de l'assurance* est terrible, si l'on y pense. A son horizon, le risque de mort et le *risque de vie* coïncident.

Mais voilà, s'assurer est un réflexe ; se fixer à une sûreté, une sécurité, pour conjurer les retours en force des failles anciennes ou l'irruption de l'inconnu, qui ramènent « à zéro », là où rien n'est acquis ; à l'origine en somme. Il s'agit de s'assurer qu'on est au-delà de l'origine, que la scène d'une histoire possible est bien en place ; même s'il y manque l'histoire et l'événement.

Le risque est ce frisson ténu – tenace – entre vie et mort, et son antidote émouvant, navrant est l'assurance. Tous deux peuvent être marqués d'angoisse.

S'assurer de l'Autre – du réel qui échappe ou de Soi qui ne va pas de soi – inscrire cette assurance, la « prendre », est si banal qu'on n'en voit plus l'enjeu. Mais c'est une façon de fixer l'entre-deux avec l'Inconnu. Un partage factice : voici ma part, voilà ce qui m'échappe, et puisque je le sais, rien ne m'échappe...

L'idée d'être assuré contre l'angoisse de l'Inconnu est elle-même angoissante. S'assurer de l'avenir au risque de le perdre. La tendance est de courir, à partir d'angoisses perçues, vers des risques nommables ; l'assurance (des compagnies – elles font toutes le même jeu de mots : assurez-vous de notre compagnie ; voyagez en notre compagnie...), l'assurance est un de ces noms. C'est la partie vendable – et pourtant énigmatique – de l'idéal « sans souci ».

On dit que la société moderne est une société d'assurance. Certes il y a désir d'être pris en charge, par des parents idéaux, qui préviennent tous les risques, au risque de prévenir la vie. Mais c'est complexe : la prévention arrête le danger extérieur ou prend sa place ; or souvent le danger vient du dehors à partir d'*impulsions internes.* Un homme a peur de faire, à son insu, des gestes qui répéteraient une sorte de destin maudit où il perdrait sa place, son image, sa femme, son décor, bref ce qui lui *assure* son « bonheur » : une identité à soi, une jouissance – qui risque bien sûr de s'annuler dans l'assurance qu'elle a d'elle-même, dans la répétition. Être assuré contre l'accident ? Mais l'accident n'est pas seulement un danger extérieur, c'est une rupture de dialogue entre soi et ce qu'on fait, donc entre soi et soi-même *via* le monde. Ces ruptures existent, car un dialogue continu est impensable. Ces ruptures peuvent être fécondes, et pas seulement destructives. La plupart des trouvailles sont accidentelles. Mais pour une trouvaille, que d'assurances étouffantes, de certitudes répétitives, que de rationalités en quête de leur point de folie...

Disons-le autrement : nul *ne voudrait qu'on le débarrasse de toute son angoisse.* Pourtant tous le réclament lorsque l'angoisse est trop forte, ou qu'elle est toujours la même, qu'elle n'apporte aucun signe nouveau. Mais être débarrassé de toute angoisse serait très angoissant. On annonce que la psychanalyse va « en prendre un coup » à cause des neuro-sciences qui suivent de près le trajet de l'angoisse dans les neurones... De fait, suivre les trajets et expliquer que l'angoisse arrive, c'est différent. Une chose est de formuler l'angoisse en termes de neurones, une autre est d'en comprendre le surgissement et la fonction (curative ou d'alerte). Lorsqu'on aura stoppé l'angoisse – par telle substance – cela risque d'être très angoissant : en l'absence d'alerte, le danger paraîtra plus grand. Et je repense à cette parole d'un patient : « Depuis que vous m'avez débarrassé de toutes mes peurs, j'ai drôlement peur ! »

Ce qui compte est donc le *couplage* dynamique entre l'assurance et le danger, entre la sûreté et son branchement sur l'incertain. On dit : « grossesse *à risque* » ou « nourrisson à risque » ou situation à risque pour dire que des paramètres, jusque-là stables et maîtrisés, peuvent se dérégler pour des raisons connues ou pas, de sorte que tout le *fonctionnement* est en état d'alerte. On ne sait où frappera l'adversaire, où sera le danger ; peut-être y aura-t-il un point de rupture inexpliquée ? Toutes sortes de pathologies sont possibles ; l'expression « à risque » vient colorer toute l'entreprise (l'accouchement ou la grossesse) d'un facteur imprécis mais où l'on sent que des choses précises comme le désir sont en jeu. Cette femme est enceinte, mais a-t-elle envie d'accoucher ? N'est-elle pas sous l'emprise de forces de mort ou de désirs destructifs ? Il n'y a pas de modèle pour « gérer » l'élément de risque – qui est le lapsus imminent de toute gestion, sa ligne de fuite, de déplacement... Là se greffe le désir de *parler* plutôt que de s'exprimer par explosions sous forme d'angoisse ou de pulsions incontrôlées. La parole se greffe comme projet de créer une scène où le risque est non pas annulé mais *transféré* dans le champ du *Dire*, qui apparaît comme une réplique à l'incertain. Le problème est chaque fois de trouver à quoi ressemble cette scène du Dire où peut se transférer le risque en tant que *désir de se mesurer à l'inconnu*, à ce qui échappe, à l'Autre.

Le risque est identique à l'existence de l'Autre, de l'Autre comme abstraction qui vous occupe et vous dépasse. Vous allez parler en public tout à l'heure, y a-t-il une assurance qui « couvre » le risque d'être saisi par un trac qui vous laisse muet ? Une assurance qui dirait : « Tu peux parler... » annulerait la parole, ou vous annulerait vous sous le poids de cette parole sûre. On peut par des « trucs » vous donner de l'assurance, mais l'angoisse apparaît comme excédant toute assurance. Le fait d'être assuré libère de l'angoisse : elle émerge et on ne sait pas où la mettre.

Du reste, l'assureur s'intéresse moins au risque qu'au degré de savoir qu'on en a. Il *projette* l'espace des éléments risqués dans un espace qui mesure le savoir qu'on en a. Mais ces éléments restent opaques, ils sont intraitables mathématiquement. On peut traiter le degré de savoir par la théorie des probabilités qui définit des événements, un espace probabilisé avec une *mesure*... Elle prélève et projette ce qui est traitable par une *théorie de la mesure*. Elle décrit cette projection où l'improbable trouve sa mesure certaine. Voyez le risque, mesuré au jeu de pile ou face (symbolisant les deux faces d'une même question) : il y a une chance sur deux d'avoir face, mais c'est une probabilité théorique, on peut jeter la pièce longtemps sans avoir face une fois. Combien de jets faut-il pour avoir une fréquence égale de chaque côté ? Il faut lancer deux cent cinquante mille fois la pièce pour avoir cette fréquence moitié-moitié, à un pour cent près. L'approche probabiliste de l'assurance a donc ses limites. Elle légifère autour du risque ; elle le projette dans un espace trop bien « mesuré », trop loin du non-savoir réel. Gestion oblige : il s'agit d'inclure nos « manques à savoir » dans un espace « mesurable ». Or le risque et l'angoisse débordent le manque de savoir. Ils touchent à l'inconnu intrinsèque, assez proche de l'indécidable mathématique, de l'inconnu où l'on plonge pour trouver du nouveau... Le risque est donc à l'origine de l'acte créatif, ou plutôt : *la prise de risque est une recharge d'origine* en tant qu'elle est un risque d'être ou de ne pas être.

Le risque comme vibration du trauma entre vie et mort fait fonctionner l'assurance de curieuse façon ; comme juridiction du risque, avec cette poésie propre au droit on pose des limites sachant qu'elles seront débordées par l'irrationnel dans le déchaînement des raisons. On veut mieux définir, délimiter, paramétrer... et cela rebranche le tout sur d'autres chaînes aléatoires. *L'assurance accroît le risque.* Ses certitudes sont des radeaux sur une mer d'aléatoire... En principe, l'« assureur » prend le risque de payer pour l'aléatoire. Il paie la « dette » au hasard quand celui-ci lance un message destructeur. De fait son travail est plus simple : équi-répartir le risque ; puisqu'il y a de l'inconscient, du hasard, de l'accident, il s'agit que leurs coups ne soient pas concentrés, focalisés. On répartit. Partage des coûts, et du gâteau-capital (aux mains des compagnies) pour suppléer au partage du hasard, de l'inconscient... La protection sociale est un schéma d'assurance, basé sur le partage du coût. Sécurité sociale. Sé-cure, c'est sans « cure », c'est-à-dire sans souci. On sait que ce n'est pas le cas.

De plus, s'agissant de répartir le risque, le trauma, ou la « casse », l'Assureur se retrouve à la tête d'un gros trésor ; (tout comme l'État, qui avec son Trésor public se pose aussi en assureur : contre la « Crise »... Et ses remèdes deviennent aussi des maladies). Théoriquement l'Assurance ne fait que balayer le champ social et empêcher que les déchets du hasard s'accumulent aux mêmes endroits ; elle déplace les effets du manque et les traces de l'accident : on indemnise ceux qu'il atteint grâce à ceux qu'il laisse indemnes. Mais que penser de ce gros trésor ? Son statut est comique : il sert aux assurances à s'assurer contre le risque. Non seulement en s'assurant chez une plus grosse compagnie, ce qui transfère le risque, mais en détenant ce capital, qui reste là, *retenu comme pour mémoire*. Cette rétention réassure la Compagnie contre la totalité des risques. Elle n'est plus un simple équi-répartiteur dans le champ social, elle apparaît comme un tiers qui dialogue entre le social et le risque, avec comme support cet énorme dépôt de « valeur ». Elle se dit : « Avec cent milliards de côté, je peux dialoguer avec le Risque. » Du coup, l'assurance socialisée a une fonction presque religieuse, rituelle. La fonction religieuse exige qu'on se présente devant l'Autre (inconscient ou destin, hasard ou Dieu) avec de « bonnes actions » : avec des traces de valeur à son *actif*. Tout cela éclaire la dimension du « sacré » dans le social postmoderne. L'assureur est un prêtre qui intercède auprès du risque en faveur du social, c'est-à-dire des assurés qui veulent se couvrir, se protéger. Il y a un rôle sacerdotal de l'assurance avec cette grosse plus-value qui s'accumule et devient force économique. Ce rôle : intercesseur auprès de l'Inconnu pour qu'il reste à distance tout en lançant de petits signes. L'Assurance a pris le relais de certaines fonctions religieuses qu'elle éclaire en retour : car la religion, au sens simple du terme, est une assurance prise contre les risques de la vie et... de la mort. Les « bonnes actions », définies par telle religion (prière, charité, profession de foi...) sont autant d'actifs contre le risque – contre l'imprévu, contre les humeurs de Dieu face aux conduites humaines. Dans la Bible il déclenche le déluge parce qu'il n'est pas content de toute cette population. Et aujourd'hui un tremblement de terre en Iran est perçu par les victimes comme une punition divine. De fait, un fantasme radical s'exprime là : c'est qu'un beau jour l'ordre qui tient le monde peut basculer ; la création, même celle du monde, peut se défaire. La fin risque de rejoindre l'origine, même en partie. Alors on prend des assurances (de type religieux, laïc, ou financier) contre quelque chose qui n'est pas seulement la mort comme destruction, mais aussi *comme facteur de vie* – la destruction comme facteur constructif. C'est donc aussi une assurance contre la vie. Cela mène loin. C'est pourquoi un individu ou un groupe ne tient pas à être totalement assuré. Être assuré contre tout vous assure contre la vie.

L'humain a besoin de répondant mais ne tient pas aux réponses ; comme un enfant qui vous questionne pour s'assurer de votre existence ou de la sienne, et qui n'écoute pas les réponses. On sait que la bonne réponse, il faut en être dessaisi pour en saisir quelques échos. Chacun ménage son lien au risque, à l'inconnu, aux forces de mort, pour sauvegarder une certaine jouissance : respecter ces forces, et ne pas s'y consumer ; laisser une part à l'inconnu. Même les religieux n'aiment pas un rendez-vous permanent avec Dieu ; mais des rendez-vous rituels, réglés. Les mystiques eux sont des flambeurs de l'assurance religieuse, ils veulent la peau de Dieu. Et ils finissent par adorer le Dieu qu'ils deviennent ; ils comblent le risque du divin en l'incarnant, en le réalisant : devenir Dieu, c'est leur façon de se consumer dans la plénitude narcissique, origine et fin confondues.

On s'en doute, ces remarques sur l'assurance sont plutôt métaphoriques : tous les moyens sont bons pour s'assurer contre l'angoisse du trauma, pour évacuer la « cure » – le souci – face au manque à être originel.

De fait le risque est une approche du traumatisme, une approche de la scène précaire qui doit répondre au traumatisme, et qui s'appelle identité ; on veut pouvoir s'identifier après le choc. *L'identité permet de circuler entre deux de ses images sans se noyer dans l'une d'elles.* L'identité, on la perd en se noyant dans son image ou en étant privé d'images – incapable d'en risquer une. (Voir le chapitre sur l'image.) L'identité vivante comporte le risque de se perdre et de se retrouver autrement. En deçà d'une certaine dose d'identité, le manque se fait sentir, et l'on tente d'y suppléer par le symptôme.

C'est un symptôme que de fixer l'Autre, et cela n'assure pas à coup sûr. Pour cause : ce qu'on appelle « manque d'assurance » est souvent un doute sur l'existence même de l'Autre ; si *vous-mêmes* vous fixez l'Autre, vous n'êtes plus sûrs qu'il existe. Quand on manque d'assurance, c'est de l'« Autre » que l'on doute. Imaginons qu'un homme « manque d'assurance » s'il doit commencer quelque chose. C'est un symptôme compulsif : qui s'entretient de ses ratages. Notre homme n'ose pas faire le coup de force d'instaurer un commencement, il n'est pas sûr que l'Autre (c'est-à-dire le reste de l'univers) puisse subsister après son acte, ou résister à ce début où se répéterait l'origine. Le risque est alors de détruire l'Autre ou de se détruire soi-même. Ce n'est qu'un risque, et cette même peur du commencement protège et l'Autre et le sujet dans leur affrontement figé. Cette peur de commencer – peur d'en finir avec l'« autre » – produit un manque d'assurance quant à la durée de vie de l'« autre ». (Cela évoquerait pour l'enfant l'événement où par exemple sa venue au monde coïncida avec la mort de quelqu'un d'autre.) Certains craignent le « commencement » comme s'il risquait d'être une fin. Or il l'est, mais en partie.

Si donc le risque témoigne pour l'existence de l'Autre, courir le risque c'est accepter qu'il y ait de l'Autre, sans être forcé de l'endosser (l'Autre, au sens radical où quoi qu'on fasse il en échappera quelque chose). L'assurance aussi retrouve un accent symbolique : celui de rappeler, face au trauma, qu'il y a un recours sinon une loi ; un répondant faute de réponse ; une approche : on peut s'approcher de l'Autre, prendre ce risque sans pour autant être détruit. L'assurance veut répondre à l'Autre, même s'il ne demande rien de précis.

Bien des dangers tiennent à la peur qu'un fantasme se réalise. Du coup, une « vraie » assurance devrait vous assurer qu'il ne viendra de vous rien de surprenant. Elle devrait vous expurger de toute surprise, donc de tout lien à l'avenir ; elle devrait vous laisser « sécure » (sans souci ; n'avoir cure c'est n'être pas curieux, donc pas soucieux). Être soucieux, c'est être préoccupé par un manque à savoir. Heidegger voyait dans le souci la spécificité de l'homme. Mais le souci est déjà une forme complexe de la sensation du manque. Avant le souci il y a le risque comme contact avec le trauma, contact premier et fantasmé. Au commencement était non pas le souci mais le trauma... du Commencement. Bien sûr cela donne du souci ; mais après que l'ouragan du trauma est passé. Alors on se retourne, soucieux de ramasser les morceaux, soucieux des morceaux qui manquent et qu'on ne connaît pas. On essaie de s'y retrouver, de retrouver une consistance devant cette irruption de l'Autre. D'autant que l'accident – contre lequel on s'assure – est aussi une faille par où l'Autre se renouvelle.

On l'a vu, la juridiction du risque fait foisonner son langage, avec force détails, d'une poésie kafkaïenne, où sous couvert de tout prévoir, de tout couvrir, on touche au risque qu'il y ait des trous *dans* la parole ; que certaines choses échappent. Ainsi l'écart entre vie et mort glisse vers l'écart entre assurance et risque, qui devient l'écart entre la parole continue et les trous de la parole, entre la règle et l'accident, entre Soi et l'Autre... C'est plus facile de répondre au risque par un supplément de langage, pour calmer l'angoisse qui est là. Angoisse que la parole et le réel s'ajustent mal, ou s'ajustent trop. Cela ne manque pas d'humour : conjurer l'angoisse en ajoutant des risques auxquels on peut quelque chose pour conjurer ceux auxquels on ne peut rien. (Après tout, l'humour c'est se consoler des défauts qu'on s'ajoute, qu'on s'octroie, dans l'espoir de se consoler de ses vrais défauts, ceux qu'on a malgré soi.)

L'idée du risque prend racine dans le trauma mais aussi dans l'angoisse du trauma. Quand on veut être débarrassé de *son* angoisse, c'est de l'usage trop stable qu'on en fait, usage trop symptomatique, et trop mal maîtrisé. La perversion, elle, en fait un usage idéal – du moins aux yeux du névrosé : elle fixe l'angoisse dans le béton du fétiche ; elle se pose comme sachant manœuvrer l'Autre ou le fixer. Dans la phobie aussi l'Autre est fixé sur l'*objet phobique*, il est inclus, introjecté. Mais le phobique en est débordé. Il ne sait pas manœuvrer cette fusée de l'Autre qu'il a intégré dans son corps... En tout cas, insistons-y : être débarrassé de l'angoisse, en tant qu'approche de l'inconnu, c'est risquer de n'avoir aucun signal d'alerte possible. C'est aussi grave et angoissant que de ne ressentir dans son corps aucun signe d'irruption de l'Autre ; le danger devient mortel à notre insu ; on n'est plus dans le risque de mort mais dans la mort. Pouvoir éradiquer l'angoisse, pouvoir la couper à volonté, ce serait comme maîtriser la non-maîtrise. Ce serait l'impasse d'être livré... à soi, pieds et poings liés, sans le recours de l'Autre.

Car l'Autre, même comme danger, est un recours. Cela rejoint nos réflexions sur la peur devant la technique ; la fameuse peur de la voir produire des monstres qui nous échappent (des robots qui prendraient leur liberté...). Ces choses seraient pourtant une part de nous-mêmes. C'est donc la peur de *produire* l'Autre, à volonté ; cela fait peur car cela prouverait qu'il n'y a pas d'Autre puisqu'on l'aurait à portée de main. A la limite, le fantasme de ces monstres et de ces robots indépendants est une ouverture salvatrice. Façon de dire : si on arrive à produire l'Autre, l'Autre comme image de soi, réelle et vivante, eh bien elle trouvera moyen de *nous échapper*, de prendre son indépendance, c'est-à-dire de devenir... Autre. Précisément. Dans ce cas, *le risque vient alléger notre angoisse du néant* : car si l'homme *produit* de l'Autre comme tel, il n'y a plus rien.

Au fond, vouloir être débarrassé de *son* angoisse, c'est vouloir couper un lien trop connu trop fermé sur elle, une sorte d'alliance privilégiée avec elle, comme un vieux mariage ou un rapport de vieux couple... Ce n'est donc pas de l'angoisse comme telle que l'on veut être débarrassé. Au contraire, on voudrait lui redonner une certaine force d'altérité. Chacun se plaint de sa fidélité involontaire à un lien étouffant ; mais nul ne récuse l'idée de lien, l'idée d'angoisse, ou sa présence épurée.

Ainsi mis à part les consolations matérielles (non négligeables, comme un héritage suite à un deuil), l'assurance a surtout valeur rituelle. Son rituel peut conjurer le démon phobique ; si elle fait tourner la parole pour qu'elle produise son propre objet, qu'elle se féconde d'autre chose qu'elle-même ; pour qu'entre deux paroles un désir puisse poindre.

Assurance, sécurité... cache-sexe de l'*origine qui revient à la charge*, avec sa faille qu'elle risque de vous transmettre, encore. Catastrophe du *temps* qui risque de s'emballer, de s'enfiévrer... On l'a vu pour le « capital » des compagnies d'assurance : théoriquement équivalent à la durée des contrats en cours, et qui se renouvelle quand chaque terme est reconduit – il est de ce fait équivalent à un certain *temps* disponible. C'est l'entre-temps qui vous sépare du trauma : on paie pour que le choc de l'événement soit encore différé, on paie l'achat d'un temps « possible ». Or c'est isomorphe à la production d'un symptôme : quand l'angoisse d'un événement est trop forte, on la transfère sur un « truc » assez stable, un symptôme, qui donne une certaine assurance (même si les échéances, les « fins de moi », sont parfois chères). De fait, l'énergie accumulée dans ce symptôme ou ce capital (d'assurance) est une sorte de prélèvement sacrificiel : comme pour intercéder, pour tenir le coup face à l'Autre – hasard, réel, destin. Encore l'idée religieuse que si le jugement du destin – à l'instar du jugement dernier – est trop dur, il y aura de la réserve, du repli, de quoi répondre. Autre version du rapport au sacré. L'assurance est alors une mutation du lien social en tant qu'il transfère la retenue et la mémoire face au trauma sans mémoire ; tout comme le symptôme transfère le choc de l'origine vers une retenue factice et une mémoire retranchée. Le risque de l'assurance est alors celui du symptôme et celui de l'institution : vous confisquer les forces de vie en vous assurant contre elles.

Il y a d'autres mutations du lien « originel », mais toutes comportent le risque d'effacer le risque.

Chapitre 5

PLACEMENTS ET DÉPLACEMENTS

En quête d'une place

I
L'entre-deux des chômeurs

« Trouver place. » La question n'est pas seulement celle du chômeur, même s'il l'éclaire de façon crue lorsqu'il est en manque – de place, d'*une* place. C'est la question molle et violente des « déplacés » de toutes sortes, de ceux qui cherchent leur place, ou s'interrogent sur elle quand ils se sentent déplacés. Les chômeurs, les « jeunes », les immigrés et tant d'autres praticiens du problème de « trouver sa place » maintiennent à vif ce problème que chacun trouve aux points de rupture ou de mutation de son existence. Ces points critiques, il serait dommage de ne les avoir pas connus ; instants du déplacement, ils empêchent de s'identifier avec la place où l'on naît, et celle où l'on était.

On peut y réfléchir, partant des *chômeurs* et des *jeunes* : deux entités qui s'éclairent l'une l'autre car dans chacune on est *exposé* au même vide symbolique : il manque la force de rappel, la mémoire jouable. Le corps, exposé – « sans rien » – ne dispose pas d'un retrait par rapport à son être au monde. Il n'y a pas quoi *dire* ou *faire*. L'impasse se vit sous le signe de l'*entre-deux* alors même qu'il n'est pas perçu : le chômeur est entre deux places (même si parfois il n'a pas eu de « première » place, ou s'il se dit que celle dont il sort risque d'être la dernière). Le *jeune*, ou l'adolescent prolongé, est aussi pris dans un entre-deux tendu, froid ou angoissé : entre deux parents, entre enfance et âge adulte, entre deux niveaux d'être. Son épreuve : *passer* ; vivre dans son corps le changement d'être. L'adolescent endure la passe entre un lieu et un autre de son identité, or celle-ci est un processus infini. Il connaît la perte d'identité, et le rêve un peu fou d'en avoir une incassable.

Jeunes ou chômeurs de tous âges vivent l'entre-deux-lieux comme attente, suspens de l'être, hébétude ; arrêt phobique, issue perverse – toxico ou délinquante... – repli sur soi ressassé, et à l'horizon l'intégration dans le rang, là où ça ne dérange pas ; au trou.

Commençons par le *chômage*. On l'évoque tous les jours, il a sa rubrique attitrée, ses médecins affairés, ses concepts affûtés : formation, insertion, intégration... (le terme n'est pas propre aux seuls immigrés). Mais ces concepts baignent dans une logique du bouche-trou : celle de croire qu'il faut des trous pour y loger des corps en trop, ou les y adapter ; et que le drame serait l'écart entre le nombre de trous possibles et le nombre de corps en trop. Dans cette logique du vis-écrou (où est vicieusement écrouée la logique officielle sur la question du chômage), le pire est que les corps une fois placés, une fois engagés dans le trou, y disparaissent tout simplement ; on n'entend plus parler d'eux ; ou alors ils sont éjectés. Cet ajustage entre le trop et le trou évoque une érotique un peu grosse et abêtie, dont nous verrons qu'elle relève... de l'inceste. En tout cas pour l'instant, l'ajustage est foireux, et fait oublier ceci : le chômage actualise – ou fait passer à l'acte – l'instant aigu qui pour chacun est l'origine de sa mise en place ; le geste « fou » où il prend place dans le monde alors qu'il y est déjà. Ce geste est repris, modulé – c'est cela le déplacement. On y transfère aussi le manque de place originel ; « dans ma famille j'avais pas de place, et ici je ne trouve pas non plus de place, de place vivable... » dit celui pour qui ce geste initial est resté pris dans l'origine ; figé. Ce geste, chargé de sens et de non-sens, de raison et d'inconscient, c'est la gestion sérielle, infinie, des présences du corps. Les gestes possibles du corps. Et beaucoup sont coincés à tel moment de cette série comme à l'épreuve de leur origine. Par là ils semblent voués à se coincer dans une épreuve, celle du chômage au sens général de : ne rien faire qui vaille. (Beaucoup de gens « en activité » sont au chômage sans le savoir.) Il s'agit de l'activité en tant que foyer vivant qui concerne le changement.

La question de « trouver place » est d'ordre ontologique ; elle concerne l'événement d'être, donné ou renouvelé. C'est plus que de faire un trou dans une substance préalable. De quoi serait faite par exemple la substance enseignante ? ou technicienne ? ou artistique ? Plutôt qu'une place où mettre un corps, où le caser, ce qui est en jeu est une *texture* incluant sujet et objet : elle comporte le matériau à œuvrer, le geste de l'investir, l'envie d'y jouer une partie de son être. L'entre-deux ici, entre sujet et objet, est la texture qui les porte, les produit, les dépasse, les précède. La place doit exister déjà, un peu, dans la tête de qui la cherche, sinon elle est introuvable : s'il n'a aucune place *libre* dans son mental, dans sa texture symbolique, il ne verra pas de place libre dans le réel, même s'il l'a sous le nez. Il y faut une liberté, d'esprit et de corps. Or le chômeur est justement captif du manque ou de la place idéale ; et cette capture il la ressent dans son corps ; corps en trop, corps impossible à déplacer, ou à placer.

Et si ce corps qui cherche une place est déjà placé à son insu, il sera comme ces êtres qui ne trouvent pas de partenaire amoureux parce qu'ils sont déjà sans le savoir solidement mariés ; avec qui ? avec un bout de leur passé, avec leur symptôme, avec leur mère ou leur père, avec eux-mêmes... L'éventail est large mais l'effet identique : ces êtres sont déjà *pris*, occupés ; on leur organise des « rencontres » mais la greffe ne prend pas.

Il y va d'un travail sur la texture des liens qui lient le sujet au monde et à lui-même. Travail d'*emplacement*, plutôt que de place ou de placement. De plus, *trouver une place c'est pouvoir se déplacer*. Sinon ce serait la place finale, image probable de la place initiale : entre la première place dans le ventre de la mère et la dernière place dans le ventre de la terre, la vie serait un peu coincée...

Mais il faut un minimum de place pour pouvoir se déplacer, il faut s'être déplacé pour trouver place. Il faut de l'emplacement originel, du germe de lieu. C'est en quoi la quête de place concerne la quête de l'origine dans sa dimension inconsciente. Cette quête – « voyage », errance, projet de formation –, c'est du lieu qui prend forme, de l'entre-deux. Là encore, paradoxe « originel » : former ceux qui n'ont pas « pris » forme, leur transmettre l'entre-deux-formes : le pouvoir de se déformer, le luxe des « métamorphoses »...

L'épreuve du chômage est celle de la *séparation* ; non pas seulement d'une place à l'autre, mais de l'origine comme degré zéro du déplacement. Il faut donc une origine assez vivace pour que l'on puisse s'en séparer. C'est tout un travail (et ça donne du travail) de rendre son origine vivante, pour lui redonner vie après ce qui a passé sur elle, après ce vent de mort et d'absence qui l'a figée – et nous a figés avec. C'est un travail de deuil mais aussi de réparation. Beaucoup « ne trouvent pas de travail » car ils sont trop occupés – à plein temps – par un travail de deuil, interminable car jamais vraiment commencé. Ou alors ils s'emploient à réparer l'irréparable au lieu de le déplacer.

Comme toute grande épreuve d'entre-deux, celle du chômage concerne l'espace « infini » entre soi et son origine ; bien plus que l'espace entre un pas et le suivant dans la série des passages et des places possibles. Certes, se déplacer, supporter le passage *entre-deux*, c'est pouvoir accomplir *en soi* le geste de passer ; le consentement au passé ; l'acte crucial de faire le pas. (Dans une blague juive, un sage à qui l'on demande pourquoi il y a des riches et des pauvres répond après réflexion que lorsque Moïse a brisé les tables de la Loi, les Dix Commandements ont volé en éclats, et l'un d'eux, celui qui dit de ne « pas voler » s'est aussi brisé : ceux qui ont ramassé le mot « voler » volent à tour de bras et deviennent riches ; et les autres ont ramassé le « pas », les pauvres : ils restent toujours sur le *pas*, l'interdit infranchissable, le pas à faire.)

Il faut de l'espace intérieur pour faire le pas, pour se dépasser un peu, pour se déplacer, au risque d'être déplacé ; décalage dans sa propre identité. Déplacer les mots ou les choses, c'est plus facile : un mot pour un autre, une chose pour une autre ; « métaphores », échanges ; c'est relativement accessible. Mais endurer la métaphore *en soi*, supporter de jouer une partie pour une autre, c'est pouvoir être soi-même le jouet d'une partition de l'être. Il faut pouvoir transférer de l'énergie d'une place à l'autre, transférer (donc déplacer) la question même de trouver place. Parfois c'est la place qui vous trouve, dans le chaos de la lutte des places, dont chacun sait qu'elle remplace la « lutte des classes ». Si l'on avait mieux compris que celle-ci a pour texture le placement et la place, peut-être aurait-on évité qu'elle serve de trique entre les mains des sbires en place ?...

Il y a un « complexe de la place », où l'enjeu de « trouver place » vous *met aux prises avec* l'*autre*, et avec le monde. On en connaît des effets simples : par exemple, souffrir de ne pas trouver place, de n'être pas à sa place et de n'avoir pas idée de ce qu'elle doit être, cela produit de l'ennui, une forme d'angoisse. Le corps souffre d'être réduit à lui-même ; il ne tient pas en place. Et lorsqu'on cherche une place, on projette à son insu ce « complexe », on transfère sans le savoir les difficultés qu'on a eues à se faire une place (dans sa famille, à l'école, dans différents collectifs...). La quête d'une place transfère toujours d'anciennes questions qui tiennent à la place précédente : au désir de la quitter, de ne pas y rester, surtout quand c'est le trou familial, le creuset d'origine. La trame sociale prend le relais de l'origine, et le corps ballotté y tombe dans les grosses mailles ou les trous, il traîne avec lui la question plus originelle de savoir s'il a *lieu d'être*, s'il a lieu dans l'être, de quoi tenir symboliquement ; si le Temps ou le Destin a fait sur lui un bon placement. C'est que la place n'est pas une marque ou un lieu mais une *dynamique complexe* qui implique le jeu des liens et des lieux, où prend place le mental, le corps, le dire... Il est clair qu'il faut avoir une place pour pouvoir la quitter ; *il faut avoir une place à quitter* ; ce qui compte c'est le potentiel de déplacements. Une place qu'on ne pourrait pas quitter n'en serait pas une : c'est une prison ou un trou (et si c'est dans un fromage, on devient rat) ; c'est une opacité de l'être, on n'y voit rien : on *est* cette place ; on est « dedans ». Inversement, trouver une place exige d'en avoir perdu une et d'avoir pu inscrire cette perte en résonance avec une perte d'origine. Cette perte impulse le dé-placement, le passage entre deux places rendu possible.

Or nous disions de l'origine qu'il faut en avoir une à quitter, quitte à y revenir, à en repasser par elle, par à-coups. Il y aurait donc correspondance entre l'origine et la place ; au-delà d'une mythique « première » place. Le drame de l'origine se met en place... Outre les verdicts féroces où « il n'y a pas de place pour vous » parce que vous avez telle origine, telle identité.

Beaucoup sont victimes non pas de la place qu'ils avaient mais de la place qu'ils n'avaient pas ; du manque de place qui les précède, et les poursuit. Manque d'origine ou manque dans l'origine, il ne s'est pas parlé, ou pas assez pour qu'ils puissent prendre appui sur lui. C'est là un effet curieux, et l'adolescent l'éclaire dans son rapport à sa famille : « Vous ne me faites pas de place ! » crie-t-il à ses parents paniqués. Et eux, naïvement, l'entendent comme un reproche, ils sont déjà coupables ; ils se serrent, se font tout petits pour la lui faire : « Mais si ! on te fait de la place », et ils la lui montrent ; ils lui montrent qu'il est attendu à la place qu'il cherchait – grâce à eux – à pouvoir quitter. « Tiens, souffle la mère, tu peux même amener ta petite amie, je fermerai les yeux ; ton père il voit rien de toute façon... » Culpabilité des parents : ils ne supportent pas d'être en manque ou en « faute », ils sont renvoyés à leurs manques – figés en « fautes » – alors même qu'à leur insu ils ont transmis un manque vivant. Leur crispation empêche alors l'adolescent de quitter cette place en creux, de la penser comme manque de place pour aller en chercher une autre ; pour aller transférer ailleurs ses affects qui s'y enlisent. De même, il est possible que des chômeurs aient à se défendre de la place en creux qui leur est faite dans les girons institués, où l'on se dédouane sur leur dos de la question gênante qu'ils posent. Celle du désir de se donner lieu dans un « travail » dont l'objet est l'être au monde, la mise au monde de présences physiques.

Le chômage interroge les potentiels de déplacement, dans le langage et dans l'espace ; à partir de cette non-place qu'est l'origine, dont beaucoup restent captifs quand ils ne peuvent la déplacer. Se déplacer dans un langage suppose des potentiels d'interprétation, de traduction, de projection, de transfert ; c'est plus qu'une question de souplesse et de flexibilité. Une place est un pôle de transfert de la place précédente. En elle on projette les fantasmes et les impasses de la précédente. Certains rêvent de poursuivre sur des rails, et résolvent le problème du déplacement en le supprimant ; mais la mutation qui les guette, car elle est la chance de leur vie, se produira de toutes façons ; à cinquante ans s'il le faut ou au seuil de la mort, lors de somptueuses ruptures ou d'étranges maladies. Jusque-là ils n'ont pas été déplacés, ils n'ont pas été touchés par la question de leur emplacement et de leurs racines. « Racines » n'étant pas un lieu ultime de vérité mais un rapport à l'origine : le pouvoir d'en passer par elle, la pulsation de s'en approcher et d'en partir.

Autrement dit, pour « trouver place » il faut n'être pas déjà identique à la place qu'on occupe, car alors on est cette place pour le compte d'un d'autre ; on est le symptôme de quelqu'un d'autre. *A fortiori* si cette place tient lieu d'identité, ou d'origine. Être le placement de quelqu'un d'autre, c'est coller si fort à telle place inconsciente qu'en un sens on l'incarne : alors, impossible de se déplacer sans avoir le sentiment de plonger dans le vide ; peur de cesser d'*être*, tant l'être s'est identifié à la fixation de cette place. Se déplacer, c'est n'être pas identique au lieu où l'on se place ; c'est transférer le geste même de se placer. Le manque de distance à soi, qui est un repli narcissique, c'est l'impuissance mortifère à transférer le geste même de se placer ; on ne peut plus transférer le transfert où l'on est pris, déplacer la place dont on est la proie. Or il s'agit de la changer ou de se changer en partant – en opérant sur soi un partage.

Le « transfert du transfert » occupe une place clé dans ma recherche sur le rapport à la technique (voir *Entre dire et faire*). J'y montre que dans tout projet de faire, un trans-faire est à l'œuvre, pour franchir la fixation sur un objet – qui sinon serait fétiche. Ce qu'on transfère sur un objet (ou une place) exige lui-même d'être transféré. D'où l'importance, dans maintes situations vitales, d'une « analyse transférentielle » pour éclairer ce qui se transfère dans une place, à notre insu. Car une place n'est qu'un relais d'un déplacement transférentiel, un arrêt provisoire d'un « placement » de transfert.

Cela montre que l'impuissance à se dé-placer est du même ordre que celle de s'engager dans une expérience amoureuse, vu les liens bien connus entre le transfert et l'amour. Parfois la différence de place (par exemple entre « le privé » et « le public »...) est vécue comme différence entre être mortel ou éternel, pouvoir changer ou être inchangé – inamovible. Auquel cas la place vous identifie, vous fixe. Cela signale que l'on n'a pu symboliser une certaine mort adolescente, et cela fige la force vive adolescente. Une fois symbolisée, cette mort permet de disposer de l'impulsion adolescente, comme d'un nouvel alphabet, élargi. Mais ce n'est pas simple de symboliser cette « mort » confuse qui plane lors de l'adolescence ; elle est si prompte à se replier en déprime, abrutissement, pulsation inerte, d'autant que les adultes qui devraient pouvoir lui donner lieu et l'honorer sont justement ceux qu'elle angoisse. Cette sorte de « mort » est à la fois un manque de place et une place du manque. Dans les deux cas elle risque de déplacer l'adulte, qui réagit par le refoulement ou la bêtise quand il refuse d'affronter ce manque comme une pleine expérience de vie.

On comprend mieux cette ritournelle symptomatique selon laquelle le problème du chômage aurait pour clé les immigrés ; qu'ils s'en aillent et on prend leurs places. Pour le croire il faut avoir le point de vue du travail bouche-trou. Mais cela suggère que le chômage exprime la difficulté des autochtones à vivre un peu leur dimension immigrée, à « voyager » dans leur espace, y compris l'espace intérieur ; ce qui mène à affronter certaines questions ontologiques : que faire lorsqu'il n'y a rien à faire ? que font vraiment ceux qui croient faire ?

Trouver place c'est d'abord pouvoir travailler un fantasme, donc n'y être pas inclus mais pouvoir en jouer. Beaucoup ont la formation pour « faire quelque chose » mais n'ont pas la force de se déplacer hors du fantasme qui conditionne tout autre placement. Tout comme maint adolescent a l'air d'un homme alors qu'il pleure encore aux carrefours œdipiens.

L'emplacement questionne le seuil et l'entre-deux. Avoir assez de place pour tenir, tout juste, et pas assez pour s'y réduire. Les places, comme fragments d'identité, sont un ancrage précaire dans l'origine, et celle-ci n'est qu'un déclenchement du voyage de l'être.

Précisons qu'il n'est pas question d'ignorer les conditions économiques ou politiques du chômage, mais de comprendre sur quel mode il est vécu. Si les statistiques imposent que dans telles conditions 12 % des gens *« doivent »* être au chômage, comment vont-ils à ce rendez-vous ? et pourquoi ceux-là ? Les statistiques servent de bouche-trou à toutes sortes de questionnements. Telle femme est stérile « sans raison » ? c'est qu'elle est dans les 10 % de femmes qui sont... dans le même cas ; cela devient la *raison* de sa stérilité. Les statistiques « donnent » le savoir qui manque quand le savoir se révèle en manque. Autrefois on imputait cela au hasard, et le hasard s'accumulant, on commençait à murmurer : il n'y a pas de hasard, peut-être des forces obscures ou inconscientes produisent-elles ce blocage ? Avec les statistiques au contraire, le chiffre est net, rond, certain : calculé après coup, après le coup du hasard dont il annule le coup suivant ; annulant ses interprétations possibles.

Le chômage se révèle – on le verra pour l'adolescence – un état critique du transfert, une impasse de l'amour ; celui-ci trouve obstrué le passage vers l'« autre », mais trouve aussi obstrué le repli sur soi-même.

Parfois, quand l'Autre (c'est-à-dire le monde, les autres) n'offre qu'un repli, et par exemple identifie le chômeur et son chômage, alors c'est l'envie même de s'en sortir qui est volatilisée ; et l'on retrouve ce trait connu : le *manque d'envie*, que certains dénoncent chez les chômeurs et les adolescents (« Ils ont envie de rien, surtout pas de bouger... »). Or l'envie, embryon du désir, est toujours l'envie d'un transfert *entre-deux* ; et c'est le transfert d'une envie. Dans l'état de fixité narcissique le transfert est impossible parce qu'il est inutile. Certains chômeurs ne voient pas que leur déprime est bien celle des adolescents et non pas celle des vieux « finis » ; c'est celle des gens qui ont à se déplacer et ne savent pas ce qui les empêche, comme s'ils redoutaient de savoir à quelle place ils sont déjà, dans quel transfert ils sont figés.

L'entre-deux le plus radical est celui que l'on a avec l'origine. C'est le jeu rendu possible d'une distance à l'origine. Lorsque cette distance manque, ou qu'elle n'est pas « donnée », la place possible est littéralement invisible. Vous dites : « Il faudrait *voir* si cette place vous plaît », et vous le dites à quelqu'un qui, à la lettre, ne *voit* pas ; comme s'il en était resté à un mode d'être fusionnel. Voir et percevoir est affaire de mémoire, et d'inconscient. Si on fusionne avec soi-même ou avec un fantasme de l'« autre », on ne voit rien de ce qui menacerait cette fusion. Au mieux on voit une place qui s'offre et on voit que « ça n'ira pas », car on la voit identique à elle-même, on ne pense pas la transformer ; on n'imagine pas l'entre-deux dont une place est porteuse. Ce gel de la mémoire devient un gel du corps lui-même, pour qui le déplacement réel devient un risque mortel. D'où ce plaisant paradoxe : peur de trouver quoi faire par peur de bouger ou d'être mû par ce qu'on fait. C'est la peur de se retrouver face à l'abîme de l'origine... parce qu'on y est déjà, tout abîmé.

Parfois on doit toucher le corps de l'autre lorsqu'il oublie qu'il a un corps ; le toucher pour mettre un peu de distance avec, s'il a tendance à fusionner... Eh bien trouver une place, c'est faire la rencontre de ce qui a pu vous toucher et vous remettre en distance avec vous-même, vous donnant comme un germe d'espace où l'entre-deux serait possible.

Ce n'est bien sûr pas un hasard si faute de lieu ou de place le chômeur se voue parfois à l'espace errant du voyage, même du voyage immobile, du trip où il traîne sa question originelle qu'il ne trouve pas où placer. Entre lui et son espace, l'événement d'être n'a pas eu lieu. Les responsables qui s'en occupent (parfois nommés « placiers »...) apprécient mal le contretemps de son voyage : il bouge pour mieux se fixer, et il se fixe ou s'incruste pour mieux rêver de bouger... Certains ont même pensé soigner le chômeur par le voyage, le circuit, le déplacement voulu et ponctué. L'idée est bonne, encore faut-il que ceux qui l'ont puissent aussi voyager à travers elle, et la perdre pour la retrouver autrement.

Les points communs entre chômeurs et adolescents sont sous le signe de l'*entre-deux* ; où ça a du mal à passer, à transférer l'impasse. L'énergie en excès reflue sur le corps propre et l'écrase dans un narcissisme forcé : pour le chômeur c'est « n'avoir rien à faire », ce qui peu à peu terrasse son envie de faire. Pour l'adolescent c'est l'impuissance à « faire ». Il y a l'élan compulsif à « faire l'amour » sous le signe du pur plaisir ou sous l'aile de sa mère poule, et cela ne permet pas le passage.

II
L'entre-deux adolescent

L'adolescent est presque le symbole de l'*entre-deux* ; sans être en mesure de le penser. Souvent c'est plutôt non-lieu qu'entre-deux ; une sorte d'état naissant à traverser encore une fois, à renouveler. Autrement dit, une figure très immédiate de l'origine.

Il ravive chez les parents l'entre-deux qu'ils n'ont pas franchi ou dont ils portent la cicatrice ; et cela lui rend le passage plus délicat. Il tente de se séparer de ses parents, et ceux-ci revivent leur peur d'être, comme enfants, abandonnés ; la peur qu'ils ont eue, enfants, d'être lâchés par leurs parents. Une des sources de leur « lâcheté » est cette peur, qui est aussi la peur subtile d'être séparés d'eux-mêmes, d'être mis devant leur béance, leurs ouvertures désertées. Cette « lâcheté » les empêche de marquer des limites, limites précieuses sur quoi l'« ado » pourrait rebondir. La lâcheté permissive a son reflet : la crispation autoritaire, qui les réduit à leur masque, à n'être plus que ce qu'ils masquent.

Or les parents ont à penser leur désir propre, leurs enjeux, leurs projets, et à reconnaître leurs propres points d'adolescence et de jeunesse, ces points de fuite du cadre où ils s'encadrent et des fonctions où ils fonctionnent. Alors ils peuvent connaître cette période démesurée et pulsatile que connaît l'adolescent. Plutôt que de se mettre à sa place, ils peuvent défendre la leur, leur rapport à la place, au déplacement. L'enfant demande que l'adulte s'aime d'abord lui-même, l'adolescent demande que l'adulte soit ouvert pour son propre compte plutôt que d'être « compréhensif ». Bien des parents, au lieu de se pencher sur l'abîme sans fond de leur adolescent – pour comprendre comment il est – pourraient profiter de la crise pour mieux penser ce qu'ils sont. Mais souvent, la « psy » aidant, des adultes sécrètent des sermons sirupeux sur la « valeur structurante du manque » alors qu'eux-mêmes ne supportent ni d'être en manque ou en faute, ni d'être accusés. Pourtant, assumer d'être accusé – sans s'effondrer – c'est déjà rendre possible une certaine séparation.

L'*entre-deux* de l'adolescent est un manque de « définition » et un désir que ce manque tienne ou se maintienne ; que la définition n'en finisse pas trop vite avec l'indéfinissable. Pour certains, cet entre-deux est un abîme. Ils s'y voient bien enfants, toujours enfants, jusqu'à l'instant miraculeux où soudain ils seraient adultes... Image naïve ou écrasée de la distance entre leurs racines et le monde. (Jamais aussi proches de leurs racines infantiles que lorsqu'ils posent à l'adulte, jamais aussi proches du monde que lorsqu'ils paraissent enfants.)

Leur *entre-deux* est aussi l'entre-deux-parents : l'arriéré œdipien, rappelé par l'orage sexuel, bloque le passage ; et la peur d'être plus près de l'un que de l'autre. C'est l'abîme entre deux rêves, la peur de quitter la répétition, c'est-à-dire l'habitude de ce qu'il y avait.

Les rituels de passage, plus nombreux qu'on ne croit dans nos sociétés, voudraient faire passer l'entre-deux, et déjà lui donner lieu, ou consistance ; car ses aspects inconscients l'exposent à être inconsistant ; indécidable. Ces rituels voudraient induire des déplacements, des transferts de pulsions, des « sublimations ». Décrocher une compétition, passer au niveau supérieur, passer en fac, passer le bac, le « stage » – mot banal et terrible qui signifie position, lieu d'être passager en attendant l'*étage*, ou l'étagère... Tout ça vient de *stare* qui veut dire être. Et des rituels d'attente, en attendant le moment clé où les rails s'arrêtent : plus de programme, plus de « compète » à l'affiche. Alors l'adolescent-adulte est perdu, et cherche fébrilement des signes d'installation pour conjurer l'angoisse du vide, celle de l'*entre-deux* en tant qu'espace de mutations.

Outre ces passerelles – où la poussée massive risque de faire que rien ne se passe –, il y a toutes sortes d'instances, des lieux spécialisés, lieux de parole et d'insertion servant de greffe parentale pour permettre le passage. Faire circuler, empêcher que ça en reste aux voies de garage. Il s'agit de produire l'entre-deux comme place transitoire, possible, praticable, le temps d'arriver à la traversée de ses limites, ou du moins à leurs approches. Car l'adolescent, comme tel, connaît le transfert impossible : ni sur un parent ni sur l'autre, ni sur le passé ni sur l'avenir ; il transfère vaguement sur des stéréotypes : le look, la musique (ou plutôt le groupe musical, côté scène ou salle, apparaît comme embryon du collectif), le fast-food en bande, les sorties... Avec toujours la tentation du réduit narcissique, vécue seul ou en groupe ; et à l'horizon des limites plus sombres : des appels pseudo-pervers (drogues ou sectes) où il s'agit de fonder soi-même son support d'être. Pour beaucoup d'adolescents l'espacement de type « toxico » est transitoire : c'est avant tout une *intoxication narcissique*, où le besoin de recharge, de recharge narcissique, tourne à la saturation. Au loin, des halos morbides : l'étrange nécessité de côtoyer la mort et la perte – pour marquer le rebond de vie.

Cet entre-deux questionne le geste de « trouver place », de faire émerger l'emplacement, le lien possible (marqué de brusques renoncements ou d'élans créatifs...). On l'a vu, beaucoup échouent à trouver place parce qu'ils sont déjà placés à leur insu ; trop placés. Il leur faut un minimum de mouvement pour connaître la place où ils sont, déjà, pour la dévoiler, gagner la force de la quitter et de prendre le large ; la force d'être « infidèle » à des contrats fantasmatiques. Car le manque de place – et la fixation qui s'ensuit – dit souvent que la place est prise par les fantasmes qu'y ont projetés les adultes. L'ado n'a pas la force ou le désir de « bouger » ces fantasmes. Il est bloqué dans tel lien secret parce qu'il y voit l'ultime réduit pour sauver son identité ; pour en avoir une, déjà. Mais franchir cet entre-deux de l'identité implique le risque de n'avoir pas d'identité, ou de n'en avoir que le manque, le temps qu'il faut pour qu'arrivent d'ailleurs des signes de déplacement, d'identification, toujours partielle. C'est ce temps du passage à vide qui est vécu comme dangereux, c'est ce même vide qui fait s'accrocher au symptôme : avant de le quitter on veut savoir par quoi d'autre le remplacer. L'adolescent est sur le point d'être le symptôme de son passé, de ses origines, des colmatages poignants où elles ont tenté de tenir. Il résume toutes leurs impasses avant de pouvoir en décoller ; et ce résumé l'accable.

Or l'adolescence met en acte une relance de l'origine à partir de cet événement : l'amour ancré dans le réel de la pulsion, et de l'autre qu'elle rencontre, qu'elle invente. Et toute relance de la pulsion a des couleurs d'adolescence ; celle-ci est de tout âge mais constitue un moment rare : si l'adulte veut la connaître ou la reconnaître il « n'a qu'à » tomber amoureux, s'il peut. Il verra le non-lieu-d'être passer devant lui, la tentation de fusionner corps et mémoire, de s'ignifier au point brûlant de bêtise et d'esprit, qui chez des jeunes produit ce curieux air d'absence ; où l'absence de soi se confond avec celle de l'autre ; où la cassure de l'être est là comme un grand gisement dont on ne sait pas quoi faire (en faire une maladie ? une trouvaille ? une solitude ? une explosion ? de joie ? de déprime ?...). On touche une à une aux fibres de son identité, et ça grince de partout.

Heureusement, deux forces majeures s'opposent au blocage adolescent avec son transfert en suspens ; c'est la parole et la pulsion. La parole est par elle-même offre permanente de transfert (transfert de sens, de place). La pulsion est celle du sexe explosif ; et chez l'adolescent cette montée de sève qui exige satisfaction implique aussi, précisément, l'épreuve d'un transfert. Dans le chômage, il y a une pulsion analogue, qui n'est pas celle de « faire l'amour » mais de *faire* – ce qui rejoint inconsciemment bien des enjeux de « faire l'amour » ; faire avec amour, ou s'aimer faisant cela ; ce qui appelle d'autres forces, marquées du désir de trans-faire, d'être au-delà de ce qu'on fait ; faute de quoi on est refait.

La parole et la pulsion sont un recours au blocage du transfert car l'humain ne demande qu'à dire, à faire, à trans-faire. Il n'est pas dupe des substituts qui figent le transfert et l'intoxiquent.

L'*entre-deux* de l'adolescent (et disions-nous du chômeur) ouvre sur le risque de la rencontre avec ce qu'on n'est pas ; avec l'autre sexe, déjà ; ou avec l'autre comme sexuel, érotique, excitant. Là est le point de croisement entre sexe et travail. Dire que l'entre-deux est « sexuel » c'est dire que l'écart à franchir – sa texture et son mouvement – s'exprime en pulsions, désirs, affects, élans du corps ; au-delà du « plaisir » et de la séduction. Au passage on peut se tromper : certains ados se décrètent « homosexuels » alors qu'ils sont acculés à chercher d'abord comme « autre » l'image d'eux-mêmes restée en rade. Leur espace d'origine n'a pas permis que la différence soit visible et *a fortiori* franchissable. Tel adolescent n'a eu d'yeux que pour sa mère dont il a comblé le fantasme, celui d'être La Femme, la seule ; la « lâcheté » du père fit le reste : surtout pas d'affrontement.

Cet effacement de la différence, le chômage le montre aussi : toutes les places deviennent équivalentes vu que le seul impératif est de s'identifier dans l'une d'elles ; sans « déplacement » réel ; on reste sur place, et c'est une place indifférente.

L'« entre-deux » n'est donc pas pour l'adolescent le cocon qu'il devrait quitter pour « naître à lui-même ». Car qu'est-ce que « lui-même » ? Son lot est peut-être d'intégrer au devenir humain cette fonction de l'*entre-deux* à ce niveau crucial qu'oublient plus tard les gens placés ou installés. L'adolescent, lui, ne s'en sort qu'en intégrant cette fonction ; à « lui-même ». Il connaissait depuis longtemps l'entre-deux-parents, l'écart entre fantasme et acte... mais cet « entre-deux » sexué et radical, il ne l'affronte de tout son corps que maintenant.

Le chômeur connaît la même épreuve physique : intégrer ce passage à vide comme possible, comme une passivité féconde ; dégager son corps de lui-même, faire de son « état » un passage.

On le voit, la question de trouver place transfère celle d'*avoir trouvé place* ou pas dans l'espace des origines (notamment dans les embûches du passage œdipien où il s'agit de rejoindre l'autre pour s'en éloigner et de s'en éloigner pour le rejoindre ; bref de ne pas *être l'autre*). Dans les deux cas – chômeurs ou jeunes – l'épreuve est qu'au départ on a une place non transférable, ou une non-place. (Au fond ceux qui vont chez l'analyste lui disent : ma place bloquée, je ne peux plus la transférer que sur vous ; acceptez-vous que je la déplace « avec » vous ? au moyen de vous ?) Pour qu'une place soit transférable il vaut mieux qu'elle ne soit pas déjà somatisée, identique au corps propre du sujet ; qu'elle n'ait pas déjà pris corps en lui, devenant ainsi mémoire figée de l'origine, et le fixant alors dans un transfert à lui-même.

Aujourd'hui le foisonnement d'instances de passage révèle que notre société est en proie à des textures ou des bouffées adolescentes qu'elle a du mal à supporter : désinsertions de toutes sortes, passages à vide, renouvellements accablants, mutations, rechutes, « nouvelles chances »... toutes sortes d'abîmes et d'ouvertures où l'entre-deux s'impose et où le transfert se révèle dur ou infaisable. Impasses diverses de l'origine... Il est difficile pour une instance instituée d'impulser le passage, l'entre-deux, sans affronter les transferts en jeu et les culpabilités du social devant tous ces gens « déplacés ». Mises en fautes ou subtile perversion : vous vouliez une place ? en voilà une... Comme si l'essentiel était qu'ils soient en place, quelque part. L'intéressant est que cette lâcheté rappelle celle de certains parents devant leurs ados. Le résultat n'est même pas « efficace » ; il y a maintenant des îlots bien équipés, urbanisés où de jeunes truands font la loi. La lâcheté élude le conflit alors qu'il est une forme vive de l'entre-deux, une chance de croiser ses limites pour en découdre avec ; pour se mesurer à ses blocages inconscients. Elle efface le conflit et produit cette in-différence que connaît bien l'adolescent ou le chômeur, et qu'il tente de briser en passant à l'acte, par des pratiques extrêmes.

Pour l'adolescent, l'entre-deux est d'autant plus ardu à franchir qu'il a été plus capturé dans le fantasme des parents. Souvent il répète cette capture ; la famille ou son manque sont reproduits ailleurs, tels quels (la femme relayant la mère...). Plus souvent, l'ado se déplace avec sa blessure narcissique ; agressivité à vif, rupture de fait avec l'Autre. Pour le chômeur, franchir l'entre-deux est d'autant plus ardu qu'il a trop subi l'emprise de la « place » précédente ou du manque de cette place ; d'où l'inhibition à trouver la suivante ; l'impuissance à traduire, à transférer. S'il n'a été que le rouage d'une machine (même d'une machine à insérer), il risque d'être le rouage d'une autre ; sans « mutation ».

On s'imagine que l'adolescent hésite à passer la frontière, la ligne de partage entre enfance et âge adulte. Cette ligne est une vue de l'esprit : c'est un vaste entre-deux où le *pas*, la texture fait problème. L'adolescent est ce qui en vous doit inventer le passage et la place quand l'espace trop inerte n'en a pas transmis l'idée. Et l'espace, c'est-à-dire l'Autre, n'a ni à s'effacer pour que l'adoiescent existe, ni à se suraffirmer. Il s'agit de marquer le passage entre effacement et présence. Un ado peut se déprimer ou virer au débile s'il sent que son père s'écrase et ne peut être affronté ;

ou s'il a en face un être sans faille. L'important est qu'il rencontre l'effet de limite dans l'entre-deux où cet effet se déploie. Au passage, avoir deux parents peut se révéler une chance.

Il revient souvent aux instances responsables (instituées ou parentales) d'aider à *constituer les termes mêmes de l'entre-deux* pour en permettre le franchissement ; tout comme il faut des rives au fleuve pour y faire le projet d'un pont. Si l'enjeu de « trouver place » est de franchir l'entre-deux, il s'agit de faire se rencontrer les deux parts de soi, comme deux rives, faute de quoi « on n'arrive à rien »... La « place » se révèle être un *effet de rencontre*, impliquant plusieurs niveaux d'être. Le chômeur et l'adolescent sont des êtres en mal de rencontre : *ils n'ont pas été rencontrés* ; ils attendent de l'être. Or rencontrer implique un potentiel de transferts ; des rencontres de l'après coup et de l'avenir. D'où cette question plus primordiale : *peut-on vivre l'origine comme une rencontre ?* C'est du même ordre que de conquérir ce qu'on a déjà, ou de donner ce qu'on n'a pas.

Le fait que tel adolescent réveille chez l'adulte l'angoisse de sa propre adolescence explique pourquoi l'adolescent devient à tels moments « incompréhensible ». Il s'adresse à la partie de l'adulte qui est restée non comprise, non intégrée, mal refoulée. Une chance est donc donnée de rejouer cette partie, de s'expliquer avec elle comme avec son destin. Il y a entre adultes et adolescents comme une transmission inconsciente, sans parole, d'un événement indicible. L'adulte s'énerve car il s'approche à son insu d'une « faute » ou d'une dette envers lui-même, oubliée. Le blocage entre adultes et adolescents est la résonance de deux angoisses dont chacune reste sourde. L'adolescent exprime le refoulé de l'adulte qu'il défie de se déplacer. L'adulte pour se défendre tend à cerner l'adolescent dans son discours, et c'est de l'y enfermer qui le rend parfois « délirant ». Ce qui est délirant, c'est ce partage des tâches où l'adulte refoule et où l'ado exprime ce refoulé, ou passe à l'acte l'impuissance à l'exprimer. D'où la surenchère qui écrase les dernières chances de s'exprimer. Par exemple, il ne travaille plus, ou ne mange plus. Du coup l'adulte en est réduit à lui rappeler le travail, il réduit son discours à un appel au travail. Et l'ado, sans être pervers, crie que « tout ce qui vous intéresse c'est le travail ! ». Il accuse l'autre en toute bonne foi de ne rien comprendre au « reste », après avoir coupé le contact avec ce reste, réduisant l'adulte à une fonction de sentinelle. Une ado, grâce au symptôme anorexique, peut réduire les siens, notamment le père, à « ne parler que de bouffe » donc à la traiter comme un « paquet de viande » dont on surveille le poids. Elle le met donc au défi de parler au-delà de cette apparence que pourtant elle exhibe comme une menace quotidienne, forçant l'adulte à ne parler que de « ça », ou à franchir sa propre angoisse pour parler au-delà, et métaphoriser la sourde question qu'elle lui pose : qu'est-ce que je pèse pour toi ? que pèse pour toi ton désir de père ? ton rapport au monde ? A travers cette angoisse l'adolescent peut faire son deuil de l'amour parental tel qu'il l'avait fantasmé – au mieux sur le mode œdipien. Une longue file d'adolescents attendent au pied du mur qu'*on les ait aimés,* attente infinie qui forme leur inhibition. Et une file analogue attend devant l'instance de l'Emploi que le Social envoie le message : on avait besoin de vous...

Dans l'épreuve entre adulte et adolescent, la surprise peut avoir lieu quand celui-ci devient parent, presque sur un coup de tête. On voit d'étonnantes mutations ; soudain il s'est rangé, normalisé voire pétrifié ; ou bien il se trouve expulsé dans le vide, de sa place de grand enfant comme d'un chez-soi fantasmatique, en quête d'une limite tenable, hors du « paradis originel » qu'il n'avait pourtant pas connu... Cela nous amène au rôle de la loi et de l'interdit.

Insistons-y, l'adolescent n'est pas un animal qui naît vers douze ans et disparaît à vingt. Ce n'est pas une entité que l'on peut cerner, objectiver, mais un processus où l'on est soi-même pris. On peut souhaiter à l'adulte de connaître, même sur le tard, des points d'adolescence, de n'en avoir pas fini avec ce mode d'être précaire, cette vacillation d'entre-deux, avec ses façons un peu brusques de faire le vide pour qu'autre chose apparaisse.

Des adolescents, on déplore surtout le blocage, l'inhibition, ou l'enfermement buté, reflétant celui de l'adulte. Souvent ils en deviennent « idiots » juste pour un temps, le temps de découvrir que l'autre n'est pas un mur, qu'on peut parler. Alors ils reprennent leurs esprits. Alternance d'éclats et d'inerties. Ce qu'ils attendent de l'adulte, ce n'est pas qu'il les honore mais qu'il s'honore, qu'il soit à la hauteur de lui-même, qu'il ne foire pas trop avec son projet, son désir ; qu'il tienne sa place sans être forcément un modèle – la vie balaie les modèles, elle les érige même pour ça. *A fortiori,* si l'adulte leur pèse de toute la masse de son refoulement, alors il peut en faire des délinquants, des corps en rade qui n'attendent qu'une loi forte qui les fixe, sur place. La drogue peut jouer ce rôle.

Parfois l'adulte oscille entre la permissivité béante et le besoin compulsif de faire Loi. Or l'interdit comme la liberté sont des choses trop précieuses pour qu'on joue avec, qu'on les manie n'importe comment. Il s'agit d'ouvrir sur un affrontement, rendu possible, un entre-deux praticable, pas seulement sur une barrière[1].

L'adulte est plein de bonnes intentions – on sait que ça peut être infernal. Il veut qu'il « ne leur arrive rien », rien de mal s'entend. Mais si le bien se confond avec le vide où rien n'arrive, il y a problème. De fait, il ne veut pas qu'il leur arrive un traumatisme. L'ennui, c'est que ce qui nous arrive d'un peu marquant est souvent traumatique. Mieux vaut alors avoir été préparé à surnager dans la tempête qu'à ignorer tout trauma, et à être dans le traumatisme accablant où rien n'arrive. « Préparé » ne veut pas dire surarmé, mais averti qu'il y a de l'Autre, que vous comptez pour quelqu'un, que Ça compte pour vous, qu'il y a de la Loi, même si pour exister elle n'exige pas le sacrifice de tout votre être, etc. Ces choses se transmettent symboliquement, c'est-à-dire à travers le corps, l'expérience vécue et partagée avec des adultes impliqués. Il s'agit d'entraver la rétraction narcissique où l'entre-deux se résorbe en repli régressif. Nous sommes les produits de traumatismes surmontés – auxquels nous avons pu répondre autrement que par un symptôme pur et simple. Autrement dit,

1. J'en ai vu interdire des films pour les adolescents car « ça pourrait les rendre pervers ». C'était surtout s'interdire d'en parler avec eux, ou poser d'avance que sur « ces choses » il n'y aura rien à se dire. Car pour ce qui est de rendre pervers, il y faut tout un labeur, le travail d'une génération, pour induire l'envie de fonder soi-même la vraie loi et les vrais liens parce que ceux qui ont cours ne tiennent pas le coup. C'est l'impossibilité de liens vivables avec l'adulte qui peut pousser à rechercher les liens pervers d'une drogue.

nous sommes les produits d'instances originelles aléatoirement renouvelées ; hasards du choc et de l'événement.

Et toute limite ou censure qui évite « aux jeunes » une épreuve d'*origine* est moins bonne que ce qui leur permet d'affronter telle épreuve dans un entre-deux parlant. Si l'adulte confond loi, interdit, limite et « symbolique », c'est que souvent il ne connaît de la loi que la faute où elle le met. « Interdire » est pour certains le seul geste de la loi, et ils le répètent pour faire leurs besoins symboliques. Or le geste majeur de la loi est l'appel, le retour, le rappel, le mouvement complexe où l'interdit prend place. L'interdit est une façon de ligaturer l'inconscient pour le transmettre dans une alliance et une tension de l'entre-deux. Je me souviens d'un père qui, en pleine « scène » avec sa fille, lui interdit de prendre une chambre dehors comme elle projetait de le faire. Elle accepte en rechignant, et après son départ il me dit sa détresse d'avoir vaincu si facilement : il était triste que la limite qu'il posait ait pris pour elle une telle valeur de vérité ; déçu de l'emporter si facilement. Il eût voulu avoir transmis plus de force et de violence.

C'est que la violence (comme l'adolescence) n'est pas une entité cernable, mais un rapport entre deux gestes ou deux paroles : une rupture là où ça devrait se poursuivre, une continuité forcée là où ça devrait s'arrêter. Le contretemps est intrinsèque à la violence. Elle est un entre-deux abrupt, indicible ; elle a la couleur du traumatisme et de l'origine. Elle n'est pas à l'opposé du « symbolique » ; certains gestes symboliques ne vont pas sans violence, surtout s'ils doivent dénouer des violences plus anciennes, plus enkystées. Cela dit, on n'a pas vu d'adolescent se plaignant de ce que ses parents l'aient laissé voir un spectacle « trop violent », mais de ce que ses parents se soient donnés en spectacle alors qu'ils n'étaient pas montrables – en trop mauvais état – au point de lui faire supporter le poids de leur chute, sans recours.

Une autre violence est d'ignorer ce qui est sur le point de se dire ; de poser une barrière là où le passage et le dialogue se révèlent possibles. S'il faut donc protéger les jeunes, ce n'est pas tant des spectacles du monde que des manquements de l'adulte lorsqu'il leur impose ces spectacles comme lorsqu'il veut les leur cacher. Dans les deux cas c'est sur leur dos qu'il se défoule ou se protège. Ce qui leur impose à eux l'inhibition, l'absence, la fuite dans le rien, l'endormissement (souvent ils prennent les devants et sont déjà des endormis). Seul un nouveau « coup » d'adolescence les réveille. Mais n'est-ce pas le cas pour tout ce qui dort ou qui s'enlise dans l'impuissance ? Voyez cet énorme bloc à l'Est, congelé durant soixante-dix ans ; ne pourrait-on interpréter son réveil, son dégel, comme une énorme bouffée d'adolescence dont un homme (Gorbatchev) a été saisi, et qu'il a pris sur lui d'orchestrer tout un temps ? Voyez cet homme arrivant au pouvoir comme un adulte responsable, s'installant dans cette machinerie parfaite qu'était le Kremlin : d'abord il se sent à sa place, bien ajusté comme dans un trou, puis c'est l'angoisse. Il sent que ça pourrait continuer jusqu'à la mort, jusqu'à l'éternité, sans que rien n'arrive. Alors il se met à toucher aux fils de l'Appareil, à en débrancher certains – et aussitôt vingt millions d'hommes se mettent à bouger, se réveillent comme ahuris d'un long sommeil – il débranche encore un fil et d'autres millions se réveillent, les langues se délient –, ça ne leur donne pas à manger mais ça leur donne la sensation, adolescente et encombrante, d'exister. La différence entre Est et Ouest, jusque-là érigée en rideau de fer, s'effondre, et c'est un entre-deux immense – de dialogues, malentendus, projets, dangers, tensions, renouvellements... – qui s'ouvre, béant, prenant valeur de symbole, pas seulement là-bas mais ici, pour tout un chacun : vous étiez là à votre place, ici à l'Ouest, à la tête de votre entreprise, ou de votre famille, ou de votre École... rien n'arrivait de remarquable ; votre question est la même que celle de l'autre adolescent arrivant au Kremlin : quoi faire, quoi débrancher, quoi inventer pour que ça bouge ? que ça puisse se déplacer, que ça puisse aller au-delà de soi-même ? La béance ouverte là-bas a valeur de symbole ici. Elle ravive au plus haut niveau l'idée de *point d'adolescence*.

L'adolescence, comme *fonction de l'être* et non pas comme époque, est l'occasion où se renouvelle le passage sans que l'être soit foulé aux pieds, ou trop refoulé.

Face à l'adolescent, l'adulte est devant l'épreuve de sa division ; s'il en a peur comme d'un effondrement, il projette sa peur et il voudra se protéger de toutes sortes de violences en exerçant la sienne. Mais ce n'est pas tant la violence qu'il faut épargner aux « jeunes » – le traumatisme est violent et l'événement est traumatique –, c'est le *viol* : la violence subie par un être pétrifié et infligée par un être hors de lui et hors la loi. Et s'il faut devant un ado être comme un mur, autant l'être en le sachant et en sachant en jouer ; en sachant que l'instance de loi comporte la rigueur et la grâce ; même l'instance platement juridique : elle balise un espace mais elle sait que l'essentiel se passe aux points frontières, autour des abus singuliers, des cas d'espèce ; et là la porte s'ouvre au dialogue, jusqu'à l'ivresse...

Dans la passe adolescente, il s'agit d'aider les jeunes à ne pas *devoir* être « idiots », ou « absents » ; à ne pas chercher refuge dans la « débilité » – cette forme légère de perversion – ou dans le rangement pur et simple – l'adaptation normosée. Leur imposer des « ordres » ? oui, mais leur permettre de percevoir le désordre ambiant, le désordre inhérent à tout ordre présent, et l'ordre possible inhérent à tout désordre. C'est la même chose que de les aider à voir la pointe de bêtise – sympathique ou agressive – à l'œuvre dans toutes les « perfections », et les chances laissées à l'esprit, à l'intelligence, là où la bêtise semble massive et triomphante. Ce croisement aide à franchir les passages, à faire le pas du déplacement élémentaire, du déplacement dans la pensée et dans l'espace des potentiels.

Or apprendre aux jeunes l'art et les risques du déplacement lorsque soi-même on est placé à vie, enfoncé jusqu'au cou dans sa place et ses placements, c'est une gageure. Ils apprennent alors avec un cynisme éloquent à trouver la planque, le point final du déplacement.

Fait curieux, quand on élude à tout prix la violence de l'affrontement et de l'entre-deux, cela produit de la lâcheté, qui formellement est du même ordre que la violence. Elle aussi est un rapport, plutôt qu'une entité. La lâcheté c'est de lâcher quand il faut tenir (d'où la fuite) ou de tenir quand il faut lâcher (c'est le cramponnement). Là aussi c'est un rapport entre-deux et non le trait d'une différence qui mettrait les lâches d'un côté et les courageux de l'autre.

Toute épreuve de passage comporte un trauma, à travers quoi une bouffée d'inconscient vient faire appel, appel à autre chose. L'enjeu de l'adolescent : n'être pas pulvérisé ou pétrifié par cet appel ; pouvoir se déplacer avec. Supporter l'ouverture, c'est pouvoir affronter l'épreuve de l'origine sans la rabattre aussitôt sur le réduit narcissique ou le lien total qui se donne pour la vraie loi. Or de nos jours, grâce aux nouvelles techniques qui déferlent, la loi elle-même en vient à remettre en cause sa fonction purement normative, collectivisante, etc. Elle fixe des repères mais elle commence à comprendre qu'un vaste espace de parole s'ouvre au cœur de chaque pratique, permise ou interdite. C'est qu'en effet on peut en toute légalité faire, par exemple, de l'eugénisme (par le jeu de l'avortement légal suite aux diagnostics prénataux très précoces : des collectifs pourraient se former qui pratiqueraient la filiation réussie, ou la mise au monde des seuls mâles...). Bref la loi aussi en vient à se retourner sur elle-même comme pour avancer autrement, et mieux soutenir ses enjeux symboliques. Il faut en tenir compte auprès des jeunes qu'il s'agit d'initier, et ne pas réduire la loi, devant eux, aux seules étiquettes du permis et de l'interdit. La loi est une épreuve où l'origine se symbolise et s'ouvre à l'entre-deux[1].

1. Cela veut dire que si les adultes se questionnent sur leur fonction symbolique, et s'ils prennent prétexte de l'adolescent pour l'exercer à bon compte, en forme d'interdits plaqués, il est bon qu'ils le sachent, afin de ne pas lancer dans l'arène des interdits qui s'y feraient ridiculiser, discréditant l'idée même d'interdit. De le savoir peut les aider à franchir l'entre-deux entre le prétexte (du refoulement) et le texte ou la texture de l'inscription.

Habiter

S'il y a un geste vital qui relève de l'entre-deux, du rapport entre soi et l'Autre, entre soi et d'autres figures de soi, c'est bien le geste d'habiter, d'occuper un espace, de s'y mouvoir et d'y rester, d'y arriver et de le quitter... Question de place, de déplacement, voire de placement.

La demeure – maison, chambre ou studio... – est un trajet ou un sillage d'espacements : d'où vous vient-elle ? de vos parents ? de vos amis ? de votre effort singulier ? que deviendra-t-elle ? allez-vous la transmettre ? la transformer ? l'échanger ? pour suivre ailleurs votre voyage dans la ville ou sur la terre ?

Tous les paradoxes du rapport à l'*origine* se retrouvent là, mis en demeure de s'exprimer : la demeure, on peut y aller, ou y rester, mais pas à demeure ; lieu de repos mais aussi de passage : on s'y recharge d'un peu de soi, de quelques gestes, de quelques rapports avec soi... posé, re-posé ; quelques signes de reconnaissance, et on repart, pour d'autres retours encore quand il n'y a plus à faire ailleurs, quand l'ailleurs s'est épuisé ou nous a épuisés. Alors on rentre, chez soi, se faire caresser à distance par ses objets, ses murs, son bout de terre surélevé appelé table ou lit, étage ou étagère ; par le lieu de ses images, les images de son lieu d'être. S'il y a d'autres corps vivants pour se retrouver avec, tant mieux ; pour beaucoup les images semblent suffire ; télé. Quand on repart, rechargé ou vidé, c'est pour aller encore se charger des choses du monde, les ramener chez soi, ramener « du monde »... Aujourd'hui, par machines et machins, des choses du monde sont déjà là ; bouton ; touche.

La vraie question : pourquoi certains n'ont plus envie d'investir leur espace ? Question d'*être*. S'il y a là de quoi être ou de quoi faire, on n'est pas regardant ; sinon, on ouvre les yeux et on voit ces lieux fous comme la cause du malêtre. Alors on casse ou on se casse. Un « ghetto » moderne c'est un lieu dont on peut dire qu'on n'en sort pas. C'est donc très sympathique, une loi anti-ghetto, ça veut dire : « Il faut vous en sortir ! » A vos ordres.

Sortir, ça commence par les lieux où l'on rentre, où l'on passe. Déplacement, quête de place...

L'habitat est la pratique des *seuils de l'être*, des passages d'un lieu d'être à l'autre ; dialogues subtils entre les corps et le décor. Il faut que ça donne sur autre part. Voyez ce désir de « résidence secondaire » pour déplacer cet entre-deux un peu fermé de sa demeure, de là où l'on est demeuré. La résidence secondaire *donne* sur le ciel, la mer, la montagne, la nature, le vide nourricier, le large... L'espace, c'est l'espace-Autre, c'est ce sur quoi *ça donne* ; c'est ce vers où on peut aller, ce que ça appelle. Quand ça donne sur Rien vous êtes cloué sur place. A la ville les prix grimpent en flèche là où ça donne sur un quartier dit animé, là où ça donne sur du monde, du monde à voir, à rencontrer. Par temps de solitude c'est précieux, même si personne n'est dupe : le monde est là mais comment le rencontrer ? l'objet de votre désir est là qui circule, mais comment le reconnaître, comment retrouver *en soi* l'état de désir, le désir de rencontre que la solitude abolit ? Mais le simple rappel semble suffire aux névroses courantes : il y a du monde, c'est animé, à vous d'en trouver l'âme, ou de vous animer avec...

Habiter c'est réel, mais c'est aussi un symbole des temps d'arrêt et des scansions dans un mouvement d'activités. Et l'habitat donne sur le temps *via* le mot habitude : rythmes du temps, répétitions. La demeure aussi donne sur le temps, figure de l'Autre s'il en est : demeurer, à l'origine, c'est tarder, rester plus longtemps qu'*il* ne faut (mais qui est « il », dans cet « il faut » ?). Mettre « en demeure » quelqu'un c'est le mettre en état de retard légal, le sommer d'agir sans autre délai ni délayage. Ajoutons que la racine de demeure (l'espagnol dit *mora*) a donné moratoire : rappel des intérêts dus au retard, mise en mémoire des échéances qu'on a laissées « au demeurant », en attente, en souffrance.

Ce n'est pas le seul lien qui lie habitat et mémoire.

L'habitat ou l'habiter illustre bien les deux aspects de la mémoire : c'est un lieu de rappel, de trajets associatifs entre les êtres et les souvenirs, mais c'est aussi de la mémoire-corps, qui au-delà de tout rappel est une présence, un fragment d'être, un potentiel d'être-là. Voyez les murs de vos lieux d'enfance : ils vous rappellent des souvenirs, mais ils vous rappellent surtout... eux-mêmes, leur présence, la vôtre d'autrefois face à eux, la vôtre d'aucune fois, de toutes les fois. Conjonction de présences, pur support d'être, fragment d'inconscient, pouvoir d'appel : ça vous rappelle... rien et ça vous appelle à vous-même. C'est l'image de beaucoup de choses mais c'est aussi l'existence radicale de l'image, celle de soi et de l'Autre ; plus loin et plus profond que l'image *de* quelque chose : le pouvoir d'imager, de voir dans la pensée, de s'imaginer. C'est par là que l'habitat met en jeu l'inconscient : l'espace bâti prélève de l'étendue dans le grand vide, et donne lieu à la densité des choses, et des gestes ; il vous fait don d'une étendue et ouvre le défi d'une scène – primitive, ménagère, solitaire... – le défi d'une transmission.

L'habitat est donc une articulation de l'être : « malaise des villes » c'est malêtre en masse, masse de malêtres agglomérés.

Malêtre parlant, avec des corps, des mémoires et des fantasmes « élémentaires ». On connaît le fantasme à la mode d'être simplement chez soi, « cool », coton pantoufle et couette ; retour au ventre originel, avec tout de même des accessoires électroniques : être là replié « en paix » et passer à l'attaque à coup de numéros et d'appels... Et votre corps veut s'expulser, comme un fœtus trop à l'étroit, sortir, marcher, être avec d'autres... Si c'est pénible pour la plupart, il est normal que pour certains ça devienne explosif. Certaines casses sont une façon de marquer sa présence, autrement inaperçue.

Autres fantasmes : des femmes aiment revivre à demeure le fantasme d'être elles-mêmes cette demeure originelle ; le fantasme d'être *dans* elles-mêmes, animant une masse d'enfants, et de nourritures. Dans certaines cultures ce fantasme est là : la femme d'Islam s'identifie à la demeure, dont le trou central donne sur le ciel, et sa demeure forme la scène sur laquelle les hommes s'agitent, crient, jouent les machos alors qu'ils sont mis en scène par elle, elle qui écrit les rôles et définit les mouvements.

Dans la langue biblique, habiter c'est être-là, littéralement. C'est un mode d'être pris dans le temps et dans l'espace ; une modulation de présence. Du reste, la divinité se dit du même mot que l'habitat : Présence. L'habitat c'est là où l'on est en présence de soi et de l'« autre », et de leur rencontre problématique. Le même mot veut dire voisin (habitant proche qui vous fait vivre l'entre-deux d'une proximité. De nos jours, le voisinage peut être vide jusqu'au vertige). Et la Présence est un manque-à-être béant, trop béant pour être perçu, déplacé, transféré...

Il y a quelque chose d'un peu vain à parler de ce que *doit* être l'habitat, quand on sait que les vraies forces qui le modulent nous échappent. Que de fois ai-je été invité à parler de l'espace – « des problèèmes de l'espââce » – ou de poétique du lieu dans des lieux laids à hurler. Mieux vaut parler de ce qu'il est, l'habitat, de ce qu'il fut au fil des temps, des singularités qui y surgissent. L'espace vécu est un potentiel de transferts ; savons-nous ce que *doit* être un transfert ? L'important est qu'il existe, qu'il soit vivant et mobile. Dès qu'on s'occupe d'habitat, on se mesure et se confronte à certaines *qualités* qui relèvent non du devoir mais de l'éthique. L'une d'elles se révèle essentielle, l'hospitalité : le pouvoir d'accueillir l'autre, de transformer l'espace pour en faire plutôt qu'un lieu d'affrontement ou de pure parade narcissique, un lieu d'être et de séjour ; hors des devoirs du fonctionnement ; simplement parce que c'est ainsi ; ça n'est pas demandé, c'est un désir ou une grâce faite à l'autre et à soi-même. Il se trouve que l'hospitalité, le pouvoir d'être hôte vient, comme hostile, de *hostem* qui veut dire étranger : l'hôte accueille l'étranger parce qu'il est le maître des lieux, symboliquement ; donc il se dispense d'affirmer sa maîtrise, de la faire sentir, puisqu'elle est inscrite dans les lieux, dans le rapport aux lieux. Il n'a pas peur de la perdre, il n'a pas peur de l'étranger, il n'est pas xénophobe. Être hospitalier ce n'est pas faire les simagrées d'une réception, c'est aborder sereinement l'espace de l'entre-deux, où de la rencontre peut se passer, la rencontre entre l'un et l'autre. C'est sous le signe d'un certain amour de la rencontre. Quiconque s'occupe de lieux et de locaux, à construire, à décorer, à aménager, à gérer (« gestion », ensemble de gestes et de modes d'être du corps) doit avoir ce sens de l'accueil, accueil non phobique de l'autre : être assez maître de l'étranger qui est en soi pour n'être pas persécuté par son étrangeté inconsciente ; comme dans cette scène étrange qui s'est passée chez des gérants d'immeubles : la réunion des copropriétaires, non satisfaite de leur style, venait de voter que leur mandat serait abrogé. Aussitôt les deux gérants ont bondi en hurlant : « Vous avez une minute pour sortir sinon on appelle la police ! A partir de maintenant vous êtes dans un local privé ; violation de domicile ! » Puis, à l'adresse d'un des membres d'origine étrangère : « Ça se voit que vous descendez du singe ! C'est pour des gens comme vous que je vote Le Pen ! Dehors ! Et votre bite j'en ai pas peur, elle est minuscule votre bite ! » Clinique du racisme en deux lignes : obsession de l'origine pure, la peur de voir craquer son refoulement, et de virer homo-trouille et envie de la trique du père, rêve d'une mère ou d'une terre-mère qui n'aimerait que ses petits... C'est « habité », tout ça ; mais peu urbain. L'urbanisme commence à l'urbanité...

Et l'espace bâti cherche au contraire une mutation de la maternance, un *report* de l'origine ; c'est un tiers entre les corps pour éviter leur pur et simple affrontement, une façon de leur faire de la place, de donner lieu à un entre-deux praticable. Être hospitalier c'est pouvoir accueillir l'étranger qu'on devient à soi quand on voyage vraiment entre deux de ses lieux d'être. Le manque de place – pour être, pour faire, pour retrouver... exige non pas des trous pour y mettre les corps en trop, mais des énergies pour déplacer ce manque à être originel, ce manque de place qui donne envie de se déplacer. Cette mutation de l'origine confirme que l'espace est toujours un espace psychique ; un lieu de l'âme où se subliment comme elles peuvent nos animalités ; nos *anima*. Ce n'est pas pour rien que sur le plan urbain, après avoir fait des quartiers factices vaguement inertes, on y envoie, pour y remettre un peu d'âme, un peu d'animation, des animateurs. Que peuvent-ils faire, si l'âme n'a pas lieu d'être dans ces lieux qui semblent conçus et dessinés comme des graffitis insensés, où ce qui parle c'est la folie d'une raison réduite à elle-même ?

Primes et déprimes

Entre le plein et le vide

Le hasard d'une recherche m'a fait retrouver ce symptôme – majeur, multiforme, ramifié – de notre clinique culturelle et subjective : la *déprime*. Gardons ce mot, car la langue quotidienne est souvent plus rusée que la savante : « déprimé », c'est plus net que dépressif. Le déprimé n'est plus primé par « la vie », par les autres... C'est du moins ce qu'il croit, et sa croyance est de roc. Que son parcours passe par une zone de « déprime » ou qu'il y soit à demeure, le déprimé n'est plus marqué ou remarqué par la vie, le désir, le hasard, l'événement ; par rien. Peut-être est-il le Rien en personne, le rien qui échoue à se marquer lui-même ? Le paradoxe est évident : étant réduit à rien (croit-il) il devient Tout : il est le Tout s'il ne peut rien investir d'Autre (l'Autre étant ce qui nous échappe, ce qui n'est pas nous : le monde, les autres, l'indicible, l'inconnu, l'avenir, le Temps...). Le déprimé a absorbé en lui toute altérité. Pour lui il n'y a plus rien car tout est là ; plus rien à investir car tout est en lui. Cet investissement narcissique à l'état pur fut remarqué par Freud à propos de mélancolie. Pour ma part je le formule ainsi : le narcissisme c'est de n'être lié qu'à soi et de déprimer *pour ça*, car n'investir que soi c'est ne tenir à rien ; ne rien tenir ; et ça ne tient pas. Le lien narcissique s'enroule sur soi et asphyxie en douce celui qui n'a pas d'autre lien.

Le corps du déprimé est saturé narcissiquement, et il est à lui-même l'origine où il s'enlise, la mémoire où il s'incarne.

Marquons ce point clé : absorber l'Autre est une façon de l'anéantir, de l'exterminer en douceur, ou de se pétrifier avec. S'il vous venait l'idée naïve de suggérer au déprimé : mais faites donc *ceci*, ou *cela !* vous sentez d'emblée le ridicule : *ceci* ou *cela* n'existent pas, n'ont pas le minimum d'existence pour être aperçus, distingués par une quelconque de ses pulsions. Tout est à bout, achevé.

Or cet achèvement de l'Autre, c'est cela même l'enjeu pervers : il s'agit pour le sujet de surplomber les manques, les failles, les épreuves qui lui viennent d'ailleurs (de l'Autre : du passé, des parents, du monde, de tout ce qui n'est pas cet îlot froid et lunaire qu'il est devenu). Il lui faut surplomber tout ça, toute cette altérité possible en la fixant ; en étant fixé dessus. Et une façon de fixer l'Autre, une façon commode, c'est de l'absorber. Le toxico l'absorbe sous forme de « produit ». Il absorbe cet Autre en forme de poudre blanche, grâce à quoi il tisse avec lui-même le lien total, l'*accrochage* absolu. Mais on peut absorber l'Autre dans la simple certitude – la croyance de roc – qu'*il n'y a rien d'autre que soi qui vaille la peine d'être évoqué.* Moyennant quoi on ne se livre à cette évocation que sur un mode mortifère, porteur de mort, de cette mort infligée à l'Autre, à tout autre, mais qui reflue sur son auteur devenu autre à lui-même ; altéré de soi.

Effet de cette mortification, effet très perceptible : la douleur. N'avoir rien d'autre que soi à investir c'est douloureux. Car la douleur est une irruption de l'Autre dans le champ narcissique. Par exemple, si par mégarde vous vous frappez avec un objet, un marteau, sur les doigts, l'objet ou plutôt sa trace perçue vous entre dans le corps ; l'Autre est marteau en l'occurrence, et la douleur est l'effet de son irruption dans votre corps. Ailleurs, l'irruption peut avoir lieu dans votre corps imaginé, dans votre image du corps. L'énamoration ne va pas sans douleur car d'une façon ou d'une autre l'objet aimé vous rentre dedans, lui ou plutôt le manque qu'il fait vriller dans son sillage. Eh bien, chez le déprimé qui a fait le vide de tout autour de lui, c'est l'Autre comme tel sous forme de *vide* qui lui fait mal, lui entre dans le corps, le vrille à même la chair. C'est une torture dont l'instrument pénètre partout, car cet outil raffiné est fait de vide et d'absence : du vide que le déprimé a fait autour de lui, de l'absence dont il a peuplé le monde, par sa manière d'écarter toute réalité : ce qu'on lui propose, il n'a même pas à le réfuter, il en est la réfutation vivante. Il a retiré sur lui toute la charge narcissique : démentir une réalité c'est refuser de l'investir, de lui confier la moindre trace de soi.

Et si l'Autre qu'il absorbe c'est le Tout de la vie, le déprimé n'a plus rien à vivre ; c'est l'issue suicidaire (prolongée ou ressassée). En ce sens, le suicide est une overdose de vie...

Déprimé, n'être plus primé par les autres. Imaginez une star – et chacun est à sa façon une petite star ; gros besoin du regard de l'Autre, de quelques autres, pour tenir debout : son seul regard ne suffit pas : le regard du miroir reflète déjà celui des autres, c'est une mémoire de leur regard... La star, donc, exulte dans son image, se noùrrit des prises de vue et de revue d'où elle reçoit un regard nombreux, ébloui, « aimant », avide, envieux, et d'autant plus blessant que la surface narcissique – de ladite star – est plus ample, plus exposée. Supposez que soudain ce flux de regard nourricier soit coupé ; clapet ; comme à la reprise d'un tournage, mais cette fois, séquence finale – film vide, image glauque, lumière noire. Coupé. La star se tortille, s'étiole, clignote, s'éteint (cela se voit tous les jours, ces clignotements de détresse...) d'autant que tout son être s'investissait dans ce regard des autres, qui peut la consumer, la brûler, ou la laisser tout simplement, l'abandonner au vide cosmique et infini dont le silence l'effraie. C'est là une métaphore de l'être *déprimé* : il reçoit des *primes* négatives, le négatif des primes narcissiques accumulées jusque-là. Et il paie de tout son être. Il est en deuil de lui-même, de son image, avec laquelle il a fait corps ; en deuil de son passé ; en deuil du possible. Ce deuil fait mal : *deuil* et *douleur* ont même racine. « Dépression » : la *pression* qu'exerçait le monde a cessé, cette pression qui vous maintenait, ce stress, cette tension délicieuse... Et si le monde ne fait plus pression, c'est que le monde est « mort » : c'est ce que concluent tels déprimés : le monde c'était eux-mêmes, ils portent cette mort comme l'emblème de leur vie.

Le déprimé qui s'incruste dans ce creux se soûle de ce *deuil* ; il se shoote avec ce produit mortifère. Comme tout toxico il est entre tout et rien, il dément la réalité, et son repli narcissique est un pur état de manque : en manque, sans savoir de quoi. Il est surchargé de soi et de l'Autre qu'il a pétrifié – du monde qu'il a « épuisé ». Cette capture de l'Autre est l'invariant des perversions, leur stigmate. Si donc le dépressif ou le mélancolique se soûle de sa douleur, ce n'est pas parce qu'il jouit de souffrir; même *le masochiste*, contrairement à l'idée vulgaire, *ne jouit pas de la douleur* : il jouit de *posséder* son partenaire, de le capturer en lui appartenant ; il jouit d'enliser l'Autre dans un jeu dont il est le maître ; la douleur lui signale seulement que son dispositif fonctionne. Ce qui l'intéresse, c'est d'attirer l'Autre en lui pour le capturer, le maîtriser, lui tordre le cou. La douleur est le signe que l'affaire est en cours, la proie bien engagée, bien avancée dans le territoire où il pourra la fixer, l'anéantir en douceur. Piéger l'Autre pour le fixer, pour en finir avec, quel que soit le moyen. Pour le déprimé radical, le moyen est simple : désinvestissement total du monde. Plus rien n'a d'intérêt, y compris soi-même. Absorber l'Autre en soi et Soi dans le vide qu'on devient. Mais ce manque d'intérêt devient une drogue sirupeuse qu'il sirote chaque jour ; à petite dose. L'overdose de déprime n'est pas exclue : se débarrasser du poids mort qu'on devient à soi-même.

Dépression ; la pression venue de l'Autre ou du dehors a chuté ; sa chute *affaiblit* le sujet. Quelle pression ? pression du sang ? du sens ? la vie perdant son sens dans une coulée hémorragique ? Évanouissement de la vie, vécu par un corps-mémoire...

Au départ, déprimer c'est *n'être plus premier*. Par suite seulement cela donne le sens d'être *affaibli*, abaissé : le déprimé se sent abaissé, donc (et là pointe l'accent pervers) il s'abaisse lui-même pour ne pas l'être par l'Autre ; ce faisant, il efface l'Autre.

De sorte que la déprime est un échouement de l'être entre deux niveaux limites, le *premier* et le *dernier*, tous deux impossibles.

On comprend que la déprime soit le mal privilégié de notre époque, et le symptôme des tensions entre l'individu et le social. Être le premier – être en vue, remarqué, regardé – est devenu à soi seul l'événement absolu. Peu importe ce que vous dites, ce que vous faites, on a vu votre nom, votre tête ; peu importe le pouvoir que cela donne ; « pleins feux » sur vous ; être le premier c'est avoir le dessus sur ceux qui sont... en dessous : être vu par ceux qui, forcément, sont dans l'ombre. De vastes pratiques se consacrent à cette question : place, scène, show-biz, le tout centré sur le mot *premier*. Ainsi le sport n'est pas une simple « sublimation » des affrontements guerriers, c'est un spectacle mondial où le mot *premier* est l'enjeu, même si entre les premiers l'écart est infime. Être « premier », primé, c'est la forme moderne d'*être nommé* – acte symbolique essentiel où l'on porte un nom par quoi une transmission nous porte. Cette transmission peut devenir aujourd'hui celle d'une simple... émission, oubliée dès que transmise. Tout se passe dans la fulgurance du Regard où vous êtes vu premier un instant. Et là l'épreuve du temps ne pardonne pas. Ceux qui ont tout investi dans ce Miroir où ils se voient primés sont voués à déprimer dès que la prime se retire. La prime c'est le « plus-de-reconnaissance », la plus-value sociale en acte. Or cette dynamique qui met en vue les premiers, les premiers à être en vue, exige la rotation rapide, donc l'*insignifiance* des premiers.

Curieusement, se distinguer – premier – c'est aussi être « original » ; quoi de plus premier que l'Origine ? D'où le paradoxe : l'originalité vous met en vue à condition que vous ne vous amusiez pas, une fois en vue, à dire ce que les autres ne peuvent dire, ni penser, ni entendre. Trop c'est trop. Ainsi, une fois votre originalité reconnue, elle devient elle-même la cause de son annulation ; vous êtes *mis à l'écart* ou *mis au pas* ; les regards se détournent, et le détour vous déprime [1]...

Heureusement, on n'est pas toujours captif de son image et de ses folles exigences. Il est possible de dévoyer son emprise. L'écrivain par exemple, dans l'espace de l'écriture, métabolise ce trop de l'être, du manque à être qui affole l'image ; ce trou d'être il le transfère à la « lettre » ; il n'évite pas pour autant l'épreuve de la reconnaissance ; il la vit face à son texte et face au monde à qui il le livre. L'épreuve peut en être radicale, nous l'avons souvent évoquée.

1. Cela dit, il y a l'agressif du regard de l'autre. Entre le dépressif et le « maniaque », l'*agressif* veille à ce qu'on le voie, qu'on en passe par lui ; à ce que le monde fasse le détour d'en passer par lui. Il vous agresse pour s'immiscer dans votre désir et prouver qu'il y *a* sa place ; après coup. Devant ce genre d'agressions, on rêve de voies hiérarchiques où chacun étant à sa place, on ne peut ignorer ou surestimer personne. Mais le prix payé est lourd : espace figé, totalisé. L'agressif fait en sorte que les naïfs qui croient pouvoir se passer de lui échouent. Même si c'est dans sa pensée qu'il les fait échouer ; c'est ainsi qu'il les annule. Sa force est celle de leur faiblesse ; réelle ou inventée.

Le maniaque (littéralement le « fou ») et le déprimé sont également agressifs : ils traquent leur image pour l'exalter ou l'abolir ; leur point de crise est l'impasse narcissique.

Profitons de ce détour pour préciser le système du mélancolique, son *fonctionnement*. Au fond, il ne dit pas : « je ne suis rien » ou « je n'existe pas », mais au contraire : l'Autre n'est rien, l'Autre n'existe pas pour moi. Certains ont besoin d'un fétiche, d'un produit, de tout un montage pour maintenir ce démenti. Le mélancolique, lui, n'a besoin que d'en faire son credo radical, entretenu par ses paroles, ses plaintes, son « état » : il est bien tel (il se fait tel) que rien au monde ne vaut pour lui ; aucune trace d'« autre » ne fait pour lui événement. Un enfant a pu n'être pas « remarqué » par ses parents – *pris* ailleurs, par des deuils infaisables, par leur névrose indigeste, par les ennuis de la vie ; ils n'eurent pas le temps de formuler un projet pour lui ; pas le temps d'en avoir ; cela n'en fera pas pour autant un mélancolique ; il doit « ramer » pour conquérir tout ce qui à d'autres est donné... Tout autre est le mélancolique, il souffre de cette impasse de l'origine que j'appelle maladie du lien, où l'on passe à l'acte le fantasme d'un lien parfait, déterminé, ce qui amène à détruire l'Autre – et c'est cela qui est « pervers » –, à le détruire en le fixant ; à se replier sur l'investissement narcissique. L'investissement narcissique veut se suffire à lui-même, or c'est à cela qu'il échoue ; à moins... de dépression.

On dit parfois doctement que la mélancolie ne se vit pas toujours dans l'*affect* dépressif. C'est bien clair, puisqu'*elle est à elle-même son propre affect* ; elle n'a pas besoin de s'échauffer, elle est froide par définition puisque rien ne l'atteint ; rien n'atteint vraiment l'être mélancolique.

De là on peut expliquer certains traits spécifiques qui autrement restent en suspens, énigmatiques. Par exemple l'effet positif de la chimiothérapie sur des mélancoliques. La raison en est simple : outre que la chimie est de mieux en mieux introduite aux dynamiques cellulaires, le mélancolique s'y voit pris à témoin, dans son corps même, de ceci qu'il y a de l'« Autre » qui existe pour lui, et qui n'est pas rien pour lui, vu que cet autre c'est... le médicament en personne, si l'on peut dire. Il a donc le démenti palpable de son démenti mélancolique : l'Autre n'était rien pour lui, et voici qu'un Autre le pénètre en profondeur, l'émeut, l'atteint ; son atteinte peut donc *se symboliser, et aussi se maintenir dans le long terme.* C'est pourquoi l'effet ponctuel, temporaire, du médicament se trouve pouvoir être « prolongé ».

De même, en voyant la mélancolie du point de vue des montages pervers (au sens général, j'y insiste), on comprend mieux qu'elle ne soit ni névrose ni psychose, tout en apparaissant souvent comme *frontière entre les deux.* (Bien qu'en un sens toute formation psychique ait une fonction intermédiaire...) On comprend aussi qu'elle ne se déclare que tardivement : puisqu'elle inscrit que l'Autre n'existe pas, elle suppose que le « sujet » ait quelque peu fait l'expérience d'affronter l'autre sexuel, l'autre social et symbolique... C'est donc après la puberté. Un enfant peut avoir des accès dépressifs mais il n'est pas « mélancolique » au sens de cette formation clinique qui n'est pas à confondre non plus avec des formes névrotiques pourtant bien proches. Par exemple, certains sujets normalement névrosés témoignent que l'Autre n'existe pas pour eux, mais en même temps ils déploient un tel réseau défensif – de fuites et de dénégations – qu'on voit bien que l'Autre existe et qu'ils sont en conflit avec. De même certains affichent : « je ne suis pas utile », « je ne sers à rien... » ; et ils suggèrent qu'on les range parmi les ustensiles, les outils ; de quoi les basculer dans le champ de la folie. Ce n'est pas toujours indiqué, car des sujets névrosés peuvent ainsi afficher une dénégation de jouissance, et *réclamer* de la part de l'Autre, pas toujours sur un mode pervers, *la preuve qu'ils sont capables de faire jouir.*

Autre trait spécifique : certains thérapeutes semblent frappés de ce que le sujet mélancolique croit en son immortalité. De fait, c'est ainsi qu'il dément la mort ; il prend la mort comme forme de l'Autre (ce qu'elle est pour tous les humains) et il réitère envers elle son credo de fond : aucune forme d'Autre n'existe pour lui. De sorte qu'en apparence il « croit » être immortel. Il se veut sans Autre donc sans mort. Parfois il tente de se la donner, la mort, pour se donner un peu de vie – se donner ce qu'il lui faut pour vivre et pour désirer, c'est-à-dire... un peu d'Autre. Faute de quoi il reste dans l'investissement narcissique, totalement désubjectivé, ce qui encore une fois ne traduit pas qu'il n'est rien, mais que l'Autre n'est rien pour lui. (Pour qu'un être se subjective il faut que pour lui l'Autre existe, soit marquable et remarquable.) L'« immortalité » du mélancolique n'a rien à voir avec le fait que chacun « inconsciemment » se croit immortel, ou ne pense pas à sa mort. Car pour chacun l'Autre « n'existe pas », mais seulement au sens banal où l'on n'y pense pas tout le temps ; où l'Autre n'est pas constamment dans le champ de vision. La mort n'est pas constamment dans nos champs de pensée, mais on l'honore de mille façons.

Chapitre 6

L'IMAGE. ENTRE SOI ET SON ORIGINE

Réflexions sur l'image

L'image comme telle est si précieuse pour la mémoire, si proche des appels d'origine, qu'elle est souvent et l'image de l'origine et le moyen de s'en échapper. Chacun transfère sur elle l'approche qu'il a de l'*original*, et elle déplace de tels transferts, entre l'une et l'autre de ses pauses... A ce titre elle illustre l'entre-deux, elle l'anime, l'actualise. Nous allons l'éclairer de ce point de vue, dans son aspect mental et culturel – puisqu'il est dit que l'image « déferle » dans nos cultures...

Comme on l'a vu ailleurs, toute représentation donne rendez-vous à l'irreprésentable ; même si elle l'évite, elle l'invoque. En suivant la représentation – qu'elle soit phonique, plastique ou autre –, en voyageant sur la monture ou le montage qu'elle offre, on peut approcher l'irreprésentable –, ce quelque chose qui chez l'humain excède toute représentation et qui porte des noms divers : le divin, l'inconscient, le réel... Certains artistes prennent leur corps comme moyen de voyager au fil des représentations ; leur corps inconscient, leur psyché, leur matière à mémoire ou à sensations. Parfois l'artiste se donne à lui-même rendez-vous dans l'irreprésentable, dans le trou des représentations : il y pose son corps, et son acte résonne comme un acte sacrificiel ou salvateur ; il cherche à « dépasser » l'image en en faisant un acte réel, saturé de sens ou de présence – l'acte originaire ou ultime, l'accomplissement de ce qui manque à toute représentation.

Dans tous les cas une question – qui semble bateau, battue et rebattue – se repointe et demande à être repensée : quelle est la *fonction de l'image ?* qu'est-ce qu'une *image ?* quels enjeux nous interpellent à travers elle ? L'image, entendons-la au sens le plus ouvert possible ; offrons-nous ce luxe, on verra bien où cela mène. On peut envisager l'*image* au sens large de *répétition* : une image « répète » quelque chose. Mais cette approche comporte un piège. Elle laisse entendre qu'il y aurait un objet réel, une origine réelle dont l'image est l'image. D'où une pression causaliste : elle montre quoi, cette image ? c'est l'effet de quoi ? la répétition de quoi ? On aimerait répondre timidement : elle répète *le désir humain de faire des images*... c'est de l'ordre de la *pulsion*. Il y a la pulsion d'imager ; de « saisir » des images, donc d'être saisi par elles, au-delà des répétitions. Votre repas d'aujourd'hui ne répète pas celui d'hier ; on ne vous demande pas de quoi c'est la répétition. Certaines fonctions ne renvoient qu'à elles-mêmes dans le déplacement qu'elles instaurent ; elles ponctuent le temps, le temps qu'elles ouvrent. Si vous faites une rencontre amoureuse, déjà on aura la manie de vous demander « de quoi c'est la répétition ? », comme s'il fallait remonter à une origine absolue, donnée une fois pour toutes ; comme si faire acte original était d'avance exclu. (Le pire étant que *souvent* c'est exclu.)

Le désir de faire des images n'est pas innocent ou gratuit. Dans l'idée de répétition il y a le fantasme de saisir un *objet premier*. Mais le fantasme n'est qu'un aspect du désir. Avec la pulsion d'imager, le désir serait plutôt de capturer un rythme du temps, une temporalité, un niveau de mémoire ; un entre-deux-niveaux... C'est déjà une haute visée de l'image. Mais elle fait plus, l'image, elle invente une approche de la réalité par des voies sensorielles. Elle crée les chemins qu'elle emprunte, elle sert à les ouvrir. Elle invente un regard, un point de vue ; et ce sans être purement scopique. Elle peut être sonore, physique... L'image est entre deux langages.

Un bout de réel, *miroité* par l'image, retenu par elle, est lancé sur nos écrans mentaux ; ça fait impact, impact différentiel car ces écrans sont modulés par nos états, nos modes d'être du moment, nos présupposés et ceux qu'on prête à l'image. A la composition de l'image correspond l'intrication de nos pulsions. Certaines images nous étouffent, d'autres nous allègent, d'autres nous rendent sourds, ou aveugles ou éblouis ; mais jamais on ne part de rien : l'image suppose des sources, des buts, elle nous parle du transfert qu'elle constitue, elle nous y implique. C'est donc peu dire qu'elle « invente » un regard ou un art de voir ou de percevoir. Elle associe, elle lie au moins deux niveaux de sens ; elle fait se correspondre plusieurs niveaux de perception ; elle cherche à produire une mise en contact de soi avec soi, contact d'une sensorialité constellée avec elle-même. Car l'image induit l'écart psychique à partir de l'écart extérieur qu'elle signale et qu'elle semble combler. Au risque d'obstruer par elle-même l'écart qu'elle a ouvert en nous...

En tout cas, le transfert que l'image opère dans le « réel » se répercute en déplacements dans la psyché, ce qui mobilise plusieurs niveaux de mémoire et de perception.

On sait bien que la production de l'image concerne mémoire et perception. Mais elle concerne aussi la perception différenciée de la mémoire. On perçoit une image avec une autre – antérieure ou simultanée – donc avec sa mémoire, celle du passé ou de l'avenir – vision ou prévision, retard ou anticipation. Donc on *produit* aussi l'image avec sa mémoire. Si l'image fait se correspondre nos perceptions et nos mémoires, ce n'est pas seulement qu'elle les ajuste ; elle établit des liaisons, des messageries, une vaste correspondance entre l'espacement de la mémoire et celui des perceptions, tous deux étant pris comme pôles extrêmes de notre psyché. Ce n'est pas un hasard si dans les langues latines, image, mémoire – et même mensonge – dérivent de *mens*, la racine du mental.

Cela donne sens à des questions telles que celle-ci : dans quelle image êtes-vous *pris ?* ou : quelle image *donner* de soi ?... On peut être pris dans une image sans rien savoir de cette image. Être pris dans une image, c'est être en correspondance avec une image qu'on ignore, quant à sa source ou son but ; c'est être dedans ; dans le transfert que l'image crée ou signale. Ce transfert consiste, lorsque deux entités « dialoguent », en ce que les silences de l'une ou ses manques se mettent à correspondre avec ceux de l'autre. Conversation d'ombres et de lumières, de traits et de retraits, portés par l'une et par l'autre ; mise en contact, même à distance.

Ombre et lumière évoquent la photo, qui est un dialogue tenace entre l'ombre et la lumière avec une plaque comme témoin ; une plaque sensible à ce type de dialogue, capable d'en donner la « graphie ». Eh bien, *le point de vue transférentiel sur l'image* nous fait sentir que cette image a un passé – elle vient d'un projet, d'un projecteur, d'un dialogue déjà soutenu par son auteur avec ses niveaux de mémoire et de perception – elle vient de loin et elle prétend aller autre part. Même quand on la « perçoit », elle va ailleurs que là où l'on croit la capter. Elle parle à notre mémoire et à des sens qu'on n'avait pas mobilisés. Certains s'étonnent qu'un animal entre en rut du seul fait qu'on lui a montré l'image-photo du partenaire ; pourtant un film ou une photo porno obtient la même chose des humains. Ce n'est pas pour autant qu'on parle de leurre. On n'est pas leurré ; on est en contact avec un événement qui se contente, pour être *nommé*, d'une image ; du contact avec l'événement qu'est image. Essentielle, donc, *l'image comme nœud de transfert* ; essentielle l'apparence, surtout s'il faut aller au-delà.

Il y a des conditions psychiques pour que l'image soit possible. Pour produire comme pour recevoir une image il faut pouvoir s'en *séparer*. Cela ne va pas de soi, certains ne peuvent pas produire – donc laisser se transférer – une image d'eux, parce qu'ils souffrent d'une *impasse narcissique* : où laisser *partir* une image c'est en être dessaisi, c'est perdre tout son trésor d'images, risquer son identité. Car toute image est pour eux le reflet de leur être. Alors ils ont du mal à laisser partir l'image, la lumière qui la rend visible. C'est comme, en physique, ces étoiles tellement denses et contractées qu'elles ne laissent pas partir la lumière qui nous les rendrait visibles. Ça s'appelle des corps noirs. Le corps narcissique est un corps « noir ». Il y a aussi des moments « noirs », des moments de lumière noire où on ne peut rien « renvoyer ». Ces moments « noirs » de la prise d'image, on ne peut pas s'y dessaisir d'une seule image. Celle-ci semble saturée, comme d'avoir capté la nervure de notre être. C'est connu en pathologie, comme dans l'éventail des cultures. Voyez la fonction *fétichiste* de l'image, peinte ou sculptée : l'image est supposée saturée de symbolique. Elle est censée avoir capté toute l'instance de nomination. Quand on a une image avec un tel présupposé, on ne la donne pas comme ça ; on ne la laisse pas partir, ni se transférer : elle est prise comme *point limite du transférable*. Le transfert est une des formes de l'amour donc du « dialogue » entre deux êtres conscients, chacun étant muni de ses ombres, de sa mémoire, de son inconscient. Si telle image est supposée avoir fait le plein d'inconscient, elle est le fin mot de l'amour et sa position d'arrêt ; le point limite de votre être. Tout cela nous dit que l'image entérine une certaine perte de mémoire ; et pour des corps narcissiques identifiés à leur mémoire, cette perte est insoutenable, ou elle est vide : l'image est saturée ou nulle. Sa fonction de coupure ou d'entre-deux est refusée.

Car en temps « normal », l'*image est une découpe dans l'espace de notre psyché* ; ce chaos de mémoires et de perceptions est trop riche pour elle, elle y prélève comme elle peut ; c'est une découpe, avec le sens « superficiel » que cela comporte : quand on découpe dans un volume ou dans une masse à n dimensions, on perd au moins une dimension. Là est l'effet de surface, intrinsèque à l'image. Une découpe produit la perte dont elle émerge. Même sculptée, même à trois dimensions, *une image actualise la perte d'au moins une dimension*. Cette perte tient aux contraintes de l'espace de présentation, qui empêchent d'inclure toutes les dimensions. L'effet de surface inhérent à l'image est aussi ce par quoi elle titille le manque.

Faire une image, c'est projeter une « coupe » ou une découpe de sa psyché ; cela révèle un manque qui parfois résonne avec un manque « originel ». Là est le risque de capture. Un pas de plus et l'on voit pourquoi l'image fascine : on se reconnaît dans ce qui lui manque – quand on n'est pas déjà inclus dans ce qu'elle présente. En un sens l'image fascine parce qu'elle peut nous dispenser d'être ; elle ressemble assez au monde pour nous dispenser d'y être. En attendant, elle nous dispense – elle nous fournit – à foison du semblant d'être. Elle nous fascine parce qu'elle nous fait voir au-dehors le travail mental qui a lieu dedans nos têtes, l'immense travail de tissage entre des niveaux différemment investis de mémoire, de sensations, de présence. Une simple image de tournoi sportif en donne l'idée – des peuples entiers jouissent de projeter sur elle, et de la laisser résoudre les conflits qui les agitent, et dont ainsi elle les décharge.

L'image fascine par la ressemblance de sa dynamique avec celle de notre psyché ; résonance et capture qui vous met devant les yeux, à l'état naissant, originel, la dynamique mentale qui a lieu derrière vos yeux, la démarche claudicante du cerveau, droite-gauche, chose-langage, présence-rappel, conscient-inconscient... En cela elle porte la marque de l'origine et du primaire.

La découpe qui fait image écarte une dimension, et suppose donc que cet écart est possible. Il faut que le substrat soit sensible à la coupure, qu'il puisse la supporter ; qu'il soit, si l'on peut dire, « coupable ». Cette *autre dimension* a des sens variés, mais toujours elle évoque la dimension de l'Autre qui fonctionne alors comme *témoin* de la production d'images.

Et cela est lié au narcissisme, qui ne se réduit pas à être amoureux de son image ; il est la question de savoir si l'on peut en avoir une. L'être narcissique supporte mal d'avoir une image, car la perte que l'image suppose, la perte de l'autre dimension, est justement ce qui le blesse. Il supporte mal l'*entre-deux* entre perception et mémoire, ou l'écart qui l'oblige à se rappeler à lui-même.

Plus généralement, quand l'image est exclue, cela tient : 1) à l'absence d'espace objet ; 2) à l'absence de porteur ou de fonction imaginante ; 3) à une absence plus radicale dans l'espace de départ : la lumière ne part pas ; 4) à l'impossible croisement entre mémoire et perception.

Lors d'une recherche sur l'agressivité « raciste », j'ai croisé les demêlés que l'on a avec l'image. En un sens, être en état de crise raciste, ce n'est pas rejeter la différence chez l'autre, c'est ne pas supporter l'entrecroisement de *ses* images et de *nos* mémoires ; lorsque ses images parlent trop fort à notre mémoire, qu'elles y excitent l'effet de distance ou de trop grande proximité. A ce point critique, on supporte mal que circule l'image entre deux, qu'elle se produise entre deux, notamment entre soi et sa mémoire (devenue trop « altérée »...). Et il se trouve que dans ce champ l'image fictionnelle nous atteint plus que l'image réelle : s'agissant du même événement, l'image inventée l'emporte sur l'image-document ; comme si l'image portait l'événement réel jusqu'aux confins de la mémoire et que sous couvert de fiction – protégée par l'imaginaire – elle y pénétrait assez loin. Cela confirme que *l'image est produite avec des transferts de mémoire, des transferts de perception* ; elle est aux croisements de la mémoire éveillés par le fantasme. L'image-fiction donne assez de jeu au sujet pour qu'il laisse revenir ses affects refoulés, ses souvenirs pénibles ; alors que l'image réelle le fixe, ou l'inclut.

D'où cette fonction de l'image : induire un jeu chez celui qui la perçoit, et par là rendre possible un sujet. Ce qu'elle induit, les Grecs l'ont assez remarqué : la *catharsis*, l'émotion identificatoire : s'identifier à l'émotion que l'on suppose à l'image. Autrement dit, on pleure grâce aux malheurs des héros représentés, comme s'ils étaient des bribes de nos instances psychiques ; et ces pleurs nous soulagent de tensions autres que celles qui nous sont imagées. L'image dépasse donc le face-à-face « imaginaire » entre elle et ceux qui la regardent. Ce qu'elle fait passer est un *transfert de mémoires-perceptions*, supposées portées par l'image, vers d'autres nœuds de perceptions et de mémoires chez ceux qui la reçoivent. *L'image est plus qu'une machine à voir* ou une machine à percevoir, c'est *une machine à transfert.* (Machine : dispositif où des éléments de soi entrent en dialogue avec un réel, ce qui les fait dialoguer entre eux en faisant parler le réel...)

De ce point de vue, on dépasse certaines critiques de l'imaginaire et aussi de la technique comme pure et simple aliénation. Déjà au niveau simple de l'image dans le *miroir* ; ce qu'en dit le « stade du miroir » est assez limité : le petit enfant voit pour la « première » fois son image dans le miroir (« première » entre guillemets car c'est en fait toute une époque) ; et l'événement n'est possible qu'en présence d'un tiers, d'un adulte qui nomme, qui « symbolise ». Soit. Mais il y a plus : l'enfant assume cette image – avec jubilation et angoisse – dans la mesure où, lors de cet événement, *le rapport de l'adulte à sa propre image est transférable à cet autre qu'est l'enfant*, qui est là en questionnement devant son image : est-elle possible ?... Quand l'adulte a trop d'impasses avec sa propre fonction d'image, l'inauguration de l'image pour l'enfant porte la trace de ces impasses comme si sa plaque sensible – pour son « premier autoportrait » – était bizarrement entachée. Son image du corps reflète ces marques. On en a des exemples violents dans la clinique des schizophrènes, quand le corps se voit morcelé parce qu'il l'est dans l'espace de l'Autre, dans la *mémoire* de l'autre qui sert de miroir primordial. Alors, dans le miroir objectif, le sujet peut regarder son image et ne pas la voir, ou voir qu'il y manque un bras, en toute sérénité. Il la voit avec le regard de l'autre ou avec un regard mêlé à celui de l'autre. Ainsi même au niveau élémentaire, *la production d'images met en œuvre l'image chez l'autre et son transfert. L'image est donc un entre-deux, qui reflète l'image-origine ou plutôt l'origine sans image.*

Déjà l'image dans le miroir est celle d'un transfert, en tant que dans le transfert on suppose à l'autre toutes sortes de « choses » imaginaires. Or le vieux miroir glacé nous renvoie une *supposition* : on lui lance des rayons, il ne peut pas les laisser passer, et au fond il nous dit : suivez du regard ce rayon que je réfléchis, remontez-le jusqu'à sa partie fictive, de l'autre côté du miroir, et vous trouverez le foyer apparent des rayons que je renvoie. C'est cela l'image. En elle convergent les rayons, ou plutôt ils semblent provenir du lieu supposé qu'elle constitue. C'est littéralement une *supposition* ; un transfert d'origine. Si l'objet devant le miroir est pris pour origine, son image est un transfert d'origine et rayonne à partir d'un lieu qui n'existe pas... sinon en elle. Et ce qui est vrai pour le miroir l'est davantage pour d'autres miroirs plus figurés : le miroir de la langue, du regard de l'« autre »... L'ensemble des images possibles est aussi un miroir.

Allons plus loin. Il y a des expériences extrêmes, comme celle de la *création* artistique ou de la *psychothérapie*, où l'enjeu est que se produisent certaines images capables de mordre sur la masse de mémoires et de perceptions – sur la texture de notre être – et de mordre assez sur elle pour permettre un transfert vers d'autres images plus enfouies, insoupçonnées, qui se libèrent alors qu'elles étaient en souffrance. Là comme dans les sciences, on se sert de l'image comme d'un moyen de connaissance, d'un espace de reconnaissance, d'une scène de résolution symbolique. J'en donnerai un exemple, très anodin. Hier j'ai été amené à devoir m'absenter et donc à laisser un mot sur ma porte à une patiente qui avait rendez-vous à cette heure-là. Comme je l'avais attendue, je l'ai croisée dans l'escalier et je lui ai dit : « Excusez-moi, je suis appelé ailleurs, je ne pourrai pas être là, rappelez-moi. » Elle a rappelé aujourd'hui, on a pu trouver un moment, et j'ai constaté que mon manque à ce rendez-vous lui a rappelé d'autres manquements vécus, où l'*autre* sur qui elle comptait n'avait pas été là. Cela peut être tragique si c'est vécu précocement, quand l'enfant exposé à une mère toute-puissante cherche un appui qui soit fiable. Ce qui s'est passé hier a été une *image*, une image physique – avec des mouvements de corps – qui a ramené à la surface une autre image, celle des moments d'abandon. Et là prend place une élaboration. Quand j'ai dit : « Rappelez-moi, on trouvera à se voir demain », sa réponse a été : « Non, demain je ne peux pas. » « Alors après-demain ? » « Je ne peux pas non plus. » « Peut-être samedi ? » « Non, c'est impossible. » « Eh bien, rappelez-moi. » L'affect qui remontait rendait tout moment impossible. L'être abandonné se mortifie et se venge ; si l'autre n'est pas là, il se venge de l'autre en se frappant à sa place. Se mortifier c'est se donner des coups à l'Autre, en son absence présentifiée. A ce point de désolation ou de misère narcissique, cette personne ne trouvait plus d'image transférable, plus de lieu pour une image autre que celle de l'abandon. Manque de support. Comme une pellicule où la photo ne prend pas. Et lorsqu'elle a pu appeler, ce trou d'images est apparu dans l'après-coup : on a pu reconnaître ensemble la secousse qu'avait fait dans sa mémoire ce rappel d'abandons ; reconnaître la lutte énorme qui s'est livrée, où elle était déchirée entre deux voies : celle où la rencontre de l'autre est exclue, et celle où au contraire l'image est possible comme figure de cette rencontre. C'est l'opposition entre la voie mortifiée où l'on est *irreprésentable* (pas de lieu pour la rencontre) et celle où les forces de vie reprennent le dessus avec de la suite possible, de l'image possible. Ce qui compte, c'est l'élaboration psychique *entre deux images* ; c'est le vecteur transférentiel qui porte l'élan d'images et relance *la question du lieu possible* – en soi et chez l'autre – pour produire une image.

Cette petite élaboration va plus loin que de surmonter l'autorejet mortifié ; elle porte le geste d'inscrire en soi l'autre comme présent ou présentable, alors que de lui on n'a perçu que l'absence. C'est un travail inventif très lié à l'amour. L'amour est une invention de l'origine, de l'origine de l'être ; c'est sa grande force, et sa faiblesse : c'est inventé de toutes pièces ; c'est pourquoi ça a des chances de fonctionner.

Nous voilà loin des questions sur la « réalité » de l'image, ou sa « vérité », ou sa conformité. Savoir à quoi renvoie telle image – à quel point originel, à quel départ absolu – nous importe moins que de savoir – ou mieux de vivre – les conditions qui la rendent possible comme transfert, et lui permettent de se transférer. Une image renvoie à un départ possible de... la fonction d'image, de la fonction de transfert qui porte sur du corps et qui en passe par d'autres corps, d'autres matériaux, pour représenter, encore, le semblant de la présence ; pour l'évoquer. L'image est alors une découpe vive – symboliquement vivace – dans notre espace psychique ; une amorce dynamique de production d'images. En vue de quoi ? Il suffit d'ouvrir les yeux : en vue du *désir de faire des images qui rappellent le désir*. En ce sens toute image est érotique. Elle voudrait être l'image de ce qui *donne envie*, de ce qui *fait envie* ; être une recharge énergétique des corps réduits à eux-mêmes, menacés d'irreprésentable.

A ce propos, l'interdit biblique de faire des représentations est plus subtil qu'on ne croit. S'interdire tout ce qui ferait idole, c'est poser que *le réel excède toute représentation*. Rien de plus. Cela n'exclut pas de chercher des images pour s'identifier un peu, mais il vaut mieux ne pas s'identifier à ce qu'on trouve, et encore moins identifier l'être comme tel à une image de ce qui est. En somme, faites une représentation, mais ne prétendez pas qu'elle soit représentation du réel, ne prétendez pas y avoir absorbé le réel ou l'irreprésentable ou l'inconscient ou Dieu : *la création excède l'image*. Grâce à quoi l'image peut se nourrir d'un élan créatif ; et l'alimenter en retour. Soit dit en passant, la même Bible ne se gêne pas pour dire, à propos de Moïse, que : « L'image de Yavhé, il la voit » (il la fixe). L'énoncé a une portée ontologique : cet homme peut « fixer » l'*être* de ce qui est ; il *voit* l'image de l'Être-temps. Autrement dit, dans ce qui est il peut voir l'image de l'*être*.

L'acte de création cherche un matériau sensible et complexe pour l'exposer aux flux de mémoires et de perceptions, pour en faire *une matière à mémoire*, s'il l'expose à un souffle inspiré, au retour en force de l'événement pur. Or l'événement pur est traumatique. *L'acte créatif est une façon de faire pièce au trauma de l'événement pur en tant qu'il actualise l'origine, l'événement d'être*... C'est une réplique au trauma de l'origine où nous étions trop absents pour que l'image fût possible, ou trop « mortifiés » pour en avoir le désir. (Être « mortifié » par l'origine, c'est y être sous l'emprise de la mort qu'elle surmonte, y être *encore* sous le coup de cette mort.) Le désir n'a pas d'image, et c'est ce qui accélère l'image, la machine à voir, à percevoir, à faire de l'espace, à faire sentir le temps ; et c'est ce qui l'accélère jusqu'au vertige.

L'image, effet de surface donc aussi de *frontière*. Frontière dans la psyché, dans la mémoire des perceptions et les perceptions de la mémoire. Cette frontière est elle-même tout un territoire ; c'est un contour « superficiel » qui fait surgir et apparaître des surfaces psychiques exposées ; c'est un lieu d'investissement supposé, donc chargé de transferts. Toute traversée de cette frontière est un effet d'entre-deux-langues, un déclenchement de langage. Ces traversées sont des transformations[1]. Autrement dit, une image n'est jamais seule, elle est dans un *déploiement d'images* dont la plupart sont invisibles ; elles sont à faire voir. Leur stratification fait travailler métaphore et métonymie, à travers l'espace de fibres ainsi formé. Je montre ailleurs qu'un déclenchement de langage est un certain travail sur un tel *espace fibré*. Le *rêve* en donne l'exemple : un rêve – travail d'images s'il en est – opère sur un espace fibré de mémoires et de perceptions. Il choisit, sur chaque fibre associée aux restes diurnes, des « images » de ces restes. La mise en image prélève dans différentes fibres, qui sont des plans de langage différenciés. Et le choix, producteur de

1. ◆ Par exemple en mathématiques, on peut prendre un espace abstrait X et l'envoyer par une représentation, une transformation, sur l'espace Y, appelé d'ailleurs espace-image ; et la fonction (ou transformation) permet de remonter à partir de chaque point de l'espace-image vers ce qu'on appelle la *fibre* de l'espace-objet : si l'image est une découpe, la fonction qui la produit met en question toutes les fibres au-dessus de cette découpe ; elle permet donc d'examiner d'autres découpes, d'autres sections, d'autres variations de l'image. ◆

l'image du rêve, prend appui sur les restes de la veille pour tracer un contour isomorphe au désir du rêveur, pour lui faire une représentation-maison de son fantasme, de son « désir », histoire de le lui rappeler, pour qu'il l'apprenne par cœur tous les soirs. Or on a découvert que les homards rêvaient aussi, pas seulement les hommes ; on l'a repéré grâce au sommeil paradoxal ; et on s'est écrié que « ça réfute l'approche du rêve par l'inconscient ». C'est faux ; ce que fait le homard, au dire même du neurologue, c'est de réviser en rêve la nuit son programme de homard, son programme d'être ; il re-visionne l'ontologie du homard. Ce que fait l'homme avec ses rêves et sa fonction-image fondée sur le rêve, c'est de réapprendre à parler, à subir des sauts de langage : mutations de sens, transferts de perceptions, discontinuités de mémoire. Il apprend à vivre des transferts, des déplacements d'époques, et à travers eux il accède à une temporalité vivante. Voilà en vue de quoi opère l'image : *elle vise à faire vibrer le temps*, à créer de l'*entre-temps*. Un changement de temps, ce n'est rien d'autre que la tension entre un niveau de mémoire et un autre ; entre des croisements complexes de perceptions et de mémoires.

Ainsi l'image a deux aspects : transfert d'origine, et médiation entre perception et mémoire. Les deux sont liés, car souvent la perception ou la mémoire servent d'origine à transférer. Mais qu'en est-il sous ce rapport de l'image « moderne », numérique, qui déferle sur la planète et qui la fait « communiquer » ? Apporte-t-elle de quoi renouveler la question ? Théoriquement, l'image moderne est travaillée, calculée (« numérisée »...). Elle pourrait donc être un lieu de pensée, n'était que ceux qui la consomment, justement, n'y pensent pas, n'ont pas accès aux raisonnements qui la produisent. Ils perçoivent l'image, ils ne l'élaborent pas. La rationalité de sa source n'atteint pas ses effets. Mais l'aspect « mémoire » de l'image – qui a toujours existé – est aujourd'hui traitable, manipulable, objet de procès techniques (stockage, distribution...) qui en dernier ressort sont contrôlés par des politiques de l'image, politiques commerciales dont « la télé » donne l'exemple le plus visible[1]. De fait, l'aspect *mémoire* de

1. Voir « La machine médiatique », dans *Entre dire et faire.*

l'image existe et fonctionne dans toute technique d'envergure ; c'est par lui qu'une technique est un support de transfert donc un espace entre-deux[1]. Dans le cadre de l'image actuelle, le fait qu'elle soit en temps réel lui permet de faire le lien entre des lieux différents, donnant ici l'image de là-bas, joignant ici et là-bas dans l'instant où l'image est vue. Ainsi l'*image recolle des morceaux d'espace* ; elle est un recollement d'espace au moyen du temps ; elle est le trajet de la lumière qui noue espace et temps, un trajet rendu visible. L'image est donc aux interstices de l'espace-temps, dont les textures viennent se lier, s'articuler précisément dans cet entre-deux qu'est l'image. Ainsi c'est un moyen de lecture, pas seulement un objet à lire. Elle « lit » – ou on peut lire grâce à elle – l'espace multiple ainsi recollé. Comme cet espace est aussi fait d'images, elle se lit elle-même et se prend donc souvent pour seul objet de sa lecture (un peu comme une émission télé où les journalistes se parlent à eux-mêmes et sont convaincus d'atteindre les replis du réel). Allons plus loin : l'image devient l'entre-deux-lieux grâce au « même » temps ; elle qui était l'entre-deux-temps grâce au même lieu, celui où on la reçoit, et d'où elle fait parcourir plusieurs périodes de l'histoire. Le risque est clair : *si l'image prend la place de la mémoire, la mémoire disparaît quand l'image s'éteint.* De sorte que l'image, comme technique de la trace et de la perception, peut mettre en danger la mémoire par sa façon même de la servir. Quand l'image réussit trop la médiation entre perception et mémoire, elle abolit cette médiation en l'accomplissant réellement, en occupant tout l'entre-deux. Du coup la parole et l'écrit reprennent toute leur valeur : de redonner vie aux écarts entre mémoire et perception, entre différents niveaux de mémoire. Bref, grâce à l'image la valeur de la pensée se fait sentir... par son manque. La pensée resitue l'image comme transfert entre deux registres, entre deux modes de la présence.

Ainsi l'imagerie moderne dit surtout une certaine fuite en avant devant la détresse ou le manque d'origine – fuite en avant, avec fonction de relais[2]. D'une façon générale, l'image piège le

1. Voir « L'essence de la technique », *op. cit.*

2. Cela n'est pas nouveau. Par exemple on a pu montrer que la passion islamique pour la décoration et les motifs géométriques, carrés, cubes et sphères... prend le relais et répercute des images maternelles accueillantes, englobantes,

réel pour le saisir et le conjurer ; et voici qu'en devenant trop réelle, elle se piège elle-même, car elle se vide de sa richesse imaginaire et s'enlise dans le réel qu'elle croit saisir. D'où son extrême faiblesse au cœur de sa toute-puissance. La « tyrannie » de l'image ou son aspect trompeur engage surtout ceux qui en parlent. L'image, elle, est trop distraite pour en dire quelque chose, trop occupée à n'être... qu'une image. Certes, la médiocrité agressive des images médiatiques reste un foyer inépuisable d'indignation. Mais il serait faux d'en déduire que l'image devient le support de l'*être*, et que l'on « existe » par son image médiatique... C'est plus subtil : l'image a un tiers, c'est le public, qui prélève sa quote-part narcissique : tu existes puisque *nous* t'avons vu ; tu fus objet de *notre* regard. Transfert de vue et de voyance vers le Regard public. Ce qui compte n'est pas l'image ou le visible, mais le fait que du public voit et donne valeur à son *point de vue*. Narcissisme public ; ils vous ont vu, mais comme objet de leur vue ; pas plus. Ce n'est pas vous qui existez, c'est leur regard. (L'Audimat dit la vérité de cette scène.) D'où la saturation : leur en mettre plein la vue, les aveugler (crever l'écran...).

L'image n'enferme pas l'être, ni ne l'accapare ; l'être n'est pas l'image ; à la rigueur il serait la série transfinie des images qu'on s'en fait, mais justement elle n'est pas close, il y a un reste, un ombilic de l'image comme il y en a un du rêve. Un être réel serait indexé par un déploiement d'images, plus ou moins intégrable à la série infinie. Leur vérité serait de prendre place dans cette série, de la nourrir, de la relancer. L'image n'est qu'un relais ; du coup on la confond souvent avec ses effets ou ses causes. Elle est effet d'un transfert et source d'un autre transfert ; même quand elle est image de soi ; comme c'est le cas pour l'identité qui se veut d'elle-même reflet de soi.

---

inclusives... C'est donc un rappel d'origine et un support semi-conscient du voyage vers l'origine et vers la jouissance maternelle. Ajoutons au passage que le mot sourate qui nomme les chapitres du Coran vient du verbe dessiner, former : chaque sourate serait l'image de la langue dans sa jouissance originelle...

Dans un tout autre registre l'art actuel de la défonce sonore, où « s'éclatent » tant de jeunes, semble être l'équivalent phonique d'un cri perdu répercuté de l'origine...

De même l'image ne « conquiert » pas la réalité : elle la remplace à la rigueur, et la réalité devient alors celle de l'image qui la remplace. Heureusement, une autre image la déloge, l'expulse, et l'homme dispose de cette expulsion pour se ressaisir, il a chaque fois quelques secondes pour se réveiller, ou pour savoir qu'il va très vite replonger dans le sommeil. Libre à lui de voir et de savoir. De fait, il semble avoir compris, et il a renoncé à l'image finale ou à l'icône originelle pour se résigner à ce transfert incessant : où l'image sert de mémoire par ce qu'elle a déjà retenu, déjà mis en mémoire ; et elle sert de perception par ce qu'elle a déjà perçu, et qu'elle offre à percevoir, encore.

L'image fait voir la réalité qui se réfléchit sur elle-même, dans le miroir qu'elle devient. Le risque est que cela vous dispense de la moindre réflexion : lorsqu'elle se fait sans vous... Ce n'est pas le seul risque : on peut dire de l'image tout ce qu'on a dit de la technique : c'est un projet relancé par ses propres limites ; un projet de faire, sans cesse confronté au désir de trans-faire ; une fuite en avant devant ses propres effets... On l'a vu, l'image actuelle s'autodétruit comme médiation du fait même qu'elle l'accomplit ; elle annule sa médiation en la réalisant. Elle n'a donc comme issue que la fuite en avant, l'incessant renouvellement où se maintient le *statu quo*.

Traces de dialogue[1]

1°) Toute image est *parlante* jusque dans son silence. Elle parle du transfert qui la produit et la transmet. Notre société brasse un désir d'images-fétiches et d'idoles ; mais elles s'effacent l'une grâce à l'autre. Et les appels de transferts – ceux de la mémoire – restent ouverts.

La *mémoire*, comme *dynamique du temps*, est plus vaste que le passé : elle suppose le passé, elle y prend pied pour ouvrir un passage au temps.

1. Du dialogue qui a suivi cette conférence faite aux Beaux-Arts.

Certains font l'impasse sur l'image quand l'image comme « autre » interroge de trop près leur rapport à l'altérité : peuvent-ils se laisser altérer par cet autre qui approche ? Leur peur de l'image qui vient, c'est leur peur de s'y perdre ; peur du semblable-étranger. Ces êtres semblent incarner l'interdit de représentation ; ils s'incarnent comme interdit de représentation ; dans un éblouissement narcissique vaguement mortifié. Comme si l'espace de leur mémoire – celle qui peut les retenir – n'était pas assez acquis, pas assez fiable pour s'aventurer jusqu'à l'image *autre*. Du coup, retournement intéressant, l'image de l'autre s'approche d'eux comme une *image de leur mémoire*. Alors la peur de l'image c'est la *peur de la mémoire*, une certaine peur de l'amour. (Je ne parle pas de ceux qui pourfendent l'image parce qu'ils lui en veulent de n'être pas la vraie, mais de ceux chez qui elle pointe l'horreur de l'autre et de soi-même.)

La mémoire est une façon de se perdre de vue, de ne pas être en permanence sous le microscope de son regard. Elle sert à oublier, à réserver ce qui reviendra plus loin, de plus loin, marqué par l'image, remarqué par elle. Le lien de l'image à la mémoire est ouvert ; mais pour certains il est béant ; d'où leur angoisse devant le jeu de l'image. Ils voudraient bien que l'image ne soit porteuse de rien d'*autre ;* façon poignante de mettre à zéro le potentiel d'images : faire de l'image un gadget, un fétiche, l'identifier au corps pour éluder l'épreuve d'*avoir une mémoire*. Avoir une mémoire, cela va de pair avec le fait d'*avoir un corps* (non comme instrument mais comme mode d'être). C'est le fait d'avoir en soi une division jouable, un déchirement possible qui est la dynamique du temps. Notre époque favorise une chosification de l'image, censée contenir sa valeur, son « objet ». Pourtant, lorsqu'on s'approche, on voit que la valeur de l'image tient au *grain de temps* qu'elle porte ou qu'elle fait pousser ailleurs. C'est déjà le cas pour la photo, qui est l'instant et l'entame de l'image : fréquence granuleuse du temps, quantum d'énergie visuelle, fluctuation quantique des remontées dans la mémoire et des plongées dans le réel. L'*image est une certaine physique, du temps des corps et des corpuscules de temps*. De ce point de vue, la technique moderne qui semble écraser bien des possibles, en ouvre d'autres sans le savoir, à travers l'inflation d'images. Le point de départ de mes recherches sur la technique fut mon étonnement de voir que dans leur aspect le plus borné (je pensais aux techniques où l'on tripote à fond les corps – procréation assistée, etc.), les techniques laissent suinter des fantasmes, surgir des transferts qui étaient là de tout temps et ne demandaient qu'à être perçus. *Toute technique est un cliché de transferts, un précipité d'images à transférer.*

Et toute technique fournit une machine qui est une sorte d'image réelle du phénomène qu'elle concerne ; la technique déploie des « images » isomorphes à des bouts de réel. La question de l'impact réel des images porte l'efficacité d'une technique. C'est la même question. La « structure » aussi est une image : la structure, c'est ce à quoi ça ressemble. Cela suffit à mettre en doute l'existence de la structure comme repère fixe, comme entité ultime à quoi toute représentation peut être rapportée.

2°) On taxe l'image de semblant, voire de fausseté ; mais n'est-elle pas de ce fait un témoin, même passif, de vérités qui la dépassent ? L'hypocrisie du monde – que certains déplorent – est à la mesure de la vérité qu'il charrie, dégorge, vomit... L'image est comme certains mensonges qui signalent de grosses vérités. Elle est fausse par rapport au programme lui-même faux qu'on lui suppose ; par rapport à la mission dont on rêve qu'elle s'acquitte, notamment de conformité. Or ce qu'elle impose de plus fort est de l'ordre de l'épreuve. Chacun son *épreuve de l'image ; épreuve d'entre-deux ; très peu s'en sortent indemnes...*

Voyez ce curieux phénomène lié à l'image auditive : quand l'image est perçue, donc *entendue*, la répétition qui l'habite desserre son emprise. Quelqu'un ressasse le même symptôme, mais s'il trouve entendeur ça s'arrête. A croire que *l'image demande son content de jouissance ;* et quand c'est vu ou entendu, on peut passer à autre chose. *L'image appelle elle-même à son transfert.* Quand ce transfert est bloqué, et qu'on ne peut pas se décoller de cette image, c'est que pour un temps elle se pose comme le *tout* de notre mémoire, sans coupure, ni transfert.

Cela dit, il faut diversifier le langage autour du mot image, quitte à secouer certains propos de la psychanalyse, affirmant que le rapport du sujet au moi est un rapport narcissique, ou que le rapport de soi à l'autre est un rapport imaginaire. Il faut reprendre tout cela à partir *des conditions de possibilité de l'image.* Les exemples foisonnent où le collage narcissique entre perception et mémoire rend l'image impossible. Ce collage peut avoir lieu chez le même sujet, ainsi coupé de ses images. Ça ne l'empêche pas de se gaver d'images dans l'espoir de s'y retrouver, ou de s'y perdre ; de résoudre sa coupure grâce à la drogue des flux d'images. La même impasse peut avoir lieu entre deux êtres proches, l'un sert de perception à l'autre qui devient la mémoire – et ni l'un ni l'autre ne jouit du libre mouvement entre mémoire et perception. Du coup, l'un ne peut bouger sans ressentir l'emprise de l'autre, sans être pris dans l'espace qu'il forme avec l'autre. C'est ce qu'on pourrait appeler l'*impasse à deux de l'image ;* faute d'entre-deux. Là est l'impasse imaginaire.

Tout cela est lié à ce qui rend le fantasme possible ou pas. Le fantasme est une construction d'images pour répondre à des contraintes venues de l'Autre, et pour que le sujet ait un espace qui déborde un peu son corps, un espace de jeu pour son corps-inconscient. Faute de quoi, il ne peut se séparer de *ses* images ; ni donc en avoir. La malédiction de Narcisse c'est que *de voir son image lui donne la mort.* Ça le fait plonger, et rejoindre son image au fond de l'eau. Il ne supporte pas d'image *séparée* de lui ; l'image le met hors de lui, l'angoisse à mort. L'impasse narcissique est ce collage entre perception et mémoire qui fait qu'avoir une image de soi c'est risquer son corps. Le fantasme affine notre dynamique en offrant des scènes où il se passe des événements. On s'y engage, cela permet de se dégager, ça laisse une certaine liberté sauf si, comme pour l'image, on est réduit à tel fantasme, auquel cas on n'a pas de fantasme, on est dedans. Pour avoir des fantasmes, il faut sortir de son fantasme ; comme pour avoir une origine il faut pouvoir s'en écarter, y revenir, et instaurer avec elle un entre-deux qu'on puisse *franchir.* Alors peuvent défiler les fantasmes, et les moments originels ; ils peuvent se transférer. Le contraire est d'être pris dans le fantasme d'un autre, comme on peut être pris dans le rêve d'un autre. L'important est que le fantasme, comme potentiel d'images, puisse se déclencher. C'est important pour que d'autres puissent piétiner vos paroles, triturer vos images, les déformer jusqu'à les rendre méconnaissables sans que vous soyez, vous, défiguré ou détruit. Telle est la *liberté* dont l'image donne le symbole ou l'illusion ; la liberté qu'elle entérine ou qu'elle appelle.

3°) Le rapport à l'image de soi concerne la *reconnaissance* par l'autre. Beaucoup souffrent de ce clivage : ou bien ils attendent d'être reconnus et autorisés par l'autre ; ou bien ils se reconnaissent eux-mêmes et s'autorisent indépendamment de l'autre. En somme, ou bien ils attendent que leur image vienne de l'autre, ou bien ils se l'octroient eux-mêmes. Dans les deux cas c'est l'impasse. La reconnaissance a lieu au *passage*, dans le va-et-vient entre Soi et l'Autre, dans leur correspondance. Il s'agit de porter une part de soi pour que l'autre la marque ou la remarque et qu'elle en revienne, altérée, réinvestir d'autres parts de soi, puis des parts de soi dans l'autre, et ainsi de suite. Attendre que l'autre reconnaisse chaque possibilité est donc une impasse narcissique de la fonction-image ; comme de s'être déjà reconnu. Dans la scène de la reconnaissance, l'autre sert tour à tour de mémoire et de perception – à vous qui l'abordez. Il s'agit de retenir le fait qu'il vous a reconnu, pour n'avoir pas à attendre toujours la même reconnaissance ; pour en déplacer l'épreuve ; pour qu'elle soit reconnaissance d'autre chose, et par « ailleurs ».

4°) Un modèle de notre psyché serait la caméra-projecteur. C'est suggéré par notre façon de voir un film, c'est-à-dire d'y projeter presque en même temps un cinéma parallèle fait de fantasmes. Autrement dit, notre psyché est une technique mouvementée de l'image qui prélève des surfaces, des découpes, induit des images, les déduit et les produit. A chaque variante technique il y a un sursaut, une mutation, un prélèvement dans d'autres champs de données, d'autres champs identificatoires.

Il y a l'image visible et il y a l'image mentale, qui est plutôt une trace mnésique. Parfois on les confond, en parlant d'« image », et le mot devient ambigu. Mais cette ambiguïté comme tant d'autres a un sens : notre psyché double l'image « réelle », notre corps et notre langage servent aussi de miroir ; et à son tour l'image réelle reflète l'énorme travail de nos imageries intérieures. Elle compte avec. C'est de là qu'elle tire sa force. Une image « visible » recolle souvent nos traces mnésiques à la dérive. Inversement, le rappel d'une de ces traces sert à recoller entre eux deux flux d'images. (Les subtilités du « montage » – aujourd'hui numérisé – où deux totalités filmées s'articulent entre deux détails, en donnent une idée...) Même les questions, aujourd'hui, de stockage, gestion, distribution d'images, reflètent celles du même ordre qui se posent à notre psyché, à notre cerveau, dans un autre langage (où par exemple la valeur de l'image serait d'un côté son prix, et de l'autre l'investissement pulsionnel dont elle est l'objet). L'image, comme toute technique, s'inclut dans une technique mentale.

5°) L'image de synthèse aussi est une découpe d'un matériau où se *déclenche* un langage. Imaginez ce matériau comme un grand tas de chiffres. On y fait une découpe selon telle formule, d'où une image ; et un écran branché dessus visualise la découpe produite dans ce langage chiffré. Le technicien injecte la formule approximative d'une coque de voilier à construire et il obtient l'image de l'objet qui n'existe pas encore : de *ce* bateau précisément, qui émerge sur l'écume d'une masse de nombres assez simples (zéro-un, présence-absence). Ça déclenche un langage dynamique qui dira si cet objet – cette coque – est possible vu les contraintes à supporter... L'image comme moyen et effet de connaissance. A quoi servirait une image sinon à « voir » une autre image qui nous est invisible ? L'image est une machine à voir, ai-je dit. Il faut la voir et ne pas la croire, mais on peut s'en servir pour voir des choses qu'elle seule peut voir. C'est le processus d'une recherche : avoir des idées assez souples et subtiles pour qu'elles aillent elles-mêmes voir ailleurs, là où on n'est pas, et nous ramener des nouvelles. Correspondance.

La magie de l'image est la correspondance secrète qu'elle a avec une autre image, évoquée mais restée inconsciente.

6°) Beaucoup d'artistes, surtout des peintres, se sont posé la question de l'Invisible, du divin... La réponse qu'ils y ont donné est simple : l'invisible est le support originel du visible ; c'est sur lui qu'on s'appuie pour rendre visible, sensible, à force d'inspiration. Les peintres, messagers de l'Invisible... Ils nourrissent de leurs œuvres cet abîme que les hommes cernent avec des rituels, des prières, pour y trouver un appui, un passage. Le divin assure aux croyants une clôture fictive de l'espace, un support, un point à l'infini qui porte leur espace. Les incroyants, eux, exploitent encore plus le divin – il leur assure un point de fuite indéfini de leur lieu d'être.

Cela dit, les artistes essaient surtout de faire des images « voyantes », qui puissent nous voir et par suite nous parler là où l'Autre est resté muet.

7°) La catégorie de l'image a été un peu écrasée par celle d'identité, ou d'identification. Or le concept juste pour l'image est celui du transfert ; y compris *le transfert entre perception et mémoire.* ♦ C'est donc non pas x = y, ni même F(x) = F(y), mais : « x et y sont en rapport transférentiel, en connexion dynamique » ; si l'on ajoute : « entre deux fibres, ou dans un même fibré », cela symbolise tout ce que l'on sait du « langage des images » et même des « technologies de l'image ». ♦ Car nous avons montré ailleurs que toute technique est un transfert plus ou moins figé, c'est-à-dire une imagerie plus ou moins fixe, un déclenchement de langage, avec toute sa techno-logique...

L'étonnant est que c'est aussi vrai pour l'artiste : la technique, les images et les croyances qui habitent un artiste sont des transferts – et en cela sont du même ordre. L'image prélève des présupposés, et produit une lecture rasante, à la lumière transférentielle, de transferts antérieurs. Il n'y a pas de hiatus entre le regard supposé d'une image (le transfert dont elle est faite) et l'art de remanier les suppositions autour d'elle, donc l'art de mobiliser ces transferts pour produire d'autres images.

8°) L'idée de l'image comme opérateur de transfert s'éclaire face aux médias. Contrairement à ce qu'on croit, ceux-ci ne sont pas en un point central d'où ils rayonnent sur chacun. Il n'y a pas une pure dualité entre les médias et chaque « penseur » ou chaque « victime ». La situation se triangule par transfert de l'entre-deux : entre chacun et les médias interfèrent les rapports des *autres* aux médias ; chacun ressent les démêlés de l'autre avec les médias, sachant que cet autre tient compte de ce qu'il suppose à l'un. Par exemple il peut lui en vouloir de le supposer méprisant les médias, alors que lui-même... les méprise mais leur doit tout. Bref tous les méandres de la veulerie, les vertiges de l'impossible reconnaissance... En cela l'image-média est un bon véhicule pour explorer la jungle sociale et voyager dans le regard des blocs sociaux, dans les rapports des uns aux autres. Certes, l'image médiatique c'est l'image à vendre ; elle aborde l'image par son seul aspect vendable, cela ne suffit pas à l'annuler... si elle ne l'est déjà. A l'époque où l'on apprend à « se vendre », on peut regretter d'y réussir, et de se retrouver « vendu ».

9°) L'image, capsule magique pour voyager vers l'origine, s'en éloigner, se convoyer dans l'espace primitif, s'y perdre ou en dévier sans le savoir. A preuve, les capsules des trips sous acide – et autres hallucinogènes – promettaient de l'imagerie première, originelle, archaïque, et fournissaient à tour de bras aux clients peu à peu déçus : ils voulaient non l'origine mais la fin, non le passage mais le flash terminus. Ils s'étaient trompés de véhicule...

Intermèdes

Entre réel et fantasme : photo-transfert

1. Il y a mille façons de parler d'une photo, de prendre appui sur elle, de l'intégrer à une rêverie. Elle est elle-même un îlot de langage, et on la *tire* pour l'amener vers un langage en cours. En parler, c'est mettre en présence plusieurs niveaux de langage et de temps, les greffer l'un sur l'autre, les articuler. Résultat variable.

Il y a le jeu des transferts inclus dans la photo, servant à la composer, et le jeu des transferts où elle intervient, l'« actuel » où elle s'immisce. C'est déjà un transfert que de l'invoquer dans l'actuel où l'on est pris.

Il y a l'instant de sa prise de vue et l'instant plus éclaté des prises de revue, reprises de vue, surprises..., le tout sur fond d'emprises opaques. Une photo est prise, mais ça prend de toutes parts, et ça se voit après coup.

Un geste illustre cela : il arrive qu'en analyse le patient apporte une photo (de famille, de lui-même, d'un parent, de sa classe), comme si elle allait tenir lieu d'un dire inarticulable. Comme si le geste de l'apporter le dispensait de déployer la trame où elle prend place. De nous la confier lui permet de la désenclaver, de la mettre en lieu « sûr » (sûr de quoi ?) ; ou en dépôt. En même temps son discours sur cette époque se poursuit et compose une tout autre « photographie », une prise de vue étrange : il jette des touffes de lumière sur sa mémoire et sur la nôtre, toutes deux offertes, exposées, impressionnables. Et quelque chose prend forme en marge de cette photo, hors champ.

Il ne « commente » pas la photo. Elle est là, transfert d'objet, don disponible d'une mémoire inarticulée. Après tout, c'est bien parce que la photo porte des bouts de mémoire indicible ou inerte que l'on « fait » des photos. On les garde, on les regarde comme des bulles d'évidence. Cela suggère que l'analyse se livre, entre autres, à la pénible composition d'une curieuse photo de famille, imprenable et jamais prise : elle ferait exploser l'« objectif » qui la prendrait. C'est plus qu'une image de soi, ou de soi parmi les autres qui furent les premiers proches (parmi les siens...). C'est la possibilité d'une telle « image », d'une telle prise de vue qui, peu à peu, devient mobile, non d'un mouvement de cinéma : une mobilité interne, d'éclairage et de mise en place ; une mise sous le regard des mots, de la pensée, de la mémoire, du désir. Ce qui est mis ou démis est aussi du désir, de la mémoire, de la pensée... mobilisée.

2. La photo de famille montre cela. Elle rassemble des fragments de l'entourage originaire-premier, archaïque, ou simplement passé. Et le sujet y est inclus ou à côté ou exclu, un peu en marge dans son regard qui le distingue. Comme dans l'effet bien connu de l'« étrang(èr)eté », de l'*Umheimlich* : c'est étrange et familier, l'être est inclus et exclu dans ce qui fut son support, son « soi-même ».

La photo de famille présentifie ce que c'est qu'être intégré à un groupe en tant qu'on y est différent, qu'on n'avait pas à y être (roman familial : on est d'*ailleurs*). Regardez-en une, ancienne, et pas la vôtre : il plane sur elle un étrange miroitement, celui des possibles points de vue qui plus tard se sont précisés, ou pas : un halo homogène et pourtant différentiel. Dans certains intérieurs tapissés de photos de famille, on se sent regardé par ce passé, questionné, mis en présence de son « point de vue » qui *semble* unifié. Quand c'est une photo de votre famille, vous êtes rappelé à ce passé ambigu, vacillant dans sa certitude qui vous appartient et en même temps soutient vos désappartenances.

La photo de famille, plus qu'une autre, fait vivre l'opposition entre perception et mémoire ; la tension imagée entre le sensible et le pensable de l'origine. Elle opère un croisement : « de la mémoire » est amenée au niveau de la perception, et de la perception est offerte à se remettre en mémoire, rencontrant au passage ses autres inscriptions.

C'est ainsi qu'en regardant une photo de leur enfance certains se découvrent différents de ce que disait leur mémoire. Une excitation nouvelle de la mémoire s'est produite. Encore une fois, la vue de la photo est un instant dans la série de ses prises de vue, dans sa « prise » fréquemment renouvelée.

La photo est entre prise de vue et reprise de vue ; entreprise de vision et de révision. Le transfert qui se joue à la vue de la photo s'articule avec celui qu'elle porte. C'est en quoi la photo trouble la mémoire qu'elle prétend assurer en lui offrant cette chose étrange : une perception devenue mémoire... à percevoir. La photo est là pour faire parler la mémoire, ou lui parler, et cette conversation s'en tient à des excitations qui ne cherchent pas à s'expliciter. La photo reste un pli de l'être au regard de l'Autre... absent.

3. Elle est l'*objet-temps* par excellence ; objet chargé de temps, ancré dans l'origine, dans l'instant. Objet de transfert – celui qu'a visé la photo et celui qui la vise. L'idée est simple mais sa pratique complexe : se redécouvrir passe par ce transfert privilégié qu'est la mémoire-objet, en forme de grains du temps, que la photo, justement, élabore. Dans ce passage, d'autres fragments de mémoire émergent, se reforment. Cela a lieu pour tout transfert de parole : je parle d'une chose à un tiers ; c'est le fait que j'en parle, et à lui précisément, qui fera entendre ce que cette chose avait retenu, mis au secret – des paroles jamais dites, peut-être, ou jamais pensées. Mais avec la photo cet effet est palpable. Cette vague de tranferts est là plus sensible qu'ailleurs. Du coup on l'oublie. On oublie que c'est en « reprenant » cette photo, déjà prise depuis longtemps, que l'on s'offre quelques surprises irremplaçables, différentes à chaque reprise.

La photo, par sa dimension d'arrêt – ce coup d'arrêt qu'elle donne au temps qu'elle prélève – est un objet transférentiel « fabuleux », au-delà du sens scopique ou projectif. Des jets psychiques – de mémoire et de sens – partent de nous, rebondissent sur la photo, se réfractent vers d'autres directions, totalement imprévues, que seule suggère la présence de cet objet. La photo, objet du passé, inscrit des instants présents, des instances multiples du « présent », d'une présence qui relance le passé grâce aux appels d'avenir que nous pointons vers la photo regardée.

Autrement dit, au présent de la photo s'ajoute le fait qu'elle inaugure, toujours, un *nouvel instant présent*, dès lors qu'elle est, encore une fois, « tirée » de son retrait.

4. La photo, comme certains objets aux instants privilégiés où on les découvre et où on les quitte, déclenche un support de mémoire qui fonctionne du point de vue mnésique à la fois comme *agent* et comme *promesse.* En ce sens la photo de famille dirait l'essence de la photo comme objet de tranfert. Ce qu'elle montre, scène ou personne, c'est nous-mêmes et le contraire de nous-mêmes ; c'est autre chose. Elle montre la différence élargie, devenue entre-temps, entre-deux-corps. Elle montre l'instant qui répond d'un nom jamais dit (comme d'autres photos répondent d'une parole indicible). Elle est un fragment de mémoire mais qui se prolonge dans le présent ; un appel à des souvenirs arrêtés : ils se montrent comme ne pouvant pas passer. Cet appel de souvenir est un potentiel d'événements, qui se déclenche à chaque contact, quelle que soit la couleur de ce contact.

L'analyse le confirme, comme expérience d'une « photographie » impossible : aucune « photo de famille » ne lui est adéquate. A travers cette « photo » impossible, imprenable, le transfert offre le jet ramifié de « photos » qui se cherchent : c'est un complexe infini de regards psychiques. Les rêves et les fantasmes feront les jointures qui manquent. De ce point de vue, un fantasme trop bien fixé prend l'allure d'une « photo » de famille. Le sujet s'y incruste au point de ne pas voir ce fantasme qui l'enveloppe. Le symptôme aussi est un bon cliché familial ; stigmate de son étrang(èr)eté. Autant d'images du culte voué à l'origine, puis au fantasme « originaire ».

5. Toute photo est nimbée de « mort » : il y a meurtre dans l'instant de sa « prise » ; blessure de temps et cicatrice. Outre le temps que sa coupure fondatrice a, sur elle, accumulé depuis sa prise.

Quand la personne montrée est morte, il y a effet d'entre-deux-morts, et collapsus entre cette mort réelle et la mort que porte la photo. On ne sait laquelle des deux morts est la cause de l'autre.

Car la photo ne remplace pas le vivant : elle vous remplce vous auprès de ce qui manque. Cela instaure un dialogue non pas tant avec la mort qu'avec le temps renforcé tendu par cet effet de mort réelle. Et comme il n'y a pas « la mort », mais des morts multiples, des frontières du temps, des points morts de temps, la photo parcourt ces points, elle est en contact avec eux.

Et certaines photos imagent l'origine morte.

6. La photo de famille porte le regard de la famille sur elle-même. Elle est le clignement de ce regard ou sa rondeur, écarquillée. Elle érige ce regard « auto-voyeur » en scansion de sa mémoire. Ce regard exclut les autres, ou s'en distingue. La photo de famille fait voir le nœud du transfert qui la porte. C'est autre chose pour une photo de groupe quelconque : on n'est pas dans le regard des autres comme dans la photo de famille. Dans celle du groupe qui vous inclut, votre inclusion et votre écart semblent acquis, et c'est pourquoi ils vont moins loin. La photo de famille, elle, est un point limite, une modulation extrême de l'étrange familiarité. Elle regarde la famille, elle lui renvoie un regard étrange, reflet de sa familiarité, passée par le regard étranger qu'est celui de l'« objectif ». Ce regard sur elle, aucun de ses membres ne l'avait. C'est le regard « objectif » du temps, de l'origine ; porteur de temps pluriels.

7. Dans son livre *La Chambre claire*, Roland Barthes évoque une photo de sa mère qu'il ne montre pas car elle est le lieu unique de sa rencontre avec elle, l'espace où il pense la reconnaître pleinement dans sa vérité : sur cette photo elle était petite fille et dans cette petite fille, c'est sa mère, toute sa mère qu'il retrouve. On le comprend. Cette photo témoigne pour lui d'un être féminin que la maternité n'a pas changé, que la rencontre avec un homme (avec désir et sexe) n'a pas altéré quant au fond. Elle était déjà sa mère quand elle était petite fille. C'était *sa* petite fille... de mère. Il était l'enfant de son fantasme de petite fille. Et cette photo lui « prouve » que le fantasme de petite fille qu'avait sa mère tenait bon. C'est heureux puisque lui-même a été le fils de ce fantasme, et s'en est fait le serviteur. Le lien fétiche à cette photo était donc pour lui le démenti vivant des tensions du lien familial avec l'entre-deux sexuel, les écarts de générations, et tout ce chahut symbolique... Son lien à cette photo est celui d'une pure étreinte entre elle et lui, étreinte de corps et de regards qui ne nous regardent pas, qui ne regardent qu'eux-mêmes et le fantasme où ils communient. Or une photo, de toutes façons, regarde l'Autre. Elle regarde l'air libre et les paroles qui parlent d'elle. Du coup, on ne voit plus pourquoi cette photo est soustraite au regard des « autres », aucun d'eux n'y verrait ce que le fils y a vu, notamment que sa mère l'a toujours connu : elle « savait » déjà qu'elle serait sa mère alors qu'elle était petite fille... *pour lui*. Qui peut troubler ce tête-à-tête secret ? Il confirme le regard secret que la famille même réduite porte sur elle-même *via* la photo. Ce regard, peu d'étrangers le perçoivent, sauf s'il résonne avec leur regard familial, transféré vers cette fondation du regard qu'est la photo.

D'autres remarques de Barthes paraissent plus floues et méritent d'être mises au point. Il pense avoir trouvé le principe de la photo, son « noème », dans la formule « ça a été ». Pourtant si je regarde une photo d'un coucher de soleil sur le Mont-Blanc, même si « ça a été », il y a toutes chances pour que dans quelques jours je revoie la même chose avec les mêmes nuances. Du coup, que ce qui a été n'est pas ce que montre la photo, c'est l'instant où elle fut prise, ou le geste de la prise, unique et passé. Mais ce qu'elle montre est encore là – quelque part, dans le réel ou la présence de la mémoire – et peut revenir par à-coups. Il est donc inexact de dire que : « Ce qu'elle reproduit n'a eu lieu qu'une fois. » Inversement devant un autoportrait de Cézanne, pourtant peu ressemblant au sens photographique, on peut dire que « ça a été », que cette scène a eu lieu, il l'a peinte, il l'a prolongée pour la peindre. On peut même l'imaginer ; et le tableau sera l'ombilic de ce temps qu'on imagine, unique comme un instant.

Ainsi la photo vise quelque chose de l'être en tant qu'il est, qu'il est présent. Notre approche de l'être fait partie du présent pour se retourner vers le passé à partir de l'avenir ; (une curieuse contorsion).

En outre, qu'une photo vous fasse dire : « Il est sûr que cela a été » pose plus de questions que ça n'en résout ; car qu'est-ce qui a été ? Est-ce ce que l'on voit ? Mais on voit quoi ? Certaines photos montrent surtout des événements qui n'y sont pas et que nos transferts y apportent. Voyez l'expression d'un visage ; c'est ce qu'on exprime à son sujet... Comme en rêve une photo nous montre quelque chose dont on se dit : « C'était bien ça », mais il faut « associer », raconter, interpréter, pour percevoir ce que « ça » dit, et y trouver d'autres replis de l'identité. Car une photo est toujours d'« identité ».

Parfois on connaît les circonstances où fut prise la photo : la famille s'égaillait, chacun dans son sens, et soudain quelqu'un a pris l'appareil, il veut faire une photo, oui de tous ; tous se rassemblent, contrariés, ils posent, impatients que ça finisse. Et sur la photo, les marques de cet agacement ont disparu. C'est bien une identité du groupe qui se trouve saisie, sur le vif, à vif. Ou alors l'agacement s'est noyé dans le devoir d'être là.

Ce qui vient en force se faire remarquer est vraiment au-delà de « ça », de « ça » que montre la photo. Si elle rappelle telle circonstance de sa prise, cette circonstance, elle ne la montre pas. On doit la retrouver de toutes pièces. Certaines photos nous rappellent des pensées que nous avons eues il y a longtemps en les regardant pour la première fois, des interactions du monde avec la scène de la photo ou son « sujet ». En tout cas, bien qu'elle apporte une certitude particulière (qu'« aucun écrit ne peut donner », dit Barthes), elle n'annule pas les certitudes historiques du témoignage écrit. Il y a eu les batailles de Valmy et de Salamine ; c'est hors de doute, sans photo. La photo, elle, nous introduit à un monde d'incertitude.

Elle est l'*ouverture instantanée entre réel et fantasme.*

Graffiti d'outre-sens

L'image de l'origine absente

Nous chercherons l'image de l'origine absente, dans ces graffitis indéchiffrables, dépourvus de sens, mais posés là sur les murs, avec sérieux, application, tension de l'être, ludique ou désespérée. Et on « fait attention », regards furtifs même quand la police est loin. Pas simples, les contours de la lettre inconnue, interposée entre soi et l'autre pour faire non-sens. L'enjeu ? faire une marque dans l'Autre, atteindre l'Autre qui est là comme un mur, le troubler, le « toucher » déjà d'une trace dont le non-sens garantit qu'elle sera inusable. La lecture et le déchiffrage n'en viendront pas à bout. Tatouage du corps de l'Autre ? mais tout symptôme tatoue. Ici ceux qui n'ont rien veulent prouver que ce corps de l'autre, on peut le suivre à la trace ; celle d'un trip mystérieux. Voyage glauque sur corps opaque...

Symptôme de quoi ? J'imagine la détresse d'un enfant qui, quoi qu'il fasse, verrait sa mère impassible, verrait son visage impossible à troubler, à marquer. Il serait fou de néant ; il chercherait où raccrocher sa parcelle d'être ; il serait prêt à mutiler, à faire des marques sur le corps de l'autre ou sur le sien pour leur donner de l'existence, pour se donner de l'existence dans ce geste qui fait trace. Ces traces ont une mission magique : supporter le manque en le comblant ; être un « rien » de sens ; être l'incantation du Tout qui a manqué. « Degré zéro » de l'écriture : dans ce geste où passe à l'acte le désir que le corps de l'Autre ne soit pas insensible, qu'il puisse au contraire s'altérer et se maintenir à travers ces altérations ; qu'il les porte comme la mémoire du geste pur qui les produit. Bref, c'est le désir que le corps de l'Autre soit vivant, et qu'il exhibe aux yeux de tous les traces vives qu'on lui fait ; la plaie incurable de l'appel d'être.

Il y en a à faire voir – de toutes les couleurs – quand seul Rien se fait voir.

Ça écrit le moins possible côté *sens* pour inscrire le plus possible côté *absence ;* la sienne ou celle de l'Autre, confondues.

Comme quoi l'homme ne cherche pas d'abord à « S'inscrire » : il n'en a pas les moyens, il lui faut d'abord un support, une forme d'autre (qu'elle soit mur ou wagon ou corps propre à tatouer...). Là, ils graffitent n'importe comment ; d'instinct ils écartent le tatouage symétrique, trop plein de visées décoratives. Il faut un support « autre » pour qu'à travers des traces dans l'Autre on se retrouve inscrit ; inscrit par elles donc par soi-même. Cela dit bien la détresse de n'être inscrit... par rien d'autre. Mais là comme ailleurs c'est *en retour* qu'on est inscrit ; après coup. Jeter des couleurs sur le mur pour voir à quoi on ressemble...

Symptôme très « actuel », ce graffiti « insensé », cette marque « folle » : elle instaure entre son auteur et son support une boucle qui tourne sur elle-même, ne renvoie qu'à elle-même : un va-et-vient du marqueur au support par quoi l'auteur est re-marqué ; par lui-même, par ses collègues, et par la loi réprobatrice. Il est l'auteur de la plaie dans l'Autre, il la surmonte en même temps qu'il en jouit. Déchet de ses traces, il jouit de *se* produire comme l'effet de son acte. La preuve qui lui manquait et dont le manque lui faisait mal – la preuve de l'existence –, il se la donne à lui-même, dans ce geste face au mur, qui voudrait surmonter l'opacité du mur par l'opacité du signe. Autrefois, théologiens et philosophes cherchaient fébrilement la preuve de l'existence de Dieu, sans s'apercevoir que leur Dieu leur faisait une fleur en leur rendant cette preuve impossible, c'est-à-dire en les empêchant de le fonder, de le créer, même au niveau de la pensée. Et voilà qu'au pied du mur le graffiteur du non-sens se prouve l'existence du petit dieu qu'il devient. Les artistes aussi connaissent ça, mais eux ne se prouvent pas, ils s'éprouvent. Là au contraire, la boucle s'inscrit dans une logique de l'autoréférence, propre aux formations fétiches, narcissiques, ou gentiment perverses qui peuplent notre « actualité ». Cette logique où le Soi se prend pour objet, j'ai eu à la mettre en scène dans mes « Dialogues sur les folies actuelles » *(Perversions).* Elle repose sur le fait que l'Autre a manqué de façon insupportable. Et quand on est en manque d'Autre, la tendance « toxico » est de *le créer de toutes pièces*, cet Autre, en forme de fétiche. Alors on le maîtrise et on le détruit en tant qu'Autre. Dans le même temps qu'on le crée, on l'annule, car par définition l'Autre nous échappe ; si l'Autre a manqué c'est en tant qu'il est marqué de quelque chose qui nous excède ou qui nous manque ; c'est donc en tant qu'il est impossible à cerner, même par des graphismes « insensés ». Quand on n'a pas eu des parents assez existants comme « autres », assez distincts d'eux-mêmes, bref quand on a eu des parents trop identiques à eux-mêmes sans échappée possible, on cherche par quoi rattraper cette origine opaque, quitte à ne pouvoir l'inscrire que comme opaque. Ces signes inscriptifs sont un moyen qui est lui-même sa propre fin et sa limite.

De fait, c'est plutôt le contact avec l'Autre qui a manqué ; et la trace veut rétablir ce contact en le maîtrisant. Elle le produit, le consomme et l'annule en même temps.

Paradoxe de ces sursauts d'être qui cherchent à quoi se raccrocher faute de mémoire et d'histoire. Ils écrivent pour ne rien dire, ou plutôt pour dire le « rien » (prétention folle et modestie énorme). Ils disent que rien de décisif n'a été dit ; rien d'inscriptif. Leur message : une bouteille à la mer contenant une feuille blanche. Le pur symbole de l'appel.

Dans leur désespoir ludique, il y a comme une ascèse. Ces êtres en dérive, « jeunes » forcément, proviennent comme les toxicos de milieux aisés, installés, ou précaires et désancrés. Ils sont en manque d'Autre mais n'envisagent que les formes d'autre qu'eux-mêmes produisent. Anorexie du sens, intoxication narcissique, flirt avec des formes minimales d'être. La « Lettre » qui en émerge est « unique » ; c'est le graffiti tout entier qui fait corps avec son auteur. Et dans cet enclos règne la douce folie d'être seul – unique.

Ainsi, contre le mur de leur mémoire, ils font appel à la mémoire des murs pour y greffer des bribes de nom par où s'appeler...

Les prisonniers aussi font des traits sur le mur pour compter le temps mort et se compter comme vivants, encore. Mais ce ne sont pas des toxicos de la trace opaque. De même, il y a des graffitis « insensés » peints par l'artiste sur les grands murs d'accès d'une fac des sciences à Paris, graffitis indéchiffrables prévus par l'architecte, censés représenter les gestes par quoi la science *lie* comme elle peut des bouts de réel, et chiffre ce qu'elle découvre avec des marques énigmatiques. Ces lettres mises ensemble frôlent le non-sens comme pour le séduire, pour invoquer l'énigme. C'est différent là encore de nos graffiteurs qui eux doublent le mur opaque de l'Autre par le mur opaque du non-sens, avec défi et surenchère : une écriture qui dit *non*, non à tout sens ; nihilisme de l'inscription, qui résout de façon totale, définitive, la question des rapports entre soi et ce qu'on écrit.

Or la question est vaste : tout être et tout groupe se mesure à ses supports inscriptifs, à ses enjeux d'« écriture », aux signatures de sa jouissance. Même les « taggers » font de leurs graffitis insensés la signature de leur être en manque, le nouveau nom de leur identité. Ils savent, paraît-il, reconnaître le « tag » de la bande rivale, ou de leurs amis lointains ; non sans une certaine complaisance. Dans tous les cas, la Lettre devenue art, art de lettre, sert de vecteur, d'image mobile entre soi et son origine. C'est vrai aussi pour les cultures.

Une culture peut se voir belle dans le calligramme de sa langue : la japonaise y cerne le vide qui la hante, l'arabe caresse dans sa trace calligraphique les fragments du texte sacré et les replis du corps-Mère...

L'écrivain dénoue l'écheveau de sens dont ses graffitis sont bourrés...

Chapitre 7

LE VOYAGE

Voyages de l'appel

Dans le voyage, il y a le filon de la plongée vers le Paradis (forcément artificiel, le naturel étant plus ennuyeux). Alors l'épreuve de l'entre-deux est souvent éludée, ce qui l'emporte c'est le grand retour vers l'origine, toxico ou touristique, fasciné ou affairé. Mais il y a le voyage où se vit l'absence de l'origine ; cela donne une certaine tension productive d'un désir ; de quoi inventer des passages. Alors l'entre-deux opère et peut induire la dynamique d'une traversée. Cela dépasse la « différence » entre ceux qui partent et ceux qui restent. C'est un point de vue nouveau sur le désir comme voyage, et comme tiers entre deux. L'origine à retrouver est remplacé par un appel.

Ce livre commence par l'entre-deux-langues et finit par le voyage. C'est aussi, comme tel, un effet d'entre-deux, plus que l'écart entre deux termes ; c'est *dans* chacun d'eux, dans le lien qui les lie et les sépare ; dans le trajet, la *voie* ; et dans cette pratique de la *voie* qui s'appelle le *voyage* sous toutes ses formes. C'est banal aujourd'hui de dire qu'une psychanalyse (ou une thérapie « faisant place » à l'inconscient) est un voyage à travers ses fantasmes : pour les passer, les inscrire, et déjà en prendre connaissance ; un voyage entre son corps et sa mémoire pour renouveler leur alliance et leur redonner toutes leurs chances. Mais plus généralement, toute pratique agencée met en place les conditions d'un « voyage », d'un frayage de voies qu'on voudrait viables et capables de vous redonner lieu. La *via*, la *voie* doit permettre de *passer*, de défaire l'impasse du temps. (Quand c'est viable, on croit pouvoir y rester, et y passer le reste du temps ; et c'est un risque.) Tout projet de faire, toute technique riche et consistante met en jeu un trans-faire, une traversée de ses propres limites, un voyage où l'objet de départ se dissout dans l'arrivée, celle-ci devenant nouveau départ ; le ressort du voyage étant le désir de se « refaire », de produire quelque chose d'autre que soi où l'on puisse se reconnaître, se méconnaître, à travers quoi on puisse fuir l'horreur de soi, apaiser sa soif d'autre, d'autre chose, et pourtant donner au soi une certaine consistance. Déjà le transfert – au sens ordinaire où quand deux êtres se parlent leurs non-dits communiquent – le transfert est un entre-deux pluriel, constellé, mettant en rapport deux entités pluripotentielles : chacune déploie son origine qui lui échappe mais qui la pousse à se chercher, et à chercher l'origine d'une étape à l'autre du voyage.

Le voyage, on le cherche et on l'évite dans le voyage « réel », faute de pouvoir l'inscrire dans le voyage de la mémoire et de la pensée. L'Occident s'y confronte chaque jour, et sur place, avec l'afflux d'étrangers, avec l'effet sur lui du voyage de l'autre, et ce que cela lui révèle de sa propre étrangeté, de son malêtre, de son désir de déplacement. C'est même devenu son symptôme : la capacité de soutenir l'entre-deux-lieux ou l'entre-deux- « mentalités », sans clouer l'une ici et l'autre là-bas, loin, à l'arrivage des charters de touristes...

La question du lieu d'être devient celle du lieu où l'on peut être, où l'on peut « se retrouver ». Question de disponibilité – celle de l'espace, du temps et du je qui peut s'y tenir. « Où puis-je aller ? Y a-t-il place pour moi ailleurs ? ou même ici que je ressens comme un ailleurs ?... » D'autres disent chercher leur voie, leur voyage, le voyage à travers leur temps, histoire de le découvrir... Multiples sont donc les instances – les agences – du voyage. Il faut rappeler que c'est l'une d'elles, oui une simple agence de voyages mais ayant force de loi, qui s'est chargée de convoyer les Juifs vers les camps de la mort. Cela a rendu pour beaucoup le mot « convoi » écrasant. Après tout, convoyer c'est faire route avec. L'Occident a fait route avec ces êtres déportés, reportés vers le point de sa propre impasse sur l'origine : l'impasse de l'Occident ne fut pas un accident de parcours, mais une impasse sur l'entre-deux de son origine, sa double origine, grecque et juive (qu'est-ce qui lui a pris de vouloir en tuer une ?).

S'il a réagi violemment, démentiellement, à l'idée de supporter d'avoir deux origines, comment va-t-il réagir sous peu, quand il lui faudra avaler d'en avoir plusieurs, beaucoup, un trop-plein d'origines ?

Voyage – forme prégnante de l'origine à dévoyer et de l'entre-deux à franchir ou déjà à retrouver.

Entre-deux-lieux. Inutile d'être une agence pour savoir que dans nos sociétés le voyage a acquis une fonction... *clinique* : s'envoyer ailleurs pour se faire soigner l'être, l'être-là, le danger d'être là. Le voyage dans la drogue – la planète ou la bulle – donne quelques assurances, excessives, et du coup meurtrières. Mais le besoin est là d'aller ailleurs pour ne pas crever sur place. Aller ailleurs s'assurer qu'il y a de l'ailleurs ; se rappeler qu'on peut rêver de se renouveler ; qu'on peut tenter d'être autre. Bien que les publicités le disent, ce n'est pas forcément « faux », pas comme ça en tout cas. Aller « respirer », voir la lumière, toucher l'eau, les éléments primitifs, les populations primitives... De temps à autre, des récits de voyage – flashs ou prises de vues – nous étalent leur désir d'entre-deux-lieux, désir de s'y infiltrer, d'être le passeur aux contours d'une passe « authentique », en marge du temps et de l'espace, ou au cœur de l'espace-temps. J'avoue avoir moi-même la maladie : pour finir certains livres par exemple, il me faut aller loin, et seul, côté déserts de préférence, là où l'on se rappelle – où l'on croit se rappeler – qu'il y a du silence parlant, à manier avec précaution. Et redébarquer à Roissy est un temps d'émotion : voir ce lieu coloré de « partance », d'une partance indéfinie qu'il garde en mémoire. J'arrive avec l'idée – reconnaissante – que le départ reste possible, encore. Comment faire retrouver aux lieux et aux temps leur coefficient de *partance*, leur décollage intrinsèque ? Question. On voyage pour, en revenant, palper les contours d'ici qui ont transité par là-bas ; espoir de toucher la différence ; puisqu'elle s'est faite insaisissable. On instaure l'entre-deux-lieux pour s'ouvrir l'entre-deux-temps de la mémoire comme déploiement de l'origine ; y accéder, et percevoir l'entre-deux-sens, la profondeur intrinsèque d'une sensation, cet abîme qui est le sien et par lequel il lui arrive de rejoindre la pensée la plus abstraite.

En fait d'objet de désir, on s'invente plutôt un objet de déplacement, de quoi déplacer le décor, et le temps, et soi-même... C'est le voyage ou son terme, avec un but vaguement mythique, une promesse (la Terre promise en est l'image). Tout voyage radical est-il un projet d'émerger, de croire sortir de son esclavage, pour aller vers une Terre promise « où coulent le lait et le miel » ? c'est-à-dire vers un corps qui offre le goût des nourritures originelles ?

J'aime dans certains lieux – le Brésil, les déserts – une transparence de l'air, épuré des miasmes qu'on y voit en Europe, surtout en Méditerranée, où l'air semble surchargé de fautes, de demandes, de mères lourdes et de pères mal « tués ». Au désert, même dans celui de Judée, je sens mieux résonner ce mot d'un prophète : « Et il parlait sur les arbres et sur les pierres... » Une vague de sérénité déferlante : être là où ça parle, sans nul besoin d'être entendu. Au retour, je l'ai dit, sentir le départ à l'œuvre qui départage les choses. On va loin pour s'assurer qu'ici il y a de l'ailleurs. Car on l'oublie bien sûr, quand on s'est enfoui, ici. (Quand *tous* veulent partir, c'est l'encombrement, ça s'engorge ; preuve que le départ est de se départir des autres qui font l'entourage familier.)

On va loin pour décoller au retour l'opacité des êtres et des choses ; pour faire retour avec une force de rappel ; ou rêver du sans retour – c'est le rêve même d'un voyage originel. Même quand le retour a la couleur de l'impossible, on peut dire que tout voyage vise le retour, pour redonner aux choses cette disposition d'*ailleurs* ; les aérer ; les soumettre à l'épreuve du vide, d'une certaine fragilité ; les disposer autrement, et peut-être en disposer. C'est prégnant d'aller trouver le rien, l'espace vide : on y cherche l'acuité de l'être au monde. Palper les limites de nos sens et de nos mémoires ; remettre au défi les infirmités du corps, son terrible immobilisme ; s'inventer l'objet mythique, but du voyage (parfois ce n'est que l'air ou la couleur du ciel) ; aller voir ce qu'on y met, dans cet objet, ce qu'on y a transféré. Ces gestes simples portent le désir d'aller avoir sur le lointain, donc sur l'Autre, un regard *neuf.* L'entre-deux est le tressaillement d'espace-temps, entre l'espace du temps et le temps de l'espacement.

L'idée du voyage n'est pas la voie mais le désir de se dévoyer, de se séduire par ailleurs, de séduire *ici* par *ailleurs ;* se dévoyer par l'entre-deux, se désituer. Tout le principe de la séduction est là ; nous l'avons montré... ailleurs. Certains ont du mal à se déplacer comme à être séduits ; ils ont trop peur de se quitter eux-mêmes, de se perdre de vue. Parfois, cette horreur de la séduction est un simple appel au viol.

Aller loin, mettre de la distance pour mettre à nu ce qui est proche, et déjà pour le voir, le percevoir. Aller produire l'entre-deux où l'espace apparaisse et où le temps devienne sensible.

Étrange et simple d'aller là-bas se relancer l'imaginaire sur le vide des choses élémentaires ; pour imaginer ce qui est ici. Aller ailleurs pour mieux revoir ici d'ailleurs, de l'ailleurs invisible qui est ici. Ce n'est pas un simple jet, une jonction entre deux lieux, mais un travail de corrosion et de subtiles métamorphoses de l'un par l'autre et de soi par les deux.

Aller là-bas pour retravailler l'ici à partir du temps d'ailleurs, de l'autre temps puisé ailleurs pour accéder au temps d'ici ; c'est qu'on voit mal *dans* un espace le temps qui lui donne consistance. Alors on va ailleurs *redonner* au temps d'ici et à l'espace *des facilités* obtenues là-bas ; là-bas où le ciel et les crêtes cuivreuses ou blanches se touchent bien, ont un *bon* contact ; le ciel descend très bas vers les maisons sans étages et offre ainsi toute sa voûte, celle dont ici nous n'avons qu'une lucarne.

Et on la donne, son attention, là-bas, à ce qui se donne à voir. L'affolement du regard serait-il moindre dans une salle du Louvre ou des Offices de Florence ? Y serait-on moins submergé ? Ces curiosités naturelles – cañon, oasis, plages immenses, fleuves amazoniens – reposent notre regard comme si, ne lui demandant rien, ils l'élevaient au pur désir de voir ; au désir tout court, indexé de vision. On va donc chercher ailleurs les éléments d'une recherche, d'un désir. Naturellement ceux d'ailleurs viennent les puiser ici, parmi nous. Et le déplacement s'avère source ultime de la place.

Désir de nom dans le voyage affolé à travers des noms de lieu qui donnent l'entre-temps, l'écart de temps entre l'autre fois où ils furent pensés, entendus, imaginés, et cette fois-ci pleinement réelle où on croit les toucher et franchir de son corps un flux de temps démesuré, se nourrir de ce flux, s'irriguer avec. Mes passages à Sparte ou à Santa-Fe confluent différemment sur Marrakech. *Le Train de Santa-Fe* (est-ce bien le titre du film ?) affiché sur le cinéma Mabrouka, non loin de l'école rougeâtre d'Arset El Maach où, par des après-midi de canicule sans espoir, on étudiait les mœurs spartiates et la bataille de Salamine. La confluence est assurée avec le corps, à la jointure des noms ; recollement d'espaces incompatibles dont on éprouve l'entre-deux, à vif.

Le voyage est celui de l'entre-deux qui se cherche et s'établit dans l'arc-en-ciel ; géodésique entre deux lieux ; pont jeté. Aller *là* et jouir de n'être précédé que d'une trace de mémoire, celle du nom de lieu : désert de Judée, vallée de la Mort... Pour le premier je suis précédé par des versets d'Isaïe ânonnés dans mon enfance et hurlés par lui là-bas dans l'autre enfance du temps. Pour le second, par le cours de géographie qui disait la chaleur folle – « l'endroit le plus chaud du monde » –, la dépression, le point fiévreux de la planète... Ces traces, on les fait vivre avec l'espoir inconscient que d'autres traces reprennent vie. Où ne va-t-on pas irriguer sa mémoire, la ressourcer ?

L'entre-deux du voyage est un écart dans la mémoire, un appel à ce qu'elle s'exerce, et se rappelle ce qu'elle n'a pas connu. Chercher des choses, des riens, dont on puisse se souvenir, c'est chercher certaines forces de rappel qui puissent se transférer à d'autres recoins de la mémoire où quelque chose d'essentiel attend d'être appelé, rappelé à la vie ; attend de pouvoir exercer librement sa force d'appel ; force de vie essentielle. *On va chercher loin la possibilité de se rappeler.* La mémoire est là-bas, car là-bas est l'image du lieu étrange où notre mémoire s'est perdue ; en deçà de l'oubli où elle a « commencé ». Une sorte d'origine des temps. Le voyage comme dépliant de la mémoire – la mémoire, repli de tous les « voyages » possibles. Du coup, l'objet du voyage, du déplacement radical, est de faire émerger l'entre-deux où nos rencontres avec l'Autre, avec la Mémoire, puissent se passer. Et c'est pourquoi toute rencontre est à vivre comme un voyage : on y rencontre rien moins que ses épreuves de vérité, ses points de faillite infaillibles. On part, cela rappelle d'autres partages, d'autres départs impossibles et des partitions infaisables ; d'autres parts de nous-mêmes, d'autres répartitions de l'être. C'est donc forcément beau ce qu'on trouve là-bas, c'est une ressource de l'amour, une de ses sources dévoilée : la mémoire, elle-même double – celle des souvenirs, et celle de ce qui n'a pas eu lieu, pas encore, encore pas. C'est le voyage de remontée vers ses sources du Nil, vers le fantasme « premier », fondateur, le déclenchement du pouvoir d'imager, d'imaginer, avec des matériaux palpés, et le désir de créer avec.

On va chercher des seuils de sa mémoire, qui n'appellent à rien d'autre qu'à l'appel, au rappel à l'état pur ; au pouvoir de se rappeler à ce qu'on est, et si possible à ce qu'on n'est pas.

Aller avoir sur sur l'autre part un regard d'autre ; chercher l'autre part du regard ; le grouillement du monde, la rareté du monde, pour se les redonner ici, à neuf ; et entamer ici sa profusion, sa masse opaque, insignifiante.

L'entre-deux-lieux est le tressaillement du visible où le regard se redonne vie.

Et les retours *ici* nimbent le réel d'images qui l'ouvrent ; un geste secret du corps établit entre *ici* et *là-bas* l'arc de l'imaginaire, électrique, incandescent ; la liance d'images possibles, et de rêverie avec la terre. On va dans l'autre lieu réapprendre le lieu, apprendre à localiser les choses, à les placer dans sa pensée ; apprendre ce qu'est l'emplacement du monde. Les souvenirs au retour frôlent l'anodin : ce restaurant sur la baie, au coucher du soleil... Souvenir du rien, pour que le rien du souvenir devienne sensible. Justement dans ce restaurant italien, ils servaient des desserts « somptueux » avec presque rien. Et cette nuit dans le désert quand on a voulu tous dormir sur le sable, comme si on entrait s'installer dans une affiche publicitaire sur le désert, et dès qu'on s'est étendus, les scorpions verts de la palmeraie sont venus nous frôler, et on s'est tous retrouvés dormant à six dans la voiture comme dans un parking quand les hôtels sont tous pleins, dans cette nuit de désert, constellée et distante, qui nous a redonné, à peine intensifiée, la nuit des ciels d'Europe, la nuit ordinaire. Comme ose l'écrire un voyageur fou d'Amérique, « cette merveille de spectacle là-bas en Arizona tous les matins et tous les soirs, puisque le jour là-bas, c'est à peine croyable, se lève tous les jours et que, tout aussi incroyable, la nuit là-bas tombe toutes les nuits » ! Ainsi on cherche, dans les changements de perception, de quoi apprendre à même la terre la mémoire des perceptions, celle qui fait que sur les roches, les côtes, les plages, de l'amour s'est déposé au fil des temps, cristallisé en « beauté ».

On cherche ailleurs un support à ses fantasmes. Voir *là-bas* des choses antiques ou archaïques : celles qui ont vu le Temps passer ; contempler ces mémoires, en espérant leur ressembler. Retenir d'ailleurs le temps du monde et ses gestes épurés, singuliers d'être là-bas ancrés ici. Voir comment le monde, depuis là-bas, s'émonde, s'épure, se donne à nous et à lui-même dans un savoir plus intime. Retenir le monde *de* là-bas, pour qu'il ne s'écroule pas ici ; trouver le nom secret de cette *retenue.* Chercher la trace de l'autre pour accéder à l'autre trace, celle qui, ici enfouie, nous travaille en silence.

Gestes simples qui font du voyage l'alliance entre deux lieux, l'arc tendu d'un désir de Lieu.

Désir qui fait aller là-bas *parce que* ce n'est pas ici et que ce ne sera pas vraiment l'endroit désiré. On se livre au culte du désir de lieu, du désir de se donner lieu. De quoi toucher l'entre-deux qui fait l'objet de désir. L'entre-deux n'est pas tant entre moi et l'objet ou entre moi et ce que je rencontre, mais entre l'objet et la vibration qu'il instaure ; c'est la résonance qu'il produit avec l'Objet qu'il devait être et qu'il n'est pas. Là est le désir. Et plus l'objet se renouvelle, plus il ravive une nouvelle distance à l'Objet qu'il n'était pas et que l'on cherche. Ainsi de suite ; série ouverte d'entre-deux ; série infinie, qu'on écrase bêtement sous le mot de répétition : « Tout cela c'est de la répétition... » Mais le répété d'un ratage n'est pas *le* ratage répété ; il révèle cette série d'approximations, souvent étonnante, de la distance tant recherchée à l'origine ou à la fin.

En un sens tout projet de faire – et cela aussi est un voyage, il se déploie dans une pratique – produit une série d'objets ou de montages, dont chacun dit l'écart du précédent au regard d'une attente ; la distance entre cette attente et une promesse renouvelée. Et la série cherche son point de convergence, ou de divergence utile ; il y a aussi cette errance singulière appelée recherche. J'en parle ailleurs. Bien sûr, chaque entre-deux-objets induit une distance entre nous et chacun d'eux. Deux écarts subjectivés, pensés, ressentis, correspondent ainsi à l'entre-deux objectivé, projeté, réalisé entre un objet et un autre. Entreprendre est un voyage à travers une série d'objets dont certains peuvent se poser comme des points morts – d'aboutissement, de perfection, et donc de... répétition. Le voyage aussi peut trouver son objet parfait, son paradis qui ne vibre qu'avec lui-même, et contient ou épuise tous les déplacements possibles, toutes les richesses, les résonances. Alors on a trouvé son fétiche, son flash, son vrai Lieu, son bon Dieu. En principe, plus rien à dire, seulement à jouir de cet arc qui se referme, reliant l'origine perdue et la fin incertaine. Pour éviter cela, qui peut être assez pénible, rien de tel que de se donner un Dieu qui change d'avis, qui soit branché sur l'infini, l'aléatoire. Quand les entre-deux se résorbent en un seul, qui met face à face l'homme et son Lieu retrouvé, on frôle la béatitude, l'extase. (« Bonheur, bonheur... » dit l'autre devant le désert en fleurs.) On les frôle sans y rester. L'homme n'est peut-être pas doué pour tenir cette béatitude ; il craint de la voir approcher l'immobilité de la mort, et d'être, lui, écrasé par l'achèvement, l'accomplissement total.

Quand l'homme a trouvé son « vrai » autre, sa vraie drogue, il se déclenche en lui une lente corrosion de l'être ; sa béatitude le porte vers la mort, d'un pas plus marqué ; il doit alors changer de drogue, recharger l'altérité usée, réaiguiser le tranchant de l'entre-deux. Parfois ce n'est pas une drogue évidente, c'est un voyage dont il ressasse le récit par petites prises délicieuses, montrant pourtant que ce récit, image du trip, ne rend pas *vraiment* l'essentiel. Mais cela ouvre un nouvel entre-deux, pour médiatiser l'origine et conjurer la fin. C'est un écho de l'entre-deux un peu féroce : fuir le fétiche ou en mourir (de jouissance ou de douleur). Cette manie d'impliquer le langage, de le mettre dans le coup, les amants la connaissent, eux qui se sont trouvés – trouvaille « absolue » – et qui sans raison, follement, prennent le risque de *parler* quand il n'y a plus qu'à jouir ; ils veulent sûrement conjurer cette jouissance.

Il y a un battement incessant, une pulsation, entre la confusion des « deux » et leur écart retrouvé, entre leur capture en miroir et l'entre-deux recréé. Même sa trouvaille « absolue », l'homme veut l'entamer en l'impliquant dans un langage pour la dire à d'autres, à lui-même, aux mots. Et cela suffit à relancer l'entre-deux radical d'une recherche. Même devant le « vrai » Lieu, on tourne autour, on s'inquiète, on s'affole ; on tourne autour de son histoire, on voudrait l'avoir faite, et avoir été là lors de son origine... L'entre-deux tranche dans le vif du rêve : nul ne recommence un commencement, ou n'affine une fin ; par définition. Il suffit de s'intéresser à la mémoire de l'autre, à l'autre comme mémoire, pour arrêter l'éblouissement de la trouvaille définitive ; et que l'entre-deux soit relancé. Depuis que l'homme fait des images (depuis toujours, mais aujourd'hui il accélère), il démultiplie l'entre-deux qu'il voulait justement fixer, saisir, résoudre.

Toujours entre origine et fin (du monde de chacun) on se redonne le monde, quitte à fantasmer cette naissance comme une explosion cosmique et cette fin comme un éblouissement planétaire.

Entre la quête du lieu possible et l'inscription du divin comme Lieu impossible ; entre le lieu de la fausse origine et le lieu de la promesse intenable, le « voyageur » cherche la rencontre avec son fantasme d'origine, le lieu où réapprendre (à voir, à sentir, à être), et il bute sur des événements d'être, des modulations de l'être-parlant ou existant : entre le fétiche et la loi, entre soi et les autres, soi et son corps – de besoin et de désir. Là où d'autres cherchaient le dialogue avec le ciel, les visions du divin, le moderne touriste faiseur de tours tourne autour de l'image à visionner.

L'interdit que le lieu où l'on va soit le vrai lieu, c'est l'interdit d'*être* au paradis ; c'est donc l'impératif urgent d'en être chassé. On l'a imputé au « péché originel », terme impropre pour désigner la *déficience intrinsèque à l'origine*, qui fait qu'on doit la quitter quelle qu'en soit la jouissance. Des traditions religieuses ont voulu rattraper la chose, et devant l'inéluctable de ce « péché » – fait de sexe, de différence sexuée et de l'esprit qui s'ensuit –, elles ont promis juré que le paradis serait là mais après la mort. Soit... De fait, la traversée de la mort - des morts multiples - n'est pas une mince affaire. L'interdit d'*être* au Paradis est peut-être une forme d'interdit de l'inceste ; ou de la jouissance totale ; ou simplement de la bêtise ? celle d'avoir trouvé une fois pour toutes ? et d'ignorer l'Inconnu, donc aussi le *nouveau ?*

Chacun a intégré cet interdit, et en vient parfois à refuser l'objet parfait parce que ce serait celui-là, l'objet d'amour définif. Ce refus a la couleur d'une protestation de vie, plutôt que d'une conduite d'échec. L'homme est plus fait pour être chercheur que pour être propriétaire. L'origine semble plus faite pour nourrir les fantasmes qu'on a d'elle que pour être atteinte. Parmi les fantasmes qu'elle relance, il y a l'entre-deux aboli : voir la mère vous concevoir ; génération surmontée ; arriver le *premier* au Nouveau Monde, premier nouveau-né du monde, arriver en Amérique, but du voyage, pour constater que c'était vierge, au besoin tuer tout le monde pour faire en sorte que ce fût vierge. (Version touristique : « Allez là-bas, il y a des plages immenses avec personne ! » « Mais moi je veux du monde !... ») Virginité donc, arriver juste à temps pour l'imminence d'une trace première. Fantasme d'*arriver*, et que l'arrivée soit elle-même la nouveauté qu'elle promet ; arriver au lieu unique (que de récits où chacun affirme que la lumière *là-bas* est plus belle que « partout ailleurs », le ciel « plus pur que nulle part »...).

Et pourtant, cette beauté vierge que l'on voudrait atteindre est l'image de celle que l'on avait conçue, là dans sa mémoire, éclairée de rêves - ou de lectures : livres d'enfance, enfance du grand Livre. Cette beauté surchargée de nos traces était tout sauf vierge. Même si elle garde en mémoire l'endroit tant recherché où la naissance et la mort coïncident, où la mort serait une naissance (à nouveau, le paradis...).

On comprend mieux la fonction du soleil, du feu, dans tout voyage essentiel ; plus que l'embrasement du ciel ou du monde, c'est la brûlure de l'être, l'appel à l'illumination. Du reste, la lumière est une condition majeure pour constituer l'espace, donc pour l'aborder, même de l'intérieur ; pour se remplir d'espace-temps. La lumière, sans laquelle « espace » et temps ne peuvent se mêler, s'articuler pour fomenter l'espace réel, la lumière est l'entre-deux intime de l'espace physiquement vivant. Elle le rend visible, elle y met l'ombre qu'il faut, la perte de vue intrinsèque, et ainsi elle *donne* le désir d'y voyager.

Et l'idée de voyager dans le temps c'est l'idée de voyager à travers l'Autre avec l'espoir de rencontrer l'écart de temps – entre le sien et celui de l'Autre, l'Autre qui peut être la Mémoire ou le Cosmos ; le réel du langage (Mémoire) ou le langage du réel (Cosmos). L'étonnant est que des humains aient compris cela depuis des millénaires en se donnant un Dieu-Temps éternel, qui voit, qui comprend, et dont l'acte originel fut de créer la... lumière ; *fiat lux.* De sorte que leurs « rencontres » avec lui, même imaginaires, manifestent un *écart du temps*, une secousse de la mémoire, un rappel à l'Autre ou à Soi, etc. Ne serait-ce pas la version éthique d'un phénomène plus physique – et plus simple – où un corps qui voyage à une vitesse proche de celle de la lumière, à la vitesse où l'on *voit* en somme, vivrait un temps plus resserré que le temps ambiant ? un temps plus intense que le temps des autres ? D'où l'idée de voyager à la vitesse de l'acte de « voir » ou de « comprendre » (vu ?...) ; c'est l'idée de mouvoir son corps à la vitesse de son esprit, au rythme de son intelligence ; le voyage serait scandé par les temps de comprendre, les instants d'une trouvaille, d'une pensée. C'est ce qui s'est passé toutes les fois que j'ai pu aider certains « fous » à rentrer dans le temps (pas dans le rang, dans le Temps) : le seuil de passage fut toujours l'entre-temps, une greffe du temps de comprendre, de réaliser le passé, d'inscrire l'image d'un temps mort ou d'un temps de l'origine, à partir d'où on puisse... partir. Ceux qui étaient hors temps, retranchés du temps, la beauté est de les voir y accéder par les seuils de l'entre-temps ; des après-coups du temps, comme des croisements entre deux droites qui ne se touchent pas ; mais qui manifestent *la dimension de plus.*

J'ai dit que l'origine, traumatique ou insoutenable, trop lourde pour être vécue comme telle, reflue sur nous sous la figure de l'entre-deux – au moins deux temps de notre mémoire, successifs ou pas, deux instances du temps ; de l'espace aussi, ou des corps : l'enfant entre deux parents ; l'adolescent entre deux moments de son lien avec le social, l'entre-deux des parents avec le social, et ainsi de suite. Pour écrire on articule deux lettres, et comme dit l'autre, il y a un monde *entre deux lettres.* Dans toutes nos textures, au support bien plus riche qu'une feuille à deux dimensions, on articule entre deux pôles – entre deux points du mental, du social, du réel –, avec souvent un tiers appui explicite qui déplace le « triangle »...

◆ Il se trouve que la mathématique – à prendre toujours comme une bonne langue avertie de phénomènes réels et qui les traite avec rigueur et modestie – dit des choses futées sur l'entre-deux : si l'on prend le *deux* le plus simple possible, deux points, l'entre-deux le plus simple sera l'intervalle, même dans un espace à n dimensions. Cela peut être aussi une ligne qui joint ces deux points, un trajet qui va d'un point à l'autre, trajet fonction du « temps ». Mais déjà l'intervalle entre a et b, le segment, est riche dans sa simplicité. Il s'écrit comme l'ensemble des points de la forme xa + x'b, où x et x' varient de façon que leur somme, x + x', soit égale à 1. L'entre-deux-points témoigne donc de ce qu'il y aurait un 1 qui serait partagé, réparti entre deux, entre les deux termes a et b. L'intervalle est un ensemble de points tel que la nomination de l'un quelconque d'entre eux, par exemple xa + x'b, implique le partage de 1 en x et x' puisque ces deux nombres ont pour somme 1. L'entre-deux témoigne d'une *partition de l'un* planant sur les deux, d'un *partage de l'un* qui se dissémine sur les deux de façon variable. En un sens, tout ce qui se réclame de deux termes met en jeu un *partage du « un »,* à parts inégales sauf pour le milieu. Parfois, dans la vie, ce partage est bloqué : deux individus qui sont aux prises sous le signe d'*un trait* qu'ils se disputent (faveur d'un Dieu, amour, force, place ou position...) sont tels que chacun d'eux considère le *un* en question comme étant de son seul côté. La médiation entre les deux points est bloquée, alors qu'en principe le partage serait possible avec des coefficients différents.

Toute la topologie combinatoire part d'*entre-deux* ou d'*intervalles* qu'elle articule pour former ce qu'on appelle des « complexes ». Avec trois points, a_1, a_2, a_3, l'entre-deux est l'ensemble des points de la forme : $x_1a_1 + x_2a_2 + x_3a_3$, où x_1, x_2, x_3 ont pour somme 1 (et sont positifs). Là, l'*unité* se répartit en trois, et d'une infinité de façons ; on a un triangle. Avec quatre points, un tétraèdre. La même *partition* de l'*un* en n points a_1, a_2,... a_n produit un *simplexe*. La topologie combinatoire est l'étude des simplexes, puis des complexes formés au moyen de ces entre-deux qui s'obtiennent par une partition de l'unité en des points extrêmes. Autrement dit, dans l'effet d'entre-deux-points généralisé, il y a comme un éclatement de l'*unité* qui se répartit entre les points extrêmes ; entre deux s'il n'y en a que deux. Cette partition de l'unité ou cette répartition de l'*un* se retrouve ailleurs, en topologie, lorsqu'il s'agit précisément de *recoller des morceaux d'espace*. Par exemple pour permettre l'extension à tout un espace d'une propriété ou d'une fonction qui n'a qu'un caractère local, qui n'est définie que sur des morceaux assez « petits ». Alors le recollement des morceaux, la médiation entre eux, semble mettre en cause l'*un*, en tant qu'il peut être réparti entre eux, partagé entre eux pour les marquer tous, pour assurer entre eux un lien qui les dépasse mais qui les pose aussi chacun dans sa singularité [1]. ◆

1. Quant au lien profond de l'entre-deux et du voyage, y compris du voyage de l'être – entre vie et mort, entre deux états de l'être, entre amour et mémoire dans l'entre-deux amoureux... Le fait suivant est remarquable : à propos de voyage on parle de « *dérive* » (et l'on sait que ça ne dérive pas n'importe comment) ; il se trouve que la notion mathématique de *dérivation* semble très adaptée pour supplanter l'idée de « différence » entre deux êtres ou deux lieux, et pour montrer comment la différence n'est qu'un temps dans un processus plus vaste et plus précis, celui de l'entre-deux. En effet, étant donné une fonction f, on peut considérer la différence entre deux de ses valeurs : f(x)-f(y). Cette différence, on a beau la suivre, la faire varier, elle ne dit pas grand-chose sur l'essence de la fonction, sur la façon dont « ça se passe ». En revanche, le rapport *entre deux* différences, à savoir : f(x)-f(y)/x-y fait le lien ou plutôt le germe de lien entre les mouvements de la variable et ceux de la fonction. D'autant qu'en passant à la limite cet entre-deux on obtient la dérivée de la fonction f par rapport à sa variable x. C'est une nouvelle fonction, qui suit entre autres les effets de bord de la première. Ce n'est pas ici le lieu de montrer toute la portée de cette notion (où l'on peut dériver une fonction par rapport à une autre, une mesure par rapport à une autre, bref, suivre de près l'entre-deux où les deux termes sont eux-mêmes des relations ou des complexes de relations).

J'ai autrefois, dans un texte sur le *Temps*, envisagé la mémoire comme dérivée d'un temps par rapport à l'autre temps ; par exemple dérivée du temps T vécu par un sujet par rapport au temps physique ambiant. Selon le signe de cette dérivée on entre dans telle phase de conscience ou dans le rêve (dérivée négative). Cela décrirait l'*entre-temps* bien mieux que l'instant ou la durée : les dérivées d'un temps par rapport à un autre. La dérivée en dit bien plus sur la différence que la différence elle-même car elle dit le mouvement et la genèse des différences.

Cela confirme au passage ce paradoxe où l'entre-deux est interne à chacun des termes tout en étant ce qui les sépare. *L'entre-deux est une coupure-lien ;* et le partage de l'*Un* qu'il met en acte assure la consistance de l'entre-deux, à partir d'Un ailleurs qui n'est ni l'un ni l'autre ; qui est l'*Un* précisément. Les modulations de ce partage décrivent les trajets possibles entre-deux.

Cela illustre aussi l'effet d'*intégration* lié à l'entre-deux : il s'agit d'intégrer en une même entité différents points ou morceaux, différentes composantes, en laissant chacune compter selon la « mesure » qui est la sienne, selon sa part dans l'*un* qui est la mesure de l'ensemble. Concrètement, aller *autre part* pour intégrer l'ailleurs en tant qu'il manque ici, c'est du même ordre logique que lorsqu'il s'agit, entre-deux, de faire compter l'un *et* l'autre sans s'user à osciller entre l'un et l'autre. Intégrer le deux ou lui donner consistance suppose un *Un qui ne peut « unifier » que du fait qu'il se partage, et qu'il consent au morcellement.* Cela concerne aussi bien l'intégration de l'*étranger*, du semblable-différent dans un ensemble qui a tendance à poser son origine, son unité, son identité, comme déjà consistante et non comme un processus. (D'où l'affolement devant la « menace » d'altération...). Nous avons vu des cas concrets, dans l'expérience d'entre-deux-langues ou d'entre-deux-cultures (tout ce qui nourrit l'agitation quotidienne en Occident, et qui risque d'être l'enjeu d'énormes glissements de terrain, politiques et culturels). Cela nous a mené à l'idée de l'*origine multiple.*

Au fond, l'impuissance à voyager, c'est-à-dire à intégrer de nouveaux « lieux » non reconnus, à intégrer l'inconnu voire l'inconnaissable, est la même que l'impuissance à faire alliance et partage, ou à supporter l'origine multiple.

Il ne s'agit pas d'aller vers l'origine mais de voyager avec l'idée de l'origine, de *faire voyager l'origine.*

Et cela de mille façons, dans l'espace et dans la langue. L'analyse par exemple déclenche un voyage de corps et de parole, dans l'espoir d'y faire des rencontres imprévues. On y vient hurler de tout son corps les obstacles au voyage et les mots inouïs.

« J'aurais voulu, quand mon père me battait, hurler (et elle hurle) : “ Au secours ! cet homme bat sa femme ! ” » puis elle se reprend : « Sa fille ! », interprétant par là même son désir d'enfant face aux violences de l'adulte...

Curieusement, on conseille aux « allergiques » : voyagez, changez d'air, changez d'Autre ou de microbes... Cela pourrait être conseillé plus généralement à bien d'autres allergiques, à ceux qui supportent mal leur « autre » familier. Déplacez-vous et « intégrez » vos déplacements...

L'ennui est que le déplacement peut être compulsif. On connaît le cas des symptômes obsessionnels, où le sujet est impuissant face à l'Autre, ne peut rien en faire et oscille entre deux pôles dans le refus de l'un et l'autre. Par exemple l'homme qui oscille entre deux femmes, ne désirant « vraiment » l'une que lorsqu'il est avec l'autre, que du coup il rejette pour se rapprocher de l'une qu'alors il ne veut plus... Le sujet est obsédé par un entre-deux qu'il ignore. En plein écart avec lui-même : il croit que ses pensées, les autres les savent ou les devinent. Il croit qu'il s'est absenté à sa parole au moment où il la tenait. L'entre-deux est un pur va-et-vient entre lui et l'autre : il court occuper la place de l'autre de peur qu'elle ne soit en manque, et revient soutenir la sienne juste à temps pour courir à nouveau vers celle de l'autre... Son idéal est de recevoir des commandements ; ça pourrait le fixer ; mais c'est qu'il reçoit aussi des... contre-commandements. Là c'est le voyage immobile où l'homme échoue à tenir l'entre-deux, il s'y épuise ; il ne le traverse pas, il y reste. Il a trop mal à l'origine. Il oscille (ou « hésite ») entre homme et femme, entre amour et haine, dans une suite de dénégations qui se nient l'une l'autre, et dont l'ensemble est tout un cycle répétitif et sans fin. Le drame du choix entre deux femmes ou deux actions est chez lui écrasant. Et quand il n'y en a qu'une, il en vient à la faire deux et à hésiter *entre* « elle ». Il se révèle qu'il n'aime en fait ni l'une ni l'autre et ce ni-ni se pratique dans un va-et-vient où il s'annule entre deux à moins qu'il n'annule les deux, ainsi que tout désir possible. Dans son entre-deux, chacun des termes s'identifie à la négation de l'autre, donc à l'image de l'autre. Son doute compulsif est une panique devant le temps, une attente devant la mort, un ressassement masturbatoire qui peut parfois culminer dans cette étrange compulsion dite du « toucher symétrique », où il touche du doigt l'entre-deux, littéralement : lorsqu'il touche un point de son corps, il doit toucher compulsivement le point symétrique. C'est vrai pour tout point de son « corps » abstrait, de son être ; pour tout ce qu'il touche. Il bute alors sur l'angoisse des ruptures de symétrie ; recherchées et redoutées. Le sexe serait le point central de cette symétrie, l'exact milieu de l'entre-deux, le point brûlant et dangereux, l'ombilic de la différence à éviter, en oscillant entre deux points indifférents. Dans cette névrose le ressassement rend indifférents les deux termes de l'entre-deux, quels qu'ils soient. Là se traduit plus nettement qu'ailleurs l'impasse du nom ou de l'origine ; reportée sur l'entre-deux et le rendant impossible. L'entre-deux se résout pour lui entre un terme et sa négation, et les deux termes se bloquent l'un au moyen de l'autre. Son entre-deux se réduit à la différence impossible. Cette réduction explique peut-être que des penseurs obsessionnels aient réduit l'immense épreuve de l'*entre-deux* à la question de la différence, celle qui oppose deux termes au lieu d'ouvrir leur entre-deux ; celle que le névrosé, justement, vient combler de sa compulsion.

Certes l'obsessionnel fait de l'entre-deux une pensée obsédante, ressassée, répétitive ; toute pensée, au sens le plus ouvert du terme, consiste peut-être à instaurer des entre-deux pulsatils par des secousses ou des coups de force dans notre mémoire, pour passer de l'un à l'autre avec l'énergie d'un désir et d'un corps qui s'y engage. Penser, c'est être le passeur de soi-même entre deux de ses altérités, dont aucune n'est l'ultime. Cela va plus loin qu'une certaine ritournelle « psy » où il est dit qu'on est « clivé », partagé, divisé, coupé de soi et de l'autre, et même – ultime raffinement – que l'Autre aussi est coupé de lui-même... La question est plutôt de savoir quoi faire de cette division. Peut-on, dans le tourbillon des choses, y rester suspendu ?

Il y a le voyage de la création. De ce point de vue, le Créateur dont parle le Livre, qui se pose comme l'Être-temps (comme ce qui fait être tout ce qui est) nous fait subtilement la leçon : il veut autre chose que soi, et sa création le bascule entre deux états du monde, deux états de l'être et du temps, deux émergences de l'être qu'il orchestre et qu'il *est*. Mais au départ il veut l'Autre que l'être pur qu'il est, lui. Ça le mène entre deux mondes, dans l'entre-deux où se rejoue la Création, répétée, maintenue, transmuée. Et cela a fait retour dans la tradition, avec l'idée étonnante, quoique usée, des deux mondes : ce monde-ci et le monde à venir ; celui du présent et celui de l'ailleurs... Avec le rêve de leur fusion messianique, si dangereuse qu'elle est remise à la fin des temps.

Il y a toujours *entre-deux ;* le problème est de savoir lequel, comment passer, comment y faire une coupure-lien ; éviter le piège pénible de rester *hors* des deux, de ne pas s'engager. On n'élude pas l'entre-deux par un recours brutal aux dates et à l'histoire : avant j'en étais là, maintenant j'en suis ici, entre-temps ça s'est passé... En réalité, on sent des stratifications de temps, des couches hétérogènes de la mémoire, faites d'entre-temps ; mais elles sont là toutes à la fois, toutes veulent parler à des temps différents. Seule notre présence peut y prélever un trajet, de quoi se déployer en des noms différents, et des langues de vie génériques. Le corps vivant et inspiré fait ses choix entre ces strates et ces fragments pour produire un trajet nouveau et déclencher un langage autre.

Tout voyage radical est une remontée du temps qui nous porte vers l'origine de notre univers, dans un trajet « cosmique » assez paradoxal : on va avec son temps propre (comme avec son corps propre, avec son système d'interprétations, de fantasmes, de langages) et on remonte vers l'origine de notre « univers », c'est-à-dire vers le temps de l'Autre, comme pour s'y faire reconnaître, ou y retrouver le don de vie originel, ou toucher du doigt le point de bifurcation à partir d'où notre propre temps a pris naissance et s'est mis à frayer son chemin singulier, celui de notre vie. Alors, tel un vaisseau cosmique qui filerait à la vitesse de la lumière vers l'origine de l'univers, on remonte vers l'origine du nôtre, ou plutôt on remonte vers le point énigmatique où l'on s'est séparé de l'Autre... c'est-à-dire du Temps global où notre temps s'est prélevé comme un mince filament, une pelote de fils multicolores prise dans le Temps qui est peut-être la vraie figure de l'Inconscient. On l'a vu, l'amour aussi, comme voyage, opère cette lente remontée, vers un écart originel, un écart dans l'origine et dans le Temps. Cela suggère qu'il n'y a d'amour que de l'inconscient (tous les clichés le confirment : on y perd la tête...). Du reste, avant d'aimer tel être on aime l'événement d'être où il émerge et qui lui a donné naissance ; avant d'aimer ce visage tel qu'il est, on aime la métamorphose soudaine par laquelle il transcende ses traits inertes ou mortifiés pour rayonner en tout sens des traits sublimes.

Intermède

Voyage de l'origine

Il importe que le poète ait évoqué le voyage comme une approche de l'origine, horrible et délicieuse. Baudelaire l'a fait en trois poèmes avec une force désespérée, une justesse radicale. Cet expert en drogues – celles des mots, des images, et de la matière psychique –, cet historien des liens intimes entre les mots et la vision de nouveaux lieux ne pouvait que voyager dans la pensée même du voyage, cette quête du Lieu entre deux lieux, quête de mémoire comme lieu de passage et des fantasmes comme images où l'origine réverbère ses tentations et ses manques.

Il y a *L'Invitation au voyage*, lancée à « Mon enfant, ma sœur ». Aller là-bas vivre ensemble... aimer et mourir au pays qui te ressemble. Soleils mouillés, ciels brouillés qui ont les charmes de tes traîtres yeux à travers leurs larmes... C'est cru : aller au pays de l'inceste, au pays que l'on aimerait comme l'inceste interdit. Y aller, à ce pays – femme, esquif ou but du voyage –, comme vers une terre qui est elle-même entre deux temps, eau et lumière, larmes et brillances, soleils mouillés, traîtrises aimantes, surprises d'orages... On cherche le *point de rupture,* dans l'autre, en soi ; la cassure interne aux lieux (soleil-pluie) résonne avec celle des êtres, entre rires et larmes. Secousse des lieux, secousse des corps et des âmes. Le croisement des entre-deux, tel est le but du voyage, la rencontre pure, abstraite, dans un lieu fomenté, composé ; le lieu du poème, pourquoi pas, ou d'un acte poétique. L'inceste évoque *le voyage de l'origine ;* voyage dans le regard de l'autre ; aller à l'autre, aller à soi, deux lieux marqués d'une différence, sexuelle, qui doit rappeler l'originelle. Être en cette femme aimée et avec elle comme dans l'autre lieu, dans le lieu de l'autre...

Et le poème finit par une respiration, un apaisement. Un petit air d'installation après ce déchirement premier : « Des meubles luisants,/ Polis par les ans,/ Décoreraient notre chambre./ » Voyager dans le temps, vers la marque du temps qui passe, de son usure ; une autre marque que celle de l'origine immobile. Chant de sensations, senteurs d'ambre, riches plafonds, miroirs profonds... Entre deux richesses, de la nature et de l'art ; entre-deux-langues vibré : tout parlerait à l'âme sa douce langue natale... Langue de la naissance, naissance de la langue, la sienne et celle de l'autre mêlées à l'origine. Première scansion du voyage de l'amour.

La seconde, le *Voyage à Cythère.* Le poids d'un nom. Tout vrai voyage fait sentir la vibration du lieu dans son nom. C'est bien connu, on voyage dans les noms de lieux et de pays, ou plutôt dans la texture des noms, dans l'unité multiple du Nom, et du geste de nommer. Souvent il ne reste que le nom avec, pour en répondre, un espace qui ne répond pas et dont le mutisme est lourd, dont le silence est très parlant. On arrive de loin vers un lieu dont le nom est cher – Sparte, Samarcande, Jéricho, Santa Fe, Babylone... On regarde, et on voit l'absence pure, le temps ruiné, la mémoire effondrée de vide. Puis dans ce rien on déguste le grain du temps, le grain qui composa dans notre mémoire ce *nom-lieu.* Distance à notre mémoire, distance du lieu à son nom, de notre corps à son nom ; distance entre matière et mémoire. Et on croit toucher du doigt la matière de la mémoire.

Le poème fait faire ce voyage-là, le voyage de Cythère, l'île de Vénus... Lorsqu'on erre en Grèce (et qu'on surmonte aujourd'hui l'âpreté de certains habitants qui s'imposent le rude labeur d'être dix millions à recevoir chaque année dix millions de touristes...), on a envie d'y aller, à Kythira, pour y chercher sinon l'amour, du moins l'idée de le chercher, de croire le chercher, de se voir le chercher, lui qui ne sait que nous surprendre, et s'en aller quand on l'a reconnu.

Le poème dénonce cette île triste et noire, cette pauvre terre... « Eldorado banal de tous les vieux garçons. » Notre cœur est libre comme un oiseau, le navire est un ange ivre de soleil. Lumière, feu intrinsèque du voyage. De tout voyage. Même du voyage entre vie et mort ; l'étape ultime, celle de l'illumination, est repérée depuis longtemps ; le cerveau décharge ses photons et l'être s'abîme dans la lumière dite primitive, feu de la vie ou feu divin, c'était connu des Tibétains... Mais nous voilà en vue de Cythère, un lieu qui *fut* le lieu de l'amour et qui ne l'est plus ; béance du temps, du sentiment, de la passion ; entre-deux déchirant entre soi et son origine. Dans notre mémoire c'est un paradis, c'est donc en elle qu'il est perdu ; fétiche perdu, ce roc qui porte le mot d'amour.

Toujours touchants, ces voyageurs qui ont trouvé leur paradis ; d'ailleurs ils y vont régulièrement, mais oui. Le paradis est cette prière faite à eux-mêmes – dieux complaisants –, ce pèlerinage à leur visite précédente, aux traces qu'ils ont laissées, là, dans l'attente de leur retour.

L'entre-deux-lieux est plus tranchant : il instaure l'Autre-lieu pur, le lieu si précieux de n'être pas celui-là ; de n'être même pas l'Autre-lieu, mais de l'*évoquer*. Tout comme on aime quelqu'un, passionnément, du fait que ce n'est pas ça, et que ça laisse, immensément, à désirer. J'en connais qui firent passer un examen, en règle, une épreuve inaugurale à leur amant(e) ; échec sur toute la ligne ; alors ils se sont mariés. Ça tient mieux que des couples ajustés. Cela fait sens de chercher dans l'objet ce qui, faisant de lui l'objet parfait, ou *presque*, dirait que ce n'est pas celui-là, qu'on peut donc désirer *avec*, le désirer, désirer à travers lui certains écarts imperceptibles, qui sont de l'ordre de ce que vise l'entre-deux-lieux : la réserve infinie du Lieu, le trésor de ce qui pourrait avoir lieu. C'est *génératif*, inépuisable : le lieu d'arrivée se révèle n'être pas ce qu'il doit être, sans être cet Autre lieu que vise le désir ; il révèle cette promesse d'un autre lieu, promesse dont il garde des réminiscences qu'il nous fait sentir, respirer. Infinis, les effluves de terre promise...

Il y a le départ, l'arrivée, la vibration entre deux, et, quatrième lieu : la suite de cette vibration, le passage au lieu suivant, ni promis ni compromis, impulsion renouvelée, de quoi faire consister *encore* l'horizon de l'Autre-lieu, ponctué de lieux singuliers.

C'est en ce point précis que le poète attaque : devant ce désert rocailleux, il a une vision : « un objet singulier ! » Près du fantôme de l'amour originel, cette île de la Vénus absente transmet l'amour en manque et rappelle les amours non vécues. Les touristes se ruent sur l'île comme des charognards de l'amour, ils viennent sniffer l'amour en manque. Et voilà l'objet singulier : un gibet à trois branches, avec un pendu sur lequel s'acharnent des oiseaux féroces « chacun plantant, comme un outil, son bec impur/ Dans tous les coins saignants de cette pourriture/ Les yeux étaient deux trous, et du ventre effondré/ Les intestins pesants lui coulaient sur les cuisses/ Ces bourreaux, gorgés de hideuses délices, l'avaient à coups de bec absolument châtré ».

La vision interprète l'enjeu du voyage. Ce pendu est chacun de nous suspendu à l'appel d'amour. Mais cet enfant de Cythère endurait « ces insultes » en expiation d'« infâmes cultes », de péchés qui lui ont « interdit le tombeau ». Quelles sont ces « fautes » qui l'ont exclu des rituels de l'enterrement, cet habitant de la terre d'amour, de la terre donc ? Il était sur la terre d'amour, mais ne savait pas qu'il était mort, ou que c'était mort. S'il n'y a pas de tombeau c'est que la mort n'a été ni inscrite, ni envisagée. Quelque chose de cet homme n'a pu être « enterré », et a pris son corps en otage, et l'a livré aux charognards de l'amour, à lui-même comme charognard, toutes tripes dehors. Il n'a pas su qu'il pouvait ou devait passer à autre chose. « Faute » symbolique. Certains souffrent de n'avoir pu enterrer leurs morts ; les morts de leur famille mentale, ou leurs proches réels ; ils n'ont pu marquer l'achèvement d'une histoire, les points de finitude qui attendent d'être remarqués. Ils ont bravement continué *dans* cette mort, oubliant d'en changer, oubliant qu'on meurt plus d'une fois ; on meurt à telle histoire qui se boucle, à telle branche de ses origines... Être fautif envers ses « morts », c'est s'être livré à d'« infâmes cultes » où dans l'élan fétichiste on traite le mort comme du vivant ; on ignore la séparation. Et cela s'inverse : le vivant sera traité comme du mort. « Habitant de Cythère », chacun l'est, chacun se traîne sur l'île d'amour en quête de gestes ou de liens. Mais certains croient pouvoir échapper aux traces de mort, de l'entre-deux « vie-mort », et se retrouvent mortifiés, otages d'eux-mêmes ; guerre sans merci.

Scène d'amour assez tripale ; corps offert aux oiseaux... Écœurement. Ce qui est à chercher ailleurs, côté cœur peut-être, se retrouve là côté viande et corps brut ; dans l'étripe. Quelle idée, d'avoir cru trouver son île, son vrai lieu, d'avoir fui l'entre-deux-lieux ou l'entre-temps des histoires d'amour. On se retrouve sans tombeau, c'est-à-dire *sacrifié*. Les trois croix (du gibet à trois branches) le suggèrent. On se trouve crucifié, en proie à de « drôles d'oiseaux » – ou à des dames oiselles – qui triturent la chair, qui savent y faire. L'impasse des mots défait les corps ; halo d'abjection ; le cœur n'y était pas ou était mort. « Dans ton île, oh Vénus ! je n'ai trouvé debout/ Qu'un gibet symbolique où pendait mon image... » Voyage d'amour mis à plat : devant le miroir de sa mémoire, rencontrer l'image de soi qui est celle d'un amant châtré ; châtré du cœur ou du sexe, de la mémoire ou de la chair ; puisque les deux sont confondus.

C'est le piège d'un nom de lieu prometteur, qui vous fait vibrer la mémoire ; quête fétichiste d'un lieu qui soit celui de l'amour – en titre ; d'un lieu supposé beau chargé d'images et de symboles, mais déserté par le courage qui ose inscrire la mort. L'entre-deux-lieux est écrasé sur le lieu idéal. Et sur ce fond archaïque apparaît l'image actuelle : vous êtes cloué, en suspens, mais sur une terre *dite* d'amour, où n'ont pu se libérer d'autres forces d'amour, autres que celles qui sont convenues ou convenables. On oublie le pouvoir d'aimer pour se lancer en quête des lieux où serait l'amour. A Cythère ? Va pour Cythère. Et c'est le bordel mortifère ; corbeaux, cadavres. On voyage pour trouver l'amour ? c'est l'amour qui est un voyage. Il n'est pas dans les lieux-dits ou dans les traces faites pour mémoire. Certes la mémoire réengendre la mémoire mise hors d'elle, désituée, qui franchit ces lieux passés ou convenus. Où que soit Cythère, le problème est de *faire* l'amour comme à partir de l'origine ; ou de rien ; mémoire ouverte ; ouverture de la mémoire-corps. C'est ce qui exige d'inscrire des noms sur des « tombeaux » ; d'honorer la trace de mort comme une scansion de la vie.

L'autre poème, *Le Voyage*, dit l'enjeu ultime, la traversée même de cette Mort que jusque-là rien n'a pu symboliser. Seul le nouveau, découpé dans l'inconnu, peut symboliser cette mort, l'affranchir.

Le poème effectue le voyage qu'il évoque. Il part de l'enfant « amoureux de cartes et d'estampes » – tentation de voyages déjà faits –, et il finit par le voyage radical, en compagnie de la Mort : « plonger dans l'Inconnu pour trouver du *nouveau* ». Dans l'intervalle se déploie le poème ; décapant toute illusion.

L'enfant en nous veut *vivre l'image*, assouvir d'images son amour. Il va *là-bas* comme vers lui-même. Il voyage dans son corps d'images, déployées. Il va à tout ce qui lui ressemble parce qu'il est prêt à ressembler à tout ce qu'il voit. Phase narcissique parfaite, innocente : les images sont des noms de lieu, et des noms du voyageur qui veut fusionner avec ; il veut voir ce que l'image a déjà vu ; manger le monde du regard. Il imagine le monde, il veut être présent à ce qu'il s'est représenté, aux traces faites dans la mémoire de l'autre : cartes, images, livres... Ça se transfère dans sa mémoire. Mais la mémoire qui gonfle le monde, et le sillonne de voies multiples, de voyages passés, est en même temps ce qui le réduit à une vaste frustration, et à la quête d'un autre lieu.

« Un matin nous partons le cerveau plein de flammes/ Le cœur gros de rancunes et de désirs amers. » Flammes ; feu ; lumière, brûlure ; le feu est intrinsèque au voyage, comme une dimension essentielle. Même celui des Hébreux, si lourdement symbolique, entre Égypte et Terre promise, entre Esclavage et Loi – pure métaphore du déplacement dans les passes et transmissions, celles du temps, et de la pensée... – comporte une colonne de feu, toujours là, qui accompagne le peuple en marche, feu divin mais qui reste à élucider... Une colonne de nuées alterne avec le feu... Ce poème du *Voyage* parle aussi des nuées et même du Juif errant – écho du voyage initial entre Esclavage et Promesse, en quête d'un lieu où serait donné quelque chose qui fasse Loi, tout comme la Loi fut donnée entre Égypte et Terre promise, en plein désert. On part donc, on va bercer son infini sur le fini des mers... Entre le fini et l'infini ; entre deux lieux : l'homme est une finitude défaite, trouée de désirs, il en devient in-fini ; il cherche quoi faire et où aller réparer ce manque, l'arracher au ressassement. L'« infini » excède notre langue actuelle (langue natale, celle de la mer et des bercements répétitifs...). L'enjeu du voyage est l'entre-chocs fini-infini, où l'homme veut apaiser sa définition insupportable. L'entre-chocs voudrait signifier la langue dans ses mutations poétiques. Passer entre deux langues ; à travers l'innommable. Passer l'entre-deux-infinis où l'homme, selon Pascal, est embarqué.

Cet entre-deux excède la différence sexuelle. Certes, on peut « fuir une *patrie infâme* », fuir une terre-mère que le *pater* pourrait marquer ou limiter mais qui se révèle in-fâme ; père nul, symbole croulant, à fuir pour déplacer le désir d'un autre nom, le désir des choses innommées.

Les uns, « pour n'être pas changés en bêtes », s'enivrent d'espace, de lumière, de cieux embrasés. Pour rester hommes, ils vont ailleurs s'ébrouer l'animalité, trouver l'élément naturel qui les remette à neuf, et qui efface sur eux les traces d'amours anciennes. Enjeu banal : aller ailleurs se rappeler qu'on existe, l'entre-deux-temps devient lieu d'être. L'idée est de retrouver ses sens, sinon ses esprits, en les faisant passer par ailleurs. On en revient un peu sonné, voire déprimé : faire le plein d'impulsions et d'élans sensuels, puis se retrouver le nez sur toute cette masse à revivre, à ressentir... Être allé aux antipodes pour savoir qu'il y a au retour, ici, quelque chose d'*autre* dont l'appel est assourdi ; on ne le sent plus, cet appel qu'on allait réveiller par des rappels.

« Mais les vrais voyageurs sont ceux-là seuls qui partent/ Pour partir. » Leurs cœurs sont comme « des ballons », eux qui « disent toujours : allons ! ». La rime comique module l'absolu du départ. Ces amoureux de l'entre-deux-lieux, c'est la partance qui leur importe ; la partance d'un lieu. *Ils font le voyage de l'origine* : ils partent pour un pays qui s'appelle « Partir » ; pour l'origine qu'ils ont quittée à leur insu. Ils partent pour le geste de la voie qui s'ouvre, et que le voyage dévoie. Ils aiment vivre le pouvoir de quitter, d'être quittés, et de chercher un retour. Ils mettent en acte le geste premier de quitter l'origine et d'y revenir sans dégoût. Car le voyage de Cythère finissait par cet appel : « Ah seigneur donnez-moi la force et le courage/ De contempler mon cœur et mon corps sans dégoût ! » C'est fort, malgré l'aspect sermon ; pouvoir inscrire les morts de son cœur et de son corps ; vivre son histoire avec le corps et le cœur, pour affronter sa mémoire vive sans dégoût : n'avoir pas à se défendre par le dégoût. Le dégoût c'est le sein maternel remis dans le bec du petit aîné jaloux de l'avoir perdu, à la vue du puîné qui tète ; présence érotique, mais indue, trop originelle.

Les « vrais voyageurs », ceux « dont les désirs ont la forme des nues », confient aux secousses du temps le soin de porter leurs désirs comme un destin, où ils ont à se reconnaître. Ils *lisent leur désir dans leur sillage entre deux lieux.* Autrement dit, l'homme de désir voyage dans l'espace de la mémoire pour la créer, la recréer, lui donner consistance, quitte à lire comme un « désir » les traces qu'elle retient, les sursauts de ses entre-deux (espaces ou temps). Leur voyage est aux confins du nommable ; en extraire un nom, ne pas sombrer dans l'innommable (ou l'abjection).

Le voyage veut extraire l'entre-deux-lieux dans l'origine obscure des lieux, pour transmettre une certaine passe, celle de la vie, physiquement ; pour vivre avec son corps l'entre-deux *passager.*

Ces voyageurs du désir se déplacent aux confins des noms, entre les choses et les noms. La Curiosité les tourmente « comme un Ange cruel qui fouette les soleils ». Fouetter les feux divins – avec une violence angélique et cruelle – pour les faire parler, ces feux de l'être. Et le *nouveau* tant recherché viendra peut-être d'un autre feu, qui brûle dans les cerveaux, un feu de la pensée en feu ; une mort consentie, flamboyante, le contraire de se brûler la cervelle à l'arme à feu ou à l'arme du silence. Là où émerge le *nouveau*, il y avait l'ange, le feu, l'ultime voyage...

Le but se déplace : l'objet du voyage est une ligne d'horizon ; découpe d'espace ; elle le libère et le constitue. Un espace sans horizon est sous-marin ou sidéral (quand les lignes d'horizon sont les contours des astres). Ce but en déplacement est l'horizon de l'espace *en cours* ; c'est le lieu précaire où le but rejoint l'origine. C'est *le voyage vers l'origine ou vers la fin en tant qu'elles manquent*, et qu'entre les deux la vie insiste.

On a tenté soudain de combler l'espérance : de fermer l'horizon, de trouver l'Icarie, le paradis, d'installer le camp de la jouissance. Celle-ci devrait fouetter le désir, elle ne vaut que par la force qu'elle ajoute au désir (ici Baudelaire parle comme Freud) : « Désir, vieillard à qui le plaisir sert d'engrais/ Cependant que grossit et durcit ton écorce,/ Tes branches veulent voir le soleil de plus près. » Pas de confusion entre désir et jouissance, désir et plaisir. C'est dit très vite, sans pédanterie. Mais comment reconnaître l'objet de désir, l'objet qui portera le désir vers d'autres voies, au risque de brûlures si le soleil est trop près ? Le risque est de se tromper d'objet : « Une voix de la hune ardente et folle crie :/ " Amour... gloire... bonheur ! " Enfer ! c'est un écueil ! » Question du voyage de la vie : le désir est là, démesuré, mais où reconnaître ses points d'attache, comment ne pas prendre pour un but ce qui n'est qu'un passage ? « L'homme de vigie » – le vigilant narcissique – ne demande que sa jouissance, son terme reposant ; prêt à nommer Eldorado tout ce qu'il voit, à se reconnaître dans ce qui lui ressemble, dans ce à quoi il décidera de ressembler. Il veut l'identité lisse de soi avec le monde. Il ignore l'entre-deux, le recollement des morceaux. Pour lui les *deux* se confondent en s'identifiant.

La jouissance du voyage est impatiente d'en finir : orgie, flash, passage à l'acte qui obstrue la passe. Le désir du voyage, au contraire, le voyage du désir veut l'entre-deux à déplacer, à inscrire avec le cœur et la pensée. L'orgie finit en gueule de bois ; et l'on « trouve un récif aux clartés du matin ». Rêve incarné, réveil pénible ; autres Cythères. On a cru trouver l'origine, atteindre l'identité. Déception, blessure, meurtre de l'« autre ». Même l'Eldorado d'Amérique servit surtout à dorer le roi d'Espagne en renflouant ses caisses, et à exterminer l'autre, l'Indien décrété non homme.

Alors pas d'ivrogne « inventeur d'Amériques ». On veut la *trouvaille* d'un Nouveau Monde, au-delà du gouffre, quand une certaine mort est franchie. Pas de magie à bon compte, où l'« œil ensorcelé découvre une Capoue/ Partout où la chandelle illumine un taudis ». Cette magie obstrue le rêve avec la perle qu'elle y enchâsse ; il s'agit de désituer le réel, de l'ouvrir, de l'interpréter par le rêve et la mémoire. Beaucoup voient la petite ville, Veracruz ou Katmandou, avec leur désir d'y trouver, sinon la vraie demeure, la vérité de la demeure ; ça lui donne des airs de Capoue : le désir trouve sa jouissance, le transfert son point d'arrêt : « Bonheur, bonheur », dit le berger de ce grand troupeau du Bon Lieu... L'invention, elle aime le transfert qu'elle opère, transfert forcé de paradis ; inventer la « chute » ; pas l'origine mais le manque originel – que d'aucuns nommèrent péché.

Question aux voyageurs : « Qu'avez-vous vu ? » Le poète les met au pied du mur de leur mémoire : racontez ! transmettez-nous ça... Ils sont allés ailleurs se rappeler à eux-mêmes, ils sont allés s'appeler de là-bas, greffer sur eux les noms de lieux qu'ils ont aimés ; s'appeler autrement de ces noms investis, ces points brillants de Terre de feu ou du Pérou. Ils n'ont fait que rassembler des événements de leur mémoire, des éclats de leur être. Et voilà qu'appelés à transmettre, ils commencent à « objectiver » : « Nous avons vu des astres/ Et des flots, nous avons vu des sables aussi (...). Et malgré bien des chocs et d'imprévus désastres/ Nous nous sommes souvent ennuyés comme ici. » Ils ne peuvent éviter le retour sur eux de ce qu'ils ont vu. Ils ont rencontré l'angoisse, d'abord sous forme débonnaire – l'ennui – puis sous des formes plus déferlantes ; l'angoisse d'être, le manque de lieu où être, le sentiment d'être nulle part ; la déchirure de l'être-là, où que ce soit ; l'angoisse d'être *avec* l'être ou le manque à être. Cette béance est aussi celle de l'entre-deux-lieux, du voyage pur, du pur frayage des voies. Les gloires solaires ont allumé en eux l'« ardeur inquiète/ De plonger dans un ciel aux reflets alléchants ». Mais le ciel se dérobe. Reste le désir, vieil arbre, qui à son tour et autrement cherche le feu, la lumière, le visible entre deux lieux, entre ses branches et le soleil. *Le feu ou la lumière c'est le visible de l'entre-deux*, le symbole du perceptible et de la mémoire. Le désir produit l'angoisse – celle de l'ennui et du souci. Angoisse d'être jeté de son origine sans espoir d'en trouver d'autre tout en craignant d'en trouver une, une vraie image de l'origine ou de la fin. Alors va pour la fin, la Mort, vieux capitaine, le terme du temps...

Et le poème bascule : le vrai voyage ou la vérité du voyage est d'être aux prises avec le Temps : « O Mort !... il est temps, levons l'ancre, ce pays nous ennuie... Si le ciel et la mer sont noirs comme de l'encre,/ Nos cœurs que tu connais sont remplis de rayons ! » Le feu est dans les cœurs, dans les cerveaux ; question d'amour et d'intelligence. Mieux vaut en avoir pour les voyages dont les retours nous échappent (la mort en est le symbole).

Le ciel et la mer sont noirs comme de l'encre... Il évoquait l'emprise du Temps : « Lorsqu'enfin il mettra le pied sur notre échine/ Nous pourrons espérer et crier : en avant !/ De même qu'autrefois nous partions pour la Chine/ Les yeux fixés au large et les cheveux au vent/ Nous nous embarquerons sur la mer des Ténèbres. » Curieux lien : la mer, l'encre, la Chine... Encre de la mère ? ou de l'écriture ? Le voyage inscriptif, entre deux lettres, ou entre deux fragments de l'être, c'est le *voyage de l'écriture ;* pour se dégager d'une malédiction, celle du Temps, « l'ennemi vigilant et funeste ». Ennemi : il nous échappe, et fait qu'on échappe à soi-même, avec toujours la tentation de se retrouver à bon compte ; mirage de l'identité, du Bon lieu que l'on devient.

Le temps porte les événements qui exilent dans l'entre-deux de part et d'autre de Soi absent, avec pour *passer* un corps réduit à lui-même, donc plein d'angoisse. Le voyage affronte le Temps pour en extraire d'autres éclats que ceux de la nostalgie. Trouver un voyage autre que celui de la nostalgie, du retour à ce que l'on prend pour l'origine, à ce dont on a décidé que ce serait l'origine.

Le feu au cerveau est un feu de l'intelligence, des cellules nerveuses. Soumettre le cerveau au voyage, plonger dans le gouffre, « enfer ou ciel qu'importe » : ce gouffre, entre-deux-lieux à l'état pur, loin des codes, religieux ou institués. L'enjeu de cet autre voyage, celui de la mort consentie, est d'inscrire ce qui était digne de mourir, d'être fini. Il s'agit de mourir à cette mort ; consentir au temps, aux secousses de l'être-temps, ce mouvement que le poète répercute – « en avant ! » –, lui qui se trempe dans la mer (d'encre) de Chine... Inscrire le passage entre le connu et ses limites, marquer les seuils d'inconnu, une fois que l'on est mort à ce qui était reconnu plein d'illusions et de désillusions.

C'est le voyage de la mémoire *neuve*, qui ne cherche pas à retrouver mais à trouver. Trouver ce qui n'est pas encore dans la langue. C'est un voyage dans la langue *via* le poème, qui convertit l'entre-deux-lieux en interstices de langues, ces « bijoux merveilleux » que sont les mots du poème. Les traces du premier voyage, naïf et enfantin, reviennent aux confins du nommable ; dans le voyage du nom.

Le voyage du Nom, et de l'origine, c'est celui sur lequel l'Occident a fait l'impasse, et menace de la faire encore. Tantôt il fuit, tantôt il bute sur ses impasses d'origine. L'Occident a passé à l'acte sur toutes sortes de victimes son impuissance à « voyager », c'est-à-dire à intégrer de nouveaux lieux non reconnus, à intégrer l'inconnu du Nom ou l'inconnaissable. Qu'il ait tenté d'exterminer les tenants du Nom, ceux dont le Livre ou le poème est une ouverture du Nom, prend tout son sens.

Condition du voyage : accepter d'inscrire en vous la trace de mort que porte un nom. Mourir aux noms passés ou dépassés par le Nom. Faute de quoi, dit le poète, vous n'êtes que des touristes présentant vos langages morts pour qu'on les émoustille. Érotisme de l'immédiat, que le poème dénonce : « spectacle ennuyeux de l'immortel péché », du manque ressassé devenu faute, puis faute première ou péché originel – faute d'avoir quitté le paradis. (Et l'on croit de ce fait qu'il s'agit de le retrouver.)

Il dit le refus de la nostalgie et de l'amour réduit à l'acte, purement présent ou actuel : « La femme esclave vile orgueilleuse et stupide/ Sans rire s'adorant et s'aimant sans dégoût.../ L'homme... esclave de l'esclave et ruisseau dans l'égout ». Quelle image du sexuel (ruisseau dans l'égout !), emboîtement de deux humeurs, deux sécrétions, deux esclavages.

« Faut-il partir ? rester ? Si tu peux rester, reste,/ Pars, s'il le faut... » Non que ce soit vraiment égal, mais le mouvement dans l'espace c'est l'épreuve d'affronter le Temps, l'histoire, l'événement, l'entre-deux où l'origine s'est fait sentir. L'espace est celui de l'entre-temps ; marquer le Temps juste avant qu'il vous surmonte, qu'il vous monte dessus, là sur l'échine. Trouver l'objet porteur de Temps. Après le plein d'un certain temps, embarquer vers l'Inconnu. Le voyage est alors le *passage* du temps. Ce qui pousse à ce voyage ? le feu de la vie, où l'inconnu laisse se révéler le nouveau ; le feu de l'inspiration. Le feu comme énorme concentration de temps et d'espace dans l'alchimie où ils composent l'un avec l'autre une terre réelle, des distances réelles, des écarts autres qu'imaginés.

Tel est l'appel lancé à ces « Frères qui trouvez beau tout ce qui vient de loin »... qui transfèrent tout leur amour sur la distance à l'origine, à l'origine ressaisie, idole ou fétiche : « Des idoles à trompe... des palais ouvragés dont la féerique pompe... » Toujours dans ces cas une rime railleuse ; pompes qui trompent...

L'enjeu du voyage est de plonger avec la mort pour se dégager de la mort ; de plonger dans l'inconnu pour émerger de l'inconnu et en arracher autre chose, du nouveau, différent de l'inconnu. Le nouveau vient de l'inconnu après une plongée érotique. Le but du « voyage » serait l'origine (quoi de plus inconnu ?) et l'objet du voyage est de s'en détacher à nouveau ou d'en détacher du nouveau ; après la fascination, et l'approche éblouie.

Plus simplement, le nouveau c'est l'au-delà d'une certaine mort ; seuls peuvent l'atteindre ceux qui furent assez proches de l'origine pour en partir et faire de ce départ une certaine mort, un voyage nouveau. Ceux-là ont dépassé les défenses névrotiques ou perverses, et le clinquant du nihilisme qui prend ses pincements narcissiques pour le comble de l'intelligence.

Le poète parle du voyage en connaisseur de tous les flashs comme pour cerner le flash « final », le passage entre deux morts, entre non-être et naissance (le *nouveau* né est un vaste espace), entre vie usée et mutation, entre humain et divin (l'homme est passé Dieu avait dit Charles l'opiomane...). Le feu qui brûle le cerveau est l'illumination où l'éclair a franchi l'entre-deux, y compris entre vie et mort devenues deux pôles du vivant, entre le soi familier et l'étranger (ou l'étrange que d'autres voyages ont amené sur « nos » terres...), entre l'eau et le feu. Ce sont les grandes décharges où la Chose s'*ignifie* en langues de feu qui brûlent sans se consumer. Et le voyage de mourir à soi et de renaître autre prend sa mesure, fulgurante et ordinaire : défier les voyages inertes, les morts insues, les amours échouées. Et passer outre.

Un jour que je parlais de ces déplacements, quelqu'un crut objecter en se plaignant : « Mais je ne fais que me déplacer, et c'est toujours des déplacements inachevés ! Je ne trouve pas le déplacement parfait !... » C'était touchant, il affirmait le déplacement en s'en plaignant, faute d'avoir trouvé le déplacement parfait, le paradis, la terre promise, le bon lieu ou le bon Dieu, l'accomplissement qui rendrait inutile tout autre déplacement. Il déplorait ses morts partielles relançant le désir de vie. Même l'œuvre créée l'expulsait et le frustrait de ce repos où enfin vie et mort seraient confondues, où leur entre-deux tenace et infini serait enfin réduit à Rien, à une explosion narcissique faite de mort et de ravissement...

En guise de conclusion

Nous avons traversé quelques formes de l'entre-deux (entre-deux-langues, entre-deux-femmes, entre homme et femme, entre vie et mort, entre deux places ou deux lieux d'être, entre le risque et l'assurance, entre soi et l'Autre ou entre soi et soi comme autre, entre corps et mémoire...) et toutes sont apparues comme des mises en jeu de l'origine, façon qu'a l'origine, toujours perdue ou absente, de s'ouvrir, de se rendre manifeste ; de déclencher le déplacement perpétuel *entre deux figures de l'origine*. Ces déplacements, la mort réelle, la « fin » vient à peine les suspendre puisqu'ils se poursuivent à travers les générations, et re-présentent pour l'avenir les formes passées de l'origine lors de nouvelles confrontations entre-deux-formes. Au fond, l'idée peut sembler simple : puisque l'origine est perdue (comme limite initiale de l'être), on ne peut la retrouver que dans ses retours successifs, entre deux de ses résurgences. Mais – et c'est toute la difficulté – il faut articuler entre elles deux telles résurgences, qui s'affrontent, chacune étant une figure partielle de l'origine. Dans un livre précédent (*Entre dire et faire*) nous avions étudié un autre aspect de l'entre-deux, qui anime la *technique* comme projet de faire et de trans-faire au-delà de ce qui est fait, quitte à produire d'autres impasses, au fil de ce que l'on réalise, donc d'autres appels à trans-faire, sachant qu'à l'« origine » c'est l'homme lui-même qui est « fait » ou refait sur un mode qui lui échappe. On retrouve là encore le mouvement, le déplacement complexe par lequel l'homme ne pouvant accéder à son origine (en l'occurrence : ne pouvant pas se refaire) déploie cet empêchement – voire cet interdit – en une succession d'entre-deux, entre deux « faits », où se maintient le projet de *faire*.

De ce point de vue, l'origine ne se définit plus par l'appartenance mais par le processus d'entre-deux qu'elle impulse. Où ce processus trouve-t-il son énergie, celle qu'il lui faut pour se poursuivre ? Dans la coupure des liens antérieurs, qui transfère l'énergie de ces liens vers le déplacement à venir. Lors de telles coupures le sujet ne se retrouve pas coupé de tout mais, grâce à la Mémoire, en état d'alliance symbolique avec l'histoire où se déploie son origine. Pour rappeler ici un de nos nombreux exemples : on ne peut trouver place – c'est la métaphore du « chômeur » – qu'en coupant avec la place antérieure où bien souvent on est placé à son insu, et en transférant l'énergie de cette coupure. Mais cette énergie, le sujet ne l'utilise qu'à travers ce trait symbolique : il y a place pour lui dans le monde. Alors le déplacement, le voyage, l'entre-deux-lieux est praticable. L'origine transmet de l'énergie dans l'impulsion où elle se donne et se retire, même en ne donnant que son retrait.

Partant de là, la question de savoir ce que ces « entre-deux » ont de commun, et en quel sens ils représentent le même effet, le même événement d'être sous des formes très diverses, trouve sa réponse très simplement. Après tout, lorsqu'on rencontre une femme « belle », puis une autre femme « belle », leurs beautés sont différentes, elles peuvent même être incomparables l'une à l'autre, et c'est pourtant *de la beauté* : elles relèvent toutes deux de cet événement singulier où l'amour prend corps, puisque la beauté est une fixation, une somatisation de l'amour. Inutile donc de remonter à l'Idée platonicienne de Beauté et de poser que toutes les deux en dérivent ou en sont les reflets. De même, l'entre-deux-places n'est pas le même que l'entre-deux amoureux, et pourtant l'un et l'autre sont l'événement par lequel l'origine du sujet, la source de son être-au-monde vient s'ouvrir, se scinder, bifurquer, et induire un passage possible entre une place et une autre, un déplacement affectif – et signifiant – entre deux états de l'amour. Curieusement, l'origine dans les deux cas est le « placement » familial du sujet, entre les jambes de la mère, ou si l'on veut dans son giron. Dans les deux cas il y a une certaine énergie, celle du potentiel d'origine, qui permet de faire le pas, d'amorcer le passage, quitte à s'aventurer un peu dans le vide et l'infondé sachant qu'il y a du rappel, des forces de rappel qui tiennent à notre ancrage dans l'être, ancrage nommé, précisément, « origine ». Il n'est pas localisé. C'est un potentiel de lieux qui permet de se donner lieu. De l'origine on ne connaît que les *rapports* qu'on a avec. Elle fonctionne parfois comme un vide, un temps zéro, mais qui permet par impulsions d'aborder l'entre-temps, l'entre-deux-temps, l'entre-deux-instances du Lieu, du temps, de l'appel.

L'entre-deux est donc un *transfert de l'origine*, ou plutôt l'effet de transfert qui prend en charge son ouverture, et qui la représente une fois puis deux... Si l'origine ne s'ouvre pas, il y a un repli narcissique. Dans le cas du féminin, par exemple, cela signifie qu'une femme refuse de se dessaisir de son fantasme d'être La Femme ; cela empêche l'entre-deux-femmes, et notamment empêche sa fille de l'inscrire comme une figure du féminin parmi d'autres – à dépasser pour advenir, à franchir pour se libérer. Dans le cas du mouvement vers une quête de place, le repli narcissique est le fantasme de la bonne place, du bon lieu qui tiendrait lieu de bon Dieu à portée de main. Dans le cas du voyage, ce même repli se signifie dans le fantasme du Paradis, avec ou sans drogue, qui se révèle être le reflet d'une mise au monde originelle : les éblouis du « voyage », quand ils vous chantent le paradis de leurs virées répétitives, vous parlent de ciel, de lumière, d'eau, de couleur, bref des tout premiers éléments qu'ils ont perçus en débarquant sur notre planète. Ils nomment l'adhésion compulsive à leur lieu d'origine, avant de ressentir peut-être que le voyage est à reprendre, autrement. Le fétichiste ou le drogué ignore cette reprise « autre » quand il s'enferre dans son montage ou dans sa bulle.

Pouvoir quitter l'origine autrement qu'en lui cherchant un simple double ou un reflet, rester ouvert à ses irruptions récurrentes, est un défi qui n'est pas simple à relever. Il y faut une force d'amour qui tienne autant de la passion que de l'exil ou du détachement passionné et serein. L'épreuve créative s'en approche parfois – où il s'agit de faire une œuvre et de pouvoir s'en séparer (par exemple changer de style et de mode d'être), faute de quoi on crée le dernier mot de sa vie ou une figure finale de l'origine ; une forme de repli narcissique (dont le suicide est une variante où l'on prétend se donner la mort comme on se donnerait la vie). Pouvoir quitter l'œuvre que l'on crée, c'est pouvoir entrer avec elle en conflit créatif. Cela est vrai dans d'autres registres ; des parents, ce sont des gens qui peuvent non seulement avoir des enfants mais les quitter, se faire quitter par eux, entrer en conflit avec – en guerre d'amour plutôt qu'en conflit narcissique où leurs frustrations reviennent les harceler. Ce sont des gens capables de passer d'une période à l'autre de l'enfant, de marquer l'entre-deux-temps en tant que source de mutations, faites de douleurs et de jouissances. (Du reste, une période de temps se boucle sur une joie ou un deuil impliquant une métamorphose, une mutation d'identité.)

Là-dessus, à l'heure où les chocs d'identité battent leur plein, où l'origine est dans tout ses états de crispations ou de béances, il serait bon que les idées puissent malgré tout se clarifier. L'*identité* aussi est une figure de l'origine, mais elle n'en est qu'un cliché, une prise de vue passagère, qui attend précisément le passage fatidique, l'entre-deux qui sera pour elle son épreuve radicale, la confrontant à l'origine et au devenir. L'identité n'est qu'un temps ou un instant de l'entre-deux. C'est le mouvement de celui-ci qui importe pour se situer. Par exemple, un Français peut exhiber sa carte d'identité ou sa table de valeurs laïques, mais devant l'événement il peut se retrouver à la même place qu'un intégriste, ou qu'un immigré qui s'intègre et qui se raccroche à sa religion devant le vide qu'il entrevoit. C'est le trajet ou l'entre-deux qui peut servir de repérage, c'est le potentiel des transferts, des mutations, pas le cliché d'identité. L'identité est à chaque fois un dépôt d'identifications sécrétées lors d'une histoire, mises en mémoire et offertes à l'épreuve de l'entre-deux et du passage. En principe une identité est ouverte sur son histoire à venir ; lorsqu'elle s'en retranche, elle fait symptôme, la mémoire devient mémorial, en attendant le nouveau choc de l'événement, l'interprétation qui déplacera les choses ou pas, la nouvelle histoire, l'afflux de temps où des traces antérieures, conscientes ou inconscientes, peuvent apparaître. (L'identification est l'opération par laquelle ces traces apparaissent : si on ne peut s'identifier à rien ni à personne, on ne peut pas avoir une identité, aucun dépôt identificatoire ne se produit. En revanche l'entre-deux implique l'identification *et* la désidentification.) L'éprouvant dans l'entre-deux est la quête de pôles identificatoires assez forts pour vous attirer, donc pour vous faire bouger, et pas assez forts pour vous fixer. Heureusement, il y a toujours assez de variables pour que la chose soit possible. Même si vous et moi avons pensé la « même chose », c'est avec des corps différents, des places, des mémoires différentes. Cela permet que l'entre-deux ne soit pas purement narcissique. Et même dans le repli narcissique, le hasard ou la rencontre d'une épreuve d'origine peuvent produire une secousse. L'entre-deux apparaît alors comme une vibration où l'entité narcissique peut s'ouvrir et pas seulement être « marquée » par la trace d'une différence. Alors se réenclenche le processus identitaire comme succession d'entre-deux. Car l'identité est un processus ; et lorsqu'il s'arrête ou se crispe, cela signale l'angoisse narcissique où par exemple on veut avoir une vraie « carte » d'identité, avoir en mains la géographie du voyage, avec un vrai ordre, un vrai statut ; auquel cas l'identité comme fonction ne supporte pas l'entre-deux. (Cela produit au passage le fameux affect « raciste » où dans l'épreuve de l'entre-deux on ne supporte ni que l'autre s'approche du même ni que le même devienne autre). Le syndrome d'identité, c'est quand l'entre-deux est bloqué et induit le rêve d'une forme unique, d'une image solide dont pourtant on perçoit la fragilité – fragilité exaspérante, que l'on cherche à réparer au lieu d'y consentir. L'identité comme processus concerne donc aussi bien l'intégration de l'« étranger », c'est-à-dire de l'événement « autre », que l'intégration de soi-même dans un processus ouvert. L'entre-deux en est l'épreuve élémentaire et réitérée, fondée sur un don d'origine, un capital originaire généralement hors d'atteinte. Avoir un « problème d'identité » c'est avoir un problème d'entre-deux, c'est-à-dire mal supporter le passage où la fonction identitaire passe d'un pôle à l'autre.

Autrement dit, l'*entre-deux* est la *pulsion identitaire* à l'état vivant. C'est justement cette pulsion qui empêche de s'identifier complètement à l'un ou à l'autre des deux termes ; elle renouvelle l'épreuve du passage et du déplacement sans toujours en faire une errance. De ce point de vue, le problème de l'entre-deux est un problème ontologique – nous l'avons assez montré à propos de la quête de place : chercher où être, où mettre en œuvre sa part d'être, avec quoi l'articuler... Comme par hasard il se révèle que l'origine est convoquée, les premiers événements d'être – dons d'origine et transmissions d'inconscient – sont appelés à s'expliquer, à s'expliciter.

Dans cette pulsion identitaire – qui impulse l'identité comme processus –, l'origine apparaît comme à la fois ce qui nous porte et qui en même temps est perdu, ou « partagé », morcelé, ne s'appartenant pas, ne nous appartenant pas mais prenant part au processus où l'on advient, et où s'égrainent successivement nos clichés d'origine. Ces clichés, nous les « prenons » pour prendre part à l'origine comme pour la mettre à distance – pour éviter de la rejeter ou d'être captif de ce rejet. Mais c'est au *passage* de l'entre-deux que l'origine se fait parlante ; dans le partage de l'origine que l'entre-deux instaure. En principe, on devrait être bien préparé pour aborder la question puisque la nature nous a fait enfants de deux êtres, deux parents, chacun étant lui-même d'origine partagée, etc. Pourtant ça ne va pas de soi, au point que Freud a dû ériger en scène primitive, en traumatisme radical, l'instant où se dévoile pour l'enfant que ses géniteurs sont deux, d'espèces si différentes, mais qu'ils ont quelque chose à voir ensemble, qui comporte de la violence, de l'amour, et des corps emmêlés... dont lui-même est issu.

Nous avons dit que le problème de l'entre-deux est d'ordre ontologique. Ce n'est pas un hasard s'il implique l'origine et la pensée de l'origine. C'est que la pensée elle-même est une expérience de l'entre-deux. Dans certaines langues penser c'est compter, calculer, non pas selon un algorithme ou une pure technique mais en déplaçant des blocs d'images et de mémoire jusqu'à les perdre de vue et à les voir *revenir* d'ailleurs, avec un retour efficace. Pour celui qui est coincé dans un problème d'identité, qui est cloué dans une phase du processus, pouvoir penser ce mouvement, c'est pouvoir franchir l'entre-deux symboliquement, pouvoir s'exiler d'une image prise comme origine et qui vous tient sous son emprise, pour la traduire dans autre chose. Penser est donc un symbole du déplacement. Penser c'est pouvoir inhiber une pression de l'image ou de la mémoire, pour libérer et faire travailler des pulsions migrantes, traductrices, interprétantes, de quoi jeter un pont et faire alliance avec d'autres parts du réel et de la mémoire. Cela suppose de pouvoir *compter* pour l'Autre, et que l'Autre ou le réel compte pour vous, de quoi permettre à l'origine de s'ouvrir à l'entre-deux, de quoi s'identifier et se désidentifier en faisant œuvre ou trace ou sillage réel. Penser, c'est donc s'ouvrir à une certaine complexité où chaque entre-deux fait intégrer une dimension, une de plus, qui apporte un certain désordre mais qui élargit la complexité et le champ de la pensée. C'est comme accepter un lapsus venant de vous qui vous sidère par son irruption d'étrangeté, mais qui vous fait dériver doucement vers des choses impensables. Ici l'origine est ce qui tient lieu d'impensable, de traumatisme radical, d'événement d'être à l'état pur : de ces événements qui n'en répètent aucun autre et qui pourtant nous font le don d'élargir notre être au monde.

Cette dimension ontologique, ce n'est pas dans Heidegger que nous l'avons puisée mais là où sans le dire il l'a lui-même empruntée, dans un Lieu de pensée que nous explicitons ailleurs.

En attendant j'aimerais pointer d'autres aspects de l'entre-deux, ceux du partage et de l'alliance.

L'origine est un partage, avec elle-même et avec l'Autre. Et en un sens, tout symptôme est un déni de ce partage, et il relève d'un fantasme de la « part entière », qui s'incarne ou s'enkyste, ou simplement devient prégnant.

Le partage suppose que soit reconnu un fond commun (dit « origine »), à partir d'où ça diverge, ça bifurque, ça rayonne en tout sens, ça se différencie, ça se départage, non pas tant le long d'une ligne, ligne de partage, que dans l'espacement dynamique d'un entre-deux en mutation.

Ce partage peut s'illustrer par une certaine idée de l'alliance comme *coupure-lien*. Il se trouve que c'est l'*Ancien Testament* qui le premier a mis en lumière cette idée : pour faire alliance on coupe en deux, on reconnaît la coupure voire la béance, ça ouvre l'espace d'un entre-deux à travers quoi passent le lien, ses transmissions, ses traductions et métamorphoses... et on renoue avec tout ça. L'entre-deux devient un espace de liens « *entre* l'un et *entre* l'autre ». C'est sous cette forme étrange que l'hébreu biblique exprime l'entre, l'inter : il le redouble. Il dit : faisons une alliance *entre* toi et *entre* moi. Déjà l'*inter* latin dit que l'effet d'entre-deux est interne à chacun des deux ; il n'est pas extérieur aux deux termes ; il les marque, et de cette marque il les relie. L'inter-section de deux parties est une entame à chacune d'elles ; l'inter-action... Mais l'*entre* tel qu'en parle la Bible est bien curieux. Par exemple : l'arc (en ciel) « sera signe d'alliance *entre* moi et *entre* les vivants » [dit le Dieu après le Déluge]. Cette façon de redoubler l'*entre* tient à mentionner les deux faces qui se font face ; même si elles s'articulent ailleurs, au loin, avec torsion ou sans. On tient à marquer que toutes deux sont perçues dans l'entre-deux, qui ainsi fait retour sur chacune et la démultiplie. Dire « entre toi et entre moi », c'est dire que *toi* et *moi* se pluralisent. De plus le même mot *entre* (BYN) est à la racine de « comprendre » (BYN) ; comprendre est l'acte de s'engager dans l'entre-deux, dans un espace dont on arrive à dégager le double niveau pour assurer, par l'acte de comprendre, le passage entre-deux. En arabe – langue sœur – « fais-lui comprendre » se dit de la même racine qui en hébreu signifie : engage-le dans l'entre-deux (avec l'autre ou avec le monde, avec lui-même divisé par l'acte de comprendre...). S'engager dans l'entre-deux pour pouvoir en sortir ; et déjà pour échapper à l'unité narcissique. Celle-ci absorbe très bien la « différence » ; c'est sur l'entre-deux qu'elle achoppe : c'est son épreuve de vérité [1].

On a vu que le « voyage » ouvre sur l'entre-deux de la mémoire et des « sens » ; il ouvre donc cet effet *dans* la mémoire et *dans* les « sens ». Cela se traduit dans l'*image*, qui présente ou re-présente. L'image comme telle a une vocation essentielle : susciter l'entre-deux, le faire vibrer, ou le figer ; elle le rend présent en évoquant l'origine. D'emblée sous forme de *création*. Or le récit de la Création (au début de la Genèse) fait foisonner l'entre-deux au cœur de l'acte créatif : l'acte créatif y est rythmé par des coupes, des

1. Même si le lien est hasardeux entre le *bini* latin, qui est le « couple » où deux objets forment un *binaire*, et le BYN sémite qui dit l'*entre*-deux, on peut voir que le latin évoque le deux là où l'hébreu dit l'entre-deux qui vient, *en plus du deux*, faire voir l'écart et le faire « comprendre ».

séparations, des entre-deux qu'il provoque dans la masse cosmique, dans le chaos originel. Il doit nommer cet entre-deux comme coupure-lien entre les deux termes : le firmament *entre* le ciel et *entre* la terre ; le rythme diurne pour séparer « entre le jour et entre la nuit » ; la séparation « entre les eaux d'en haut et entre les eaux d'en bas ». L'entre-deux, comme mise en acte de l'origine, semble être un geste premier qui fait exister l'un et l'autre dans l'entre-deux qui les sépare et qui les lie, les rend « visibles » au regard des tiers, inscrit leur lien dans leur distance.

La création articule des entre-deux à l'infini, elle les fait se recouper, s'ajointer dans un crépitement de tensions, d'instabilités, d'éclats, de traumas plus ou moins surmontés.

Et le Livre donne justement cette première forme d'alliance, l'arc-en-ciel après le « déluge », « signe d'alliance (...) *entre* le divin et *entre* toute âme vivant dans toute chair sur la terre ». L'arc ; une forte image de l'entre-deux : bandé dans la lumière par la force de l'orage, il tire des flèches d'eau, puis, ses traits tirés, il se repose dans les couleurs, dans la lumière décomposée. Il émerge et fait lien entre deux points de la terre, il les fait se rejoindre ; comme une anse qui les lie par ailleurs, par la voie des airs. Il manifeste la terre comme prenable par « ailleurs », raccrochée à autre chose, au moment où l'orage rappelle qu'elle fut submergée – lors d'un orage *premier*, sans précédent ; puis noyée à l'origine, dans les eaux de l'origine (le tohu-bohu), noyée une seconde fois lors du « déluge ». Cet arc vient donc en tiers inscrire l'appel à ce qu'elle ne se noie pas encore, et ne soit pas anéantie dans ses retombées qui la submergent. L'arc « signe d'alliance *entre* moi [l'être-temps] et *entre* la terre [la matière, l'espace] »... Et cette alliance est « dressée » ; l'arc érige l'alliance de vie arcboutée sur cette image : le ciel envoie ses flèches d'eau, la terre les flèches des pousses qui en résultent, espace d'une fécondation ; image d'un sexuel cosmique. Dans cette érotique les gerbes répondent aux flèches humides et disent que tout n'est pas noyé ni détruit, que dans la mêlée érotique entre l'eau du ciel et la terre, la mort est frôlée mais au profit de la vie.

L'arc est aussi le trait d'un voyage : voyager c'est être un jet vivant d'un point à l'autre de la planète, arc ou trajet d'une migration avertie.

Cet arc-en-ciel donne l'idée d'une alliance *sensible*, qui fait communiquer les sens et la mémoire, le corps et le signe. Un lien intime entre le feu et l'eau, le visible et l'humide : la lumière s'y décompose – en longueurs d'*ondes* – sur les fines gouttelettes d'eau, sur l'« onde » elle-même décomposée. L'expression des deux « entre » – *entre* le ciel et *entre* la terre – est ici bien à l'œuvre. Et les deux *antres* se décomposent et se fécondent dans l'entre-deux.

D'autres formes d'alliance – nous en parlons ailleurs – sont élaborées dans ce Livre qui est une vraie vague d'alliances, récurrentes et modifiées (sans parler de la nouvelle, la chrétienne). Toutes sont des reprises de l'origine *via* l'entre-deux qu'elles mettent en place et qu'elles déplacent. Juste un mot, en passant, d'une autre alliance dont le Livre parle peu après l'arc-en-ciel : la circoncision, énoncée comme signe d'alliance entre le Dieu et son peuple. Aussi érotique que l'autre, mais sur un mode plus complexe. Là, plusieurs « entre-deux » sont à l'œuvre, et le concept de différence est largement insuffisant. Il y a la femme qui vient d'avoir un fils, et qui pour tenir tête à l'Autre-Femme, à la Femme totale archaïque, peut croire que ce fils fait partie d'elle, qu'il est son attribut viril. On entame donc ce mâle par le sexe, ce qui a la fois le découvre et le partage : un bout pour la Femme totale, le reste pour déplacer ce fils vers un futur statut d'homme capable de rencontrer une femme, autre que sa mère, et de transmettre avec elle la vie sous un signe d'alliance venue de loin. Celle-ci, comme appel du divin, est donc une sorte d'opérateur qui déplace l'entre-deux-femmes (la mère et son Autre archaïque) vers un entre-deux sexuel homme-femme. La coupure qu'elle instaure est plus qu'une marque : elle « ouvre » le sexe et l'inaugure comme un partage. On y retrouve l'idée que le sexe de l'homme appartient aux deux sexes entre lesquels il fait un lien transmissif.

Et cela rappelle que l'objet même du désir est un espace entre-deux.

On se souvient qu'Einstein, pour réfuter les quanta, disait qu'un objet ne peut être à la fois ici et ailleurs. Rappel d'un principe d'Aristote. Encore faut-il que l'objet soit un découpage dans l'espace. Or ce n'est pas toujours le cas. L'objet peut être un *état* de l'espace, une mise en espace de l'être ; il peut alors être ici et ailleurs, donc remplir l'entre-deux. Ainsi Einstein a eu tort, c'est admis, et l'intuition qu'on a de l'objet est elle aussi erronée ; y compris dans notre expérience affective de l'objet du désir. L'objet de désir ou le désir de l'objet est l'entre-deux dont nous parlons. L'objet est un état de l'espace *porteur* de désir ; un support d'être désirant qui se rattache par plus d'une fibre aux supports d'être « originels » donc inconscients. L'origine est à prendre comme fonction d'être radicale où l'Un prédomine juste avant de bifurquer, et d'ouvrir des entre-deux. De ce point de vue la notion d'objet semble s'évanouir au profit, non pas du « signifiant », mais du *champ de forces et de relations*, en perpétuel mouvement avec des plis, des replis, des déploiements, des rythmes et des battements de la mémoire.

Au niveau de ces bifurcations, de ces entre-deux, c'est l'incertitude radicale sur l'identité, c'est l'indétermination. Les deux éléments bifurqués ne sont pas les « mêmes », mais leur différence est *indémontrable*. Et ce, dans la trame du vivant, au niveau de la matière : deux particules issues d'une même collision se comportent comme si, bien que très loin l'une de l'autre, elles demeuraient en relation, relation médiatisée par *ce qu'elles ont en commun : le choc originel d'où elles procèdent*. L'entre-deux procède de l'être bifurqué, déchirement ou trauma, secousse d'origine qui seule manifeste l'origine.

N'est-il pas alors étrange que l'Abraham biblique, dont nous voyons aujourd'hui la « descendance » se déchirer, ait eu pour première vision un pur entre-deux (dont le nom précis est « l'alliance entre les fragments » devant l'animal coupé en deux) ? que cela ait impliqué pour lui un *voyage* loin de l'origine, une sorte d'exil définitif, vers une autre origine, démultipliée comme telle, qui a notamment transité par un entre-deux-femmes violent, avant d'éclater en migrations variées et entre-deux-langues incessants ?

Suites

L'ORIGINE MULTIPLE

L'intégration de l'étranger

C'est sous le nom d'*intégration* que la question des origines et de leur contact ou de leur partage revient en force à l'ordre du jour. Il ne suffit plus de dire que ce que les hommes ont de commun c'est ce qui les rassemble, puisqu'à l'évidence ils supportent mal de se ressembler quand ils se croient différents. De sorte que ce qui les met ensemble, c'est aussi ce qui désintègre leurs ensembles, ce qui les corrode de l'intérieur. Et en cela ils se ressemblent, mais d'un point de vue excentré.

Quant au mot intégrer, il garde une forte ambiguïté, celle que Freud a repérée dans les mots qui sont si près de l'inconscient qu'ils acquièrent deux sens opposés. (Par exemple dans la Bible le sacré évoque le divin en même temps que la prostitution.) Intégrer, c'est à la fois aller dans l'autre et mettre de l'autre dans soi. On dit « intégrer Centrale » (l'École) et « intégrer » une idée. A la limite, intégrer l'étranger, c'est supporter sa présence, en faire quelque chose, et c'est aussi aller soi-même à l'« étranger », se déplacer vers un mode d'être qui vous sort un peu de vous-même. Voyage, dans l'espace des mémoires et des gestes. Intégrer ce qui est étranger, c'est affronter la découverte au sens d'aller vers l'inconnu « pour trouver du nouveau ». L'idée d'« intégrer l'étranger » est à la fois d'ordre logique, culturel, politique, physique, métaphysique, voire ontologique : elle concerne le rapport à l'être et aux événements d'être, d'être ici ou là-bas, déplacé ou en place. Elle pointe le geste de découvrir, qui est le fait justement d'intégrer quelque chose d'étrange qui est « arrivé » jusqu'à nous. L'intégrer ce n'est pas le dissoudre en nous, mais tenir le coup de son irruption, déplacer l'effet de choc, l'effet d'éclats ou d'éclatement. Ce déplacement dit que c'est sans fin, sans autre fin que de maintenir une trame de vie, de permettre qu'une vie accueille ses mutations.

« Intégration » a aussi un sens vide, abstrait, qu'il faut laisser en réserve, et ne remplir qu'en cas d'urgence. Cela permet de ne pas dire trop de bêtises. Par exemple, lors de l'épisode du voile islamique en France, on a beaucoup répété comme une évidence que « décidément il faut l'intégration pour éviter ces désordres ». Or ces désordres (dans les esprits) n'ont eu lieu que parce que l'intégration est en cours, et qu'elle est une épreuve – pour beaucoup de gens intègres ou intégristes. C'est parce que le voile a surgi dans les hauts lieux du laïc, et de la « tolérance », que le dévoilement s'est produit. Cela a montré à quel point l'impasse raciste est la peur de la différence quand elle revient au même (et du même quand soudain il devient différent).

Il se pourrait que la grande trouvaille de Freud tienne dans cette mauvaise nouvelle qu'il a apportée aux humains : l'homme est porté par quelque chose de lui qui lui est étranger ; il n'est pas intégré à lui-même ; et ce à cause d'un écart intrinsèque qui s'appelle « inconscient ». Cela n'empêche pas d'essayer d'intégrer, de s'intégrer, à condition d'être en mesure de supporter que ça échappe. C'est justement ce que l'intégriste – religieux ou laïc – supporte mal ; et il compense cette angoisse par un culte de l'intégral, variante du totalitarisme ; passage à l'acte d'une mainmise sur l'origine...

S'intégrer dans un groupe, c'est prendre appui sur le trait commun par quoi on y est « compris », intégré, sachant qu'on y apporte ce par quoi on y est inintégrable. C'est cette chose inintégrable qui nous permet de désirer être intégré, de nous approcher du « groupe » pour y être une présence singulière, équivalente à celle des autres mais non réductible à elles.

L'épreuve de l'intégration peut être vécue dans une tension limite de l'être. Je pense à une femme de trente ans qui a du mal à s'« intégrer » où que ce soit, parce qu'elle a l'air d'avoir quinze ans. D'autres se seraient réjouies de cet écart, et auraient fait des « ravages ». C'est ce qu'elles disent puisqu'elles ne sont pas dans ce cas. Elle, elle en est très malheureuse. Lorsqu'elle entre dans une boutique, et qu'on lui dit : « Qu'est-ce que tu veux ? », elle répond : « Je veux rien ! » et s'en va furieuse parce qu'on l'a tutoyée ; elle voudrait que les autres sachent d'avance ce qu'il en est de ce décalage qui la met à contretemps, toujours, et l'oblige à vivre son corps sur le mode du retrait, et de la mortification.

On voit l'aspect logique, clinique, et presque fictionnel : dans un roman quelqu'un qui dirait : « Je me suis intégré à eux et ça les a désintégrés » ; ou encore : « Ils m'ont intégré et cela m'a désintégré... »

Il y a un vide à « intégrer », qui est le vide de l'origine, et dont la force est explosive et innommable.

Ceux qui arrivent comme un symptôme dans une famille, ceux dont la famille fait son symptôme le savent. Ça fait un choc, un vide où se pointe la question de l'origine, puis quelque chose se reforme qui recouvre un peu l'abîme ; fracture calcifiée. Soit dit au passage, l'erreur commune est de confondre origine et intégrité. C'est que l'origine est fantasmée comme homogène, immaculée ou *intouchée* (n'oublions pas que le mot intègre ou intact vient d'*integrum*, de la même famille que *tangere* : toucher). L'origine est intouchée pour celui... dont elle est l'origine, il n'avait pas de quoi y toucher ; mais son apparition à lui fut une façon d'y toucher, de la bouleverser même, elle qui par ailleurs était déjà partagée, recollée de bribes variées.

Je pense à cette mère brésilienne qui avait déjà deux enfants et en voulait un troisième qu'elle n'arrivait pas à avoir. Elle décide d'en adopter un, et elle a surmonté pour cela les résistances de son mari et de ses deux fils. Elle adopte un enfant blanc, « superbe », de quelques semaines ; maternité heureuse... Lorsqu'au bout de quelques mois c'est pour elle le cataclysme : un poil a poussé sur le crâne de l'enfant et ce poil était crépu. Or elle vit dans une ville où les rapports entre Blancs et Noirs ne sont pas simples. Toute la question de l'intégration tient pour elle à ce poil que non seulement elle n'arrive pas à intégrer, mais qui vrille au fond de son être ; « de quoi s'arracher les cheveux... ». Il remet en question son rapport à son corps, à son être-mère, à la parole... Elle veut rendre l'enfant, mais cette fois le mari (à qui elle avait imposé l'adoption) s'écrie : « C'est déjà mon fils ! » et les enfants, rétifs au départ, s'écrient : « C'est déjà notre frère ! » Impossible de s'en séparer. La question avait cessé d'être purement physique, ou « biologique ». C'était l'épreuve, jusque-là éludée, de s'intégrer à elle-même comme femme, d'accepter l'écart à soi que cela comporte. L'intégration est un processus infini, voué moins à s'achever, à s'intégrer, qu'à faire place aux mutations d'identités, ou aux secousses de l'identique. Faute de quoi on en vient à des définitions plastifiées de l'identité (voir la carte d'identité en plastique « infalsifiable » dont rêvent certains « nationaux »).

On en veut à l'« étranger » parce qu'on échoue à l'intégrer, comme s'il portait en lui quelque chose qui résiste, qui met à l'épreuve nos points de résistance. Quand ça « résiste » c'est péjoratif car c'est à nous que ça résiste, et ça rappelle tout ce qui nous a résisté. Mais en eux-mêmes ces points de résistance ne sont pas mauvais. Dans un pays envahi et occupé, la résistance est une tentative de tenir face à l'ennemi, plutôt que de rester passif ou de collaborer avec. Même résister à l'inconscient est une façon de le signaler, de le reconnaître, de permettre qu'il s'exprime, même malgré nous. La résistance signale l'approche de l'inconscient et appelle à l'affronter comme promesse d'inconnu et de « nouveau ». On peut aussi en vouloir à l'étranger de nous rappeler que nous-mêmes sommes intégrés, trop bien, on a fait le tour de la question, intégralement ; d'où l'ennui. Rendre intégrable ce qui ne l'est pas, sans le détruire, est aussi difficile que de révéler l'inintégrable dans ce qui est bien intégré. Après tout, le nouveau se découvre dans l'ancien, dans un rapport *autre* à l'ancien, tout autant que dans l'avenir.

Alors intégrer à quoi ? aux mêmes valeurs que nous partageons « ensemble » ? Mais cet « ensemble » n'est qu'une intégration en cours, il n'existe pas comme tel, comme référence extrinsèque aux intégrations qui le portent. Serait-ce, par exemple, l'« ensemble » des gens tolérants ? La question de la tolérance est aiguë et quotidienne. Quand des gens que vous n'aimez pas se réclament de la tolérance vous trouvez cela intolérable, et vous réclamez une « tout autre » tolérance, la vôtre justement. C'est que les valeurs elles-mêmes sont un partage, une intégration de partages ; elles ne peuvent définir, de l'extérieur, le bon ensemble, et faire que l'entrée dans cet ensemble soit baptisée intégration.

L'idée d'un « seuil de tolérance » questionne les contours narcissiques – pour un sujet comme pour un groupe. (Pour un groupe : « Il y a trop d'étrangers ici ! » ; pour un sujet : « Il y a trop d'étrangetés en moi. ») Fantasme de désintégration. Et parfois passage au réel. Effet d'accumulation. Car entre individu et groupe il y a un drôle d'opérateur, le fameux « moi aussi... », « vous aussi... ». C'est l'opérateur qui forme les masses consommatrices : « vous aussi » vous avez droit à un magnétoscope ; eux « aussi » ont le droit d'être pris en charge ; « moi aussi » je veux ce voyage... Le « moi aussi » coagule les individus en masses et révèle celles-ci très faciles à désintégrer. « Moi aussi » est un principe de démocratie commerciale, qu'il ne faut pas trop mépriser. C'est ce qui bâtit les grands ensembles, bétonnés ou pas. Et c'est leur *point d'effritement* en tant qu'ensembles. Leur point de mise en question. Car dans chaque « moi aussi » il y a un moi singulier, dont le désir devient angoisse une fois complètement intégré, ou complètement isolé. Question de seuil et de passage. D'où l'agression quand les contours de ce « moi » – ou de ce « nous » – deviennent trop flous. La pulsation de ces contours est la pulsion de l'origine, en butte à tous les choix possibles [1].

Quant à l'intégration d'un groupe à un autre, elle est multiple et l'inclusion n'y est pas le seul cas de figure. Deux groupes peuvent être liés par le passage à travers eux d'un trait qui les rattache à autre chose, un objet parfois impalpable. Il y a un mythe grec que j'évoque dans *Le Groupe inconscient* sur le trait et son passage : où Apollon donne une coupe de grande valeur à Thalès, supposé le plus sage des hommes ; une sorte de championnat ; et Thalès, du fait même de sa sagesse, la transmet à un autre qu'il trouve plus sage que lui, celui-ci la passe à un tiers et ainsi de suite jusqu'au septième qui la remet à Thalès, ce qui ferme le cercle. L'in-

1. ◆ Signalons qu'en mathématiques, l'*ensemble* n'est plus très stable quand il résulte d'un nombre infini de « choix » qu'il prétend justement mettre ensemble. Quand on a « beaucoup » d'ensembles – une infinité –, si l'on choisit dans chacun un élément, et si l'on veut rassembler ces éléments, il n'est pas du tout évident qu'ils puissent former un ensemble. Il faut un axiome très spécial pour autoriser la chose, c'est l'« axiome du choix ». En somme, quand un grand nombre d'individus a fait des choix singuliers, incomparables, irréductibles, le résultat de leur action résiste à faire « ensemble » ; ses contours craquent ; il faut une décision spéciale pour prétendre que ça fait « ensemble ».◆

téressant est qu'au terme de ce passage, chaque membre du groupe se trouve plus sage et moins sage que lui-même ; il se trouve donc partagé, scindé au passage de l'objet. Scié, comme on dit. N'est-ce pas le début de la sagesse ? Et quand le premier reçoit la coupe une seconde fois, il la sacrifie ; à Apollon. Retour à l'*autre* envoyeur. L'objet de désir du groupe ne doit pas en faire partie ; ne doit pas y être intégré. Il est une entame et c'est sur cette entame que le groupe tient. On dit qu'un groupe tient sur un refoulé commun ; c'est un retrait, un point de silence ; le groupe rassemble des gens décidés à se taire sur la même chose ; partageant un même vide. Bien des flambées haineuses d'un peuple contre une minorité tiennent au fait que celle-ci se trouve identifiée à une entame de l'origine, un dérangement de l'unité originelle (fantasmée) ; elle se trouve identifiée à la secousse même du désir qui entame l'origine ; donc à la cause de ce désir. L'identité en question a alors le don de mettre les autres hors d'eux ; ils en font leur objet persécutif.

De nos jours les projets d'intégration reflètent un fantasme typique des programmeurs de société : celui d'avoir en main leur objet – le social –, d'en organiser les mouvements, d'en planifier le devenir... Bref c'est leur illusion de pouvoir faire des systèmes humains *intégrés*. Ils butent alors sur cette évidence : les problèmes d'intégration mettent en jeu rien moins que le rapport au sacré. (Exemple simple : pour l'Islam, toucher à Mahomet en parole comme l'a fait l'écrivain Rushdie est sacrilège car Rushdie est d'origine islamique, et il est exclu par principe qu'un tenant de cette origine se retourne contre elle ; pour l'Occident démocratique, toucher à Rushdie est sacrilège car il écrit en Occident un objet de la culture ambiante appelé roman.)

La question du sacré symbolise peut-être les paradoxes de l'intégration. Le sacré, personne ne veut l'avoir sous son toit ; ce serait trop proche, trop étouffant. Et en même temps on s'en sert comme voie d'approche et de contact avec d'autres forces, appelées divines. Ce va-et-vient, ce jeu de distances et de rapprochements est une forme pulsatile de rapport à l'Autre. L'intégration de l'étranger est aussi un processus indéfini et pulsatile ; proximités, éloignements ; intimité, mises à distance. Dans le rapport au sacré, le jeu des distances est ponctué de rituels, de sacrifices, avec partage de nourriture. Certains disent qu'on y mange Dieu ou le père primitif, c'est possible, mais on y consomme aussi son *absence*. Ce partage marque une différence entre deux scènes, à travers l'acte de se nourrir et de calmer sa voracité. Soit dit en passant, lorsque le Yahvé biblique avertit son peuple élu : Si vous suivez mes préceptes, si vous vous conduisez bien... j'enverrai la pluie en son temps, vous mangerez et vous serez rassasiés – ça semble maigre comme récompense, mais ça va loin : vous serez apaisés côté gueule ; vous n'aurez pas besoin de vous bouffer entre vous. Et il ajoute en substance : Si vous violez mes préceptes, alors... vous m'aurez à demeure ; présence hostile et permanente de l'Être comme tel. Risque de se briser sur l'Être à chaque tournant. Avoir l'Être à demeure c'est plutôt insupportable. Ce Dieu s'appelle aussi le Lieu. En somme, si le Lieu est là on n'a plus lieu. Si l'Autre est là totalement, on est totalement altéré. *L'intégration vise à tenir un certain lieu différentiel.* Ce qui la menace c'est la peur de n'avoir plus lieu, de voir son lieu d'être se dérober, et de *se rappeler ainsi que son lieu originel s'est déjà dérobé.* Il ne faut pas négliger la peur des « pays riches » de voir les foules venues d'ailleurs – de pays pauvres – infiltrer tout doucement leurs frontières : c'est l'angoisse devant la fécondité de l'Autre, sa prolifération originelle (côté sexe et procréation). Ça fait dire : on n'est plus chez nous, le lieu a changé... C'est la texture du site qu'ils sentent se dérober, et à quoi ils voudraient répondre par des replis identitaires où l'identité serait définie par des facteurs « originels » (le sang, la terre, l'Ancêtre...). Le même phénomène s'observe à l'Est, après l'effondrement libérateur. On y voit un effet de désintégration, et la tentative ou le rêve d'intégration plus nationale, plus authentique, plus originelle... Espérons que dans ces pays on saura trouver la ligne de fuite vers des pratiques, des projets de faire, qui transforment le lieu et le fasse exister par des pratiques différenciées qui le transforment.

Il est probable qu'ici, où surgit la menace d'un autre blocage identitaire concernant l'intégration, la solution – c'est-à-dire la ligne d'ouverture, d'indéfini – passe aussi par la médiation du « monde », du réel par le désir ou l'urgence de le transformer ;

plutôt que par des refrains édifiants. Si l'homme peut intégrer ce qu'il fait et s'intégrer au monde qu'il transforme, il vit déjà à ce niveau l'épreuve réelle d'intégration de l'étranger. Car l'étrangeté et la ressemblance de l'homme à ce qu'il fait (à ses pratiques et ses techniques) sont du même ordre que l'étrangeté et la ressemblance de l'homme à lui-même. Du reste, c'est au niveau de pratiques concrètes et transformatrices du monde que l'Occident se révèle avoir besoin des étrangers, des gens venus du tiers-monde... Ainsi la pratique transformatrice et créative est une façon de *dévoyer le fantasme originaire*, la fixation xénophobe, le blocage qu'induisent des rapports figés de pouvoir. Autrement dit, le lieu est toujours un lieu de dire et de faire, un lieu d'être parlant, désirant, agissant, plus qu'un lieu d'origine ou de départ. Quand c'est un pur lieu de départ c'est la partance et le voyage qui en sont l'épreuve de vie, et de vérité. On ne vit pas son origine, on vit à partir d'elle l'impulsion qu'elle donne à intégrer du nouveau, à intégrer d'autres expériences qui nous arrivent, justement, de l'inconnu ou de l'étranger, qu'il soit parlant ou cosmique. Cela exclut de trop se rabattre sur l'identité définie, de régresser vers l'unité unanime avec les autres ou avec soi. Je rappelle au passage cette idée talmudique : si un tribunal est unanime pour condamner l'accusé, il doit le libérer. Appliquez-la au tribunal que chacun est : si l'individu est unanime avec lui-même sur une question, il doit lâcher prise, quitte à reprendre la chose autrement. Il doit se donner les temps de penser, de rêver, d'en passer par d'autres lieux. Le talmudiste suggérait même précisément : il faut laisser passer une nuit... C'est que la nuit nous rebranche, via le rêve, sur des théâtres tumultueux où l'identité morcelée se ressent comme un partage. Sur ces scènes de rêves se rejouent nos tranferts, à nous-mêmes, aux autres, au monde ; là s'éprouvent nos entames, c'est-à-dire les failles de notre intégration ; ses ouvertures aussi, à l'épreuve du désir.

L'intégration n'est donc pas un but en soi, ni l'accomplissement d'un vœu éthique ou moral. Elle est le lieu en devenir d'une pratique indéfinie sur le multiple qu'est l'origine rappelée par la réalité, celle d'identités éclatées à la recherche d'autres éclats et mutations. Le moteur de cette pratique est la rencontre avec l'étrange qui surgit entre le dire et le faire : la mémoire s'y projette, et porte le désir de trans-faire, de faire au-delà de ce qu'on est, au-delà de l'intégrité qu'on croit être. L'intégration en passe donc par son contraire, et ce n'est pas son seul paradoxe. Elle connaît les paradoxes et les secousses qui entre dire et faire nourrissent le projet de se refaire ; puisqu'à travers ses pratiques l'homme tente de se faire doubler par ce qu'il réalise ; c'est cela qu'il tente d'« intégrer », avec l'espoir un peu fou d'y retrouver une unité. Et de fait, la technique est à la fois coextensive à l'homme et distincte de l'homme, dans une pulsation d'écarts et de mises à distance qui parfois s'apaise, se calme, devient « identité », puis resurgit en de nouveaux écarts ; nouveau battement pulsatile animé de transferts. La trame de ces pratiques, de ces projets de faire, devient si dense qu'elle tend à recouvrir toute la trame du social. Mais cette intégration de l'homme au social échoue à son tour, et relance l'aller-retour entre le commencement perdu et la finalité manquante ; entre l'origine multiple et les pratiques intégrantes.

Quiconque fait œuvre originale, qui mette acte une relation à l'origine, se voit pointé, mis à l'écart de façon presque automatique ; écarté comme on écarte l'origine. On ne le tue pas pour autant, il peut exister et même durer s'il accroche l'écart, s'il le creuse et le travaille. Mais cet écart est celui de la pulsion de l'origine ; et aujourd'hui il revient en force dans l'Occident *via* le rapport à l'étranger qui arrive ou qui se révèle déjà là. Les jeunes en Occident s'y révèlent souvent « étrangers » ou le révèlent étranger à lui-même. L'accomplissement de l'étranger comme tel est l'isolation narcissique ou mortifiée. L'étranger devient alors un élément inintégrable de la mémoire ambiante ; un éclat figé de cette mémoire. Nous avons vu « l'immigré » somatiser plus qu'un autre sa pulsion d'origine, qui devient compulsion. Mais il n'est pas seul dans ce cas, tout un chacun somatise sa fracture de migrant, d'être en proie au déplacement impossible. Il somatise là où l'appel au « voyage » s'enkyste dans l'impuissance, là où il se fait prendre en charge par une mémoire flasque ou un carcan institué, bref là où il se trouve *déchargé de sa mémoire.* L'étranger réel, le réel qui prend forme d'étranger est le point où certains somatisent leur impasse d'origine : c'est-à-dire la peur d'être désintégrés s'ils s'en éloignent, d'être étouffés s'ils s'en approchent.

Même le « racisme » n'est qu'un malêtre de l'origine quand celle-ci est affectée d'un fantasme de solution finale (qui passe à l'acte ou pas). Ceux qui en sont atteints, on n'aime pas trop les entendre, c'est comme s'ils étaient des drogués ; comme s'ils se droguaient « à l'origine ». Le « racisme » est la seule « maladie » où l'on craint même d'entendre le malade, comme par peur d'être soi-même contaminé. Avoir peur du raciste c'est redouter sa violence (et c'est normal), mais c'est parfois craindre de devenir comme lui ; de ne pas résister à son vertige d'origine. Si on peut instaurer avec lui un « entre-deux » fait d'affrontement et de dialogue, de quoi déployer la question de l'origine, cela évite l'affichage moraliste d'un modèle à imposer. Si le raciste peut s'expliquer autrement qu'en passant à l'acte, s'expliquer sur le pourquoi de son discours, celui-ci pourrait alors ne pas s'identifier au refoulé, ce qui le crédite souvent des mérites du « défoulement » (« Moi j'dis ce que tout l'monde pense !... »). Il y a des processus thérapeutiques où l'entre-deux de la parole remplace l'entre-deux-corps impossible (trop violent, trop érotique). Ceux qui ont manqué de présence – devant les irruptions de l'être – ou de présentation possible souffrent des fausses représentations et en viennent à exiger « une qui soit vraie », totalement vraie. Là est le blocage raciste, côté groupe ou individu. Il faut tenter de dépasser l'antiracisme névrotique, où l'on dénonce surtout une image de soi-même ; la névrose vole au secours de la loi et voudrait la nourrir de faute et de culpabilité. C'est la crainte que la loi symbolique ne protège pas assez ; moyennant quoi on produit un symptôme qui tiendra lieu de loi. L'antiracisme en tant qu'alerte a sa valeur, mais ne peut se vivre sur le mode revendicatif. La loi banale réprime l'insulte ou le passage à l'acte, elle vous protège quand d'autres craquent... Mais si « beaucoup » viennent à craquer, la question s'ouvre à d'autres niveaux.

L'intégration des étrangers, c'est le fait qu'ils puissent prendre place comme une partie de l'identité ambiante, une de ses dimensions nouvelles. Ce qui impose aux autochtones de s'accepter comme n'ayant pas toutes les dimensions ; et de renoncer à l'origine représentable ou exhaustive.

Là-dessus, il y a un fantasme touchant chez des experts de l'intégration : la question de l'origine sera « résolue » par promotion du métissage ; les gens « verront bien » leur identité multiple, visiblement plurielle, ils seront obligés d'avaler cette couleuvre, de la pluralité forcée ; l'identité-miroir leur renverrait une image en mosaïque. Ce fantasme est précieux, comme bien d'autres, à condition de ne pas le passer à l'acte par des promotions forcées. On peut pourtant douter que les « métis » ainsi formés renoncent à s'accrocher aux petites différences, irréductibles, aux préférences pour tel mélange... On revient au cas de figure : ma double culture exècre votre double culture..., pour signifier : je vous méprise. Aucune *réalisation* ne rend inutile l'épreuve de l'identité en mutation, le passage à vide où l'on se révèle non identique à soi. Épreuve symbolique où l'origine partagée n'est pas une tare à surmonter mais une sorte de manque à être sur lequel prendre appui pour être ; cela fait partie de ces obstacles sans lesquels c'est le vide impraticable.

L'origine est plurielle et l'assumer comme telle est une épreuve de la même pluralité, jamais achevée.

L'intégration, c'est l'intégration à un Soi d'origine plurielle. Intégrer l'étranger, c'est rendre sa présence signifiante, intelligible ; articuler le germe de « voyage » qu'il porte.

Dans cette expérience, la raison, si utile par ailleurs, semble parfois très étroite. Car beaucoup voient qu'ils sont perdus, impuissants, du fait d'avoir perdu le contact avec l'origine ; et ils croient que ce qu'il faut c'est la retrouver, y habiter, s'y réfugier. Logique, n'est-ce pas ? Or ils voient bien qu'à s'y réfugier ils étouffent encore, ou sont encore plus perdus... C'est qu'ils l'ont prise pour un espace, un territoire, alors que c'est une pulsation, celle de pouvoir repartir, comme à partir de rien ; de couper avec ce qui précède et de retrouver dans cette coupure l'impulsion « originelle » faite de distances et de rapprochements. C'est aussi pour cela que l'*origine est plurielle* ; c'est que cette coupure féconde revient par à-coups, par périodes, fréquemment, plus d'une fois. Et l'origine comme telle, comme fonction « abstraite », c'est ce qui intègre toutes ces fois...

Ce n'est pas simple à comprendre, à rationaliser. On peut toujours parler d'identité plurielle, patchwork et mosaïque ; on peut l'exhiber : « Ça c'est mon côté noir, et ça mon côté juif, et voici ma blessure arabe et ma cicatrice d'Europe... » Le cliché est pittoresque mais l'affrontement à l'origine peut y être inerte ; le manque à être intrinsèque peut s'y révéler intenable, insupportable ; à rejeter sur l'« autre », sur la mauvaise mosaïque... C'est que l'enjeu, plus complexe, concerne le support du patchwork, de la pluralité : à partir de vos morcellements identitaires qui sont là comme des restes diurnes, que pouvez-vous articuler comme trajet ou rêve ou fantasme ou projet de faire ? Articuler à partir des fibres multiples d'un éclatement, d'un déploiement des-intégrés, c'est bien le travail de l'entre-deux. Le rêve l'opère en intégrant à son message des éléments pris dans nos blocs d'images les plus enracinés ; pour faire en sorte que désir et réalité cohabitent.

L'importance d'assumer l'origine partagée est aujourd'hui quasi planétaire. Il suffit de remarquer que ce qui agite le Moyen-Orient, et pour de longues décades encore, est un ensemble de tensions lié à trois origines : l'islamique, la chrétienne et la juive. Chacune des trois est marquée à sa façon par un refus ou une peur de ce qui en elle-même lui échappe. En effet, la chrétienté a toujours détesté son ancrage judaïque, son origine juive ; l'Islam a toujours voulu rejeter cette origine doublée dans son cas de la composante chrétienne qui l'a précédé ; et l'entité juive, elle, fut toujours et dès le départ comme débordée par le message qui la fonde, et donc en perpétuel conflit avec ses sources au regard desquelles elle se retrouve toujours en faute... Dans chacun de ces cas, le refus de l'origine partagée s'appelle tout simplement la haine de soi ; et le plus simple jusqu'ici fut de la projeter en haine de l'autre. On voit l'énorme travail à faire, et en quel sens il s'agit moins de lancer des appels d'amour du prochain, que de supporter la réconciliation avec soi et avec son origine. Cette réconciliation signifie : accepter d'en être passé par l'« autre » pour exister ; n'avoir donc pas à rejeter l'autre pour être. Il s'ensuit en passant un certain effet d'amour, pas forcément l'amour de l'autre ou de soi-même, mais une sorte d'amour de l'être ; l'assomption d'un *déchirement originel de l'être* par quoi un plus-d'être est donné à travers son retrait même.

Tel est bien le ressort de l'expérience amoureuse où ce que l'autre vous donne, à travers son corps présent, c'est ce manque à être originel, c'est l'ouverture de l'origine et son déploiement possible dans la série des événements.

Tous les blocages d'identités tiennent à ce que, pour chacune d'elles, son origine la déborde ou la menace ou la met en manque d'elle-même. L'assomption réconciliée, c'est que toutes se révèlent ou se retrouvent procéder du même manque, dans la discrète fraternité des orphelins... dont les parents sont inconnus ou n'ont peut-être pas existé.

Être exposé à l'Autre

On sait qu'autrefois dans certains pays, notamment en Italie, les enfants qu'on abandonnait, on les déposait à l'entrée de l'église, par exemple au pied d'une croix ou en d'autres lieux précis. L'enfant était dit *esposito, petit* exposé. Petit « épousé » aussi, mais de quelle femme ou de quelle famille ?...

Bien sûr, aujourd'hui c'est plus moderne. L'institution prend le relais du parvis d'église. Elle recueille l'enfant. Et celui-ci, d'abord entre mère défaillante et institution maternante, se retrouve entre cette nouvelle Mère – instituée, outillée, « psy » de pointe – et la famille sans enfant qui voudrait l'adopter. Un entre-deux riche d'événements. « En général, ça se passe bien, dit la pédiatre, il y a une *telle demande* d'adoptions, et si peu d'enfants... » Les candidats parents trouvent donc la bonne façon de « donner des garanties » à l'institution parentale ; surtout s'ils sont avertis du jeu à jouer pour flatter sa coyance d'être un Parent idéal. Alors ils savent lui donner le bon signe : ils savent parler au petit par exemple (psy-psy oblige ; de nos jours il faut savoir parler à son enfant quand il est encore dans les limbes, fœtus de quelques mois) ; bref ils savent faire ce qu'il faut pour emporter le morceau. Mais quand ils ne « savent » pas ? Alors dysfonctionnement, tourbillon de problèmes soudains et de vertiges qui les empêchent d'être présentables, et de donner les bons signes – qui font savoir que pour la vie ils seront de bons parents. Ça grince dans l'entre-deux, mais ça fait entendre quelques grosses vérités. La future mère peut par exemple, dans une montée de colère, considérer qu'elle n'a pas à faire des courbettes à cette cohorte de femmes qui toutes lui rappellent la femme « première » qu'elle a connue et qui fut pour elle comme un mur, un bloc de silence où le maternel ne passe pas, ne transmet pas. Elle peut reporter cette rage sur ces dames qui croient savoir ce qu'est une bonne mère, et qui jaugent, soupèsent, au lieu d'entendre au-delà d'elles-mêmes. Du coup cela devient l'entre-deux-femmes, brut et brutal, où la Mère-instituée exige que l'autre, la demandeuse, lui fasse des signes de reconnaissance, d'impuissance ; après tout elle ne l'a pas eu, cet enfant qu'elle demande, et qu'on va lui « donner ». L'équipe se pose d'instinct comme Famille de l'enfant, identifiée à lui, décidée à le venger d'avoir été lâché ; et à se faire payer en gage d'amour, de qualité, d'authenticité... Que les futurs parents paient pour ceux qui ont failli.

Si les demandeurs ont pour symptôme de ne pas pouvoir « donner » – se donner un enfant, donner signe d'allégeance –, c'est le « clash », ils seront jugés au tribunal de la psyché. Condamnés. De part et d'autre de l'enfant, c'est l'épreuve de force. Chacune des deux femmes reproche à l'autre de ne pas être celle qu'il faut. Rivalité pour la valeur, pour le meilleur rôle – qui devient le rôle du symptôme. Et personne d'autre pour entendre qu'elles sont toutes deux dans le même manque, dans l'impossible partage du manque, du manque vivant qui fait d'elles des femmes en manque. Comme toujours dans ces face-à-face, le plus fort gagne : celui qui a de son côté l'Institution. La demandeuse effarée : « Mais ils ont tous la même histoire, ces enfants ! » Eh oui, histoire d'enfants abandonnés. L'autre, la femme-médecin, eût-elle été singulière, non instituée, aurait pu ouvrir les choses : « Ça ne vous tente pas, justement, de permettre à l'un d'entre eux une histoire singulière ? Nous autres, de l'institution, on ne peut pas leur donner une histoire bien différenciée ; c'est même pour ça qu'on leur cherche des parents... » Mais dire ça ou autre chose l'eût dessaisie de sa place de vrai parent, authentique et exigeant, qu'affiche l'Institution ; c'eût été s'engager dans une violence symbolique qui seule dévie la violence personnelle du face-à-face impossible. C'eût été... Et ça n'a pas été. La violence instituée l'a emporté ; elle est sûre d'elle et de son droit ; l'entre-deux-femmes s'est figé : l'une protégée par son symptôme, l'autre par son pouvoir. L'institution fait du symptôme un pouvoir. C'est la violence inerte, le contraire d'une violence symbolique où l'on peut « se rentrer dedans » pour faire de la place...

Il y a beaucoup à entendre à ces interstices du social, ces entre-deux du lien social où le malêtre fait venir du tiers, du tiers déchu sous forme d'enfant abandonné – enfant battu, enfant de l'inceste... Tout comme ailleurs, à d'autres fractures du social en forme d'égouts, arrivent des êtres qui surnagent, à la dérive de leur non-lieu originel. Et ça vient s'exposer là comme une demande d'explication sur l'origine. Pour tout un chacun.

Et les adultes « fonctionnaires » se prennent volontiers pour l'Autre dès qu'on est *exposé* à eux, à leur pouvoir réparateur. Bref, il est rare que sur cette scène les acteurs soient assez libres pour avoir cette « explication »...

Mais laissons ces gestions modernes du non-lieu (où la psy n'apporte pas que des éclairages, elle a ses points aveugles, d'autant plus bêtes qu'on s'y croit sûr d'être averti), pour revenir à l'*enfant exposé*. Il nous rappelle que l'humain, tout humain est exposé aux rayonnements de son passé ; sa mémoire part de là, de cette étrange exposition. Tout enfant fut un enfant exposé, « abandonné ». Exposé à quoi ? à être chassé du paradis primitif ? était-ce si paradisiaque que ça ? Certains le disent, on n'est pas tenu de les croire. Disons *exposé à l'Autre*, au mauvais temps de l'Autre, aux nuages soudains qui opacifient son regard, son visage, et déjà son regard sur lui-même. Tout enfant fut exposé aux failles de l'Autre et aux faillites de son propre désir et de ses projets. Exposé ne veut pas dire passif. Il faut déjà avoir les moyens pour être passif quand on les met en sourdine. Là, l'enfant n'a pas les moyens, ni de comprendre ni d'agir. Il est exposé à ce que l'autre lui cache et se cache à lui-même.

L'enfant ici est symbole de transmission. On est exposé à une transmission, et par là même à un Autre qui parle ou pas mais grâce à qui, dans l'entre-deux, s'instaure un transfert opaque, qui réclame la lumière, l'épreuve du feu de la vie plutôt que la passivité. Cet Autre peut être patient ou analyste, gourou, prêcheur ou créateur. Freud par exemple fut cet Autre pour ses disciples et successeurs. Il fut même le fondateur d'une religion, en demandant à ses suiveurs d'être les colonnes du temple qu'il fondait, les fidèles de l'alliance qu'il créait. Il leur transmettait dans ce lien (et la religion n'est que la pratique d'un certain lien), outre son appel à étudier la loi nouvelle, à la répéter, tout son fantasme d'être le nouveau Moïse donnant les lois de l'inconscient et s'arrêtant net à l'entrée de la Terre promise, la contrée grassouillette où coulent le lait et le miel au rythme des cures et sinécures. Il leur transmit le devoir d'être la répétition de cette loi. (Or une loi symbolique n'aime pas trop les répétitions.) Leur mission était d'être les cariatides, captives mais efficaces, pétrifiées mais solides, du haut lieu qu'il érigeait et par quoi il leur donnait lieu. Il leur transmettait un discours sur l'inconscient censé tenir lieu d'Inconscient. Autrement dit, en filigrane, en douceur, en silence, il leur demandait de sacrifier leur inconscient sous le signe de ce discours ou en son nom [1]. C'est la formule même de la transmission névrotique : où l'enfant en vient à *croire* qu'il lui faut se sacrifier pour que l'Autre, auquel il est exposé, puisse s'en tirer, puisse même exister. Cette croyance est un don d'amour, mais c'est aussi ce qui bloque l'amour ; dans le sacrifice. Pour des adultes, c'est plus commode de se sacrifier, de s'embrigader, de se ligoter – que de se risquer à désirer. Les symptômes, les sectes, les institutions en témoignent. (En outre, si on est *obligé* de se taire pour que l'autre parle, ça permet de croire qu'on a quelque chose à dire. Bénéfice secondaire qui a son prix.) Mais l'enjeu est de fonder sur ce silence un groupe-inconscient. Cette loi du silence s'interpose comme loi factice et tient lieu de Loi symbolique ; on fonde ainsi un groupe qui tient lieu d'inconscient à ses membres, qui s'interpose entre eux et la loi symbolique. Il signale l'entre-deux et il le bloque en même temps. Il devient pour ses membres leur dispensaire d'inconscient, ça les dispense d'en avoir un en leur faisant croire qu'ils en ont, et que c'est le groupe précisément. En l'occurrence, les membres n'ont pas besoin d'entendre : « Taisez-vous pour que je parle » ; ils se le suggèrent eux-mêmes, pour s'assurer de cette filiation, pour dispo-

1. Cela s'est confirmé plus tard, et de façon plus massive (répétition oblige) avec Lacan : il réitéra l'alliance en version plus christique ou ecclésiale – d'aucuns diraient plus sectaire. Symptôme majeur : lui et les siens ont fait l'impasse sur... « la passe ». Quelque chose n'a pas passé ou leur est resté en travers. Je me souviens qu'un jour, après qu'il se fut retiré, je demandai aux vieilles huiles de son Ecole pourquoi elles s'étaient tues jusque-là (ou ce qui revient au même : pourquoi elles n'ouvraient le bec que pour remâcher la becquée), alors qu'il y avait tant à dire, tant d'autres choses... La réponse fut qu'« il fallait qu'on se taise pour qu'il puisse parler ».

ser d'un lien palpable avec la « Loi ». Cela permet des clôtures, des cécités, des surdités stupéfiantes (car chaque membre reste muni de son intelligence, en partie, mais il ne peut plus s'en servir). La routine est alors d'exclure ceux qui dérangent puis de s'enfermer en colloque avec pour thème disons... l'éthique de l'ouverture, où chacun dira l'importance de « ne rien fermer », de ne pas exclure la différence... C'est riche de scènes obscènes, ce petit théâtre autour de l'acte fondateur, même si les acteurs ne sont pas en mesure d'apprécier.

En somme, le groupe prend le relais de l'origine et en tient lieu ; il donne ainsi une assurance mais il prive aussi ses membres de l'originalité – cette pulsation de l'origine. En leur évitant le non-lieu il leur donne lieu d'être, mais lieu d'être sacrifiés. En cela il ouvre comme un symptôme ; mais un symptôme socialisé, normé, normal...

Parfois le sujet n'a même pas de quoi faire un symptôme ; il est lui-même déjà non-lieu.

Être exposé à l'Autre ou vivre le passage par l'Autre ; deux temps opposés du rapport à l'Autre.

Être exposé devant l'Autre, comme en attente devant la Loi incarnée, est une impasse de la transmission. Son seul remède est une relance de la transmission. Souvent c'est l'histoire qui se charge d'imposer l'ouverture, où la Loi cesse d'être incarnée, et où ce qui se transmet c'est de l'inconscient.

Car il y a la transmission directe : fais ceci, sache cela... il peut en rester quelque chose. Il y a aussi la transmission « inconsciente » : on y transmet à son insu ce qui échappait au programme de transmission ; on ne sait pas ce qu'on a transmis, on ne sait pas tout de ce qu'on a dit ou de ce que l'autre a entendu ; le malentendu est heureusement aux racines des liens humains. Sans lui on serait programmés, rien de nouveau. On s'entendrait sans transiter par le hasard qui donne chance à la parole de se renouveler par l'écoute transversale, indirecte.

Et il y a la *transmission d'inconscient* : c'est celle de la mémoire qui excède les souvenirs, qui permet d'en avoir, de donner lieu au rappel du passé à travers le rappel à soi. Cette transmission ouvre un écart entre le corps habité et la pensée corporelle, physique, sensible. Elle y invente ou y révèle une mémoire seconde, celle d'événements qui ne se sont pas encore passés ; mémoire de l'avenir aussi bien ; c'est la mémoire qui « retient » l'avenir. Par là, par cette trouée inconsciente émerge le nouveau, *via* les morcellements de l'ancien et leurs retours aléatoires. J'ai montré ailleurs que le « hasard organisateur » (ordre par le bruit, complexité par le désordre) n'est autre qu'un principe d'existence de l'inconscient, où le sens se produit dans *un passage par l'Autre qui prend acte de lui-même* (s'il le peut, s'il est capable de s'intégrer et en même temps de se séparer). Le nouveau est la traversée réussie de l'Autre *et* des présupposés qui rendaient cette traversée absurde, impossible à envisager : vous habitez sur une île et vous voyez arriver à la nage un étranger surgi de la mer. Sans être un Indien d'Amérique voyant les Blancs débarquer, vous êtes devant une forme de l'Autre. Dans votre stupeur revit le fantasme de voir la mer(e) cracher des hommes... Sensation de grotesque d'autant plus vive que l'île est plus lointaine. Cet « événement » est ordinaire. Devant l'océan de pensées et de vagues fantasmes, chacun habite sur un îlot, et sa surprise du nouveau est du même ordre. Il l'éprouve aussi dans la rencontre amoureuse. Celle-ci pose et suppose tous les obstacles pour jouir de les voir surmontés. Elle jouit de les inventer pour ça. Eh bien, la transmission d'inconscient transmet la possibilité de rencontrer du nouveau et par là de *consentir* à l'ancien, au passé, d'y consentir avec le jeu que cela donne. Elle est le pont fragile presque irréel entre l'ancien et le nouveau. C'est le don d'une présence « autre », où l'absence est possible et même requise. Car le nouveau est impossible sans la perte de vue ou la perte du sens commun – perte de soi consentie. Traverser la nuit, même si doit poindre une autre lumière, ce n'est pas si simple. Il y a l'« autre-scène », le rêve, et l'insomnie, comme antidote de l'autre-scène, l'insomnie comme perdition pour éluder la perte et le risque du nouveau. Le chaos d'un rêve produit du sens dès qu'un récit en prend acte, récit fait à soi-même ou à un tiers. De même le bruit produit du sens dès qu'une écoute en répond, une écoute qui le fait passer ou transiter par la voix de l'Autre.

Le principe d'existence de l'inconscient se formulerait ainsi : il existe un « hasard », assez fragile pour s'abolir (d'un coup de dés, d'un langage qu'il renouvelle), mais assez riche pour échapper à ce langage et l'interpeller du dehors. Ce hasard, potentiel d'appels et de rappels, instaure un double mouvement entre mémoire et pulsion ; il localise et disperse, il fait surgir des points singuliers et déploie leurs effets... Dans ce mouvement pulsatile, le hasard se consume en apparaissant, et se relance dans son éclipse apparente. On pourrait dire : il n'y a pas de hasard parce qu'il y a du hasard, et inversement. Entre le hasard et ses négations, c'est l'*entre-deux* le plus actif et le plus paradoxal. Là s'élabore – selon le principe d'inconscient – une physique du dire, une dynamique de langages, au-delà du mythe ou de la communication. C'est un espace en expansion que je nomme « complexe de l'inconscient ». Il comprend les enkystements du symptôme et les éclats de la trouvaille.

Deux sortes d'événements portent cette transmission d'inconscient. Le traumatisme : on y est *exposé* à l'être, sans recours, on reçoit de l'inconscient comme un ravage opaque, un pur dessaisissement, trop plein ou trop vide. L'autre événement est une *secousse de l'être* et du langage d'où certains éclats font retour : on y est à la fois compris et exclu, intégré et désintégré. Au passage, de l'inconscient se transmet un potentiel d'être, à advenir, à signifier, à... transmettre. Cette secousse d'être est ce qu'on attend d'une analyse – ou d'autres expériences aiguës. Un autre type d'événement combine les deux précédents et relance cette transmission d'inconscient : c'est le *saut généalogique* : dans ce corps nouveau-né une secousse d'être a lieu ; elle ouvre, à la lettre, une nouvelle ligne de vie. Du nouveau se déplie à travers le déjà-là. Dans certaines traditions, ce nouvel être a une « étoile » dont la lumière éclaire sa vie. S'il n'a pas d'étoile, s'il n'est pas compté dans la constellation cosmique, alors il n'aura pas de chance, c'est-à-dire pas de « crédit ». Le crédit est une supposition d'être, qui se tient ailleurs en réserve, et qui laisse à désirer. Cette réserve porte le hasard de la bonne rencontre, la surprise d'une réussite. Une tradition rattache cela à ce qu'elle appelle « Crédit des Pères » : les Pères – les ancêtres, donc la généalogie – sont crédités d'un rayonnement, d'un agrément par l'être transmis à leurs descendants – à certains, à ceux qui savent lire ou qui savent se laisser lire par la rencontre, du coup « heureuse ».

Entre ne pas savoir ce qu'on transmet et transmettre ce qu'on ne sait pas, il y a donc autre chose : la transmission d'inconscient. L'inconscient, ce n'est pas seulement de l'insu, du refoulé, du « savoir », c'est une dynamique complexe entre des niveaux d'altérité et des niveaux d'inscription, entre des régimes de l'Autre et des régimes de la Lettre. Altérité : déploiement de l'Autre, niveaux infinis d'échappement, où que ce soit. Lettre : c'est ce par quoi l'inconscient prend corps, anime des potentiels inscriptifs, traducteurs, transférentiels, eux aussi infinis. Ce qui fait question pour beaucoup, c'est la dynamique de l'inconscient dans son double *aspect inscriptif* et *altérant*. Plus que de retrouver ce qui s'est passé, avoir un passé altérable, donc un temps transmissible. Avoir eu un passé, c'est n'être pas un passé figé mais avoir lieu d'être au présent. Certains ne furent qu'*exposés* au Temps dont rien ne s'est inscrit : ils ont un inconscient, comme tout le monde, mais il ne leur a pas été transmis ; alors ils sont cet inconscient. L'enjeu de l'acte thérapeutique (ou de l'heureux hasard) est de leur donner ce qu'ils ont déjà ; plus que des signifiants « premiers » ou des affects passés, le *don* des mots et du corps ; et entre deux, le jeu infini des possibles. De là dépend qu'il puisse y avoir *de l'événement*. Un sujet pris dans son symptôme, il ne lui arrive rien d'autre que son symptôme et ses variantes. Répétition, continuité avec soi. La transmission d'inconscient est tout autre : continuité discontinue, déploiement *consistant* d'effets de rupture, potentiel d'espaces en germe qui cherche à avoir lieu, à se transférer, et pas seulement à être fixé, nommé, institué. L'institution est une manière de donner lieu, avec le risque d'inclure si bien ce à quoi elle donne lieu que l'effet du don s'évanouit : les transferts à la Lettre se gèlent, et l'on devient colonne du temple, solide et pétrifiée...

Reprenons le *saut généalogique* où la *transmission d'inconscient* passe par le sexe. La généalogie – qui se déploie dans l'*entre-deux-générations* – est une impulsion temporelle qui porte chacun dans ses multiples renaissances. La généalogie : appartenances ramifiées, réserve d'attaches vraies mais diffuses, dévoiement des « vrais » parents, de quoi desserrer leur emprise sur l'enfant ; qu'il n'y soit pas trop *exposé*. Les pères qui se prennent pour de vrais pères en deviennent faux ; ils prennent l'enfant pour l'objet de leur fonction – paternelle – et l'institution le prend pour objet de son fonctionnement.

Or l'enfant est un *événement* de sa généalogie.

L'enfant est *exposé* ; on sait à quoi il s'expose, aux aléas du sacrifice[1], aux fantasmes maternels qui pour lui fonctionnent comme son inconscient. Mais il est aussi exposé aux secousses du Temps, c'est-à-dire de l'inconscient – à l'événement où se *donne* l'être déjà-là, et le lieu d'être. Et ce don imprévisible, indécidable, l'expose à l'Autre et à la Lettre.

Autrement dit, l'enfant s'engage dans le langage, et l'intensité symbolique (non purement langagière : je distingue entre symbolique et langage) ; il s'y engage à mesure qu'il se trouve face à un Autre, à de l'Autre capable de *se dessaisir du langage qu'il est* ; du langage que cet Autre est. (Exemple simple : que la mère ne se prenne pas pour ce qu'elle transmet.) *Le langage, comme généalogie de l'être, est l'entre-deux radical :* il nous révèle exposé à l'Autre, il fait dire cette révélation, la fait entendre, et par là nous en libère, jusqu'au prochain croisement. L'enfant apprend à parler – si on ne l'en empêche pas – en cherchant les croisements entre son « dire » et celui de l'Autre, les points d'appui de sa voix dans celle de l'Autre. Il y cherche l'*altérité* autant que l'*écho inscriptif*, porté par l'après coup. Cela suppose que l'Autre supporte la pulsation en lui de saisissements-dessaisissements. Ce battement du langage est essentiel à la transmission d'inconscient et d'impulsions symboliques. Sinon c'est la transmission directe, la doublure inerte : je me souviens de ma première « consultation », un enfant de quatre ans dans un dispensaire, il parlait de lui à la troisième personne ; je le fis remarquer à la mère (dont j'ignorais qu'elle était folle tant elle semblait normale, et j'ignorais à l'époque que le normal puisse être fou). Une semaine plus tard l'enfant parlait de lui à la première personne et n'était pas moins délabré. Il langa-

1. On a vu que même des adultes (et des psychanalystes), abandonnés à ce qui leur fut donné, se sont trouvés exposés, non à la porte d'une église déjà faite, mais au devoir de fonder cette église au moyen de leur abandon ; de leur sacrifice, et de bien d'autres qui s'y répètent. Les chapelles seraient alors presque bon signe : le temple craque.

geait son « je », mais n'y était pas engagé. La mère lui avait transmis la première personne comme signe du fait qu'il en était exclu. Elle lui avait transmis sa personne comme première, signalant l'accès au langage, sans passage libre.

La transmission d'inconscient s'opère à travers des *transferts.* Le transfert est l'entre-deux-espaces où un espace tiers s'impose, se suppose. Je vous parle, et ce qui en vous a entendu transfère ce que j'ai dit, ou plutôt ce qui m'a fait parler, et il me le révèle... Le transfert : deux êtres *se* parlent et sont pris dans un même lien qui les prend par les deux bouts ; un lien dont l'essentiel leur échappe se met à « parler » pour son compte comme un lien tiers qu'il s'agit de faire parler ; tout comme l'enfant fait parler le langage où il se met en acte, où il s'expose. Par le transfert les deux se trouvent rappelés à l'origine et se surprennent à y chercher des points d'ancrage, au risque d'y rester. Le patient, c'est-à-dire tout un chacun car on est tous en thérapie avec cette sacrée analyste qu'est la vie, tend à faire parler ce lien de façon répétitive, parce qu'il a été exposé à quelque chose, à une figure de l'Autre qui ne s'est pas dessaisie, qui a retenu l'essentiel : parole, mémoire, désir... Alors il manque d'appel ou de rappel, il répète, il se met en souffrance, comme s'il attendait toujours que l'Autre se dessaisisse ou se ressaisisse, donc fasse vibrer l'origine – ce qui donnerait le feu vert, permettrait le passage. Il risque d'attendre longtemps. Le patient tend à répéter la situation accablante d'*être exposé* ou en attente. L'analyste, lui, fait parler ce lien autrement. Il y intervient comme être de désir, s'expose en se dessaisissant : il n'a d'effet que lorsqu'il parle de ce qui l'a atteint, tout en se retirant de cette atteinte, qui sinon s'imposerait comme fétiche au patient. S'il est toujours hors d'atteinte ou déjà submergé, il n'a pas lieu. Autrement dit, l'acte thérapeutique a pour support le *don de langues*, le même type d'événement où l'enfant s'engage dans le langage, s'y révèle exposé, et s'en dégage avec comme trophée sa parole, dès que l'Autre a pu se dessaisir. Il y a dans ces fragments de langues l'impulsion à s'en dessaisir, à les transférer, à les faire passer en d'autres langues. A chaud. Le feu de l'être s'allume ; les deux partenaires sont concernés au-delà d'eux-mêmes. Émotion de l'être. L'analyste ne prend pied dans cet affect qu'en se retirant du même coup ; en *donnant* le dessaisissement.

Si l'Autre ne s'est pas dessaisi, l'enfant se met en *orbite* d'attente, jusqu'à ce que l'Autre (le temps, le destin, le hasard...) se dessaisisse, c'est-à-dire fasse ce *don de langue*, qui est plus qu'un don de mots ; on peut avoir des mots à foison et désespérer d'une instance qui vous en ferait *don*. Dans le don de langue, c'est le don qui est donné ; à croire que l'enjeu de cette transmission d'inconscient était de transmettre la transmission, la capacité de faire des liens, de changer de lien, de changer de bonheur si l'on peut dire ; ou de disque ; de plainte ou de complainte. Car un symptôme, ça donne un bonheur uniforme, épuisant ; bien que ce soit un recours de l'être-exposé à l'Autre.

En somme, la transmission d'inconscient est une transmission de l'origine, non pas comme une entité ni comme un simple manque mais comme une pulsion, la pulsion même de l'être.

Cette transmission prend en charge le paradoxe de la guérison. Après tout, guérir d'un symptôme, est-ce en guérir ses origines ? est-ce en libérer ses parents ? Ou est-ce enlever au symptôme des parents la part qu'on y a prise et qui rend leur symptôme si actif sur nous ? Dans ce cas, c'est opérer le partage de l'origine par le biais de sa transmission. Chacun sa part, après quoi on peut partir. Au contraire, en résistant au partage on en devient la victime. Le fils s'est dit : je me retire, je n'ai rien à voir dans leur histoire ; et il « se tire », laissant entre leurs mains la part qu'il a à leur symptôme, son symptôme, au lieu de la retirer, cette part, pour la faire passer ailleurs. Il croyait « s'en être tiré », il s'est tiré un trait dessus.

L'*énigme de la transmission* semble aller de soi et n'est pourtant pas évidente : pourquoi ce qui ne s'est pas dit s'est quand même transmis ? un procès d'écriture prend-il le relais, pour donner suite lorsque manque la suite, et que la succession est en panne ? L'Autre *s'était tu*, a fait silence, et pourtant quelque chose passe, qui donne suite, et qui donne l'après-coup où ça s'entend *comme une suite*. Et parfois, certaines choses dites par l'Autre se transmettent telles quelles, mais après des pertes et des détours comme si la chose à faire entendre avait cherché une autre recharge d'ambiguïté, de malentendu, un point de rupture à traverser. Autrement dit : la continuité se transmet par la discontinuité, et quand celle-ci est donnée, on fait ce qu'on peut pour donner suite, maintenir une continuité. (Dans la transmission, on change écarts et distances, on les déforme, on les module, pour faire face aux sauts de la continuité : l'enjeu est bien topologique : coûte que coûte *se donner lieu*[1]...)

Ce *don de l'inconscient ou de l'origine* s'éclaire dans l'énamoration. La rencontre semble évidente aux amants. Ils s'y livrent à cette remontée du temps où soudain « c'était ça » depuis toujours. Ils recomposent de quoi faire que l'événement de leur rencontre soit comme un *don* du destin, infondé et nécessaire. Cette étincelle de l'amour, dite coup de foudre, ni « narcissique » ni « objectal », semble briser l'un sur l'autre le narcissique et l'objectal. C'est de l'amour inconscient ; de l'inconscient en tant qu'amour ; l'*origine* aimant ses rejetons. Ce qui s'y « donne » c'est ce que nul n'avait : le don lui-même. Pourtant les amants tiennent à inventer cette origine à leur amour ; il en serait le rejeton, lointain et surprenant. Ils tentent ainsi de ressaisir la question de l'origine, en incluant leur amour dans une *généalogie.*

La séduction est une manière de faire vibrer l'entre-deux et d'exciter le fantasme de l'origine, de le séduire comme origine du fantasme. Mais l'amour inconscient traverse cette séduction ; il met en acte son lien comme don d'une origine. Justement, la généalogie est une *supposition d'origine*, donc un transfert à l'inconscient, au lien inconscient à travers les liens qu'il engendre. Cette dynamique de l'inconscient saisit et dessaisit, retire quand ça donne et donne quand ça se retire, déploie le retournement. C'est la dynamique que j'évoquais entre l'Autre et la Lettre, comme deux régimes de l'inconscient.

La généalogie est un faisceau d'événements *supposés originels*, car ils servent d'impulsion, de vitesse initiale. La généalogie d'un être n'est pas tant ce dont il vient que ce dont il n'est pas sorti, pas encore sorti ; c'est l'histoire de sa sortie et de ses métamorphoses ; de son enlisement et de ses secousses. A cause de l'inconscient, ces

1. La fiction freudienne du meurtre du père, du meurtre « primitif », n'a d'autre intérêt que de dessaisir l'Autre de sa mort ; c'est une manière de la lui donner, la mort, tout en la lui arrachant. Il vaut sûrement mieux avoir à se dépêtrer d'une culpabilité que d'une mort de l'Autre à laquelle on n'est pour rien et qu'il faut quand même digérer, lorsque l'Autre n'a pas voulu s'en dessaisir et qu'il laisse les siens grignoter son cadavre ; sans fin...

sorties ne sont pas déterminées de façon unique par les *entrées*. Mais les *états successifs* d'un tel système sont articulables entre eux, ainsi qu'aux états « initiaux », à condition qu'il y ait de quoi articuler : une symbolicité assez riche pour opérer la traduction. C'est ce que tente la généalogie, *logos* de l'*engendrement*, logique des genres et des « noms », et des accords secrets du Dire...

C'est l'« amour inconscient » qui porte ou éclaire les paradoxes de la transmission. En un sens les enfants attrapent leur symptôme par amour de l'Autre ; pas forcément amour des parents, mais amour de l'amour. Et de tel parent qui croise leur fil d'amour.

La transmission est un tiers entre deux, elle met en place l'inconscient, comme tel ; c'est un acte d'amour ; de quoi franchir l'entre-deux à trois ou quatre... Même celui qui attrape une perversion en guise de symptôme, c'est par amour qu'il s'est mis en tête d'incarner totalement la croyance de l'Autre, surtout de l'Autre maternel, croyance qu'il incarne en devenant lui-même un fétiche, une mémoire-corps.

Revenons à l'enfant *exposé*. La « vacherie » que les enfants font aux parents c'est de les interpeler chacun là où il manque à son désir ; là où il montre qu'il ne s'aime pas. C'est le point le plus symbolique où chaque parent est comme appelé à s'aimer un peu mieux que ça. C'est plus que de s'aimer l'un l'autre (ce qui n'est pas une mince question : « Qu'est-ce qu'ils foutent ensemble ? ») ; c'est plus simple : que chacun s'aime, et soit fidèle à son être, comme il l'entend. Ces appels, les parents les entendent comme des « demandes d'amour » venant de l'enfant ; à tort ; l'enfant pointe ainsi les ressorts mêmes de la transmission. Transmission par amour et amour de la transmission. C'est un enfant qui me l'a appris. J'étais un jour chez un ami ethnologue qui souffrait visiblement de ce que les Indiens d'Amazonie avec qui il travaillait n'étaient plus ce qu'ils étaient : non seulement on les lui avait massacrés, mais les rescapés se prêtaient mal à la rencontre : lui venait leur vanter les mérites de l'indianité, en crachant sur les gadgets de la culture occidentale, et eux, tout en acquiesçant poliment, recherchaient lesdits gadgets, convoitant un « progrès » que lui-même récusait. En tout cas il était « atteint » par ce dialogue vicié, sans tiers possible. Lors de ma visite, je fus touché de voir que son fils, âgé de deux ans à l'époque, était pratiquement... un « Indien » ; plus vrai qu'un vrai Indien ; il parlait, il occupait l'espace, il se mouvait comme s'il l'eût été, il déployait une *indianité* intacte, pure, naissante, renaissante. Il faut l'acuité de l'amour pour sustenter à ce point la croyance de l'Autre, la plus précaire, la plus fantaisiste ; pour lui dire en quelque sorte : tu t'aimes entouré d'Indiens ? eh bien, tu en auras un à domicile : moi. C'est plus aigu que de lui dire : tu aimes les Indiens, or je veux que tu m'aimes, donc je serai un Indien. Car il n'est pas dit que l'autre aimait les Indiens ; la question n'était pas là. Ce n'est pas du mimétisme, ou alors du mimétisme au manque, à l'objet manquant. L'enfant s'est identifié à l'Indien manquant, à ce qui manque à tout Indien pour en être un...

Consentir, ai-je dit, à ce que l'*origine* passe. Il vous arrive des événements, vous pouvez les décortiquer, les analyser, y trouver de la répétition, mais quand c'est consumé, « asséché », ils vous restent comme événements qui font rappel, force de rappel et d'inconscient. Vous remontez aux causalités, et elles ne sont que causes d'elles-mêmes. Ce qui reste, c'est l'événement pur, l'image du trauma, ou de l'origine : vous êtes celui à qui *c'est arrivé* ; c'était *ça* ; c'est un départ et un arrêt. Là votre histoire semble repasser par la poussière d'où nous venons pour modeler de sa glaise vivante des formes nouvelles. Vous êtes celui que l'inconscient a emprunté pour se mettre en acte ; que l'origine emprunte en dernière extrémité. Certaines transmissions d'inconscient ne disent rien d'autre que cela : laisser place pour que ça se passe ; libérer la voie pour qu'arrivent certaines choses...

La généalogie est une façon de s'expliquer avec ses *mises au monde* variées. On dit que toute mise au monde est un « trauma » ; pourquoi pas ? Mais le trauma n'est pas seulement une effraction, un excès sur nos possibles. Il y a des traumas paisibles, des traumatisés *continus* en proie à ce trauma où *rien* ne se passe ; où rien ne marque. C'est le cri silencieux où tout lien avec l'*origine* est coupé. Qu'un rêve au moins se passe alors, et il entame une guérison, un passage par l'Autre à la lettre... Le rêve choquant force le passage par l'origine, par le niveau originaire de l'être ; il en donne un brin transférable ; il se donne comme un mot de passe. Le trauma coupe le rapport au don de langue et ouvre ainsi la question de renouer, de reprendre contact. Ce n'est pas qu'on manque de mots à mettre sur l'événement, c'est l'acte de *donner* le mot qui est bloqué, dans le trauma ; c'est le consentement à nommer de travers, donc à nommer. L'événement n'aime pas être nommé trop juste, sa nomination l'achèverait. Et quand Freud, à propos du névrosé, parle de « *fausses* connexions » entre l'affect et la représentation, on se demande ce que serait une vraie connexion. Une nomination exacte de l'événement ? et si elle est introuvable ? Ce qui compte c'est que cela puisse se connecter, car la connexion est déjà un déplacement possible. Ce dont on souffre, c'est moins de la fausse connexion que de l'assurance de tenir la *vraie*. C'est qu'un être ait fait, de cette connexion, sa vérité ; et que la vie a beau lui dire qu'il mérite d'autres vérités, qu'il peut ne pas se réduire à celle-là, il croit à la vraie connexion. Cela l'empêche de relancer le potentiel transmissif, qui implique des tiers, de l'histoire, et de la mémoire essentielle – celle d'au-delà des souvenirs. Non qu'il y ait à négliger la vérité des faits, des récits, des souvenirs, ou leur véracité. Elle dit que le lien social peut être pris à témoin : documents, témoignages, toute une morphologie de la « voix » de l'Autre. Mais la métaphore archéologique reste limitée : ce qui fait question, je l'ai dit, ce n'est pas seulement ce qui a eu lieu, c'est l'engendrement du lieu ; d'un lieu qui soit autre que l'orbite d'attente – désespérée et mortifère – que produit l'enfant *exposé*, appréhendant un Lieu de rencontre où puissent *se passer* à la lettre des épreuves de renaissance.

Le blocage de l'origine – narcissique, mortifère, ou simplement débile – est aussi un blocage généalogique. Car la généalogie vous génère et génère à partir de vous ; c'est un potentiel de traces saisies et dessaisies ; c'est une manière « élémentaire » de se donner lieu, d'invoquer un déploiement de noms propres, d'événements et de corps qui ont répondu, et qui permettent de *supposer* du répondant. C'est ce qui donne la possibilité d'un certain choc avec soi-même. Dire que la généalogie est provisoire – provision d'appuis et de potentiels transmissifs – c'est dire qu'elle peut *fournir* en cas de manque. Dans certaines cures, il y a des instants qu'on peut qualifier d'*émotion généalogique*. Toute la tribu, la constellation généalogique, s'émeut *avec* le sujet, et s'aime à travers lui. Elle réintègre son enfant perdu-trouvé, trop exposé ou fourvoyé. La généalogie double le roman familial, elle le porte et l'emporte. Paradoxalement, elle intègre le sujet à ce qui lui échappe, à une forme de son inconscient. Il lui semble être « reconnu » par le plus lointain de lui-même, par une Mémoire essentielle. Il dispose d'un germe d'espace, d'une sorte de voisinage de lui-même qui lui permet de *n'être plus réduit à soi*, mais de vibrer à de l'événement possible : d'être tel qu'il peut lui arriver quelque chose qui ait partie liée avec son histoire, son potentiel d'origine, son temps – sa manière, à lui et aux « siens », de prendre le temps pour se reproduire avec. La généalogie est une manière de se créditer d'un Dire plutôt que d'une dette ; de *se donner* des conditions initiales, des amarres, des coupures d'amarres pour un voyage dans l'inconnu ou un tracé dans le chaos. C'est une frontière transitionnelle avec l'Autre.

Au fond la généalogie est un déploiement de l'Origine en une série d'entre-deux diversement articulés ; tout un spectre génératif avec des lumières et des ombres. En un sens l'idée de la psychanalyse est l'abord généalogique de la souffrance : examiner le « spectre », y trouver les traits ou les « raies » qui puissent répondre des grincements et des impasses que vit le sujet actuel ; lecture des liens de transmission, analyse spectrale, décodage-encodage de généalogies latentes, à l'œuvre dans la mémoire. Le théâtre aussi a bien montré la chose. Voyez cette pièce si branchée sur l'Autre-scène, *Hamlet*, si fortement analytique : là le « spectre » est incarné, c'est le *revenant* paternel, frappant au mur des généalogies, dans l'affolement des personnes, le vertige des familles, le chaos du social. L'oreille du père mort – l'oreille qui fut empoisonnée – n'avait pas trouvé d'autre oreille pour se faire entendre. Alors la mémoire a pris feu et a consumé tous les corps...

Entre mémoire individuelle et mémoire collective

Les événements se multiplient où les malaises d'identités individuelles font résonance avec ceux de l'identité collective. La transmission de l'origine et de la mémoire est toujours individuelle, mais elle achoppe sur les blocages de l'identité collective. Quand cette transmission de mémoire (ou d'origine) échoue collectivement, les individus reçoivent une mémoire inerte, dans sa dimension inconsciente. Ils deviennent eux-mêmes des blocs de mémoire inertes, et se jettent parfois, comme les éclats d'une explosion inconsciente, sur le mur du social pour le secouer ou le franchir ou s'y briser lors de passages à l'acte désespérés.

Autour des crises d'identité (et de ce qu'on appelle racisme) pullulent les bonnes intentions, et aussi les mises en garde contre les bonnes intentions. Or ces crises concernent avant tout la mémoire – celle qui rappelle des souvenirs, et celle qui, au-delà de tout souvenir, rappelle chacun à lui-même. Quand cette mémoire est figée, nul refrain édifiant ne peut lui redonner vie.

Ces refrains voudraient remplacer une connaissance du réel et de sa propre réalité par un *modèle* de conduite ; remplacer l'épreuve de ce que l'on est par la valeur affichée ou ressassée de ce qu'on l'on devrait être. Être tolérant, ouvert à l'« autre », etc. Et ça ne passe pas ; l'abîme est là ; et le jeu est ouvert ; du coup certains, souvent des jeunes, questionnent les repères collectifs au moyen de passages à l'acte où ils jettent leur corps comme une question : délinquances, inadaptations... D'autres, plus portés vers la vie, questionnent ces mêmes repères et ces contacts entre collectifs au moyen de leurs pulsions de vie ; s'ils se sentent autres ou étrangers ils essaient de faire vivre leur étrangeté au lieu d'en être accablés.

Et ils rendent plus vivables et plus vifs les points-frontières névralgiques entre individus et groupes. Dans les deux cas, ces points-frontières donnent à penser.

Les pulsions de groupe – d'identité collective – sont des pulsions de conservation (de « mort » dirait Freud) ; alors que les pulsions sexuelles qui portent le désir subjectif comportent, au-delà des pulsions de mort, un projet de faire passer la vie, un projet de mutations singulières.

La mémoire, support symbolique d'identité, est marquée de ces deux aspects ; et en un sens tout symptôme est un « trou » de la mémoire, un retranchement plus ou moins grave hors du temps. La question de se ressourcer, de traverser le symptôme et son rayonnement morbide, se pose aux groupes et aux grands collectifs comme aux individus. Ceux-ci peuvent vivre le symptôme sur un mode dépressif – n'excluant pas le « tout va bien » où rien ne se passe, où c'est le néant ; auquel cas, si ce néant est familial (premier échelon de groupe), les enfants cherchent désespérément le manque qui fait défaut, et heurtent de tout leur corps le mur de l'Autre, comme pour en faire surgir le manque, la faille, à coups de passages à l'acte, provocations, retraits purement narcissiques, délinquances variées ou nullités organisées. Ils frappent sur le manque – aveuglément – pour qu'il se montre et que cela fasse une ouverture. Ce symptôme majeur de la mémoire intransmise est une façon de méconnaître l'origine partagée. C'est le fantasme (passé à l'acte) d'une origine unie, inerte, sans histoire. Il se manifeste dans des familles évoluées ou incultes, marginales ou adaptées, riches ou modestes. Car il concerne essentiellement le vécu du manque, la dynamique qui s'ensuit quant au désir et à sa transmission.

Faisons alors cette hypothèse : si une transmission collective s'est faite dans l'ignorance pure et simple du traumatisme qui a eu lieu, du manque de mots et de l'angoisse qui a suivi, si elle refoule toute cette secousse de la mémoire qui s'appelle traumatisme, alors elle donne sur une impasse. Ce qu'elle transmet – une absence de mémoire – est une absence de lieu d'être : le « sujet » débarque sur la scène sociale comme s'il venait de naître, comme s'il partait de zéro, chaque fois. (Ce « pas-de-place », parfois appelé chômage, dit massivement le symptôme : l'individu se trouve hors-lieu, incapable d'inventer avec ce qui s'offre, de transformer ce qui s'offre ; il est une demande béante, demande de place dont il ignore souvent le sens.) Or pour avoir prise sur le lien, le lien social, il faut avoir déjà eu prise, si peu que ce soit, auparavant ; pour vivre un lien il faut avoir vécu des liens. Ces choses-là se transmettent ; nul ne plante sur du granit et nul ne crée de liens à partir du néant. (Pourtant des projets d'implantation, d'« animation » prennent ce risque débile : implanter des masses sur un socle inerte, les concentrer sur un sol plastifié puis entreprendre d'arroser, d'animer, de créer des pseudo-racines sur ce terreau du manque.)

Il y a donc ce symptôme où *du non-lieu se transmet ;* dans l'ennui, l'angoisse, l'agacement, le cynisme, chez des personnes et dans le groupe. Et si à côté, tout près, passent des étrangers qui en silence interpellent ces racines, ce manque de racines, on leur en suppose des racines, à eux, et des solides. Il leur est arrivé des histoires, à eux, histoires de place, de déplacement, d'autant qu'ils viennent « menacer » votre place, vous obligeant à vous demander de quoi elle est faite. Ce symptôme peut être vécu dans l'hébétude, ça sécrète des individus, ou des groupes qui palpent aveuglément la trame sociale, pour « faire quelque chose », quitte à faire n'importe quoi – qui se révèle n'être pas n'importe quoi. Le passage à l'acte dit le comble du symptôme. Par exemple aller farfouiller dans les tombes – celles des autres, celle des Juifs en l'occurrence – fut une façon assez limite (débile ou perverse) de se demander ce que ces morts ont à dire, donc aussi ce que « nos morts », « notre » passé, « notre » histoire ont à nous dire. C'est l'aveu que jusque-là ce qu'ils ont dit est inaudible, peut-être inouï. Du coup le malaise qui s'ensuit entre en résonance avec les pulsions de mort inhérentes à chaque collectif, les pulsions de conservation où l'on veut le calme à tout prix, le silence, le pas d'histoire, le « surtout pas remuer le passé ». (Et ça va remuer les tombes, dans une sorte d'appel aveugle à remuer le passé, ou l'histoire qui n'a pas passé.)

Ce malaise identitaire est ressenti dans des pays très développés ; et de plus en plus, à l'Est, avec la venue des libertés, où des impulsions refoulées refont surface. Dans tous ces cas, un problème complexe – celui de l'identité –, insoluble sinon dans le mouvement de la vie, semble vouloir chercher sa solution finale. C'est le danger majeur. En marge de ce cas limite, ce malaise comporte une certaine ouverture, une épreuve où l'identité collective peut en passer par les vécus individuels.

Il y eut un colloque sur ce thème : identité culturelle et identité sexuelle ou « générique » : comment faire passer l'une par l'autre ? On insista sur le « rôle des femmes » ; avec des pointes « féministes » où les mêmes femmes peuvent s'écrier : pourquoi l'homme serait-il à la première place et pas la femme ? et vous confier en aparté l'autre sujet de leur révolte : pourquoi l'homme échoue-t-il si lamentablement à occuper la première place ? Cela mis à part, le constat est là : les identités culturelles s'ouvrent à l'épreuve des vécus singuliers, porteuses de modes d'être différents, hétérogènes, donc d'identités « plurielles ». Au fond, lorsqu'un Maghrébin rencontre une Française ou un Antillais une Bretonne, au-delà des remous, on peut dire que de gros blocs identitaires bougent par la force du désir, et se trouvent réindexés par le désir et par ses manques plutôt vivants. Certes, une identité ne vit que parce qu'elle peut se dessaisir du *tout* pour lequel elle se prend, et ainsi faire place à l'« autre » qu'elle rend possible. L'idée semble abstraite, mais elle ouvre sur un problème passionnant : que signifie, pour une identité culturelle, pouvoir aborder d'autres identités comme un être aborde un autre être – tout différent – par le biais, justement, de la différence sexuelle ? Est-il pensable qu'une identité culturelle puisse en aborder une autre comme deux êtres s'abordent sous le signe du sexuel et de sa différence ? Ou encore : peut-on individuer les problèmes d'identités culturelles et collectives ? (Lors du saccage des tombes à Carpentras, dans la manipulation des corps, le sexe était présent, l'éros lié à la mort, par des actes individuels.)

Les cures psychanalytiques d'individus variés montrent que l'impasse « raciste » est ancrée dans une impasse du désir, et non pas dans l'« intolérance ». L'intolérance n'est qu'un signe extérieur d'énervement signalant des tensions et des malaises d'un tout autre ordre qui tiennent à la texture de la mémoire et à sa transmission. Si le passage de certains êtres – étrangers ou étranges – fait s'effondrer tel équilibre symbolique ou pulsionnel, cela questionne cet équilibre quant à la place qu'il fait à l'« autre ». L'appel à la tolérance dit seulement : « Soyez patients, ne passez pas à l'acte, du calme... »

La quête passionnelle d'identité, à laquelle sont en proie individus et groupes, n'a que faire de ces appels. En revanche, le mouvement existe de subjectiver, individuer, sexualiser ces identités culturelles ; cela dépasse l'idée convenue de « sublimation » (où les pulsions subjectives et sexuelles seraient « sacrifiées »). Au contraire, ces forces de désir sont transmuées. Créer des choses c'est transmettre un certain amour de la vie, du don de vie subjectif, physique, singulier, en lui donnant corps, présence autre, elle aussi singulière et subjective. Une identité culturelle se vit dans des individus, et par eux elle apprend des choses sur elle-même, sur son histoire vécue, vécue par d'autres individus. C'est plus vrai que de célébrer des valeurs vagues et générales dans un discours édifiant qui de nos jours exaspère car il frustre les individus d'un engagement vivant de leur mémoire ; et surtout il leur rappelle qu'ils ont été frustrés d'une transmission de mémoire. Or les enfants et les jeunes ados appellent chaque jour cette transmission, et sont les premières victimes de son échec. Je me souviens d'un couple d'amis, elle juive et lui pas, voyageant à Marrakech avec leur fils de douze ans ; celui-ci est abordé à la piscine par de jeunes Arabes de son âge qui le harcèlent de questions : mais alors qu'est-ce que t'es ? t'es juif ? chrétien ? t'es rien ? – et il est revenu en gesticulant et en s'écriant vers son père : « Mais papa ! je suis nul en religion ! » comme il aurait dit : « Je suis nul en maths ! » Il pointait cette matière symbolique comme relevant d'une transmission. Ces questions d'identité, il en faisait matière d'école ; pourquoi pas ? Il avait senti que les questions des autres sur la religion portaient en fait sur les repérages symboliques, identitaires, vécus subjectivement. Il appelait une transmission qui, ni scolaire ni parentale, entre les deux, fût de l'ordre du récit, de l'histoire à faire passer. Il voulait que son père prît position, en tant qu'individu, dans ces remous identitaires. Un analyste un jour me dit avec aplomb : « Eh bien mon fils sera ce qu'il décidera d'être ! moi je ne l'ai pas circoncis et je ne lui ai rien dit de ses origines, il choisira librement, en connaissance de cause. » En somme, à partir du néant ce fils était appelé à être ; à partir du refus ou du vide de mémoire instauré par le père – par ailleurs professionnel de la mémoire. Et comment choisir son passé ? sa mémoire ?

Dans la transmission les jeunes sont plus sensibles au *récit* car un autre, le narrateur, s'y implique ; lui et ses proches sont là comme des tiers. Et c'est plus vif et nourrissant que l'appel à la tolérance, à la générosité, etc. Les adultes aussi. Raconte-moi ce qui s'est passé au lieu de me faire un sermon...

Certains s'attaquent au discours « raciste » comme à une entité abstraite ; c'est leur punching-ball ; d'autres préfèrent l'antiracisme pour taper dessus et se faire les muscles. Or le racisme ce sont des événements physiques, datés, localisés ; il était une fois dans l'histoire où ce fut réel, parlant, avec des gestes appliqués par des corps à des corps en chair et en os. Cela vaut d'être raconté. Le récit de l'histoire libère l'histoire, l'idée d'en avoir une, de vivre ses identités sous le signe de l'histoire, dont la vibration symbolique transmet du temps, rend possibles le désir, l'émotion, par le consentement au destin, à ce qui s'est passé, à ce qu'il y ait un passé donc un avenir. Le don de l'histoire ou le geste de l'accueillir dépasse les contenus qu'elle charrie. Il la transmet comme possible. C'est insoutenable et assumable. Aujourd'hui, dans leur détresse, beaucoup de gens vous crient que eux n'ont pas d'histoire, qu'ils n'ont rien à raconter – qu'ils n'ont pas eu accès au temps, au temps que la mémoire ravive. Et ils crient cela comme à partir de leur mort.

Cette prégnance de l'histoire – et de l'histoire individuée – comme déploiement de la mémoire a lieu partout même dans l'espace plutôt abstrait des sciences et des théories. A leur façon, les sciences racontent des fictions, et se laissent irriguer par d'autres histoires racontées auparavant, avec certains malentendus. Ce n'est pas simple de comprendre quelle histoire est racontée par une théorie. Quelle histoire raconte la théorie psychanalytique, par exemple ? C'est peut-être l'*histoire possible* de chacun, une histoire des individus. Dire que cela fait « théorie », c'est dire que son espace est assez riche en dimensions pour que chacun y fasse passer son histoire, la fasse transiter par là. Là serait l'aspect « scientifique », assez relatif : pointer l'individu comme noyau minimal d'histoire. Et les concepts de la théorie seraient des étapes, des repères dans les trajets de l'être singulier, dans les déplacements possibles, et récurrents. Le concept d'inhibition, par exemple, peut revenir à des niveaux très différents : l'inhibition d'un enfant largué par sa mère et qui s'abîme à l'attendre n'est pas celle d'un enfant devant l'objet de son désir quand il est démuni, quand il voit un grand danger s'il montrait ce désir. L'espace des repères, des concepts est donc là stratifié, ramifié, fibré ; c'est un modèle de langage avec des trajets récurrents ou sans retour. Et parmi les messages que cela rayonne, il y a celui-ci : l'origine est perdue, manquante, mais d'un manque digne d'être vécu et déplacé.

Même la science « raconte » en théories les histoires qui s'y rattachent, les histoires qui ont eu besoin de ces théories pour se raconter, s'inscrire, se rappeler ; besoin de reprendre contact avec le vécu, dans ces théories ou en marge.

Et il y a le mouvement inverse : des scientifiques secoués par leur théorie voudraient y trouver des messages indicatifs sur le mode d'être, de penser, de vivre ; les discussions parfois mystiques autour de la physique quantique sont là-dessus éloquentes : où déjà l'on s'émerveille d'une théorie qui tient la route depuis si longtemps alors qu'elle est si infondée. Absence de fondements qui se retrouve en mathématiques, absence d'origine absolue, irrécusable. On invoque là-dessus le théorème de Gödel. Mais plus qu'une limite inerte et un coup d'arrêt à la prétention d'omniscience, il marque des limites positives, productives : en démontrant qu'on ne peut pas démontrer la non-contradiction de l'arithmétique sans passer dans une théorie plus vaste (ni la non-contradiction de celle-ci sans élargir encore, et ainsi de suite), il *déplace* sans cesse la question de la fondation. Il fonde ainsi le *transfert indéfini de l'origine* et des fondements en tant qu'ils manquent. Il montre que la question de la fondation est un déplacement infini. Dès lors, si l'on fait des mathématiques sans être sûr, formellement, de ne pas rencontrer de contradiction, cela relève non pas vraiment d'un acte de foi mais d'un certain amour de ce langage qui se laisse déployer, explorer, en permettant des découvertes qui éclairent mieux le réel ; en faisant communiquer le réel du langage avec un langage du réel. C'est une confiance qu'éprouvent tous ceux qui parlent une langue ou qui l'écrivent sans pour autant tenir en main sa fondation, ou son origine véritable. Leur parler ou leur « parlécrit » dans cette langue se fonde sur la transmission qu'il nourrit et qui le porte. On parle, on écrit du fait que ça se tient ou que ça s'effondre, mais le parler comme tel et le surgissement de la trace ne vont pas s'effondrer. Ça tiendra jusqu'à la fin des temps, de façon partielle, fragmentée.

◆ Il y a un champ mathématique qui illustre bien cela – cette *relance indéfinie de l'origine* –, c'est la théorie cantorienne des ensembles. J'en parle un peu plus loin (voir Annexe), mais j'en évoque déjà ici l'aspect concernant l'origine. Par sa théorie de l'infini, Cantor illustre comment un sujet peut tenter de retrouver un fantasme d'origine en même temps qu'il essaie de s'en dégager : il fait fonctionner ce fantasme d'origine comme un objet, presque un jouet (de la pensée) qui s'anime, produit sa langue, se déploie et raconte une histoire, même abstraite. Une histoire qui dirait : il était une fois un monde de l'origine où il n'y avait que des lettres, chacune nommant un être vivant – l'être vivant qu'elle est, le monstre infini qu'elle constitue –, et ces lettres s'articulent entre elles, ces êtres se comparent et s'informent de leur « puissance » créative. A ce niveau du *récit*, c'est presque le *Livre de la Création*, célèbre traité cabalistique où l'on explique que l'Univers fut créé avec des lettres, et que la force divine y a distribué la valeur des voyelles, des consonnes, avec leurs connexions dynamiques. (On pourrait même faire de cette trame la métaphore d'un roman.) Pour Cantor, qui déclenche cette théorie dite des ensembles, ce monde de l'origine a consisté à *se donner* des conditions pour qu'un langage apparaisse, fonctionne – c'est le langage des ensembles – avec en lui des forces de transmission qui font passer d'un ordre d'infinité à l'autre. Certes, il y a eu le fantasme d'un individu, Cantor, aux prises avec une tradition, une transmission, à un niveau assez aigu : puisque cette tradition – celle de la Bible – se révèle être un pur appel de transmission, celle d'une origine multiple. Mais l'important ici est que la découverte cantorienne de la série des infinis actualise une transmission et un transfert de l'origine (au sens abstrait), et même *réalise* cette question de l'origine comme un effet d'*entre-deux*. Au départ l'origine est multiforme : c'est d'abord le *tout* des ensembles, la collection de tous les ensembles qui fait figure d'origine, d'horizon englobant, face à quoi les ensembles seront des mots, des noms, qui s'articulent entre eux, qui s'ordonnent entre eux par le lien de l'appartenance. Et ce qui va supporter l'*impulsion d'origine*, c'est la lettre qui nomme le premier infini *oméga*, à partir duquel vont jaillir et se déclencher des infinitudes d'infinis, chacun figurant à sa manière un certain *niveau d'origine*. Ainsi c'est l'origine comme fonction d'impulsion qui se trouve infinitisée. Et pourquoi le premier infini a-t-il valeur d'origine ? Parce qu'il est *sans précédent*, et qu'il est le premier à l'être. En effet c'est le plus petit infini qui contient les nombres entiers. Si je dis 3 200, le précédent c'est 3 199 ; mais si je dis « le premier nombre infini » (à savoir « oméga » : l'ensemble des nombres finis pris lui-même comme un nombre), il n'a pas de précédent. Le premier infini est bien sans précédent, car s'il avait un précédent, celui-ci serait aussi infini et plus petit ; il ne serait donc pas le premier infini. Cet ensemble des nombres entiers, considéré comme un nombre, fut un coup de force de Cantor, assez proche de l'intuition presque enfantine. J'ai vu un enfant dire qu'il savait compter : 1, 2, 3, 4... ; puis à la question : et après ? et après 100 ? et après un million ? et après tous les autres ? il a répondu : « Après, c'est *tout.* » Et après *tout ?* Il dit : « C'est *tout* + 1, *tout* + 2... » Étonnant pouvoir d'endosser une limite sans avoir peur ; de s'engager dans un mot limite *(tout)* et de laisser venir des choses, après, après *tout*. Il est vrai que certaines absences de peur semblent un peu folles.

En tout cas, sans trop le savoir, Cantor pose l'idée d'infini comme équivalente à l'idée d'origine.

L'histoire raconterait donc : il était une fois une Lettre (« oméga ») qui, d'être unique et sans précédent, s'est mise à engendrer une infinité de lettres, partant de sa seule nécessité et de l'acte de *nommer*. En effet, à partir de cet oméga vont se produire des ordres d'infini qu'on appelle les « alephs » et dont chacun est premier dans son genre (voir Annexe). Une *infinité d'origines*. Si l'on dit à quelqu'un qu'il a plusieurs origines, cela peut l'angoisser ; déjà avec sa double origine (mâle et femelle) il s'y perd un peu. Or cette fiction cantorienne est le récit d'une *origine infiniment mul-*

tiple. Bien sûr, on peut se poser la question de leurs articulations mutuelles ; et de savoir comment on passe de l'une à l'autre de ces « origines ». Dans ce modèle, elles sont trop riches, trop nombreuses, trop disjointes, elles vont dans des sens trop différents. Pourtant à partir de chaque infini on sait en produire un autre nettement plus « infini ». Il suffit de partir d'un ensemble infini et de considérer l'ensemble de toutes ses parties ; l'ensemble des *parties intégrées* à ce *tout*, rassemblées dans ce tout. Et l'on montre que le « nombre » de ces parties, celles qu'intègre un ensemble, est d'un ordre d'infinitude très supérieur à cet ensemble. Il y a beaucoup plus de parties possibles intégrées qu'il n'y a d'éléments. En somme, *l'intégration de ses parties dans un ensemble est un énorme enrichissement de cet ensemble, un saut et une mutation dans son ordre d'infinitude.*◆

Par ailleurs, Cantor s'est demandé si ce passage entre un ensemble et l'ensemble de ses parties – si la formule de ce passage – permettait d'obtenir *tous* les infinis, toute la série des infinis à partir du premier. Si c'était vrai il y aurait une origine absolue – le premier infini – dont les autres dériveraient par une formule articulable. Il s'est révélé que non, ou plutôt il s'est révélé que c'est impossible à démontrer mais que le contraire aussi est impossible à démontrer. Le déploiement des infinis (comme figures de l'origine) est comme tel chaotique ; mais on peut y produire des trajets partiels, des segments intéressants. *Il n'y a pas de « formule » pour faire passer d'un infini au suivant.* En termes métaphoriques (ou dans la langue du fantasme sous-jacent) on peut dire : il n'y a *pas de formule qui assure le passage d'une origine à l'autre, d'une génération à l'autre ; pas de formule qui comble ou même qui articule l'écart entre le père et le fils.* Car ce langage métaphorise une histoire généalogique ; comme si l'on disait : le père a un ordre d'infinitude strictement moindre que le fils (ou strictement supérieur selon le sens où l'on compte). Et tous ces infinis sont des *ordres de nomination*, des *intensités symboliques.* Entre une génération et l'autre, entre un père et ses enfants, c'est incommensurable. Autrement dit dans chaque *entre-deux-infinis,* dans chaque entre-deux-lettres (ou entre-deux-alephs) s'actualise l'incommensurable ; l'inaccessible ; l'*irreprésentable ;* l'*écho d'une origine absolue et absolument retirée.* Ou encore : entre deux origines c'est sans commune mesure, formellement. *C'est pourquoi* on peut lancer toutes sortes de ponts informels, et toutes sortes de formules partielles. Elles ne feront pas le joint total mais elles indiqueront l'écart...

Qu'en plus Cantor soit devenu fou ou presque de ne pouvoir démontrer l'existence d'une telle formule, d'un tel passage entre deux infinis – entre un infini et son successeur –, cela devient comme un symbole du *traumatisme de l'origine* : s'il existait une telle formule, si elle se déduisait du langage en question (du langage ensembliste), cela voudrait dire que les entre-deux-infinis seraient tous articulés, qu'*il n'y aurait qu'une seule origine,* et qu'elle se répéterait avec une intensité variable. C'est un cas de figure possible, mais ce n'est pas le seul : qu'il soit démontré que c'est le seul, c'est cela qui serait fou. Et à défaut de cette folie dans le réel, c'est le cerveau même du chercheur qui s'est un peu affolé, qui a pris feu. Cette perte de raison aux abords de l'origine et du désir de l'articuler répond sans doute au « pas de raison » qui caractérise l'indécidable et l'origine. Ce qu'on a pu établir, c'est qu'il n'y a pas de raison pour qu'une telle formule existe et qu'il n'y a pas de raison pour que sa négation existe.

Toujours est-il que l'*origine* – dont l'infini n'est qu'une figure – s'actualise chaque fois *entre deux niveaux de l'origine,* entre deux ordres d'infini. On ne sait la voir que dans ces entre-deux ; c'est là qu'elle se laisse percevoir.

De sorte que l'ensemble des mises en acte de l'origine est non seulement infini mais indécidable quant à sa cohérence : ce sont les décisions qu'on y prend qui lui donnent consistance, après coup. C'est un principe d'infinie créativité. Il affirme l'absence de « formule » ou de discours articulé capable de parcourir *toute* la série des « origines » (des infinis). Jamais les mises en acte de l'origine ne peuvent être alignées. Elles sont toutes différentes, inaccessibles l'une à l'autre, radicalement hétérogènes ; sauf par un choix ou un coup de force explicites.

Ainsi, en partant d'un donné fictif purement littéral mais capable de faire langage, on arrive à en extraire, telle une écume de lettres, tous ces symboles d'infinitudes irréductibles entre eux ; incomparables ; où même l'entre-deux-lettres apparaît comme un abîme et une différence infinie.

Au niveau du corps, on en a une, de différence : la sexuelle ; elle se déploie infiniment à travers toute la psyché ; elle anime d'infinies différences de langage ou de culture. Et toutes sont des *mises en acte de l'origine multiple.*

Pourquoi les ensembles humains, chacun étant d'un ordre infini de langage et de culture, ne seraient-ils pas entre eux aussi différents que ces alephs, ces lettres « infinies » ? pourquoi ne seraient-ils pas aussi distincts et différents qu'un homme et une femme ? Il s'ensuivrait, comme principe éthique, la pratique infiniment différenciée de l'origine humaine ; chaque origine étant *un fait sans précédent.*

L'origine multiple consiste en niveaux d'origine – hétérogènes, différemment chargés – qui déploient des intensités symboliques singulières, de quoi trancher avec les passages à l'acte du fantasme où l'origine serait complètement ressaisie.

Le fantasme d'origine ressaisie est parfois collectivement géré. Par exemple, le messianisme est une fin *rêvée* de la question de l'origine : certains la passent à l'acte, d'autres la maintiennent à l'ombilic du rêve. Dans tous les cas elle est une *image* « finale » de l'origine – réunifiée ou surplombée. Le messianisme est la satisfaction hallucinatoire du désir d'origine.

Tout cela suggère que ce qui démultiplie l'origine, c'est l'amour, l'amour de l'être et de la lettre pour leur déploiement infini. L'amour au quotidien procède par chaînons, par grappes : Pierre aime Jacqueline qui aime François qui aime Sabine... qui n'aime qu'elle-même ou qui aime Pierre ; cela fait une boucle, ou un groupe béant qui ne se connaît pas mais qui est traversé par le fil rouge de l'amour ; et à chaque nœud, à chaque croisement du réseau, c'est une origine en détresse [1]...

1. L'inverse existe aussi : aujourd'hui pour qu'un immigré puisse rester en France, s'il n'est pas entrepreneur, salarié, ou étudiant, il ne lui reste que le mariage. On invite donc les immigrés à s'intégrer par le filon de l'amour ; accouplement d'origines sous le signe de l'amour physique. Cela sous-entend le fantasme : que plus il y a de métissages et de mélanges, plus facilement sera admise l'idée d'identité multiple, puisqu'elle sera « réelle ». A suivre.

Précisions sur les infinis

◆ L'épisode mathématique que j'évoquais, comme mise en acte d'un principe d'infini et d'une origine multiple, mérite quelques précisions. C'est une transmission de l'infini comme figure de l'origine, que Cantor a traitée sur un mode génératif pour introduire la série des *aleph* et assurer un marquage littéral de l'infini, du déploiement des infinis.

Ceux à qui le maniement des infinis par lettres semble un exercice oiseux, ou éloigné de leurs soucis, se trompent. L'infini cantorien c'est de l'ineffable actualisé, jouable, littéralement articulable. Ce n'est pas san lien avec cette tradition biblique où le Dieu – comme principe d'infini – a créé le monde avec des *lettres*, les lois de la création étant des « mots », des phrases (en hébreu, phrase se dit du même mot que jugement, ou que loi). Ces complexes de lettres nous sont donnés à déchiffrer, à étudier, à lire sur le grand Livre de la vie où des blocs de lettres apparaissent dès lors qu'on peut les distinguer. Cela exige l'amour de l'*être* et de la connaissance où chaque mot du Livre se révèle être un nom divin, donc une réserve d'infinis, à la lettre.

J'ai montré (dans un livre paru en 73, *Le Nom et le Corps*) la fonction dynamique de certaines coupures qui apparaissent dans le langage de la théorie des ensembles, *coupures* dont voici quelques-unes :

1) La collection de *tous* les ensembles (dans un *univers* ensembliste, dans le Un des êtres-ensembles) n'est pas un ensemble. Cette exclusion du *tout* – cette coupure – loin d'être une simple limitation, sert de point d'appui positif pour démontrer toutes

sortes de choses, notamment pour compter les infinis, ou pour compter avec. Elle est positivement assumée et féconde. Entendue sur fond métaphorique, elle revient à poser l'abîme radical, infranchissable, entre l'humain et le divin (ou entre les ensembles et l'Un de l'univers d'où ils émergent et se prélèvent). Elle poserait que cet abîme n'est pas à déplorer mais à assumer, à exploiter. Le Nom de l'Un ne tombe pas sous le signe des autres noms (des ensembles) mais au contraire il se retire, et sur son retrait eux prennent appui pour exister comme tels.

Certes, le fantasme est tenace de biaiser avec ce principe, de le contourner ; l'homme est toujours tenté d'*être* l'unique de l'Un, de « passer » Dieu comme dit Baudelaire, d'incarner l'Un, de l'*être* plutôt que de le *connaître*.

Sans cette exclusion signifiante qui fonde l'*écart* entre l'Un et chaque multiple (ou ensemble), sans cette coupure on a une sorte d'*inceste logique* pour ainsi dire : car l'instance nommante (qui tient de l'Un) serait comprise dans le « corps » nommé (dans l'ensemble), toute distance *entre deux* se trouvant abolie. Cela produit toutes sortes de vertiges logiques, comme un mélange entre nom et corps là où la frontière entre eux doit être marquée. Ici, dans le langage cantorien, dans la langue ensembliste, cet écart servira d'appui pour prélever des infinis successifs.

2) Il existe un ensemble infini. C'est là une coupure essentielle, due à Cantor. Certes on savait que des ensembles infinis existent, au sens intuitif ; les nombres entiers par exemple ; mais le coup de force de Cantor fut d'articuler cette position d'existence avec le reste de l'univers en question et de son langage ensembliste. Cet axiome de l'infini est une coupure-lien typique. Il n'est pas démontrable, et il implique l'existence d'un *premier* infini, oméga, qui est l'ensemble des ensembles finis ; ou plutôt des « ordinaux » finis ; car on introduit la notion plus adéquate d'*ordinal* (qui est un ensemble bien ordonné par la relation d'appartenance, et où, en un sens, tout élément nomme ceux qui le précèdent – c'est-à-dire qui lui appartiennent – vu que l'ordre est celui que définit l'appartenance). L'axiome de l'infini assure donc que la collection des ordinaux finis *est un ensemble*. Du coup cela déclenche un déploiement infini d'ordinaux infinis ; de plus en plus infinis.

Mais parmi eux il y en a qui, tout en étant distincts entre eux, sont isomorphes comme infinis, c'est-à-dire sont du même ordre d'infinitude. Car soit dit en passant, un des traits de l'infini c'est qu'un ensemble qui en porte la marque (un ensemble infini donc) est isomorphe à l'une de ses parties strictes. Cela a une certaine portée philosophique – ce fait qu'*une partie* vaille pour *le tout*, du point de vue de l'infinitude. Cela veut dire par exemple que *l'ordre de l'infini est crucial pour le langage* puisqu'il comporte intrinsèquement cet effet de métaphore (ou de partie pour le tout, etc.).

En tout cas – allons vite – il y a à distinguer des ordinaux particuliers, qui sont en quelque sorte les *premiers* dans leur ordre d'infinitude ; ou encore qui sont tels qu'aucun d'eux n'est isomorphe à un *ordinal* plus petit que lui (pour l'ordre de l'appartenance). Ces ordinaux particuliers seront appelés des *cardinaux* ; et ce sont eux qui vont constituer la suite transfinie des *alephs*. La collection de ces alephs ne forme pas un ensemble (elle est logiquement trop « grande » pour ça ; tout comme l'Univers des ensembles). Plus précisément, elle est isomorphe à la collection O des ordinaux, qui ne forme pas un ensemble (cela repose sur le fait, essentiel on l'a vu, que la collection des ensembles n'est déjà pas un ensemble). Cet isomorphisme donc, entre la collection des ordinaux et la collection C' des cardinaux infinis, sera appelé Aleph (première lettre de l'alphabet hébreu), et il opère ainsi :

> Aleph : $\alpha \rightarrow$ Aleph(α) (à lire : l'ordinal alpha a pour image, par l'opérateur aleph, le cardinal aleph-alpha)

L'isomorphisme « aleph » fait donc correspondre à tout ordinal α un cardinal infini Aleph_α, (lire : aleph alpha) tel que l'ensemble des cardinaux infinis qui le précèdent est isomorphe, en tant qu'ensemble ordonné, à l'ordinal α. Ainsi, Aleph_0 (lire : aleph zéro) n'est autre que l'ensemble qui est le premier infini ; et pour tout ordinal α, $\text{Aleph}_{\alpha+1}$ (« aleph alpha plus un ») est le premier cardinal qui vient après Aleph_α. On a donc la série infinie des alephs, chacun d'eux étant infini.

Nous avons parlé ailleurs de fantasmes originaires de Cantor, ancré dans ses racines bibliques – nommément juives puis protestantes. On pourrait ici objecter : quel rapport ceci a-t-il avec la « lettre » ou l'esprit de la lettre biblique ? D'abord, on voit bien que ces cardinaux infinis, il est normal de les nommer d'une première lettre d'alphabet, puisque chacun d'eux est le *premier* dans son ordre d'infinitude. En fait, même si on retirait l'appellation « aleph », la trace de l'esprit biblique resterait pleine et entière dans cette affaire. J'ai interprété (dans *Le Nom et le Corps*) cette série des alephs comme une série de coupures-nominations, de coupures-liens (ou de niveaux de « castration ») au sens profond que la Bible donne à ce terme à travers l'alliance par la circoncision : coupure-lien qui déplace et reporte du père au fils un certain *manque* articulé. Chaque aleph ferme un ordre d'infini et ouvre l'autre, le successeur. En un sens, cette démarche articule des rapports entre l'Un de l'Univers en question et des niveaux d'infini (les alephs) dont chacun marque l'écart au suivant. Ainsi, au simple niveau de ces lettres étranges et transfinies (les alephs-alpha), Cantor articule des *rapports entre l'Un de l'Être-temps* et *un mode d'être et de penser qui marque l'épreuve de se retrouver chaque fois entre deux niveaux d'infini ;* entre un aleph et le suivant ; entre deux lettres disons, chacune étant investie – différemment – par l'Infini. Quelqu'un a dit qu'entre deux lettres il y a l'infinité de la création. C'est le cas de le rappeler ici. Ces différentes intensités d'infinis – potentiels de l'Être ou de la Lettre – peuvent aussi figurer, ou symboliser, la dispersion de l'Un (ou de l'Origine) parmi les *événements d'être.*

Cette désignation par l'aleph va loin ; et sa raison avouée est déjà forte : nommer d'une première lettre les premiers ordres d'infini, chacun à son niveau. Une fois exclue la première lettre de l'alphabet grec qui est A (alpha, qui vient du même alphabet, phénicien, que l'hébreu...), il ne restait plus grand choix à Cantor. Mais des raisons plus profondes et plus inconscientes sont à l'œuvre dans cet « effet aleph », qui dépassent la simple notation. Ces alephs sont le premier feuilletage ou découpage stratifié de l'Infini comme tel, de l'*Infini en tant qu'il noue une alliance entre l'Un de l'Être et le multiple des Lettres.* Ce lien, cette articulation, déploie dans cette série transfinie des alephs rien moins que *la série des nominations de l'Infini dans ses occurrences singulières* (les alephs-alpha), uniques en leur genre. En même temps, c'est le déploiement des *différentes nominations de l'Un* (l'Un de l'univers du langage en question) *selon la série de ses occurrences infinies*, distinctes les unes des autres, ordonnées selon un ordre de puissances croissantes.

Ce montage logique de l'Un et de l'Infini – qui est presque une fiction – est rythmé par le souci qu'avait Cantor, par sa hantise d'interroger le lien entre l'Un et ses puissances de nominations successives ; au sens propre où le successif met en cause la succession, c'est-à-dire la génération, l'engendrement-transmission (concept clé du Livre, on le sait : les « engendrements » successifs...). On voit que cette fiction logique nous raconte rien moins qu'une *généalogique du Nom.*

3) Cette généalogie littérale de l'Un ou du Nom ne s'arrête pas là. On a montré qu'il n'y a pas de formule pour passer d'un aleph au suivant. Cantor avait pensé à la formule $\text{Aleph}_{\alpha+1} = 2^{\text{Aleph}\alpha}$ (lire : « aleph alpha plus un » égale « deux puissance aleph alpha ») ; et cela s'est révélé indécidable. Plus précisément : Cantor s'était posé le problème de situer le premier aleph non dénombrable (à savoir Aleph_1) par rapport à un autre infini connu pour être strictement plus grand que l'infini dénombrable : l'infini du continu (lequel peut s'écrire $2^{\text{Aleph}0}$: ensemble des parties dénombrables). Il n'a pas réussi à le démontrer ; il appelait cela l'*Hypothèse du continu*, à savoir l'*identité* entre ces deux infinis : Aleph_1 et $2^{\text{Aleph}0}$. (L'hypothèse généralisée du continu identifie Aleph_α et $2^{\text{Aleph}\alpha}$.) La chose acquiert une certaine portée, car il a fallu attendre plus d'un demi-siècle pour qu'un nommé Paul Cohen démontre que... l'Hypothèse du continu n'est pas démontrable à partir des axiomes de la théorie. Mais sa négation aussi n'est pas démontrable. Autrement dit, elle constitue un énoncé inaccessible à partir des axiomes de la théorie travaillés par le raisonnement mathématique ; elle ne se laisse pas « décider » par le langage de cette théorie (celui-ci étant une métaphore du langage comme tel). Une des conséquences de ce résultat d'indécidabilité, c'est qu'il ruine la prétention de construire une axiomatique de

l'Infini. On démontre en effet qu'on peut fort bien poser que l'infini du continu est égal à $Aleph_{14}$ ou $Aleph_{17}$ (ou aleph-n'importe quoi) sans que cela introduise des contradictions dans la théorie (à supposer qu'il n'y en ait pas au départ, ce qu'on ignore toujours). On peut donc, sans introduire de contradiction supplémentaire, admettre que la « partition » d'un infini, c'est-à-dire sa décomposition en toutes ses parties, est un autre infini, quelconque, donné à l'avance. Autrement dit *l'Infini ne se prête pas à un traitement axiomatique* ; il échappe à cette sorte de capture par un balisage formel qui est ce que l'esprit mathématique produit de plus « technique » : le cernage d'une théorie par un ensemble d'axiomes complet à l'intérieur duquel le raisonnement se donne libre cours.

Que *l'Infini* comme tel (c'est-à-dire, en un certain sens, *la transcendance de l'Un*) ne se prête pas à un traitement axiomatique, ne signifie pas l'impossibilité d'y faire des trajets assez importants, et conséquents. Cela signifie seulement que ces trajets seront toujours partiels – en un sens radical ; qu'ils sont aussi en quelque sorte indépendants ; qu'*il y a de la place, beaucoup de place, mais qu'on ne la prendra pas toute.* Disons-le autrement : *entre deux infinis, c'est incommensurable, informulable.* Entre deux lettres de l'infini, l'infini de l'Un est à l'œuvre.

L'entre-deux met en acte l'origine ; l'indécidable est le comble de l'entre-deux ; et l'un de l'origine est partagé sur un mode inaccessible.

Voilà donc quelques bribes de ce que le travail de Cantor – ce déclenchement des alephs – a permis d'éclairer concernant l'infini, en tant qu'essentiellement béant.

Soit dit en passant – mais ce genre de détails dépasse l'anecdote –, Cantor était d'une famille juive convertie au christianisme ; et son maître en mathématique, Kronecker, était aussi un Juif converti au christianisme, mais lui ce fut sur son lit de mort... Son entêtement à refuser les recherches de son disciple a contribué à radicaliser celui-ci, qui jusqu'à sa mort fut hanté par la question de la comparaison des « puissances successives » (question que formule l'Hypothèse du continu). Dans son arrière-fond poétique il avait rattaché cette question de puissances successives à celle... de la paternité.

Pas d'axiomatique de l'infini, avons-nous dit. Cela veut dire qu'aucune technique, aucune formule ne peut inscrire une capture de l'Infini. Il y a donc un principe éthique dans cette capture impossible manifestée par les alephs. Pourtant, dans la réalité, *l'homme est souvent débordé par ce qu'il fait.* Et comme sa pensée ne suit pas, n'est pas toujours à la hauteur de ses actes ou de sa technique (et pour cause, ses actes et sa technique sont parfois sa fuite en avant... loin de la pensée), alors la tentation se fait sentir de fixer quand même ce qui joue le rôle d'infini.

Je m'explique : toute technique tente d'approcher son but toujours plus près, son idéal, sans jamais vraiment l'atteindre. C'est en quoi elle est humaine et perfectible. Mais depuis que les techniques prennent pour objet non seulement l'homme (elles l'ont toujours fait) mais quelque chose qui semble être au plus intime de l'humain – par exemple le patrimoine génétique, la reproduction artificielle...–, le fantasme s'actualise d'une mainmise sur l'infinitude de l'humain (c'est-à-dire sur ce par quoi l'humain est d'essence... divine). Ce fantasme de mainmise paraît souvent bien près d'être *passé à l'acte.* Dans le langage des alephs, cela revient à dire qu'on mettrait la main par la logique et la technique sur le principe d'infini. J'ai montré dans une étude sur les « perversions » que c'est en cela même que consiste le point de vue fétichiste tel qu'il s'active à notre époque sous les formes les plus variées ; allant de formes cliniques caractérisées (toxicomanies variées) à des formes plus sociales comme le fanatisme, et à des formes apparemment plus raisonnables (c'est-à-dire plus habitées par la folie de la raison) qui envisagent des sortes de prothèses de l'humain, des relais purement techniques à ce qui est proprement humain. Certes, celui-ci ne se laisse pas définir, et pour cause : il relève du principe d'Infini ; c'est même pour ça qu'il échappera toujours à ces fantasmes de mainmise quand ils voudront passer à l'acte. Mais – et on l'observe dès aujourd'hui – toutes les fois que les nouvelles techniques posent des questions « éthiques », cela signale *le malaise d'un passage à l'acte :* lorsque le manque inhérent au symbolique et au désir est ressenti par certains comme un manque à combler réellement, techniquement. Le passage à l'acte consiste dans ce comblement : il écrase le fantasme en l'accomplissant. Le passage à l'acte c'est de ne pas supporter l'entre-deux du fantasme ou de la pensée. Le malaise qui s'ensuit tient à ce que le fantasme résiste à se laisser combler avec du réel ; il veut maintenir tout son jeu fantasmatique.

Sauf quand nous sommes déjà captifs de choix pervers, nous savons accepter que l'Autre nous laisse à désirer (l'Autre, c'est-à-dire tout ce qui nous échappe de nous-mêmes et du réel). En principe, du fait même que cela nous échappe, ça nous incite à vivre, à supporter notre tension vers l'infini en nous abstenant de l'incarner, d'incarner le « divin ».

Ces nouvelles techniques devraient donc induire en nous, au-delà de réactions défensives, une occasion de penser plus loin nos tentations fétichistes (qui prennent l'allure normative ou moralisante) ; et de les penser pour ce qu'elles sont : des actes de guerres contre l'Infini.

Table

Du même auteur

AUX ÉDITIONS DU SEUIL

Le Nom et le Corps
« Tel Quel », 1974

L'Autre incastrable
Psychanalyse-écritures
1978

Les Trois Monothéismes
Juifs, chrétiens, musulmans
entre leurs sources et leurs destins
« La couleur des idées », 1992

Le Corps et sa danse
« La couleur des idées », 1995

Événements I
Psychopathologie du quotidien
« Points Essais », 1995

Événements II
Psychopathologie du quotidien
« Points Essais », 1995

CHEZ D'AUTRES ÉDITEURS

La Haine du désir
Bourgois, 1978 (1994)

Le Groupe inconscient
Le lien et la peur
Bourgois, 1980

L'Amour inconscient
Au-delà du principe de séduction
Grasset, 1983

La Juive
Une transmission d'inconscient
Grasset, 1983

Jouissances du dire
Nouveaux essais
sur une transmission d'inconscient
Grasset, 1985

Le Féminin et la Séduction
LGF, 1987

Perversions
Dialogues sur des folies actuelles
Grasset, 1987

Avec Shakespeare
Éclats et passions en douze pièces
Grasset, 1988

Écrits sur le racisme
Bourgois, 1988

Entre dire et faire
Penser la technique
Grasset, 1989

Le Peuple « psy »
Balland, 1992

TRANSCODAGE : HÉRISSEY À ÉVREUX
IMPRESSION : NORMANDIE ROTO IMPRESSION S.A. À LONRAI (12-95)
DÉPÔT LÉGAL : MARS 1991. N° 13053-3 (I5-2248)

LA COULEUR DES IDÉES

Tzvetan Todorov
Nous et les Autres
La réflexion française sur la diversité humaine

Francisco J. Varela
Autonomie et Connaissance
Essai sur le Vivant

Mony Elkaïm
Si tu m'aimes, ne m'aime pas
Approche systémique et psychothérapie

Eric Landowski
La Société réfléchie

Ronald D. Laing
Paroles d'enfants

Gregory Bateson et Mary Catherine Bateson
La Peur des anges

Mary Catherine Bateson
Regard sur mes parents
Une évocation de Margaret Mead et de Gregory Bateson

Frances Tustin
Le Trou noir de la psyché

Lynn Segal
Le Rêve de la réalité

Jean-Louis Bouttes
Jung : la puissance de l'illusion

Gregory Bateson
Vers une écologie de l'esprit, t. 1 et 2

Gregory Bateson
La Nature et la Pensée

Jean-Pierre Dupuy
Ordres et Désordres
Enquête sur un nouveau paradigme

Oliver Sacks
Des yeux pour entendre
Voyage au pays des sourds

Oliver Sacks
L'Homme qui prenait sa femme pour un chapeau

Cornelius Castoriadis
Le Monde morcelé
Les Carrefours du labyrinthe III

Élisabeth Laborde-Nottale
La Voyance et l'Inconscient

Lucien Sfez
Critique de la communication

Colloque Atlan
Les Théories de la complexité

Marina Yaguello
En écoutant parler la langue

Tzvetan Todorov
Face à l'extrême

Daniel Sibony
Entre-deux
L'origine en partage

Olivier Mongin
La Peur du vide
Essai sur les passions démocratiques

Paul Watzlawick
Les Cheveux du baron de Münchhausen
Psychothérapie et « réalité »

Raymonde Carroll
Évidences invisibles
Américains et Français au quotidien

Murray Edelman
Pièces et Règles du jeu politique

John Rawls
Théorie de la justice

Philippe Van Parijs
Qu'est-ce qu'une société juste ?
Introduction à la pratique de la philosophie politique

Paul Ricœur
Lectures 1
Autour du politique

Groupe μ
Traité du signe visuel
Pour une rhétorique de l'image

Françoise Choay
L'Allégorie du patrimoine

Stéphane Mosès
L'Ange de l'Histoire
Rosenzweig, Benjamin, Scholem

Roger Dragonetti
Un fantôme dans le kiosque
Mallarmé et l'esthétique du quotidien

Pierre Saint-Amand
Les Lois de l'hostilité
La politique à l'âge des Lumières

Daniel Sibony
Les Trois Monothéismes
Juifs, Chrétiens, Musulmans entre leurs sources et leurs destins

Allen S. Weiss
Miroirs de l'infini
Le jardin à la française et la métaphysique au XVIIe siècle

Frances Tustin
Autisme et Protection

Jean-Jacques Wittezaele et Teresa Garcia
A la recherche de l'école de Palo Alto

Paul Ricœur
Lectures 2
La contrée des philosophes

Pierre Pachet
Un à un
De l'individualisme en littérature
(Michaux, Naipaul, Rushdie)

Francisco Varela, Evan Thompson, Eleanor Rosch
L'Inscription corporelle de l'esprit
Sciences cognitives et expérience humaine

Janine Chanteur
Du droit des bêtes à disposer d'elles-mêmes

Collectif
Système et Paradoxe
Autour de la pensée d'Yves Barel

Geneviève Bollème
Parler d'écrire

John Rawls
Justice et Démocratie

John Langshaw Austin
Écrits philosophiques

Paul Ricœur
Lectures 3
Aux frontières de la philosophie

Marc-Alain Ouaknin
Bibliothérapie
Lire, c'est guérir

Colloque de Cerisy
L'Auto-organisation
De la physique au politique
(sous la direction de Paul Dumouchel et Jean-Pierre Dupuy)

Bernard Lempert
Désamour

François Dubet
Sociologie de l'expérience

Jacques Ellul
La Subvertion du christianisme

Daniel Sibony
Le Corps et sa danse

Alexandre Luria
L'Homme dont le monde volait en éclats

Philippe Julien
L'Étrange Jouissance du prochain
Éthique et psychanalyse

Tzvetan Todorov
La Vie commune
Essais d'anthropologie générale

Jacques Soulillou
L'Impunité de l'art

Michael Franz Basch
Comprendre la psychothérapie
Derrière l'art, la science

Myriam Revault d'Allonnes
Ce que l'homme fait à l'homme
Essai sur le mal politique

Jacques Ellul
La Raison d'être
Méditation sur *L'Ecclésiaste*

Richard Sennett
Les Tyrannies de l'intimité

Isabelle Baszanger
Douleur et Médecine, la fin d'un oubli

Alain Didier-Weill

Les Trois Temps de la loi

Le commandement sidérant, l'injonction du Surmoi
et l'invocation musicale

Gregory Bateson

Une unité sacrée...

Quelques pas de plus vers une écologie de l'esprit

Olivier Sacks

Un anthropologue sur Mars

Sept histoires paradoxales